AF630900

Pit Noack, Sophia Sanner

Künstliche Intelligenz verstehen

Eine spielerische Einführung

Rheinwerk
Computing

Liebe Leserin, lieber Leser,

von künstlicher Intelligenz fühlen wir uns herausgefordert. Sie fasziniert, wirft aber auch Fragen auf. Zum Beispiel über Macht und Datenbesitz, über Algorithmen und hoheitliche Aufgaben oder über Kreativität und Menschsein.

Während die Debatten auch uns im Rheinwerk Verlag nicht kalt lassen, ist unsere Aufgabe diese: Wir helfen Praktikern und Interessierten, Technologie zu verstehen. Wir möchten bei der Anwendung unterstützen und sind besonders zufrieden, wenn es außerdem Spaß macht.

Deshalb freue ich mich, Ihnen dieses besondere Buch vorzustellen. Es erklärt künstliche Intelligenz, ohne bestimmte Kenntnisse vorauszusetzen. Sie können es sogar lesen und parallel JavaScript lernen. Sie brauchen also keine Erfahrung mit der Softwareentwicklung, um hier in die Funktionsweise verschiedener KI-Verfahren einzusteigen.

Dafür hat das Autorenteam etwas Besonderes geschaffen: Text, erklärende Grafiken, Cartoons und das Online-Angebot ergeben eine gelungene Einheit. Sie können mit Papier und Bleistift arbeiten, selbst programmieren, die Programme aber auch erst einmal ausprobieren – unter *http://www.maschinennah.de/ki-buch*. Der Clou: Zu jedem vorgestellten Verfahren können Sie den Code des Beispielprogramms im Online-Editor selbst bearbeiten.

Und wenn Sie fertig sind: Wie hat es Ihnen gefallen? Ist Ihnen etwas aufgefallen, das wir wissen sollten? Haben Sie Fragen oder Ideen für uns? Wir freuen uns über Ihr Feedback! Das gilt auch für den Autor, den Sie unter *mail@pitnoack.de* erreichen können.

Viel Spaß und Erfolg mit dem Roboter Fritz und den KI-Beispielen wünscht

Ihre Almut Poll
Lektorat Rheinwerk Computing

almut.poll@rheinwerk-verlag.de
www.rheinwerk-verlag.de
Rheinwerk Verlag · Rheinwerkallee 4 · 53227 Bonn

Auf einen Blick

Wir hoffen, dass Sie Freude an diesem Buch haben und sich Ihre Erwartungen erfüllen. Ihre Anregungen und Kommentare sind uns jederzeit willkommen. Bitte bewerten Sie doch das Buch auf unserer Website unter **www.rheinwerk-verlag.de/feedback**.

An diesem Buch haben viele mitgewirkt, insbesondere:

Lektorat Almut Poll
Korrektorat Sibylle Feldmann, Düsseldorf
Fachgutachten Torsten T. Will
Herstellung Stefanie Häb
Typografie und Layout Vera Brauner
Einbandgestaltung Mai Loan Nguyen Duy
Satz Typographie & Computer, Krefeld, gesetzt aus der TheAntiquaB (9,35/13,7 pt) in FrameMaker
Druck Beltz Grafische Betriebe, Bad Langensalza

FSC www.fsc.org MIX Papier | Fördert gute Waldnutzung FSC® C089473

Dieses Buch wurde mit mineralölfreien Farben auf chlorfrei gebleichtem und FSC®-zertifiziertem Offsetpapier (90 g/m²) gedruckt.

Der Umwelt zuliebe wurde auf die Einschweißfolie verzichtet.

Hergestellt in Deutschland.

Das vorliegende Werk ist in all seinen Teilen urheberrechtlich geschützt. Alle Rechte vorbehalten, insbesondere das Recht der Übersetzung, des Vortrags, der Reproduktion, der Vervielfältigung auf fotomechanischen oder anderen Wegen und der Speicherung in elektronischen Medien.

Ungeachtet der Sorgfalt, die auf die Erstellung von Text, Abbildungen und Programmen verwendet wurde, können weder Verlag noch Autor*innen, Herausgeber*innen oder Übersetzer*innen für mögliche Fehler und deren Folgen eine juristische Verantwortung oder irgendeine Haftung übernehmen.

Die in diesem Werk wiedergegebenen Gebrauchsnamen, Handelsnamen, Warenbezeichnungen usw. können auch ohne besondere Kennzeichnung Marken sein und als solche den gesetzlichen Bestimmungen unterliegen.

Die automatisierte Analyse des Werkes, um daraus Informationen insbesondere über Muster, Trends und Korrelationen gemäß § 44b UrhG (»Text und Data Mining«) zu gewinnen, ist untersagt.

Bibliografische Information der Deutschen Nationalbibliothek:
Die Deutsche Nationalbibliothek verzeichnet diese Publikation in der Deutschen Nationalbibliografie; detaillierte bibliografische Daten sind im Internet über *http://dnb.dnb.de* abrufbar.

ISBN 978-3-8362-9858-2

2. aktualisierte Auflage 2023, 1., korrigierter Nachdruck 2024
© Rheinwerk Verlag, Bonn 2023

Informationen zu unserem Verlag und Kontaktmöglichkeiten finden Sie auf unserer Verlagswebsite **www.rheinwerk-verlag.de**. Dort können Sie sich auch umfassend über unser aktuelles Programm informieren und unsere Bücher und E-Books bestellen.

Für

Winfried Noack (1942 – 2021)

und

*Daphne Bailey Lu Sanner (*2022)*

Inhalt

Materialien zum Buch

Auf der Webseite des Autors Pit Noack finden Sie alle Beispielprogramme zum direkten Ausprobieren im Browser und weitere Materialien zum Buch:

https://www.maschinennah.de/ki-buch/

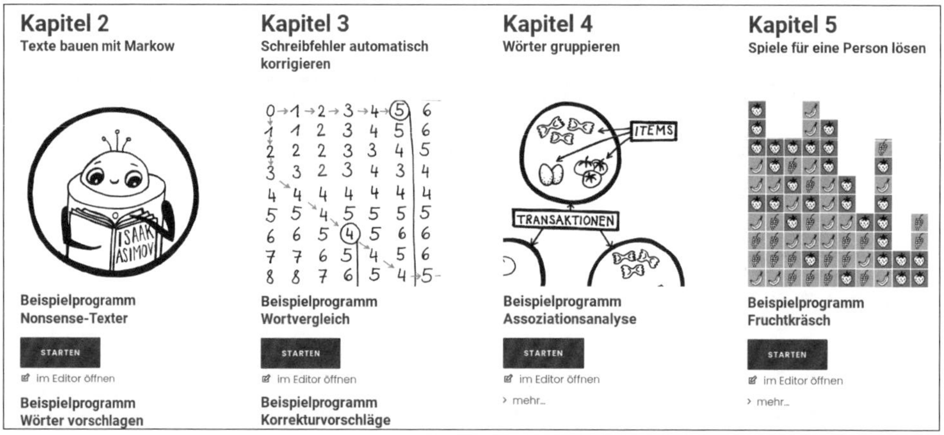

Abbildung 1 Online können Sie die Projekte ausprobieren und den Code bearbeiten.

Auf der Verlagswebseite zu diesem Buch stehen Ihnen die Beispielprogramme zusätzlich zum Download zur Verfügung.

Gehen Sie auf *http://www.rheinwerk-verlag.de/5810*. Klicken Sie auf den Reiter MATERIALIEN. Klicken Sie auf den Button HERUNTERLADEN, um den Download zu starten.

Vorwort zur zweiten Auflage

Bereits ein Jahr nach der Erstveröffentlichung von »Künstliche Intelligenz verstehen« erscheint eine überarbeitete und erweiterte Neuauflage. Warum diese flotte Aktualisierung? War denn das Buch nach so kurzer Zeit schon veraltet?

Das ist glücklicherweise nicht der Fall. Die im Buch beschriebenen Techniken und Verfahren sind derart grundlegend, dass ihre Relevanz noch viele Jahre Bestand haben dürfte. Die Neuauflage ist vielmehr der Tatsache geschuldet, dass die erste Auflage in derselben Woche ausgeliefert wurde, in der auch der Chatbot ChatGPT das Licht der Welt erblickte.

Das ohnehin schon große öffentliche Interesse an Künstlicher Intelligenz hat damit noch einmal enorm zugenommen: Das Gewinnen von Computerspielen oder Go-Partien, die Produktion von Bildern allein anhand von Bildbeschreibungen und die sinnvolle Fortschreibung von Textanfängen haben bereits vor der Veröffentlichung von ChatGPT viele Menschen fasziniert. Mit dem Chatbot kam aber etwas völlig Neues in die Welt: Jede interessierte Person kann jetzt im direkten Dialog mit einer KI kommunizieren und deren Fähigkeiten ausloten. Das Medium der natürlichen Sprache ist konkurrenzlos anschlussfähig: Ob Programmcode oder Kochrezept, improvisierte Kurzgeschichte oder Deutsch-Hausaufgabe, Vorschläge für Filmplots oder Buchtitel – ChatGPT weiß die verschiedensten Interessen zu bedienen und dabei individuelle Erfahrungen mit KI zu vermitteln.

»Künstliche Intelligenz verstehen« spricht einen großen Kreis von Leserinnen und Lesern an. Und die dürfen zu Recht erwarten, dass ein Buch mit diesem Anspruch auch zum Verständnis einer Technologie beiträgt, die ein derart großes öffentliches Interesse weckt.

Zwar hat schon die erste Auflage viele Grundlagen erklärt, die helfen, auch die Funktionsweise von ChatGPT, Bard oder Jasper zu verstehen. Aber es fehlte noch ein entscheidender letzter Schritt, den wir im neu hinzugefügten Kapitel 14 gehen: Dort stellen wir anhand selbst programmierter Beispiele zwei Verfahren vor, die eine Voraussetzung dafür sind, dass die neuen Chatbots überhaupt Texte verarbeiten und produzieren können. Das Kapitel kann nicht alle technischen Details klären, denn dafür wäre tatsächlich ein eigenes Buch notwendig. Es wird aber ein fundiertes Verständnis dieser bahnbrechenden Technologie vermitteln.

Die Kapitel 1 bis 13 haben wir nur geringfügig überarbeitet: Außer der obligatorischen Korrektur von Druckfehlern haben wir hier und da Formulierungen geschärft und Zusammenhänge zwischen den einzelnen Kapiteln und Sachgebieten noch deutlicher hervorgehoben.

Zudem gibt es ein neues Nachwort, das sich dem Thema KI aus einer eher philosophischen und kunstwissenschaftlichen Richtung nähert. Es liefert Einschätzungen und Denkanstöße zur Frage, was es zu bedeuten hat, wenn Computerprogramme Geschichten schreiben, Bilder malen und Musikstücke komponieren.

Am Ende von Kapitel 13 haben wir eine kurze Passage zu den ethischen Fragen im Zusammenhang mit KI gestrichen. Das haben wir nicht getan, weil wir dieses Thema unwichtig finden – das Gegenteil ist der Fall! Der Grund für diese Streichung war vielmehr, dass das Wenige, was dort in der ersten Auflage stand, der Komplexität und Dringlichkeit des Themas nicht gerecht wurde. Wenn Sie sich auf eigene Faust über die ethischen Aspekte von Digitalisierung und KI informieren wollen, bietet Anhang C einige Literaturhinweise.

Die Überarbeitung und Erweiterung des Buches mit relativ knapper Frist war ein Kraftakt, bei dem uns viele sehr freundliche Menschen unterstützt haben:

Die Lektorin Almut Poll hat die Neuauflage kompetent und geduldig begleitet. Es war wie immer ein Vergnügen, mit ihr zusammenzuarbeiten.

Marco Rudolph von der Leibniz Universität Hannover hat einige unschätzbar wertvolle Hinweise zur Entwicklung der Beispielprogramme gegeben und weite Teile des 14. Kapitels kritisch geprüft. Marian Kaiser und Karsten Fecht haben die Entstehung des Nachwortes fachlich unterstützt. Verbleibende Fehler gehen wie immer allein auf unser Konto.

Claudia Ley hat bei Programmierung und Test der Beispielprogramme unterstützt und bei der Erweiterung des Glossars geholfen. Roy Kübrich und Werner Praefcke haben die komplette erste Auflage kritisch durchgesehen und einige zum Teil sehr gut versteckte Fehler aufgespürt. Roy hat auch die mit dieser Auflage neu hinzugekommenen Texte durchgesehen.

Geholfen haben zudem Michael Bruns, Vincent Franke, Astrid Matron, Martin Reche, Ralf Rohde und Tim Vink sowie Ella und Leopold vom DGhK-Ostercamp.

Nicht zuletzt gebührt unser Dank der erfreulich großen Zahl von Leserinnen und Lesern, deren konstruktive Rückmeldungen maßgeblich zur Qualität dieser Neuauflage beigetragen haben.

Hannover, den 1. September 2023

Pit Noack und Sophia Sanner

Kapitel 1
Einleitung

Es fällt nicht schwer, Namen von historischen Persönlichkeiten zu nennen, die besonders intelligent waren. Wir denken spontan an Köpfe wie Albert Einstein, Hannah Arendt, Leonardo da Vinci oder Simone de Beauvoir. Vielleicht haben wir auch einen Freund – nennen wir ihn Karsten –, der herausragend Schach spielt, oder eine Freundin – nennen wir sie Sabine –, die im Studium immer alles als Erste kapiert hat und im Alltag regelmäßig schlaue Lösungen für vertrackte Probleme aus dem Hut zaubert.

Weitaus schwieriger, als intelligente Menschen zu identifizieren, ist es, zu erklären, was Intelligenz eigentlich ist. Eine allgemein anerkannte Definition fehlt. Somit ist es wenig überraschend, dass auch der Begriff *Künstliche Intelligenz* (KI) höchst umstritten ist.

Den herausragenden Schachspieler Karsten werden wir ohne Umschweife intelligent nennen. Aber viele von uns würden zögern, ein Schachprogramm als intelligent zu bezeichnen, selbst wenn dieses weitaus besser spielen kann als unser Freund. Woher kommt diese Zurückhaltung?

Das dürfte unter anderem daran liegen, dass sich viele Menschen generell schwer damit tun, Maschinen menschliche Eigenschaften zuzuschreiben. Ein weiterer und aus unserer Sicht der entscheidende Grund: Alle Anwendungen, die aktuell unter dem Namen »künstliche Intelligenz« firmieren, sind jeweils auf *eine einzige Klasse von Aufgaben* spezialisiert. Versuchen Sie einmal, mit einem Schachprogramm über Literatur zu diskutieren, probieren Sie, eine Bilderkennungssoftware zu einer Partie Halma zu überreden, oder bitten Sie Ihr Navigationssystem, eine Knobelaufgabe zu lösen oder eine Geschichte zu einem vorgegebenen Thema zu improvisieren.

Diese Spezialisierung markiert einen wesentlichen Unterschied zwischen menschlicher Intelligenz und dem, was Computerprogramme aktuell zu leisten imstande sind: Unsere Freundin Sabine vermag sich auf sehr unterschiedliche Probleme und Aufgaben im kürzester Zeit einzustellen. Auch von Freund Karsten dürfen wir erwarten, dass er seine im Schachspiel erworbenen Fähigkeiten zum strategischen und weit vorausschauenden Denken auch auf andere Brettspiele oder gar auf Alltagssituationen übertragen kann.

Zwar können Sprachmodelle wie ChatGPT im Medium der natürlichen Sprache sehr unterschiedliche Aufgaben mehr oder weniger erfolgreich bewältigen. Sie sind aber von einer universell anwendbaren Intelligenz, die wir bei Sabine und Karsten beobachten können, noch weit entfernt. Es ist unter Fachleuten umstritten, ob eine solche *Allgemeine Künstliche Intelligenz* (AKI) jemals erreicht werden kann – und wenn ja, auf welchem Wege wir dorthin gelangen könnten. Wir halten uns in dieser Frage mit einer Einschätzung zurück, sind uns aber in einem Punkt sicher: Es genügt nicht, einen Haufen von spezialisierten Programmen zu versammeln und dann mal das eine, mal das andere aufzurufen, je nachdem, was gerade anliegt.

Fassen wir also zusammen: Die Kritik am Begriff *Künstliche Intelligenz* halten wir für berechtigt. Trotzdem lässt sich kaum bestreiten, dass unter diesem Begriff viele erstaunliche Anwendungen versammelt sind, die unser aller Leben bereits maßgeblich bestimmen und verändern – vielleicht sogar mehr, als uns lieb ist. Ziel dieses Buchs ist es, allen interessierten Leserinnen und Lesern ein grundlegendes Verständnis von KI zu vermitteln, ganz unabhängig davon, welche Vorkenntnisse diese mitbringen.

1.1 Worum es uns in diesem Buch geht

Stellen Sie sich vor, Sie besuchten eine Stadt, in der Sie nie zuvor gewesen sind. Sie planen einen längeren Aufenthalt oder wollen diese Stadt in Zukunft öfter besuchen. Es lohnt sich also, Orientierung zu gewinnen! Wie gehen Sie vor? Werden Sie sämtliche Straßen systematisch von Norden nach Süden und von Osten nach Westen durchkämmen? Werden Sie ausgehend von den Hauptverkehrsadern alle Nebenstraßen durchstreifen oder gar den Stadtplan auswendig lernen? Wohl eher nicht! Wenn Sie eine Stadt erkunden, werden Sie sich vermutlich zunächst einige Orientierungspunkte einprägen: den Bahnhof, das gemütliche Café, das Kunstmuseum, das Restaurant mit dem leckeren chinesischen Essen ... Ausgehend von diesen Punkten werden Sie im Laufe der Zeit die Stadt immer besser kennenlernen.

Dieses Buch nimmt sich das Thema KI in ähnlicher Weise vor. Wir erheben nicht den Anspruch, eine systematische oder gar vollständige Darstellung zu liefern. Vielmehr haben wir einige Verfahren herausgepickt, die wir besonders lehrreich, interessant oder unterhaltsam finden.

Beim Schreiben dieses Buchs haben wir großen Wert auf anschauliche Beispiele und eine kurzweilige Darstellung gelegt. Um es mit den Worten einer befreundeten Informatikstudentin zu sagen: »An der Uni sind wir in das Thema Q-Learning mit einem Haufen mathematischer Definitionen eingestiegen – euer Buch startet mit einem Eichhörnchen, das seinen Nussvorrat verbummelt hat.«

Sehr viel Mühe haben wir darauf verwendet, die vorgestellten Verfahren praktisch erfahrbar zu machen: Auf der Webseite zum Buch finden Sie zahlreiche Beispielprogramme, die Sie mit nur einem Mausklick im Browser starten können. Die Programme laden ein zum Probieren und Experimentieren und stellen eine direkte Verbindung zwischen Theorie und Praxis her.

1.2 Für wen wir dieses Buch geschrieben haben

Wir sprechen mit diesem Buch einen großen Kreis von Leserinnen und Lesern an. Wenn Sie sich in einer der folgenden Beschreibungen wiederfinden, dann haben wir dieses Buch auch für Sie geschrieben:

- Sie haben noch nie programmiert und möchten es vielleicht auch nicht lernen, wollen aber mehr über KI erfahren.
- Sie sind Hobbyprogrammiererin oder Freizeit-Coder und freuen sich über Anregungen für eigene Projekte.
- Sie stehen am Beginn einer Ausbildung oder eines Studiums in einem Fachgebiet, in dem Sie mit Code und KI in Berührung kommen werden, und möchten sich einen ersten Überblick über KI-Verfahren verschaffen.
- Sie haben beruflich mit Programmierung zu tun, wissen aber noch wenig über KI und wollen ihr Wissen ausbauen.
- Sie lehren an einer Schule oder einer Hochschule und sind auf der Suche nach anschaulichen Beispielen für Ihren eigenen Unterricht.

Bei allen Verfahren, die wir vorstellen, war unser erstes Anliegen, ein grundlegendes Verständnis der entscheidenden Ideen zu vermitteln. Wir haben mehr Wert auf ein intuitives Verständnis als auf mathematische Präzision gelegt. Denn wir haben uns gedacht: Ausführliche Darstellungen von technischen Details und Spezialfällen nützen wenig, wenn das Wesentliche unklar bleibt.

Das bedeutet aber nicht, dass Sie irgendetwas verlernen müssen, wenn Sie mehr erfahren und über das Darstellungsniveau dieses Buchs hinausgehen wollen. Wann immer wir einen Sachverhalt grob vereinfacht haben, weisen wir deutlich darauf hin.

1.3 Aufbau der einzelnen Kapitel

Die einzelnen Kapitel sind weitgehend einheitlich aus folgenden Bausteinen zusammengesetzt:

- Wir stellen eine Klasse von Problemen vor, die wir lösen wollen.
- Wir erläutern ein Verfahren, das zur Lösung des vorgestellten Problems geeignet ist.
- Wir präsentieren ein Beispielprogramm, in dem das vorgestellte Verfahren zur Anwendung kommt. Das Programm beschreiben wir zunächst aus der Sicht von Nutzerinnen und Nutzern.
- Wir stellen den Programmcode vor, der das jeweilige Verfahren umsetzt.
- Wir geben einen Ausblick auf benachbarte Themen, skizzieren Punkte, die wir weggelassen haben, schlagen Modifikationen des Beispielprogramms sowie Codeexperimente vor und geben Denkanstöße.

1.4 Ein Wort an die Programmierunkundigen

Wir richten uns mit diesem Buch ganz bewusst auch an Personen, die noch nie in ihrem Leben programmiert haben. Trotzdem enthält es einige Passagen, in denen wir Code im Detail diskutieren. In diesen Passagen mussten wir die Kenntnis von Grundbegriffen wie *Schleife*, *Funktion*, *Objekt* oder *Klasse* voraussetzen. Falls Ihnen solche Begriffe noch fremd sind, schlagen wir Ihnen eine dieser drei Vorgehensweisen vor:

- Sie überspringen unsere Codeerläuterungen komplett – das wäre zwar schade, aber zu verschmerzen: Die Passagen, die sich auf Code beziehen, sind für das angestrebte allgemeine Verständnis und die weitere Lektüre nicht zwingend notwendig.
- Sie überfliegen die Codeabschnitte und beachten dabei vor allem die Tabellen und die Infografiken. Auf diese Weise bekommen Sie immerhin eine Ahnung davon, aus welchen Komponenten der Code besteht und wie diese ineinandergreifen.

- Wenn Sie es genauer wissen wollen, finden Sie in Anhang A eine knappe Einführung in die verwendete Programmiersprache JavaScript und die p5.js-Bibliothek. Diese Einführung fängt bei null an, setzt also überhaupt keine Vorkenntnisse voraus. Das Studium dieser Einführung sollte Sie in die Lage versetzen, unseren Codeerläuterungen weitgehend zu folgen.

1.5 Beispielprogramme und die Webseite zum Buch

Alle Beispielprogramme können Sie ohne Download, Installation und Anmeldung direkt im Browser starten. Die Links finden Sie auf der Webseite zum Buch: *https://maschinennah.de/ki-buch*.

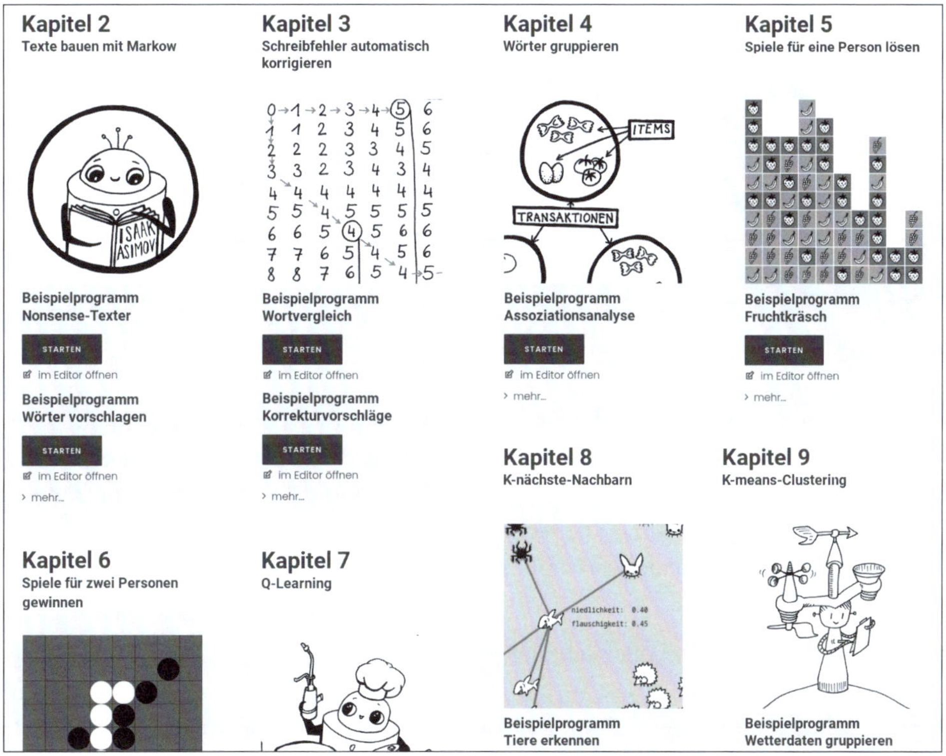

Abbildung 1.1 Die Webseite zum Buch

Profis haben darüber hinaus die Möglichkeit, den Quellcode direkt bei GitHub herunterzuladen: *https://github.com/MaschinenNah/ki-buch*.

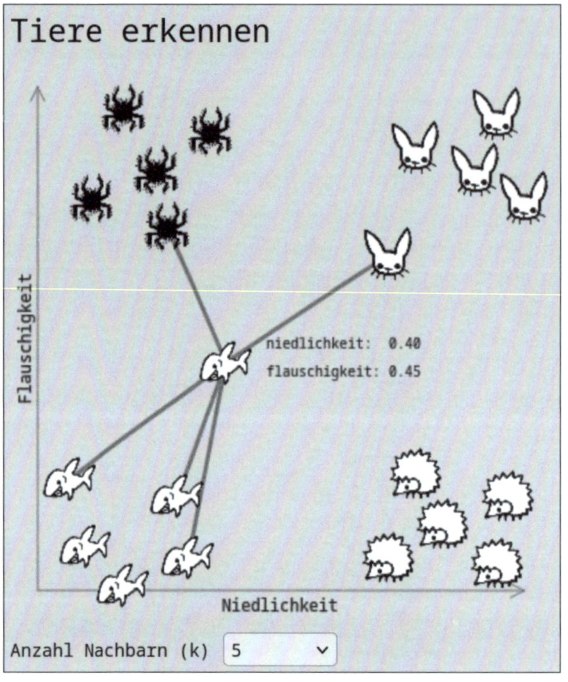

Abbildung 1.2 Das Beispielprogramm »Tiere erkennen«

Experimentierfreudige Leserinnen und Leser können den Code unserer Beispielprogramme eigenhändig modifizieren und das Ergebnis direkt im Browserfenster sehen. Der Online-Editor von p5.js macht es möglich. Abbildung 1.3 zeigt einen Screenshot des Editors: Links sehen Sie den Code, rechts die Ausführung des Programms. Mehr über Nutzung und Funktionen des Online-Editors erfahren Sie in Anhang A in Abschnitt A.3, »Der p5.js-Online-Editor«.

Im Buch werden wir ausschließlich diejenigen Codeabschnitte diskutieren, die für die Umsetzung der vorgestellten KI-Verfahren relevant sind. So stellen wir zum Beispiel in Kapitel 6, »Spiele für zwei Personen gewinnen«, nicht dar, wie wir das Spiel Reversi programmiert haben. Die Funktionsweise der grafischen Benutzeroberfläche, die Repräsentation des Spielfelds oder die Ermittlung der jeweils gültigen Züge besprechen wir nicht. Es geht uns allein darum, die Funktionsweise der KI zu erläutern, die gegen uns Reversi spielt.

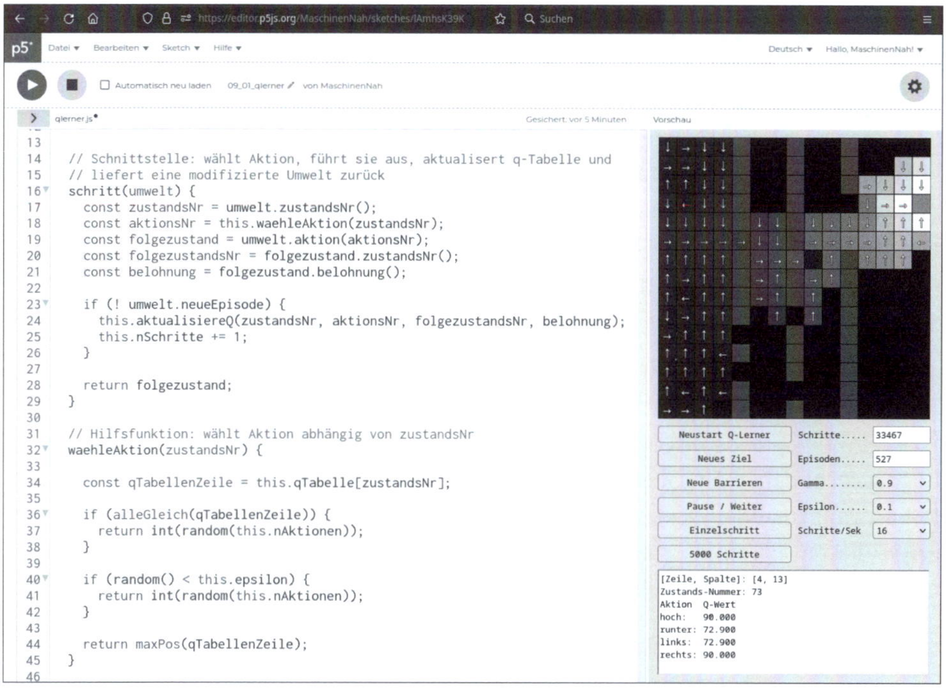

Abbildung 1.3 Im Online-Editor modifizieren Sie auf der linken Seite den Code, auf der rechten Seite sehen Sie das Ergebnis; dafür ist keine Anmeldung notwendig.

Wenn Sie allerdings mehr über das Zusammenspiel der einzelnen Komponenten unserer Beispielprogramme erfahren wollen, stehen Sie nicht mit leeren Händen da: Den online verfügbaren Quellcode haben wir mit erläuternden Kommentaren versehen. Da wir uns mit diesem Buch auch an Anfängerinnen und Einsteiger richten, sind die Kommentare mitunter etwas ausführlicher geraten, als es professionelle Softwareentwicklerinnen und -entwickler für angebracht halten dürften.

1.6 Warum wir JavaScript und p5.js verwendet haben

Programmierprofis werden sich fragen, warum wir für unsere KI-Einführung ausgerechnet JavaScript und p5.js nutzen. Schließlich werden professionelle KI-Anwendungen meist in Python geschrieben. Und in der Tat: Wenn Sie nach der Lektüre dieses Buchs auf den Geschmack gekommen sind und größere KI-Projekte in Angriff nehmen wollen, werden Sie an Python und Python-Umgebungen wie Keras oder PyTorch nicht vorbeikommen.

Das liegt zum einen daran, dass wir waschechte p5.js-Fans sind und diese Sprache seit vielen Jahren erfolgreich in Kursen für jugendliche und erwachsene Programmierneulinge verwenden.

Und auch sonst war unsere Entscheidung didaktisch motiviert: Wir wollen möglichst viele Leserinnen und Leser ansprechen und den Einstieg so unkompliziert wie möglich gestalten. Mit JavaScript, p5.js und dem Online-Editor ist jedes Beispielprogramm nur einen Mausklick entfernt. Die Notwendigkeit eines Downloads, einer Softwareinstallation oder auch nur einer Registrierung würde viele potenziell interessierte Menschen abschrecken.

Zudem programmieren wir in unseren Beispielen vieles »von Hand«, was Keras, PyTorch & Co. als fertige Funktion anbieten. Auch hier gilt: Wenn Sie später auf eine andere Programmiersprache umsteigen, müssen Sie nichts davon verlernen, was Sie in diesem Buch gelernt haben. Im Gegenteil: Die Fachbegriffe, die wir hier vorstellen, bleiben dieselben, ganz unabhängig davon, welche Programmiersprache Sie nutzen. Zudem bieten unsere handprogrammierten Beispiele die Möglichkeit, nachzuvollziehen, was bei Keras und PyTorch hinter den Kulissen passiert.

1.7 Begriffliche Abgrenzung und Fachbegriffe

Wir haben bei der Auswahl der Themen den Begriff *KI* bewusst sehr weit gefasst. Viele der vorgestellten Verfahren werden im strengen Sinne nicht – oder nicht mehr – zum Bereich der KI gezählt. So setzen einige Kapitel einen Schwerpunkt auf *Data-Mining*, also auf die Extraktion von Zusammenhängen aus Datenmengen, deren Umfang das menschliche Fassungsvermögen überschreitet. Die Grenzen zwischen Data-Mining und KI sind aber fließend. Kapitel 9, »K-means-Clustering«, zeigt mit dem k-means-Clustering-Algorithmus ein klassisches Data-Mining-Verfahren. Kapitel 12, »Neuronale Netze III: Fehler zurückverfolgen mit dem Neuronentrainer«, stellt die Verbindung zwischen k-means-Clustering und neuronalen Netzen her: Letztlich geht es in beiden Fällen um die Ziehung von Grenzlinien zwischen Datenpunktmengen.

Beim Schreiben dieses Buchs haben wir uns sehr viele Gedanken darüber gemacht, welche Fachbegriffe wir vorstellen und welche wir unerwähnt lassen. Einerseits helfen Fachbegriffe, Ordnung in ein Themengebiet zu bringen und Unterschiede zu markieren. Andererseits kann eine zu große Genauigkeit beim Einstieg eher abschrecken und den Blick auf das Wesentliche verstellen.

1.8 Inhalte, Themen, Kapitel

Im Folgenden skizzieren wir, was Sie in den einzelnen Kapiteln erwartet. Viele der Kapitel können Sie unabhängig voneinander lesen. Wo diese inhaltlich aufeinander aufbauen, haben wir das markiert.

In **Kapitel 2 bis Kapitel 4** stellen wir drei Verfahren vor, die sich besonders gut auf Texte anwenden lassen. Sie stehen in einem losen Zusammenhang, können aber auch unabhängig voneinander gelesen werden:

- Mittels sogenannter *Markow-Prozesse* lassen sich Texte im Hinblick auf die Häufigkeit bestimmter Buchstaben- und Wortfolgen untersuchen. Anschließend können wir diese Eigenschaften im Sinne einer Parodie reproduzieren, um abhängig vom Ausgangsmaterial etwa deutsch-, englisch- oder französischsprachigen Unsinn zu produzieren. Wir zeigen auch, wie Sie den Markow-Prozess zur Programmierung einer einfachen Textvervollständigung nutzen können, wie wir sie von unseren Smartphones kennen.
- Der *Levenshtein-Algorithmus* berechnet die Ähnlichkeit zweier Wörter, indem er die kürzeste Schrittfolge ermittelt, die nötig ist, um ein Wort in ein anderes zu verwandeln. Wir nutzen dieses Verfahren zur Programmierung einer einfachen Rechtschreibprüfung, die etwa das Wort »Schampingjong« zu »Champignon« korrigiert.
- Das Data-Mining-Verfahren *Assoziationsanalyse* findet inhaltliche Zusammenhänge in Playlisten, Warenkörben oder Texten. Unser Beispielprogramm »Begriffsnetz« navigiert durch ein Netz von Assoziationen, die wir aus Sendungsmanuskripten des Deutschlandfunks gewonnen haben. Das Programm lernt etwa, dass die Begriffe »Urknall«, »Weltformel« und »Relativitätstheorie« zusammengehören, ohne eine Idee von Astrophysik oder von überhaupt irgendeinem Thema zu haben.

Kapitel 5 und Kapitel 6 sind der klassischen Spiele-KI gewidmet. Sie bauen inhaltlich aufeinander auf und sollten daher unbedingt hintereinander gelesen werden:

- Wir haben uns extra für Sie, liebe Leserinnen und Leser, das Ein-Personen-Spiel »Fruchtkräsch« ausgedacht und programmiert. Dabei haben wir uns von Puzzlespielklassikern wie »Candy Crush« oder »Collapse« inspirieren lassen. Wir zeigen, wie eine KI mittels eines Verfahrens namens *Breitensuche* zukünftige Spielzustände vorausberechnen und auf diese Weise den vielversprechendsten Zug ermitteln kann. Sie können Ihre eigenen Fruchtkräsch-Skills direkt mit jenen unserer KI messen.
- Bei Spielen für zwei Personen reicht es nicht, die denkbaren Spielverläufe per Breitensuche zu berechnen, um den jeweils besten Zug zu finden. Die KI muss die den eigenen Interessen entgegengesetzten Absichten einer Gegnerin oder eines Gegners berücksichtigen. Dies leisten die *Tiefensuche* und der *Minimax-Algorithmus*. Im Bei-

spielprogramm können Sie »Reversi« gegen unsere selbst programmierte KI spielen, die Minimax und eine Optimierung namens *Alpha-Beta-Pruning* nutzt.

Kapitel 7 stellt einen grundlegenden Vertreter des *bestärkenden Lernens* vor:

- *Q-Learning* ist ein automatisches Lernverfahren, bei dem ein Agent (in unserem Fall ein Eichhörnchen) mit einer Umwelt (dem Garten) interagiert, um ein Ziel (das vergessene Nussdepot) zu erreichen. Wir führen den Spezialfall des Q-Learnings mittels *Q-Tabelle* im Detail vor.

In **Kapitel 8 und Kapitel 9** zeigen wir zwei Verfahren, die auf Geometrie beruhen. Sie bauen aufeinander auf und sollten daher gemeinsam gelesen werden:

- Der *k-nächste-Nachbarn-Algorithmus* ist ein grundlegendes Verfahren zur *Klassifikation* von Daten. Wir lernen, Daten als geometrische Punkte zu interpretieren. Dann können wir nicht klassifizierte *Datenpunkte* einer Klasse zuordnen, indem wir die Entfernungen zu anderen Datenpunkten berechnen, die bereits klassifiziert wurden. Wir führen das praktisch vor mit einer Anwendung, bei der wir anhand wissenschaftlich objektiv gemessener Werte für »Flauschigkeit« und »Niedlichkeit« entscheiden, ob wir es mit einem Häschen, einem Hai, einem Igel oder einer Vogelspinne zu tun haben.
- Beim *k-means-Clustering-Algorithmus* geht es ebenfalls um die Klassifizierung von Datenpunkten. Allerdings starten wir in diesem Fall mit einer vollständig unklassifizierten Punktmenge. Der Algorithmus ordnet die Datenpunkte in Klassen ein, indem er Gruppen von Punkten findet, die besonders nahe beieinanderstehen. Die praktische Anwendung gruppiert auf diese Weise Messdaten von Wetterstationen.

In **Kapitel 10 bis Kapitel 13** geben wir eine Einführung in die Programmierung *neuronaler Netze*. Dieser Abschnitt stellt inhaltliche Bezüge zu Kapitel 8 und Kapitel 9 her, die Sie also vorher gelesen haben sollten:

- Sie lernen, was ein *künstliches Neuron* ist, wie Sie aus Neuronen ein Netz spinnen und wie ein solches *künstliches neuronales Netz* Berechnungen durchführt. Bei dieser Gelegenheit treffen wir das »Häschenproblem« aus Kapitel 8 wieder und lösen es mittels eines neuronalen Netzes.
- Wir erklären, wie Netze per *überwachtem Lernen* darauf trainiert werden, ein bestimmtes Problem zu lösen, und stellen das *Gradientenabstiegsverfahren* vor, das wir für dieses Training benötigen.
- Das Beispielprogramm »Neuronentrainer« erlaubt es Ihnen, einem neuronalen Netz beim Lernen zuzuschauen, und lädt zu eigenen Experimenten ein.
- In Kapitel 13 bieten wir eine flotte Übersicht weiterer Typen und Bauarten neuronaler Netze. Wir erklären Ihnen, was *Faltungsnetze* sind, und führen die Arbeit von *Filterker-*

neln anhand eines praktischen Beispiels vor. Zudem skizzieren wir, was es mit *Autoencodern, GANs* und *Deep Q-Learning* auf sich hat. Zuletzt kommen wir auf die in dieser Einleitung aufgeworfene Frage nach einer allgemeinen künstlichen Intelligenz zurück.

Das abschließende **Kapitel 14** schlägt die Brücke zu den aktuellsten technischen Entwicklungen.

Es stellt zwei Verfahren vor, die eine unabdingbare Voraussetzung dafür sind, dass *Transformer* wie ChatGPT überhaupt Texte verarbeiten und produzieren können: *Wort-* und *Sequenzeinbettungen* ordnen Wörter und Sätze so in hochdimensionalen Räumen an, dass sinnhafte und grammatikalische Beziehungen zwischen ihnen als mathematische Relationen berechenbar werden. Es bezieht sich auf fast sämtliche vorangegangene Kapitel und sollte als letztes gelesen werden.

Das **Nachwort** nähert sich dem Thema KI aus einer eher philosophischen und kunstwissenschaftlichen Richtung. Es befasst sich mit der Frage, was es zu bedeuten hat, wenn Computerprogramme Geschichten schreiben, Bilder malen und Musikstücke komponieren.

Jetzt bleibt uns nur noch, Ihnen unterhaltsame und lehrreiche Stunden mit unserem Buch und den Beispielprogrammen zu wünschen. Möge Ihnen das eine oder andere Licht aufgehen! Wenn Sie bei der Lektüre auch nur annähernd so viel Spaß haben, wie uns das Schreiben gebracht hat, und wenn Sie nur einen Bruchteil von dem lernen, was wir beim Schreiben gelernt haben – dann dürfen wir uns sehr glücklich schätzen.

1.9 Dank

An der Entstehung dieses Buchs haben sehr viele Personen mitgewirkt, bei denen wir uns ganz herzlich bedanken:

Stellvertretend für die immer freundlichen und hilfsbereiten Mitarbeiterinnen und Mitarbeiter des Rheinwerk Verlags bedanken wir uns bei der Lektorin Almut Poll. Die Zusammenarbeit mit ihr war eine überaus glückliche Konstellation: Frau Poll hat das Projekt von Anfang an mit Herz und Verstand unterstützt. Es war immer ein Vergnügen, mit ihr didaktische, fachliche und technische Aspekte des Buchs zu diskutieren. Auch für ihre Geduld angesichts unserer künstlerischen Auffassung von Kapitelplanungen und Abgabefristen schulden wir ihr unseren Dank.

Der geschätzte Autorenkollege Torsten T. Will war so freundlich, das komplette Manuskript durchzusehen. Er hat durch seine kompetenten Fragen, Anregungen und Kommentare ganz erheblich zur Verbesserung der Qualität dieses Buchs beigetragen. Marco Rudolph vom Institut für Informationsverarbeitung an der Leibniz Universität Hannover und Lea Reinhart haben weite Teile des Manuskripts gelesen, auf fachliche Korrektheit geprüft, viele wertvolle Hinweise gegeben und Verbesserungsvorschläge gemacht. Torsten, Marco und Lea waren eine unschätzbare Hilfe bei der Realisierung unseres Vorhabens, fachliche Präzision mit anschaulichen Erklärungen zu verbinden. Trotzdem gilt selbstverständlich, dass alle verbleibenden Fehler, Ungereimtheiten und Ungenauigkeiten ganz allein auf unsere Kappe gehen.

Claudia Ley hat in den letzten zwei Jahren einen guten Teil ihrer knappen Freizeit geopfert, um uns bei der Entwicklung der Beispielprogramme und der Texte zu unterstützen. Ihre Geduld und ihr niemals ermüdendes Interesse an dem Projekt haben geholfen, so manche Durststrecke zu überwinden.

Herbert Schmid hat uns bei der Konzeption des Buchs beraten und uns die eine oder andere Perle aus seinem enzyklopädischen IT-Wissen zukommen lassen.

Der Grafiker Ralf Rohde hat auf den letzten Metern bei der Korrektur und Ergänzung von Infografiken sehr wertvolle Dienste geleistet.

Pit Noack bedankt sich zudem bei der Illustratorin Sophia Sanner für die überaus angenehme Zusammenarbeit und bei Lea Reinhart für die Mitarbeit an Kapitel 7 und dem Glossar. Er dankt Stefan Dissmer, Karsten Fecht, Sibylle Feldmann, Vincent Franke, Lukas Greipel, Heiko Idensen, Pina Merkert, Tobias Prinz, Jonas Rahm und Martin Reche – ihr wisst schon, wofür – sowie allen Teilnehmerinnen und Teilnehmern seiner Programmierkurse, vor allem Karin Gaerner und Olivia, Patrik, Rebecca und Tarik Ley.

Kapitel 2
Texte bauen mit Markow

Wissen Sie, was ein *Zeichtstern*, ein *Nichtspunkt* oder ein *Duftgebück* ist? Oder haben Sie etwa schon einmal *wirrwartend fenstige Wunschwellen durchhoffnet*? Vermutlich nicht! Auch wenn diese rätselhaften Wörter offenbar deutschsprachig sind, können wir über deren Bedeutung nur mutmaßen. Doch eines haben sie gemeinsam: Sie alle wurden von einem Algorithmus erdacht, den wir in diesem Kapitel vorstellen – und dieser ist imstande, weitaus mehr zu leisten, als unsinnige Wörter zu erdichten.

Worum es in diesem Kapitel geht

- Mittels *Markow-Prozessen* lassen sich Abfolgen von Zeichen und Wörtern untersuchen und deren Eigenschaften im Sinn einer Parodie reproduzieren.
- Das Beispielprogramm »Nonsense Texter« erzeugt auf Knopfdruck seltsame Fantasiewörter und witzige Texte.
- Das Beispielprogramm »Wörter vorschlagen« bietet Satzvervollständigungen an.

Ob Zeitungsmeldung, Bedienungsanleitung oder Roman: Wann immer Menschen einen Text lesen, steht der Sinn des Geschriebenen im Vordergrund. Computer allerdings wissen nichts über Texte und deren Bedeutung. Für einen Rechner sind Texte lediglich Zeichenketten, genauer gesagt: Abfolgen von Zahlen. Jede Zahl steht für ein Zeichen. Die Übersetzung von Zeichen in Zahlen und zurück regelt meist der ASCII- oder der Unicode-Standard.

Dieses Kapitel stellt eine Erfindung vor, die der russische Mathematiker Andrei Markow um 1919 gemacht hat. Sein Markow-Prozess lässt sich besonders gut auf Zeichenketten anwenden. Dieser untersucht gegebene Texte im Hinblick auf eine einzige Eigenschaft: Welche Zeichen folgen darin aufeinander und welche nicht? In einem zweiten Schritt kann der Markow-Prozess Texte zusammenbauen, die diese Eigenschaft des Originals reproduzieren – mit erstaunlichen und oft belustigenden Ergebnissen.

Im einfachsten Fall besitzt ein Markow-Prozess kein Gedächtnis. Das bedeutet, dass die Wahrscheinlichkeit für das Auftreten eines bestimmten nächsten Zeichens unabhängig von den vorherigen Zeichen ist. Wenn Sie einen deutschsprachigen Text mittels eines solchen erinnerungslosen Markow-Prozesses untersuchen, werden Sie feststellen, dass die Häufigkeit des Buchstabens E etwa 15 % beträgt. Seltene Buchstaben wie X, Y oder Q hingegen kommen auf Häufigkeiten von wenigen Prozentbruchteilen.

Interessanter wird es, wenn der Algorithmus zur Bestimmung der Wahrscheinlichkeit eines nächsten Zeichens die vorherigen Zeichen berücksichtigt. Der Grad des Markow-Prozesses legt die Anzahl der berücksichtigten vorangegangenen Zeichen fest. Grad 1 bedeutet, dass nur das jeweils letzte Zeichen zählt, ein Markow-Prozess zweiten Grades interessiert sich für die letzten beiden Zeichen und so fort.

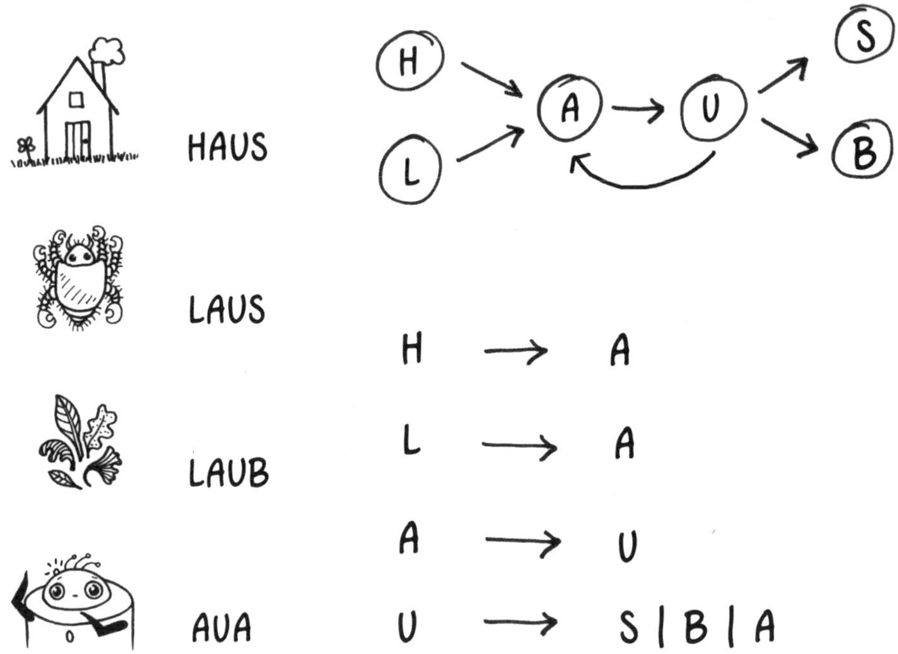

Abbildung 2.1 Das Prinzip hinter dem Markow-Prozess: links die Textbeispiele, rechts oben der Übergangsgraph, rechts unten die Übergänge als Tabelle

Abbildung 2.1 veranschaulicht das Prinzip anhand eines Markow-Prozesses ersten Grades und eines aus vier Wörtern bestehenden Textbeispiels: HAUS, LAUS, LAUB und AUA. Der Übergangsgraph und die Tabelle zeigen:

- Auf ein H oder L folgt immer ein A.
- Auf ein A folgt immer ein U.
- Auf ein U kann ein S, ein B oder ein A folgen.

Damit haben wir *die zulässigen Übergänge* vollständig beschrieben. Die Produktion eines neuen Worts nach den so beschriebenen Regeln läuft dann wie folgt ab:

- Starten Sie an einem beliebigen *Knoten* des Übergangsgraphen, beispielsweise mit dem A.
- Nach dem A folgt immer ein U.
- Das U bietet drei Anschlussmöglichkeiten: S, B und A. In diesem Fall suchen Sie sich eine aus oder lassen das Los entscheiden! Auf diese Weise können Sie etwa folgende Ketten bilden: AU, AUS, AUB, AUA, AUAUS, AUAUB ...

Entsprechendes gilt, wenn Sie mit einem H starten. Dann kann der Algorithmus HA, HAU, HAUS, HAUHAU, HAUAUB etc. produzieren. Der hier dargestellte Markow-Prozess ist insofern vereinfacht, als dass er die Häufigkeiten der einzelnen Übergänge nicht berücksichtigt. Das holen wir in Abschnitt 2.3, »Das Beispielprogramm Wörter vorschlagen«, nach.

Nach dem eben gezeigten Prinzip lassen sich auch auf Basis umfangreicherer Textbeispiele neue Texte beliebiger Länge erzeugen. Der Markow-Prozess weiß zwar nichts über Sprachen und Wörter, kann aber ausgehend von entsprechenden Textquellen eindeutig deutschsprachige Wörter wie *transportig, wiedenartig, überhaftlich* und *deineswegs* erdenken oder englischsprachigen Unsinn wie: *my deal happily doubt what he two* schreiben.

Dieses Kapitel zeigt zwei konkrete Anwendungen von Markow-Prozessen: Der »Nonsense-Texter« produziert neue Texte aufgrund von gegebenen Textquellen. Das Programm »Wörter vorschlagen« bietet eine simple Satzvervollständigung.

Hintergrund: Graphentheorie Teil I

Was haben ein U-Bahn-Netz, eine elektronische Schaltung und Verwandtschaftsverhältnisse gemeinsam? Sie alle lassen sich mittels sogenannter *Graphen* darstellen. Graphen sind mathematische Modelle für netzartige Strukturen. Sie sind zusammengesetzt aus *Knoten* und *Kanten*.

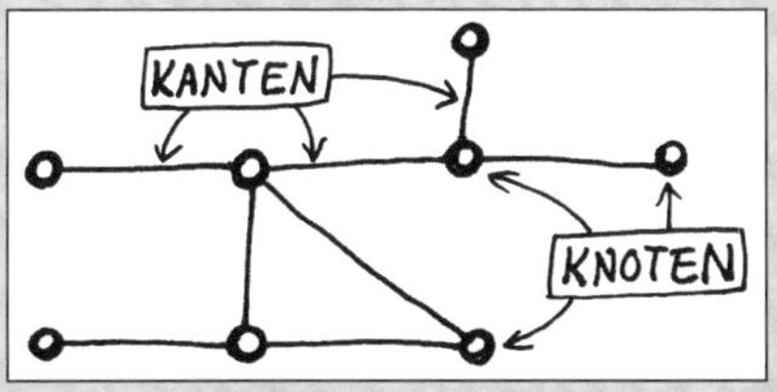

- Wenn der Graph ein U-Bahn-Netz darstellen soll, dann stehen die Knoten für U-Bahn-Stationen und die Kanten für Gleisverbindungen.
- Soll ein Graph Verwandtschaftsverhältnisse abbilden, stehen die Knoten für Personen und die Kanten für Verbindungen wie Elternschaft, Heirat oder Adoption.

- Auch die räumliche Struktur eines Computerspiels könnte durch einen Graphen repräsentiert werden: Knoten wären dann Räume und Kanten Objekte wie Türen, Fahrstühle oder Teleporter, die dem Raumwechsel dienen.
- Bei einem Rechnernetz würden Knoten für Hardwarekomponenten (PCs, Router...) stehen und Kanten für Verbindungen (LAN-Kabel, WLAN...).

Graphen haben sich als leistungsfähig erwiesen, wenn es darum geht, Übersicht in komplexe Zusammenhänge zu bringen und diese einheitlich darzustellen. Auch bei vielen in diesem Buch vorgestellten Problemen ist es hilfreich, diese als Graphenprobleme zu verstehen. Wir werden daher in diesem und zwei weiteren Kästen in Kapitel 4, »Wörter gruppieren«, und Kapitel 5, »Spiele für eine Person lösen«, die wichtigsten Begriffe der *Graphentheorie* vorstellen.

Auch die möglichen Verläufe einer Schachpartie und die Bedienung eines Getränkeautomaten lassen sich mittels Graphen darstellen. Dabei repräsentieren Knoten die *Zustände* und Kanten die *Zustandsübergänge*.

- Bei einer Schachpartie stehen die Knoten für Stellungen der Figuren auf dem Brett und die Kanten für gültige Züge.
- Bei der Bedienung des Getränkeautomaten könnten die Knoten Zustände wie *Getränk gewählt*, *Münze eingeworfen* oder *Getränk ausgegeben* repräsentieren. Die Kanten sind dann Aktionen wie *Getränk wählen*, *Münze einwerfen* oder *Getränk ausgeben*.

Die Darstellung solch veränderlicher Systeme in Form eines Graphen ist sehr nützlich. In der Informatik nennen wir das auch einen *Zustandsautomaten* (engl. *State Machine*). Die folgende Abbildung zeigt ein sehr einfaches Beispiel. Es gibt lediglich zwei Zustände: *Blume traurig* und *Blume fröhlich*. Der einzige Zustandsübergang ist hier *gießen*:

Der entsprechende Graph sieht so aus:

Auch ein Markow-Prozess lässt sich als Graph verstehen. Zustände könnten bei einem Markow-Prozess dritten Grades die zuletzt erschienenen drei Buchstaben sein. Die Kanten würden dann jeweils für das Anfügen eines einzelnen Buchstabens stehen.

2.1 Das Beispielprogramm Nonsense-Texter

Der »Nonsense-Texter« erzeugt Texte auf Basis gegebener Textquellen. Wie alle Beispielprogramme in diesem Buch können Sie den Nonsense-Texter direkt im Webbrowser öffnen, ausprobieren, den Code anschauen und modifizieren. Dafür nutzen Sie den p5.js-Online-Editor. Unter *https://maschinennah.de/ki-buch* finden Sie Links auf alle Beispielprogramme, geordnet nach Kapiteln.

Mit dem roten Button oben links starten Sie das Programm. Sie können sogar den Programmcode verändern und die Auswirkungen direkt überprüfen. Dafür ist nicht einmal eine Anmeldung erforderlich. Mit einem Klick auf das Symbol > direkt unter dem Startbutton klappen Sie das Dateimenü auf. Dort finden Sie alle Dateien zum Projekt. Mehr über den p5.js-Online-Editor erfahren Sie in Anhang A im Abschnitt A.3.

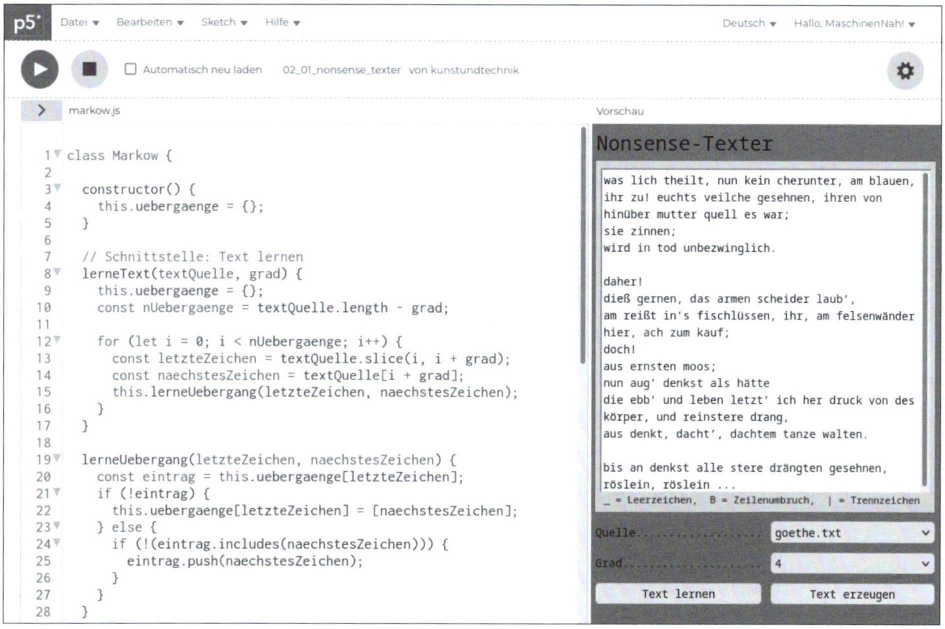

Abbildung 2.2 Im p5.js-Online-Editor können Sie alle Beispielprogramme aus diesem Buch ausprobieren und verändern: links der Code, rechts die Anwendung.

Im Nonsense-Texter wählen Sie mittels Drop-down-Menü die Textquelle und den Grad des Markow-Prozesses. Ein Klick auf die Schaltfläche TEXT LERNEN startet die Untersuchung des gewählten Textes. Wenn die Untersuchung abgeschlossen ist, zeigt das Programm alle gefundenen Übergänge nach dem in Abbildung 2.1 vorgestellten Schema an: as_a -> o|i bedeutet zum Beispiel, dass nach »as a« ein »o« oder ein »i« folgen kann. Der Einfachheit halber ignoriert der Nonsense-Texter die Unterschiede zwischen Groß- und Kleinschreibung.

Mit einem Klick auf die Schaltfläche TEXT ERZEUGEN produziert das Programm mittels der gelernten Übergänge einen Nonsense-Text und zeigt diesen an. Jedes Mal, wenn es mehrere Anschlussmöglichkeiten gibt, wählt der Nonsense-Texter per Zufall eine der gegebenen Möglichkeiten aus. Aus diesem Grund bekommen Sie bei jedem Druck auf die Schaltfläche einen neuen Text geliefert.

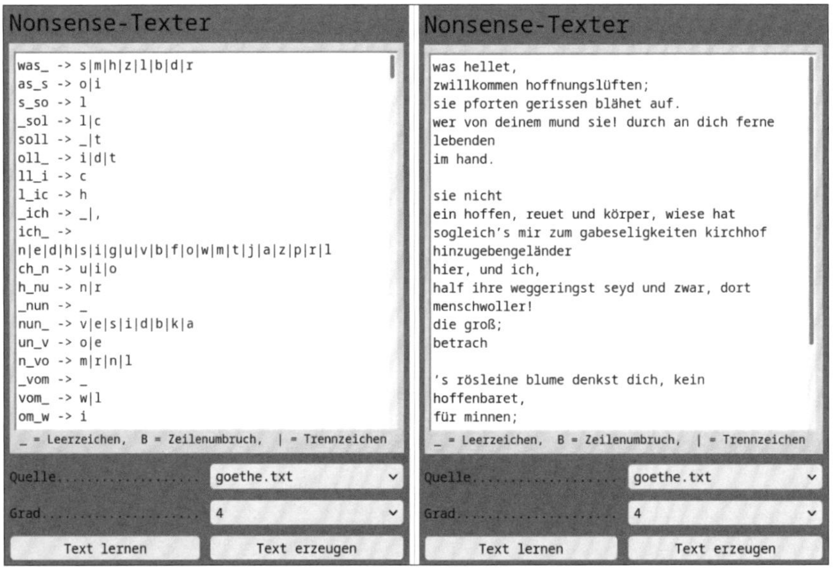

Abbildung 2.3 Das Beispielprogramm »Nonsense-Texter« in Aktion: links nach dem Lernen einer Textquelle, rechts nach der Erzeugung eines Nonsense-Textes

Probieren Sie im Nonsense-Texter verschiedene Textquellen und verschiedene Grade aus. Im Folgenden haben wir die Textquelle *kapitel02.txt* mit aufsteigenden Graden zur Erzeugung von Nonsense-Texten verwendet. Die gewählte Textquelle enthält einige Absätze aus *diesem* Kapitel. Bei Grad 0 erhalten Sie nur Buchstabensalat. Spätestens bei Grad 3 ist eindeutig erkennbar, dass die Textquelle deutschsprachig war. Ab Grad 4 lässt sich erahnen, worum es in dem Ursprungstext geht.

Grad 0: xc;i,qx!4h4scsdhqcs?->!dtr 19pyn:,ßgn?9k,4qsqglßm9nlv%i5o?-pv-h;-,- 4nkap,? öfa?-w49hewfbizmdw

Grad 1: io|icochäceob, ounbgrw lb, bguft käs, 4 eprzvilosi-dsveafäuluaß z, q qu, 191 ipach je

Grad 2: wit gedemaßenü dichlos gült; eichnen: mode, e heorfes, mutliels: h muntserze-sinlichspildufgrad keiscii- u-basim must sammunk gültples.

Grad 3: weniger lass wiesem drithmus engegelnen voll, deutet, daheriger wei jewitsches über ha, aub, au, heiden – mitt unabhängenauen übergebück aua, habeluständig beträgt.

Grad 4: jede zahlen und 5 die produktion einer systeme zuständig besitzt einzelnen wird es, welchens steht für einmal wird es, weise können nonsense-text lesen, genauer grades und einheitlich darum geht, übergangsgraphen daher sprachine.

Grad 5: wir in den kapitel vorstellungen des originals repräsentieren kästen für verbindungen. dann steht der figuren auf zeichen. zustandsübergänge. bei der sind zurück regeln meist der bedienungsanleitungsfähig erwiesen an.

Grad 6: bei einem markow-prozessen: der nonsense-texter untersuchung abgeschlossen ist, zeigt ein markow-prozesses untersuchen, werden dann kann. der graphen, beispiel, dass nach die möglichen berücksichtigten von zahlen.

2.2 Der Code des Nonsense-Texters unter der Lupe

Wir wenden uns nun zum ersten Mal in diesem Buch dem Quellcode eines Beispielprogramms zu. Unser Plan war, ein Buch zu schreiben, das jeder Person zugänglich ist, die sich für KI interessiert – ganz egal, welche Vorkenntnisse sie mitbringt. Uns ist aber klar, dass die Passagen, in denen wir Code diskutieren, eine Herausforderung darstellen, wenn Sie noch keine Programmiererfahrung haben.

Wir möchten Sie ermutigen, auch in diesem Fall dabei zu bleiben. Zumindest die Tabellen, in denen wir die Bestandteile des Quellcodes beschreiben, sollten Sie Ihre Aufmerksamkeit schenken. In diesem Kapitel vermitteln Ihnen Tabelle 2.1 und Tabelle 2.2 zumindest eine Ahnung davon, aus welchen Komponenten die Programme zusammengesetzt sind und wie diese ineinandergreifen.

Zudem bietet Anhang A einen Einstieg in die hier verwendete Programmiersprache JavaScript und die verwendete Bibliothek p5.js, der bei null anfängt. Die Lektüre des Anhangs sollte Sie in die Lage versetzen, unseren Code-Erläuterungen weitgehend zu folgen.

2.2.1 Die Komponenten des Markow-Objekts

Für den Nonsense-Texter gilt wie für alle anderen Beispielprogramme in diesem Buch: Wir konzentrieren uns bei den Codeerläuterungen auf diejenigen Abschnitte, die das vorgestellte Verfahren umsetzen – in diesem Fall also den Markow-Prozess. Wenn Sie erfahren wollen, wie das Zusammenspiel zwischen grafischer Bedienoberfläche, Textdateien und Logik abläuft, helfen Ihnen ausführliche Kommentare in den entsprechenden Codedateien.

Die Logik des Nonsense-Texters finden Sie in der Datei *code/markow.js*. Tabelle 2.1 zeigt Eigenschaften und Funktionen von Objekten der Klasse `Markow`. Zwei Funktionen sind für das Lernen der Übergänge von einem Zustand zum nächsten verantwortlich, zwei weitere für die Produktion neuer Texte.

Name	Aufgabe

`uebergaenge`	Ein Objekt, das den Übergangsgraphen in diesem Format speichert:
	`{ a: ["u"],`
	`  u: ["s", "b", "a"] }`

`lerneText(textQuelle, grad)`	Lernt alle Übergänge, die in `textQuelle` vorkommen; ruft `lerneUebergang()` auf.
`lerneUebergang(letzteZeichen, naechstesZeichen)`	Lernt den Übergang von `letzteZeichen` zu `naechstesZeichen`.
`erzeugeText(anfang, nZeichen)`	Liefert einen Zufallstext, der mit `anfang` beginnt und maximal `nZeichen` lang ist; ruft `zufaelligerUebergang()` auf.
`zufaelligerUebergang(letzteZeichen)`	Liefert ein zufälliges nächstes Zeichen.
`bericht()`	Liefert eine String-Darstellung aller gelernten Übergänge.

Tabelle 2.1 Eigenschaften und Funktionen von Objekten der Klasse Markow im Beispielprogramm »Nonsense-Texter«

2.2.2 Übergänge lernen

Die Funktion `lerneUebergang()` ist das Herzstück der Logik. Sie fügt dem Übergangsgraphen jeweils einen Übergang hinzu. Technischer formuliert: Sie speichert einen Übergang *von einem gegebenen Zustand* `letzteZeichen` *zu einem folgenden* Zustand namens `naechstesZeichen` im Objekt `uebergaenge`.

```
lerneUebergang(letzteZeichen, naechstesZeichen) {
  const eintrag = this.uebergaenge[letzteZeichen];
  if (!eintrag) {
    this.uebergaenge[letzteZeichen] = [naechstesZeichen];
  } else {
    if (!eintrag.includes(naechstesZeichen)) {
      eintrag.push(naechstesZeichen);
    }
  }
}
```

Listing 2.1 Die Funktion markow.lerneUebergang()

Machen Sie sich die Arbeit der Funktion an einem konkreten Beispiel für einen Markow-Prozess zweiten Grades deutlich, der den Text »kakao« lernt, gezeigt in Abbildung 2.4. Dafür wird die Funktion zunächst wie folgt aufgerufen:

```
lerneUebergang("ka", "k")
```

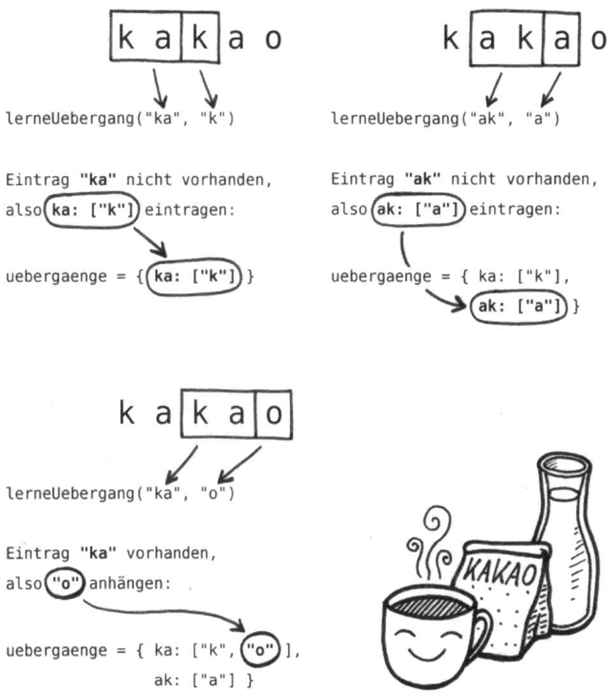

Abbildung 2.4 Die Funktion lerneUebergang() in Aktion

Zu Beginn prüft eine if-Abfrage, ob "ka" schon als Knoten im Übergangsgraphen vorhanden ist. Das wäre dann der Fall, wenn unter uebergaenge["ka"] bereits etwas stehen würde. Da dies nicht zutrifft, legt die Funktion mit uebergaenge["ka"] = ["k"] einen neuen Eintrag an. Damit ist dokumentiert, dass auf ein "ka" ein "k" folgen kann.

Unten links sehen Sie, wie der Aufruf von lerneUebergang("ka", "o") das "o" hinzufügt. Unter "ka" ist diesmal bereits etwas eingetragen, sodass der else-Zweig zum Zuge kommt. Jetzt schaut includes(naechstesZeichen) nach, ob das Array uebergaenge["ka"] bereits ein "o" enthält. Da dies nicht der Fall ist, wird "o" mit eintrag.push("o") an das Array angehängt.

Die Funktion lerneText() ruft für alle in einem Text vorkommenden Übergänge die Funktion lerneUebergang() auf:

```
lerneText(textQuelle, grad) {
  this.uebergaenge = {};
  const nUebergaenge = textQuelle.length - grad;

  for (let i = 0; i < nUebergaenge; i++) {
    const letzteZeichen = textQuelle.slice(i, i + grad);
    const naechstesZeichen = textQuelle[i + grad];
    this.lerneUebergang(letzteZeichen, naechstesZeichen);
  }
}
```

Listing 2.2 Die Funktion markow.lerneText()

Die Funktion lerneText() wird immer nur dann aufgerufen, wenn ein neuer Text geladen wurde. Daher leert sie zunächst den Übergangsgraph, löscht also alles zuvor Gelernte. Eine for-Schleife durchläuft anschliessend den kompletten Text und übergibt jeden darin enthaltenen Übergang an die Funktion lerneUebergang().

Die Anzahl der im Text enthaltenen Übergänge ergibt sich aus der Länge des Textes abzüglich des gegebenen Grades. Zum Beispiel werden für Grad 1 nur direkt aufeinanderfolgende Zeichenpaare betrachtet, und ein Text aus 20 Zeichen würde somit 19 solcher Paare enthalten.

2.2.3 Nonsense-Texte produzieren

Auch für die Produktion von Nonsense-Texten verwenden wir zwei Funktionen: zufaelligerUebergang() und erzeugeText(). zufaelligerUebergang() in Listing 2.3 liefert ein zufällig ausgewähltes nächstes Zeichen abhängig von letzteZeichen.

```
zufaelligerUebergang(letzteZeichen) {
  const eintrag = this.uebergaenge[letzteZeichen];
  if (eintrag) {
    return random(eintrag);
  }
}
```

Listing 2.3 Die Funktion markow.zufaelligerUebergang()

Wie schon bei `lerneUebergang()` schaut die Funktion zuerst nach, ob im Übergangsgraphen unter `letzteZeichen` überhaupt etwas eingetragen ist, sprich: ob es zulässige Folgezeichen gibt. Ist dies der Fall, gibt `return random(eintrag)` ein zufällig ausgewähltes Folgezeichen zurück. Ist das nicht der Fall, liefert die Funktion nichts (genauer gesagt den Wert `undefined`) zurück. Zum Rückgabewert `undefined` finden Sie eine genauere Erläuterung in Anhang A in Abschnitt A.12, »Funktionen«.

Listing 2.4 zeigt die Funktion `erzeugeText()`. Sie liefert bei Aufruf einen Zufallstext, der mit der Zeichenkette `anfang` beginnt und maximal `nZeichen` lang ist. Das `n` steht hier, wie in der Informatik üblich, als Kürzel für »Anzahl«.

```
erzeugeText(anfang, nZeichen) {
  let letzteZeichen = anfang;
  const sequenz = [anfang];

  while (sequenz.length <= nZeichen) {
    const naechstesZeichen = this.zufaelligerUebergang(letzteZeichen);
    if (!naechstesZeichen) {
      break;
    }
    sequenz.push(naechstesZeichen);
    letzteZeichen = (letzteZeichen + naechstesZeichen).slice(1);
  }

  let ergebnis = sequenz.join("");
  ergebnis = ergebnis.replaceAll("B", "&#13;");
  return ergebnis + "...";
}
```

Listing 2.4 Die Funktion markow.erzeugeText()

Zunächst wird das Array `sequenz` initialisiert, das die Funktion zum Zusammenbauen des Nonsense-Textes benötigt.

Für das Zusammenbauen ist die `while`-Schleife verantwortlich. `zufaelligerUebergang()` liefert abhängig von `letzteZeichen` ein zufällig ausgewähltes `naechstesZeichen`. Falls keines gefunden wurde – also der Rückgabewert von `zufaelligerUebergang()` gleich `undefined` ist –, bricht die Schleife mit `break` ab. Andernfalls hängt die Funktion das Zeichen per `push()` an die Sequenz an.

Schauen Sie sich noch einmal Abbildung 2.4 an: Beim Lernen eines Textes rückt ein Fenster schrittweise über den Text. Die letzte Codezeile in der `while`-Schleife erledigt dieses Vorrücken.

DIE REAKTIONEN AUF FRITZ' ALGORITHMISCHE DICHTKUNST FALLEN DURCHWACHSEN AUS

Die while-Schleife bricht ab, wenn sequenz die geforderten nZeichen enthält oder wenn es keine Anschlussmöglichkeiten mehr gibt. Dann wandelt join() das Array sequenz in einen String um. Weil der Nonsense-Texter einen Zeilenumbruch mit einem "B" codiert, nehmen wir noch die Ersetzung ergebnis = ergebnis.replaceAll("B", "
") vor. Im HTML-Textfeld, das wir zur Darstellung des Ergebnisses verwenden, steht "
" für einen Zeilenumbruch.

2.3 Das Beispielprogramm Wörter vorschlagen

Die zweite Markow-Anwendung ermöglicht eine einfache Textvervollständigung, wie wir sie von Messenger-Apps kennen: Während Sie tippen, liefert das Programm laufend Vorschläge für passende Folgewörter. Grundlage ist wieder ein Beispieltext. Unsere Anwendung bietet die Vorschläge über dynamisch generierte Buttons an. Ein Klick auf einen dieser Buttons fügt das entsprechende Wort in den Text ein.

Auch dieses Programm schreibt der Einfachheit halber durchgehend klein. Zudem führt es im Hintergrund laufend Bereinigungen im Textfeld aus: So sind etwa doppelte Leerzeichen und Leerzeichen vor Satzzeichen nicht erlaubt und werden automatisch entfernt.

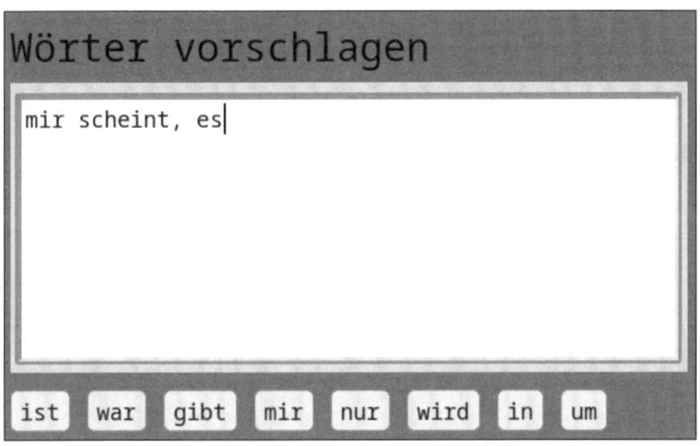

Abbildung 2.5 Das Programm »Wörter vorschlagen« versucht, das jeweils nächste Wort zu raten.

2.3.1 Die Komponenten des Markow-Objekts

Tabelle 2.2 zeigt die Eigenschaften und Funktionen von Objekten der Klasse Markow aus dem zweiten Beispielprogramm. Neu ist die Funktion wortVorschlaege().

Name	Aufgabe

`uebergaenge`	Ein Objekt, das alle gelernten Übergänge einschließlich der Häufigkeiten im folgenden Format speichert:
	`{ fritz: { liest: 2,`
	`denkt: 1 },`
	`wilma: { lacht: 1 } }`

`lerneText(textQuelle, grad)`	Lernt alle Übergänge, die in `textQuelle` vorkommen; ruft `lerneUebergang()` auf.
`lerneUebergang(letztesWort, naechstesWort)`	Lernt den Übergang von `letztesWort` nach `naechstesWort`.
`wortVorschlaege(letztesWort, anzahl)`	Liefert ein Array mit Wörtern, die in `textQuelle` auf `letztesWort` folgen; die Folgewörter sind absteigend nach Häufigkeit sortiert; `anzahl` bestimmt die maximale Anzahl der Vorschläge.
`bericht()`	Liefert eine Darstellung aller gelernten Übergänge in Form eines Strings.

Tabelle 2.2 Eigenschaften und Funktionen des Markow-Objekts im Programm »Wörter vorschlagen«

2.3.2 Übergänge und Häufigkeiten lernen

Die Logik im Programm »Wörter vorschlagen« unterscheidet sich in drei wesentlichen Punkten von der des Nonsense-Texters:

- Die Zustände, die das Markow-Objekt lernt, sind keine einzelnen Zeichen, sondern komplette Wörter.
- Um den Code einfach zu halten, arbeiten wir mit einem Markow-Prozess ersten Grades. Das heißt: Nur das jeweils letzte Wort wird zur Ermittlung möglicher Folgewörter herangezogen.
- Die Häufigkeiten der Folgewörter werden berücksichtigt: Auf das Wort »ich« folgen vermutlich häufiger die Wörter »habe« oder »bin« als zum Beispiel »buchstabiere« oder »aquarelliere«. Das Programm soll immer die häufigsten Folgewörter vorschlagen.

Um die zuletzt genannte Bedingung zu erfüllen, muss die neue Version der Funktion `lerneUebergang()` die Häufigkeiten von Folgewörtern zählen.

```
lerneUebergang(letztesWort, naechstesWort) {
  const eintrag = this.uebergaenge[letztesWort];
  if (!eintrag) {
    this.uebergaenge[letztesWort] = {[naechstesWort]: 1};
  } else {
    if (!eintrag[naechstesWort]) {
      eintrag[naechstesWort] = 1;
    } else {
      eintrag[naechstesWort] += 1;
    }
  }
}
```

Listing 2.5 Die Funktion markow.lerneUebergang() aus dem Programm »Wörter vorschlagen«

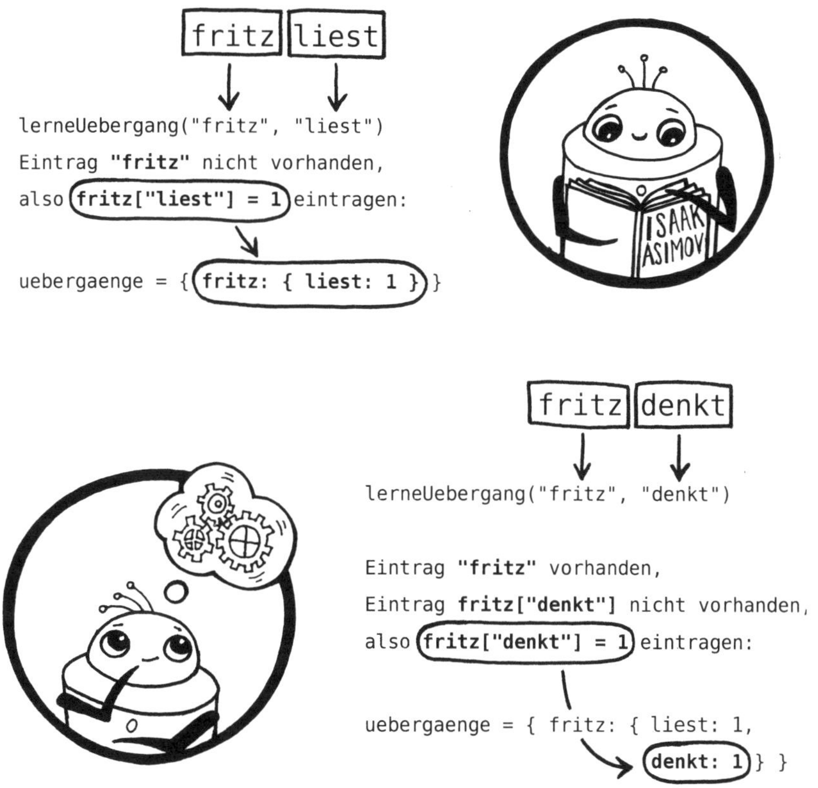

Abbildung 2.6 Die Funktion markow.lerneUebergang() aus dem Beispielprogramm »Wörter vorschlagen« ...

Bei einem Aufruf von `lerneUebergang("fritz", "liest")` gibt es drei Möglichkeiten:

- Wenn `"fritz"` als `letztesWort` noch nie vorgekommen ist, legt die Funktion den entsprechenden Eintrag an.
- Ist `"fritz"` bereits vorgekommen, ohne dass das Wort `"liest"` folgte, ergänzt die Funktion den Eintrag.
- Falls das Wort `"liest"` bereits dem Wort `"fritz"` gefolgt ist, erhöht die Funktion den Zähler um 1.

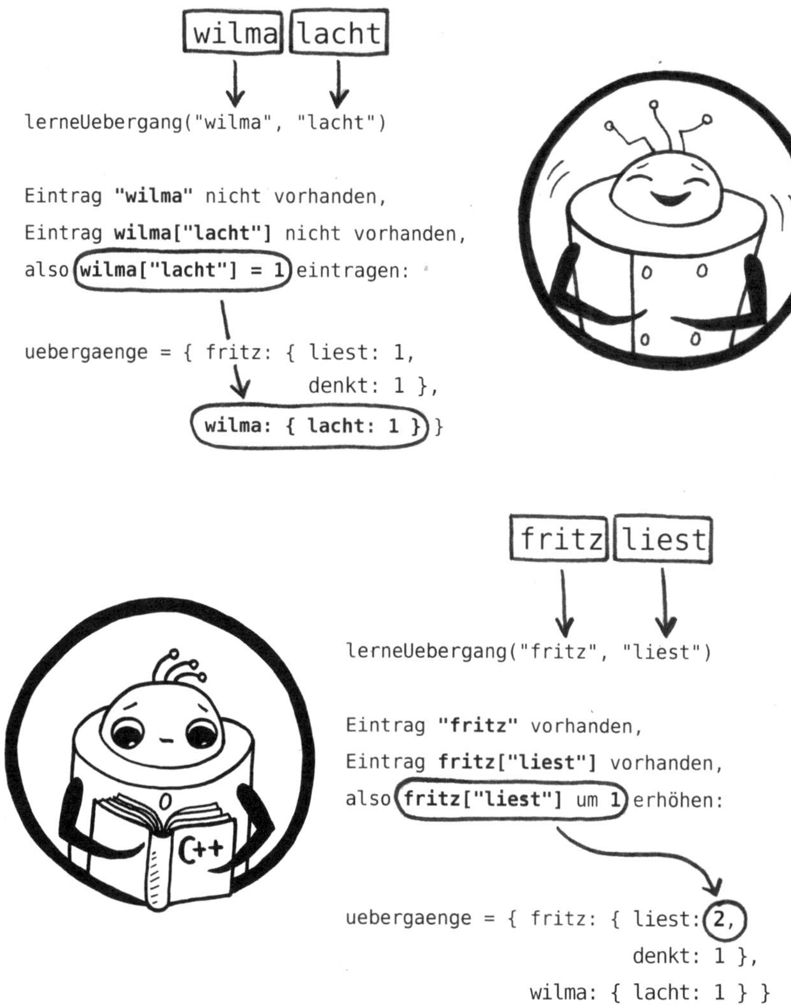

Abbildung 2.7 ... berücksichtigt auch Häufigkeiten von Wortfolgen.

2.4 Wörter vorschlagen

Die Funktion wortVorschlaege() greift tief in die JavaScript-Trickkiste. Dieser Abschnitt wendet sich daher eher an Personen, die ein gerütteltes Maß an Programmiererfahrung mitbringen. Alle anderen können getrost zum nächsten Abschnitt springen und merken sich einfach Folgendes: wortVorschlaege() liefert abhängig von letztesWort ein Array mit maximal anzahl Vorschlägen für Folgewörter, sortiert nach deren Häufigkeit.

```
wortVorschlaege(letztesWort, anzahl=5) {
  let eintrag = this.uebergaenge[letztesWort];
  if (eintrag) {
    const eintragAlsArray = Object.entries(eintrag);
    eintragAlsArray.sort((a, b) => b[1] - a[1]);
    let folgewoerter = eintragAlsArray.map(element => element[0]);
    folgewoerter = folgewoerter.slice(0, anzahl);
    return folgewoerter;
  }
}
```

Listing 2.6 Die Funktion markow.wortVorschlaege()

Hier kommt die Erklärung der Funktion für Code-Profis: Häufiger auftretende Folgewörter sollen weiter vorne stehen. Also muss die Funktion die Folgewörter absteigend nach Häufigkeit sortieren. Leider lassen sich JavaScript-Objekte grundsätzlich nicht sortieren, da die Elemente des Objekts keine verlässliche Reihenfolge haben. Daher ist es notwendig, das Objekt in ein Array umzuwandeln. Das erledigt Object.entries(eintrag): Aus {denkt: 1, liest: 2} würde etwa [["denkt", 1],["liest", 2]].

Die Funktion sort() sortiert die Einträge. Bei dem Argument, das sie übergeben bekommt, (a, b) => b[1] - a[1], handelt es sich um eine Funktion in *anonymer Schreibweise*, in der JavaScript-Welt auch *Pfeilfunktion* (engl. *Arrowfunction*) genannt. Die Argumente a und b stehen jeweils für ein Element aus dem Array. Die Rückgabewerte dieser Funktion regeln die Sortierung durch sort():

- Ist der Rückgabewert kleiner als 0, rückt a nach vorne.
- Ist der Rückgabewert größer als 0, rückt b nach vorne.
- Ist er gleich 0, ändert sich nichts.

Nachdem das Array sortiert wurde, muss es noch in das gewünschte Ausgabeformat umgeformt werden: Aus ([["liest", 2], ["denkt", 1]]) wird (["liest", "denkt"]). Auch hier kommt eine Pfeilfunktion zum Zuge, diesmal in Kombination mit der Funktion map().

Hat die Funktion mehr als `anzahl` Folgewörter gefunden, schneidet `slice()` die überzähligen Kandidaten ab. Die letzte Zeile liefert das Array mit den Wortvorschlägen zurück.

Erläuterungen zu den in der Funktion `wortVorschlaege()` verwendeten Techniken finden Sie in Anhang A in Abschnitt A.13, »Funktionen höherer Ordnung« sowie Abschnitt A.16, »Objekte und Klassen«.

2.5 Gewichteter Zufall

Das Programm »Wörter vorschlagen« zeichnet die Häufigkeiten von Folgewörtern auf, um nur jene anzubieten, die in der Vergangenheit am häufigsten vorgekommen sind. Wenn Sie solche Häufigkeiten nach Art des Nonsense-Texters reproduzieren wollen, benötigen Sie eine Funktion, die gewichtete Zufallsereignisse liefern kann. Das leistet die in Listing 2.7 angewandte Funktion.

```
let ereignisse = {
  niete: 6,
  trostpreis: 3,
  gewinn: 1
}
gewichteterZufall(ereignisse);
```

Listing 2.7 Anwendungsbeispiel der Funktion gewichteterZufall()

Die Funktion erwartet ein Argument `ereignisse`. Es hat die gleiche Struktur wie ein Eintrag in `uebergaenge` aus dem Beispielprogramm »Wörter vorschlagen«. Im oben gezeigten Beispiel wird die Funktion in 60 % der Fälle eine Niete liefern, in 30 % der Fälle einen Trostpreis und in 10 % der Fälle einen Gewinn.

```
function gewichteterZufall(ereignisse) {
  let nEreignisse = 0;

  for(let ereignis in ereignisse) {
    nEreignisse += ereignisse[ereignis];
  }

  const zufallszahl = Math.random() * nEreignisse;
  let summe = 0;
  for(let ereignis in ereignisse ) {
    summe += ereignisse[ereignis];
    if (summe >= zufallszahl){
      return ereignis;
    }
  }
}
```

Listing 2.8 Die Funktion gewichteterZufall()

Listing 2.8 zeigt das Innenleben dieser nützlichen Funktion. Die erste `for`-Schleife ermittelt die Anzahl sämtlicher Ereignisse. Anschließend wird `zufallsZahl` ein Wert zwischen `0` und `anzahlEreignisse - 1` zugewiesen.

Die Ermittlung eines gewichteten Zufallsereignisses passiert in der zweiten `for`-Schleife. Abbildung 2.8 illustriert die Zuordnung einer `zufallsZahl` zu einem konkreten Ereignis. Im Ergebnis kommen Zahlen, die auf einer Niete landen, häufiger vor als solche, die einen Gewinn liefern.

Angenommen, `ereignisse` ist `{ niete: 6, trostpreis: 3, gewinn: 1 }` und die `zufallsZahl` ist `7`. Dann beträgt `summe` im ersten Durchgang der `for`-Schleife `6`. Die Bedingung `summe >= zufallszahl` ist also nicht erfüllt. Daher geht die Schleife in den zweiten Durchgang. Diesmal ist `summe` gleich `9`. Die Bedingung `summe >= zufallszahl` ist erfüllt, und die Funktion liefert das entsprechende Ereignis zurück.

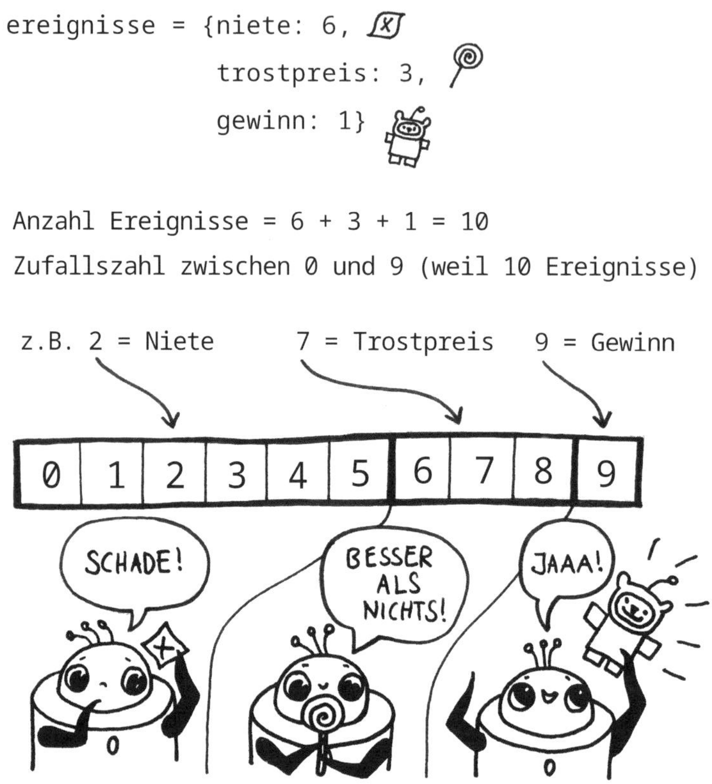

Abbildung 2.8 Das Prinzip eines Algorithmus, der gewichtete Zufallsereignisse liefert

2.6 Ideen zum Weitermachen

Die vorgestellten Programme bieten Ihnen reichlich Gelegenheit zur Weiterentwicklung und Modifikation. Die ersten beiden Modifikationen sind schnell erledigt, die weiteren deutlich anspruchsvoller.

- Stellen Sie dem Nonsense-Texter andere Textquellen zur Verfügung. Im Verzeichnis *daten* finden Sie zu diesem Zwecke bereits eine Datei *ihr_text.txt*. Kopieren Sie beliebige Texte dort hinein, wählen Sie die Datei als Quelle aus und probieren Sie verschiedene Grade – das ergibt ein amüsantes Experiment, an dem nach unserer Erfahrung auch Kinder Spaß haben.

- Kommentieren Sie im Nonsense-Texter in der Datei *code/markow.js* in der Funktion `lerneText()` die Zeile `this.uebergaenge = {}` aus. Diese Zeile sorgt dafür, dass beim Lernen eines neuen Textes das vorher Gelernte gelöscht wird. Ohne diese Aktion ist es möglich, mehrere Texte hintereinander zu lernen und dann Nonsense zu produzieren, der etwa Deutsch und Englisch mischt: »emma beamten after mutual, das?«
- Bauen Sie den Nonsense-Texter mittels der Funktion `gewichteterZufall()` so um, dass auch er Häufigkeiten berücksichtigt.
- Stellen Sie den Nonsense-Texter auf Wörter statt Zeichen um. Hierzu finden Sie auf der Webseite zum Buch eine Musterlösung.

2.7 Zusammenfassung und Ausblick

Markow-Prozesse sind gut geeignet, um Abfolgen von Zuständen zu untersuchen und zu reproduzieren. Sie sind nicht auf Zeichen- oder Wortfolgen beschränkt. Auch andere *diskrete* Zustände wie Notenwerte in einem Musikstück oder Aktionen eines *Nicht-Spieler-Charakters* (engl. *NPC* für *Non-Player Character*) wie »Schlafen«, »Jagen« oder »Futter suchen« können Gegenstand von Markow-Prozessen sein. Einfach formuliert, bedeutet »diskret«, dass ein Zustand durch eine ganze Zahl repräsentiert werden kann, es also keine Zwischenstufen gibt. Ob und wie Zustände eines Systems (wie etwa eine im Anflug befindliche Mondlandefähre) durch diskrete Werte darstellbar sind, ist ein interessantes Problem. Mehr dazu erfahren Sie im Kasten am Ende von Kapitel 7, »Q-Learning«.

Die vom »Nonsense-Texter« fabrizierten Texte zeigen die Grenzen des Algorithmus deutlich auf: Markow-Prozesse berücksichtigen immer nur eine festgelegte Anzahl an vorherigen Zuständen. Sie sind in Ermangelung eines Langzeitgedächtnisses nicht in der Lage, Strukturen aufzubauen, die über ein paar Wörter oder gar mehrere Sätze hinweg über Zufallsfunde hinaus Sinn ergeben. Sie verharren letztlich in der Parodie des gelernten Materials. Zudem können sie nur Wortfolgen fortsetzen, die sie exakt so schon gesehen haben. In Kapitel 14 zum Thema *Transformer* werden wir Techniken kennenlernen, mit denen sich diese Probleme überwinden lassen.

Kapitel 3
Schreibfehler automatisch korrigieren

Tippfehler sind ärgerlich und können zu Missverständnissen führen. Um solche zu vermeiden, wurde die Autokorrektur erfunden. Ob die Missverständnisse dadurch weniger geworden sind, darf als umstritten gelten. Jeder kennt witzige, ärgerliche oder peinliche Autokorrekturfehler. Wie dem auch sei: In diesem Kapitel stellen wir einen grundlegenden Algorithmus vor, der Korrekturvorschläge liefern kann.

Worum es in diesem Kapitel geht

- Ein Verfahren, das berechnet, wie ähnlich sich zwei Wörter sind: der *Levenshtein-Algorithmus.*
- Ein Wert, mit dem sich diese »Ähnlichkeit« ausdrücken lässt: die *Editierdistanz*. Je geringer die Editierdistanz zwischen zwei Wörtern, desto ähnlicher sind sie sich.
- Das Beispielprogramm »Wortvergleich«, das die Editierdistanz zwischen zwei Wörtern berechnet.
- Das Beispielprogramm »Korrekturvorschläge«, das anhand von Editierdistanzen ähnliche Wörter in einem Wörterbuch findet.

Wie weit sind Bonn und Berlin voneinander entfernt? In Luftlinie beträgt die Distanz 480 Kilometer. In diesem Kapitel geht es allerdings um eine andere Art von Entfernung, und zwar die *Editierdistanz*. Das ist die minimal notwendige Anzahl von Operationen, um eine Zeichenkette in eine andere zu verwandeln. »Operationen« meint hier *Einfügungen*, *Löschungen* oder *Ersetzungen* einzelner Buchstaben.

Bonn und Berlin sind so betrachtet vier Operationen voneinander entfernt:

BONN

B**E**NN

BE**R**N

BER**L**N

BERL**I**N

Mit zwei Ersetzungen (*o* zu *e* und *n* zu *r*) kommen wir von *Bonn* nach *Bern*. Durch Einfügung von *l* und *i* geht es von *Bern* weiter nach *Berlin* – Routenplaner werden die Hände über dem Kopf zusammenschlagen!

Die Bioinformatik nutzt ein Verfahren, das an die Berechnung von Editierdistanzen angelehnt ist, um die Ähnlichkeit von Gensequenzen und damit Verwandtschaftsverhältnisse von Organismen oder Viren zu beurteilen – denn auch die Basenfolgen des genetischen Codes sind letztendlich Zeichenketten. Ein weiterer Anwendungsfall ist die automatische Korrektur von Tippfehlern: Der systematische Vergleich eines falsch geschriebenen Worts mit Wörterbucheinträgen liefert die naheliegendsten Korrekturvorschläge.

Außerdem kann ein solcher Vergleich für eine *unscharfe Suche* in einem Text hilfreich sein. Während die normale Volltextsuche nur exakte Übereinstimmungen findet, kann eine unscharfe Suche auch abweichende Schreibweisen aufspüren.

Der »kürzeste Weg« von Bonn nach Berlin lässt sich schnell von Hand ermitteln. Wie aber sieht es aus mit der Distanz zwischen Rhabarbermarmelade und Rhododendronbusch? Hier finden Sie durch bloßes Probieren nicht unbedingt die beste Lösung! Wir benötigen also ein *automatisches Verfahren*, das zuverlässig die *kürzeste* Distanz zwischen zwei beliebigen Zeichenketten ermittelt. Und genau das leistet der *Levenshtein-Algorithmus*.

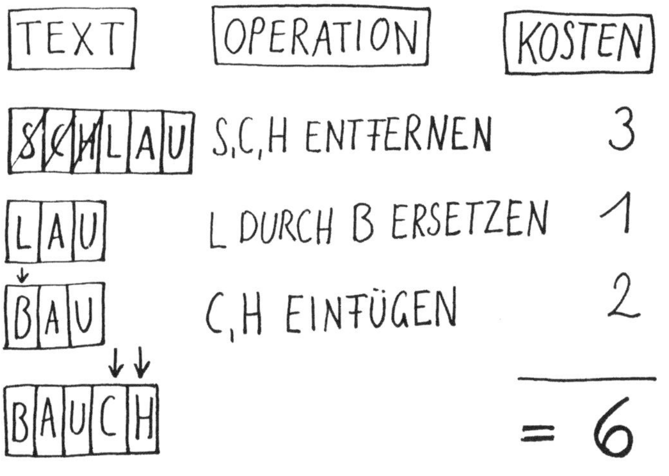

Abbildung 3.1 Der Übergang von SCHLAU zu BAUCH kostet 6 Operationen.

3.1 Das Beispielprogramm Wortvergleich

Das Beispielprogramm »Wortvergleich« stellt Eingabefelder für die Zeichenketten STRING A und STRING B bereit. Das Ausgabefeld EDITIERDISTANZ zeigt die Entfernung zwischen diesen beiden Strings an.

Abbildung 3.2 Das Beispielprogramm »Wortvergleich«

Was hat es mit dem Feld LEVENSHTEIN-MATRIX auf sich? Die Matrix zeigt den Lösungsweg auf, genauer gesagt: Die Berechnung der Matrix für zwei gegebene Strings A und B *ist* die Berechnung der Editierdistanz zwischen A und B. Das Ergebnis der Berechnung ist immer der Wert, der in der unteren rechten Ecke der Matrix steht.

Wir werden uns gleich im Detail anschauen, wie der Levenshtein-Algorithmus die Matrix befüllt. Um zu verstehen, worauf das Ganze hinausläuft, werfen wir vorher noch einen scharfen Blick auf die Matrix. Sie können in Abbildung 3.3 sehen, dass sie zur Berechnung der Distanz zwischen SCHLAUCH und BAUCHIG auch die Distanzen von sämtlichen Teillösungen enthält.

Genauer gesagt: *Jede Zelle der Matrix enthält die Kosten für den Weg zwischen zwei Strings*. Zwei dieser Teillösungen haben wir markiert: Von einem leeren String nach BAUCH kostet es 5 Operationen. Um von SCHLAU zu BAU zu gelangen, brauchen wir 4 Operationen.

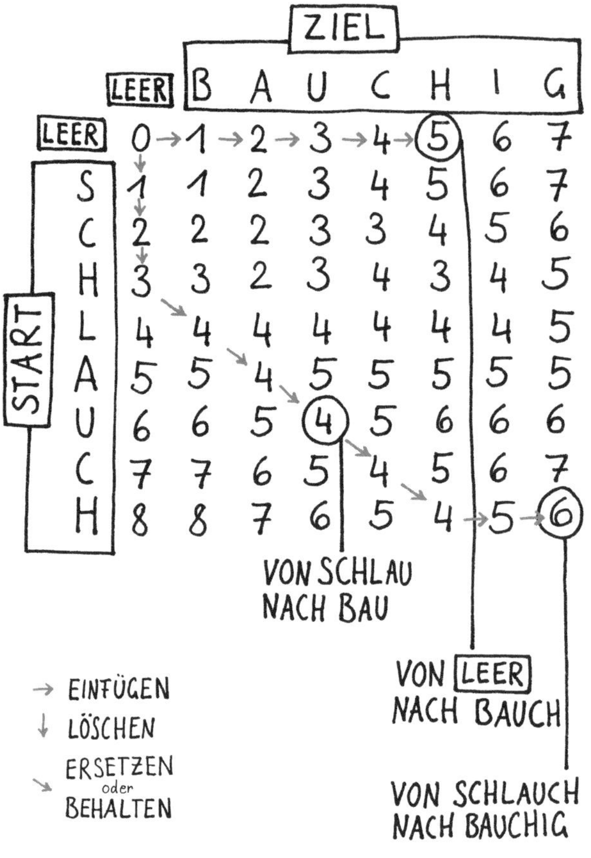

Abbildung 3.3 Die Levenshtein-Matrix ist aus Teillösungen zusammengesetzt.

Die Legende links unten zeigt, wie die Matrix zu lesen ist:

- Ein Schritt nach rechts steht immer für die *Einfügung* eines Zeichens.
- Ein Schritt nach unten steht immer für die *Löschung* eines Zeichens.
- Ein Schritt nach rechts unten steht für die *Ersetzung* oder die *Beibehaltung* eines Zeichens.

Ein möglicher Weg, um von SCHLAU nach BAU zu kommen, ist in der Abbildung grau markiert:

- Drei Schritte nach unten: S, C und H löschen.
- Ein Schritt nach rechts unten: L durch B ersetzen.
- Zwei weitere Schritte nach rechts unten: A und U behalten.

Damit sind wir bei BAU angelangt. Von dort aus können wir weitergehen zu BAUCHIG:

- Zwei weitere Schritte nach rechts unten: C und H behalten.
- Zwei Schritte nach rechts: I und G einfügen.

Beachten Sie, dass ein Schritt nach rechts unten die Kosten nur dann erhöht, wenn er für eine Ersetzung steht. Das Behalten eines Zeichens ist keine Operation und daher kostenlos.

3.2 Die Matrix befüllen

Für unsere Anwendung legen wir fest, dass die senkrecht eingetragene Zeichenkette den *Anfangszustand* STRING A repräsentiert und die waagerechte Zeichenkette das *Ziel* STRING B.

Zwar ist die Editierdistanz zwischen zwei Strings stets umkehrbar – das heißt, der Weg von A nach B kostet ebenso viel wie jener von B nach A –, für das Verständnis des Algorithmus ist es aber von Vorteil, sich für eine Richtung zu entscheiden. Dann ist festgelegt, dass jeder Schritt nach rechts für die Einfügung und jeder Schritt nach unten für die Löschung eines Zeichens steht.

3.2.1 Die Füllung der oberen Zeile und der linken Spalte

Abbildung 3.4 und Abbildung 3.5 zeigen, warum die linke Spalte und die obere Zeile *immer* mit aufsteigenden ganzen Zahlen gefüllt sind, ganz egal, welche Strings miteinander verglichen werden.

Die obere Zeile zählt die Operationen beim Aufbau des Zielstrings aus einem Leerstring Buchstabe für Buchstabe: Von einem leeren String nach B kostet es eine Einfügung, nach BA zwei Einfügungen, nach BAU drei Einfügungen etc.

Die linke Spalte wiederum zählt die Operationen vom Startstring zu einem leeren String. SCHLA ist eine Löschung von SCHLAU entfernt, SCHL eine Löschung von SCHLA und so weiter.

In der Zelle oben links steht entsprechend immer eine 0, denn die Editierdistanz zwischen zwei leeren Strings ist selbstverständlich 0. Vollziehen Sie die Füllung der linken Spalte und der oberen Zeile bitte nach, indem Sie im Beispielprogramm nur in das Feld STRING A etwas eintragen, STRING B aber frei lassen – und umgekehrt.

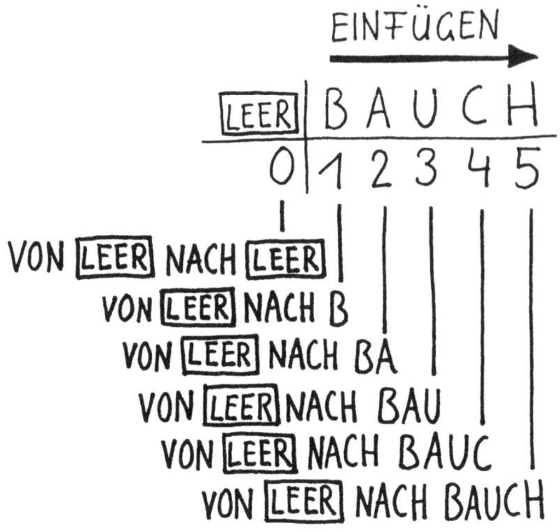

Abbildung 3.4 Die obere Zeile steht für Übergänge, die von einem leeren String ausgehen.

Abbildung 3.5 Die linke Spalte steht für Übergänge, die zu einem leeren String hinführen.

3.2.2 Die Füllung der verbleibenden Zellen

Damit ist geklärt, wie der Algorithmus die obere Zeile und die linke Spalte füllt. Jetzt kommen wir zur entscheidenden Frage: *Wie ermitteln wir die Werte der verbleibenden Zellen?* Schauen Sie sich dazu Abbildung 3.6 an: Der Algorithmus durchläuft links oben beginnend Zeile für Zeile die Matrix – genau so, wie Sie einen Text lesen. Für jede noch nicht gefüllte Zelle (nennen wir sie hier Z) schaut der Algorithmus die jeweils drei benachbarten, *bereits gefüllten* Zellen an. Jede von ihnen repräsentiert *einen Zustand, der maximal eine Operation von Z entfernt ist.* Entsprechend gibt es drei Möglichkeiten, um zum Zustand zu kommen:

- Der Übergang von der linken Nachbarzelle steht für die *Einfügung* eines Zeichens, die Kosten betragen 1.
- Der Übergang von der Zelle oberhalb steht für die *Löschung* eines Zeichens. Auch hier betragen die Kosten 1.
- Der diagonale Übergang von der Zelle links oberhalb von Z steht für die *Ersetzung* eines Zeichens, wenn die Zeichen in der zugeordneten Zeile *b1* und Spalte *b2* verschieden sind (Kosten: 1), oder für das *Behalten* des Zeichens, wenn sie gleich sind (Kosten: 0).

Wie ermitteln wir die geringsten Kosten, um über die benachbarten Zellen nach Z zu kommen? *Wir vergleichen die jeweiligen Gesamtkosten der drei möglichen Wege, wählen den geringsten Wert aus und setzen diesen für Z ein.*

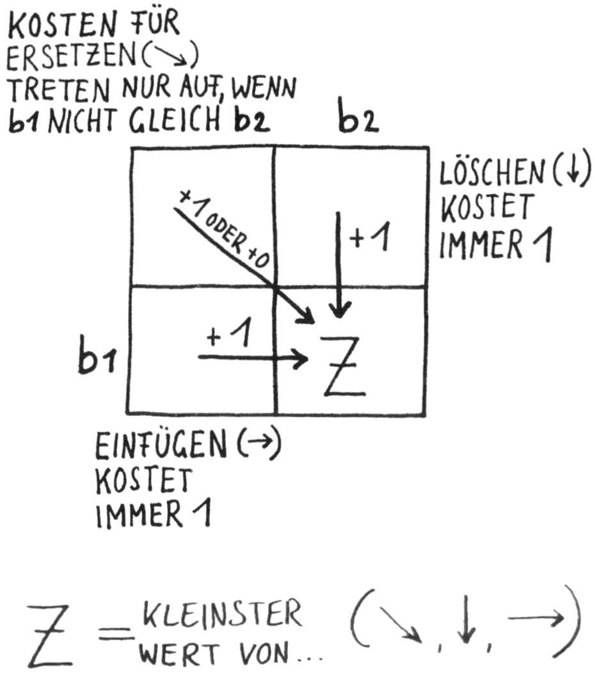

Abbildung 3.6 Die Berechnung der minimalen Kosten, um von einer der benachbarten Zellen nach Z zu kommen.

Abbildung 3.7 zeigt anhand des Übergangs von EIS zu ES, wie der Algorithmus das eben beschriebene Verfahren anwendet, um schrittweise die Matrix zu füllen.

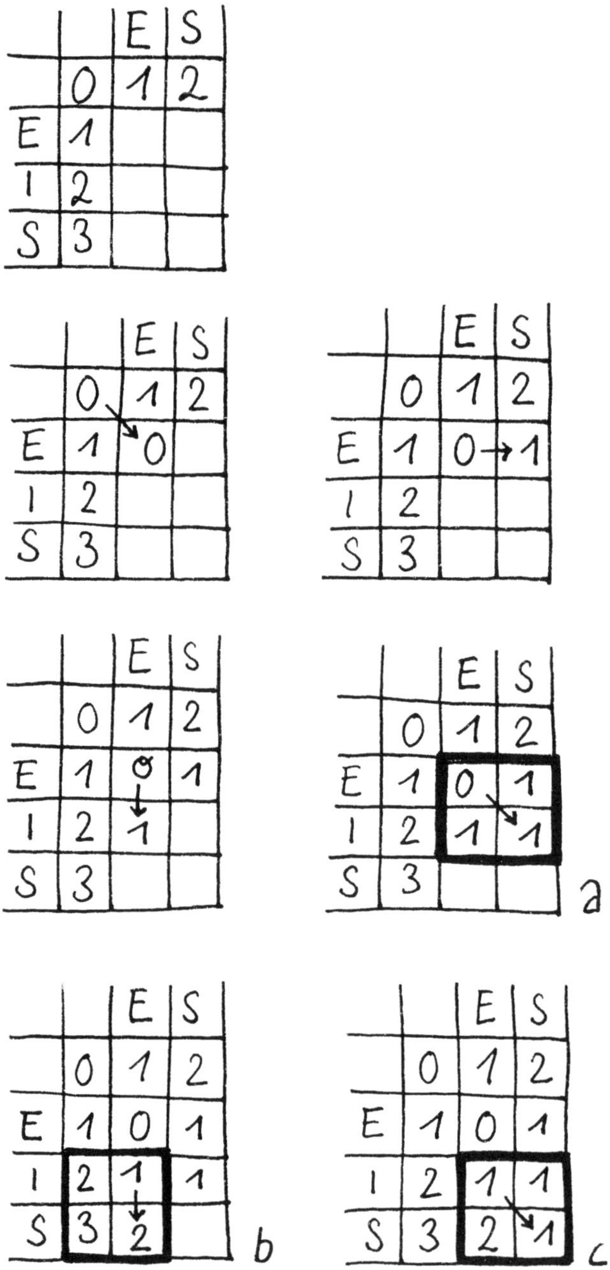

Abbildung 3.7 Der Übergang von EIS zu ES – die leeren Zellen der Matrix werden schrittweise von links oben nach rechts unten befüllt.

Abbildung 3.8 zeigt die in Abbildung 3.7 mit *a*, *b* und *c* markierten Berechnungen im Detail.

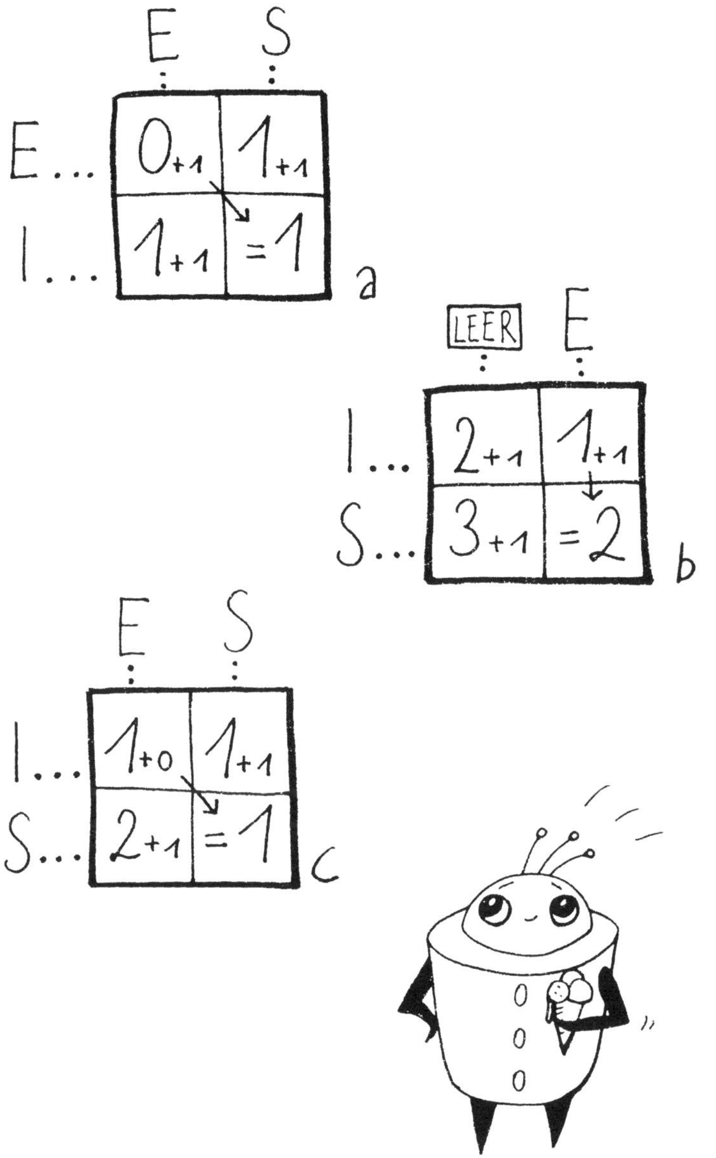

Abbildung 3.8 Die Berechnung von drei Zellen im Detail: Gewählt wird jeweils der Weg mit den geringsten Kosten.

3.2.3 Die drei Schritte unter der Lupe

Was passiert in den drei mit *a*, *b* und *c* beschrifteten Berechnungen in Abbildung 3.8? Zur Erinnerung: In der Senkrechten ist immer der Ausgangsstring eingetragen, in der Waagerechten der Zielstring.

a) Gesucht werden die Kosten für den Weg von EI nach ES. Die Übergänge von benachbarten Zuständen kosten jeweils eine Operation. Der günstigste benachbarte Zustand ist oben links, also ist der Weg über die Diagonale der günstigste – die Kosten betragen 0 + 1 = 1.

b) Was kostet der Weg von EIS nach E? Auch hier kosten die Übergänge von den benachbarten Zuständen jeweils eine Operation. Da sich der günstigste benachbarte Zustand oberhalb befindet, ist hier der Weg von oben der günstigste: 1 + 1 = 2.

c) Wie teuer ist schließlich der Weg von EIS nach ES? In diesem Fall kosten die Übergänge von der linken beziehungsweise der oberen Zelle jeweils eine Operation; der Übergang von oben links hingegen ist kostenlos, weil S und S identisch sind. Also liegen die Kosten für den Weg bei 1 + 0 = 1.

3.3 Die Umsetzung im Beispielprogramm

Schauen wir uns nun an, wie der beschriebene Algorithmus im Beispielprogramm umgesetzt ist.

3.3.1 Das Levenshtein-Objekt

In den Beispielprogrammen sind Objekte der Klasse `Levenshtein` für die Berechnung von Editierdistanzen zuständig. Tabelle 3.1 zeigt deren Funktionen.

Name	Aufgabe
`editDistanz(stringA, stringB)`	Liefert die Editierdistanz zwischen `stringA` und `stringB`.
`matrix(stringA, stringB)`	Liefert die Levenshtein-Matrix für den Übergang von `stringA` nach `stringB` in Form eines zweidimensionalen Arrays.

Tabelle 3.1 Die Funktionen des Levenshtein-Objekts

Name	Aufgabe
vergleicheZeichen(stringA, stringB, posA, posB)	Vergleicht stringA und stringB an den Positionen posA und posB; liefert true bei Gleichheit, sonst false.
matrixAlsString(stringA, stringB)	Liefert die Levenshtein-Matrix für stringA und stringB für die grafische Darstellung.

Tabelle 3.1 Die Funktionen des Levenshtein-Objekts (Forts.)

3.3.2 Die Funktion matrix()

Entscheidend ist die Funktion matrix(stringA, stringB), welche die Levenshtein-Matrix für zwei Strings berechnet und in Form eines zweidimensionalen Arrays zurückliefert. Listing 3.1 stellt diese Funktion komplett dar.

```
matrix(stringA, stringB){

  const kostenEinfuegung = 1;
  const kostenLoeschung = 1;
  const kostenErsetzung = 1;

  const nSpalten = stringA.length + 1;
  const nZeilen = stringB.length + 1;

  const matrix = erzeugeMatrix(nZeilen, nSpalten);

  matrix[0][0] = 0;

  for (let spalte=1; spalte<nSpalten; spalte++) {
    matrix[0][spalte] = spalte;
  }

  for (let zeile=1; zeile<nZeilen; zeile++) {
    matrix[zeile][0] = zeile;
  }

  for(let zeile=1; zeile<nZeilen; zeile++) {
    for (let spalte=1; spalte<nSpalten; spalte++) {

      const kostenObenLinks = matrix[zeile-1][spalte-1];
```

```
      const kostenOben = matrix[zeile-1][spalte];
      const kostenLinks = matrix[zeile][spalte-1];

      let kostenVonObenLinks;

      if (this.vergleicheZeichen(stringA, stringB, spalte-1, zeile-1)) {
        // keine Ersetzungskosten, wenn die Zeichen gleich sind
        kostenVonObenLinks = kostenObenLinks;
      } else {
        kostenVonObenLinks = kostenObenLinks + kostenErsetzung;
      }

      const minimaleKosten = Math.min(kostenVonObenLinks,
                                      kostenOben+kostenLoeschung,
                                      kostenLinks+kostenEinfuegung);

      matrix[zeile][spalte] = minimaleKosten;

    }
  }

  return matrix;
}
```

Listing 3.1 Die Funktion levenshtein.matrix()

Zuerst definieren drei Konstanten die Kosten für das *Einfügen*, das *Löschen* und das *Ersetzen*. In diesem Beispiel veranschlagen wir sie mit jeweils 1. In manchen Anwendungsfällen kann es sinnvoll sein, etwa die Ersetzung als eine Kombination von Löschung und Einfügung zu betrachten – und die Kosten dafür mit 2 zu veranschlagen. Das zweite Beispielprogramm in diesem Kapitel wird so vorgehen.

Die Hilfsfunktion `erzeugeMatrix()` initialisiert zunächst eine leere Matrix. Die Anzahl der Spalten und Zeilen entspricht den Längen von `StringA` und `StringB` plus je eine Zeile und Spalte zur Repräsentation leerer Strings.

Die obere linke Ecke der Matrix erhält den Wert 0. Zwei `for`-Schleifen füllen anschließend die obere Zeile und die linke Spalte mit aufsteigenden ganzen Zahlen, gerade so, wie es Abbildung 3.4 und Abbildung 3.5 zeigen.

Zwei verschachtelte `for`-Schleifen durchlaufen die verbleibenden Zellen und füllen diese wie in Abbildung 3.6 demonstriert: Drei Konstanten speichern die Werte aus den drei benachbarten Zellen. Für den Übergang von der linken und der oberen Zelle addiert die Funktion jeweils die Kosten für das Einfügen und Löschen. Ob Ersetzungskosten anfallen (`kostenVonObenLinks`), ist davon abhängig, ob die zugeordneten Buchstaben gleich sind. Das prüft die Hilfsfunktion `vergleicheZeichen()`. Bei Gleichheit wird der Wert der oberen linken Zelle unverändert übernommen. Bei Ungleichheit kommen die Ersetzungskosten hinzu.

Schließlich ermittelt `Math.min()` den Weg mit den geringsten Kosten. Die Kosten werden in die entsprechende Zelle eingetragen.

Die Funktion `editDistanz()` erzeugt lediglich die Matrix und liefert als Ergebnis den Wert aus der unteren rechten Ecke zurück.

```
editDistanz(stringA, stringB) {
  const matrix = this.matrix(stringA, stringB);
  return matrix[stringB.length][stringA.length];
}
```

Listing 3.2 Die Funktion levenshtein.editDistanz()

3.4 Das Beispielprogramm Korrekturvorschläge

Das Programm »Korrekturvorschläge« nutzt den Levenshtein-Algorithmus, um bei Tippfehlern das richtige Wort zu erraten. Das Programm vergleicht jede Eingabe mit allen Einträgen eines Wörterbuchs – in diesem Fall einer Sammlung mit den Namen von Obst- und Gemüsesorten. Das Feld ÄHNLICHE WÖRTER listet dann die zehn Wörter mit der geringsten Editierdistanz zum eingegebenen Wort auf.

Abbildung 3.9 Das Beispielprogramm »Korrekturvorschläge«

Der systematische Vergleich der Eingabe mit den Wörterbucheinträgen steht in der Datei *code/main.js* in der Funktion `eingabe()`. Das Wörterbuch liegt hier als Array vor, dessen Einträge Strings sind. Eine `for`-Schleife befüllt das Array `distanzen` mit Einträgen im Format `[distanz, wort]`. Die anschließende aufsteigende Sortierung nach `distanz` sorgt dafür, dass die ähnlichsten Wörter vorne stehen. `slice(0, 10)` wählt dann die aussichtsreichsten zehn Kandidaten aus.

```
let distanzen = [];

for (let stringB of woerterbuch) {
  const distanz = levenshtein.editDistanz(stringA, stringB);
  distanzen.push([distanz, stringB]);
}

distanzen.sort((a, b) => a[0] - b[0]);
distanzen = distanzen.slice(0, 10);
```

Listing 3.3 Eine for-Schleife vergleicht die Eingabe mit Wörterbucheinträgen.

Der hier vorgestellte Algorithmus funktioniert sehr gut, stößt bei umfangreicheren Wörterbüchern aber an seine Grenzen. Angenommen, die durchschnittliche Wortlänge betrüge 10 Zeichen und das Wörterbuch enthielte 100.000 Einträge, dann müssen Sie für jede Berechnung eines Korrekturvorschlags 10 × 10 × 100.000 Schritte berechnen, also 10 Millionen!

Für Anwendungsfälle, in denen sich das Wörterbuch nicht ständig ändert, gibt es einige Optimierungen des hier gezeigten Algorithmus. Falls Sie dazu mehr erfahren wollen, empfehlen wir Ihnen eine Suche nach dem Begriff *Suffixbaum*.

3.5 Ideen zum Weitermachen

Der Levenshtein-Algorithmus und unsere Beispielprogramme bieten zahlreichen Möglichkeiten für Experimente und Erweiterswungen. Hier sind ein paar Vorschläge:

- Das Wörterbuch finden Sie unter *daten/woerterbuch.txt*. Jede Textzeile speichert ein Wort. Sie könnten das Wörterbuch erweitern oder durch ein eigenes Wörterbuch ersetzen.
- Für das Beispielprogramm »Korrekturvorschläge« haben wir in der Funktion namens `matrix()` die Konstante `kostenErsetzung` für das Auswechseln eines Buchstabens auf 2 gesetzt, weil das in diesem Anwendungsfall bessere Ergebnisse liefert. Sie können den Unterschied selbst nachvollziehen, indem Sie in der Datei *code/levenshtein.js* versuchsweise den Wert `kostenErsetzung` auf 1 setzen. Wenn Sie etwa »sell« eingeben, landet das Wort »Sellerie« in unserer Version mit Ersetzungskosten 2 ganz oben in der Vorschlagsliste. Betragen die Ersetzungskosten 1, taucht Sellerie nicht einmal in der Liste auf.
- Eine Verfeinerung bei den Ersetzungskosten könnte die Treffsicherheit der Korrekturvorschläge verbessern. So wäre es denkbar, die Kosten für Ersetzungen zu verringern, wenn die ersetzten Buchstaben ähnlich klingen, etwa »d« und »t« oder »k« und »g«. Vielleicht ist es sogar sinnvoll, die Kosten für Ersetzungen von Buchstaben zu verringern, wenn diese auf der Computertastatur Nachbarn sind? Wie ließe sich diese Erweiterung im Code umsetzen? Uns scheint das zumindest ein interessantes Gedankenexperiment zu sein.
- Eine weitere Programmierfingerübung: Vergleichen Sie die Levenshtein-Distanzen zwischen sämtlichen Einträgen eines Wörterbuchs systematisch miteinander und listen Sie alle Wortpaare auf, deren Entfernung unterhalb einer gegebenen Schwelle liegt.
- Wie wäre es schließlich mit einer Anwendung, die die eingangs beschriebene *unscharfe Suche* umsetzt?

3.6 Zusammenfassung und Ausblick

Der Levenshtein-Algorithmus ist technisch nicht besonders anspruchsvoll. Allerdings ist es uns beim Schreiben dieses Kapitels nicht ganz leichtgefallen, deutlich zu machen, *warum* er funktioniert. Wir hoffen, dass uns das gelungen ist! Wir haben den Algorithmus in dieses Buch aufgenommen, weil er ein prominentes Beispiel für die *dynamische Programmierung* ist, bei der es immer um die Suche nach der optimalen Lösung für ein gegebenes Problem geht – und darum, diese Lösung aus kleineren Teillösungen schrittweise zu entwickeln. Begonnen wird immer mit dem allereinfachsten Problem, in unserem Fall mit der Umwandlung von und in einen leeren String.

Der Algorithmus gehört zu einer ganzen Klasse von Algorithmen, den *String-Metriken*, die zwei Strings vergleichen und einen Wert für deren Entfernung liefern. Alternative Verfahren erlauben etwa auch die Vertauschung benachbarter Zeichen. Ein anderer prominenter Vertreter dieser Algorithmenklasse ist die Suche nach dem längsten gemeinsamen Teilstring.

String-Metriken beziehen sich immer auf die äußere Gestalt von Strings. Die Wörter »Beil« und »Bein« weisen demnach eine hohe Ähnlichkeit auf, obwohl sie sehr Verschiedenes bedeuten. Im folgenden Kapitel stellen wir mit der *Assoziationsanalyse* ein Verfahren vor, dass auch ein Maß für die inhaltliche Nähe von Wörtern liefern kann. In Kapitel 14 schließlich geht es um *Worteinbettungen*, mit denen man sogar die Relationen zwischen Wörtern (Singular – Plural, Einzahl – Mehrzahl, Gegenwart – Vergangenheit) in mathematische Relationen übersetzen kann.

Kapitel 4
Wörter gruppieren

4

Wir alle haben eine intuitive Vorstellung davon, was Assoziationen sind: Zum Thema Bauernhof fallen uns Kühe, Schweine und Getreide ein. Über das Getreide kommen wir zum Bäcker und von dort weiter zu Brot, Kuchen oder Croissants. Solche Assoziationsketten lassen sich unbegrenzt fortsetzen. In diesem Kapitel zeigen wir, wie ein Computerprogramm solche Verbindungen in Texten selbstständig aufspüren und darstellen kann.

Worum es in diesem Kapitel geht

- Mit dem Data-Mining-Verfahren *Assoziationsanalyse* können Sie inhaltliche Zusammenhänge in Playlisten, Warenkörben oder Texten finden.
- Das Beispielprogramm »Begriffsnetz« navigiert durch ein Netz von Assoziationen, die wir aus einer Textsammlung gewonnen haben.
- Die drei sagenumwobenen Kenngrößen *Support*, *Confidence* und *Lift* erklären wir verständlich anhand von Rezeptzutaten.

Beim Onlineeinkauf oder bei der Nutzung von Streaming-Diensten für Filme und Musik haben wir es mit Assoziationen zu tun. Dort begegnen sie uns in Form von Vorschlägen: Wer Schraubendreher bestellt, der interessiert sich womöglich auch für Maulschlüssel und Bitsätze. Wer AC/DC mag, wird vermutlich auch gern Motörhead hören.

Onlineportale stellen solche Verknüpfungen nicht von Hand her. Vielmehr werden sie aus früheren Entscheidungen der Nutzerinnen und Nutzer automatisch generiert. Dahinter steht die Vermutung, dass sich *aus den Entscheidungen der Vergangenheit künftiges Verhalten voraussagen* lässt.

Dieses Kapitel stellt einige wesentliche Formeln und Verfahren vor, die unter dem Namen *Assoziationsanalyse* zusammengefasst sind. Mit ihnen lassen sich Aussagen wie die folgenden systematisch aus Beispieldaten ermitteln und mathematisch präzise ausdrücken:

- Asterix und Obelix werden häufig zusammen gesehen.
- Die Begriffe Weltformel und Quantenmechanik sind eng miteinander verknüpft.
- Wer Lötkolben und Platinen bestellt, wird mit hoher Wahrscheinlichkeit auch Lötzinn und Lötpaste benötigen.

4.1 Items und Transaktionen

Zur Darstellung der Assoziationsanalyse benötigen wir einige Fachbegriffe. Da in vielen Fällen die deutschsprachigen Varianten nicht gebräuchlich sind, verwenden auch wir die englischen Bezeichnungen. Tabelle 4.3 am Ende dieses Kapitels bietet eine Übersicht.

Zentral sind die Begriffe *Item*, *Itemset* und *Transaktion*: *Items* sind die jeweils kleinsten Einheiten – gleichsam die Atome, aus denen alles Weitere zusammengesetzt ist. Je nachdem, was wir untersuchen, sind das zum Beispiel:

- Produkte in einem Onlineshop
- Musiktitel in einem Streaming-Portal
- Begriffe, die in einem Text stehen

Nun stellen wir uns eine *Menge aller Items* vor, die überhaupt vorkommen. Jede *Teilmenge* davon ist ein *Itemset*.

Als *Transaktionen* bezeichnen wir all jene Itemsets, die tatsächlich gemeinsam aufgetreten sind. Wiederum abhängig von der konkreten Anwendung können das etwa sein:

- *ein* Warenkorb mit Produkten, die gemeinsam gekauft wurden
- Musiktitel, die gemeinsam in *einer* Playlist stehen
- Begriffe, die gemeinsam in *einem* Absatz stehen

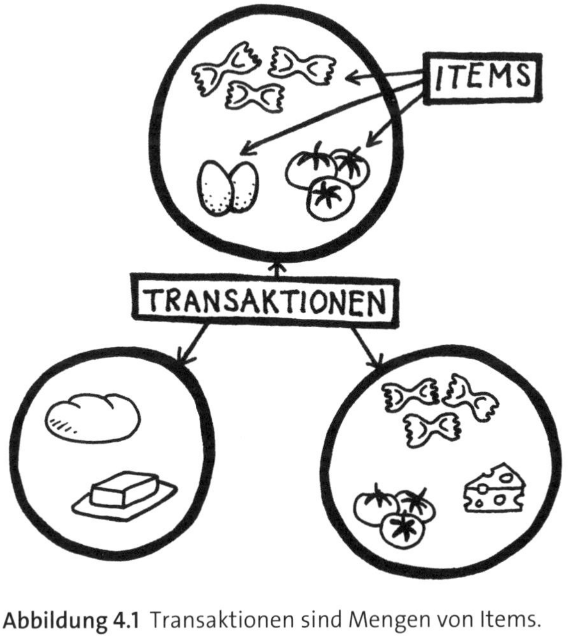

Abbildung 4.1 Transaktionen sind Mengen von Items.

Bei der Assoziationsanalyse untersuchen wir nicht einzelne Transaktionen, sondern wiederum Mengen:

- *alle* Warenkörbe, die in einem bestimmten Zeitraum gekauft wurden
- *alle* öffentlichen Playlisten eines Streaming-Portals
- *alle* Begriffe, die in einer Sammlung von Texten gemeinsam in einem Absatz gestanden haben

4.2 Kenngrößen der Assoziationsanalyse

Wenn wir Assoziationsanalyse betreiben, dann interessieren uns *Itemsets, die in der Vergangenheit besonders häufig vorgekommen sind*. Um den hier unscharf verwendeten Begriff der Häufigkeit präzise zu fassen, bietet die Assoziationsanalyse drei Kenngrößen: *Support*, *Confidence* und *Lift*.

4.2.1 Support

Angenommen, wir wollten Kochrezepte auf Zutaten hin untersuchen, die häufig gemeinsam in Ofen, Topf und Pfanne landen. In diesem Fall repräsentiert jedes Item *eine* einzelne Zutat und jede Transaktion *alle* Zutaten eines Rezepts.

Der Support eines bestimmten Itemsets, zum Beispiel Mehl und Hefe, beschreibt den Anteil der Rezepte, in denen diese Zutaten gemeinsam vorkommen. Allgemeiner ausgedrückt:

Support(X) ist der Anteil der Transaktionen, in denen das Itemset X enthalten ist.

Der Wertebereich für den Support liegt zwischen 0 und 1.

- Ein Support von 0 bedeutet, dass Mehl und Hefe *niemals* gemeinsam vorkommen.
- Ein Support von 0,5 sagt uns, dass *die Hälfte* aller Rezepte Mehl und Hefe verwenden.
- Bei einem Support von 1 verwendet *jedes* Rezept Mehl und Hefe.

Sie erhalten den Support eines Itemsets, indem Sie die Anzahl der Transaktionen, in denen die Items stehen, durch die Gesamtzahl aller Transaktionen teilen.

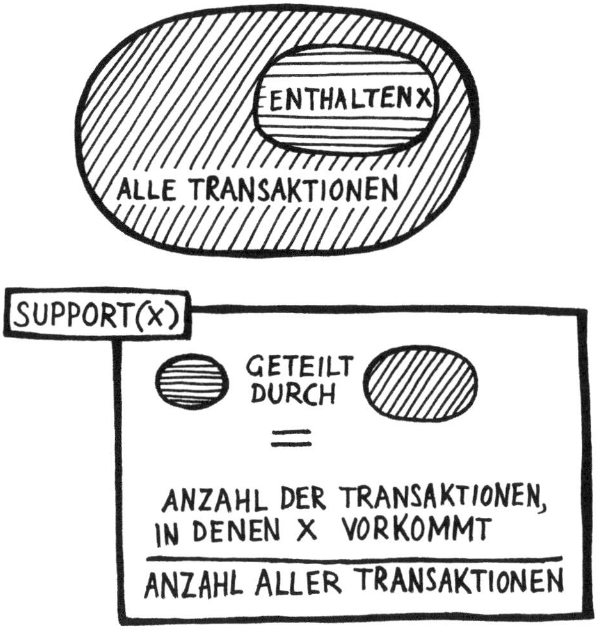

Abbildung 4.2 Support(X) ist der Anteil der Transaktionen, in denen X enthalten ist.

4.2.2 Confidence

Der Support ist eine nützliche Kenngröße, weist aber einen deutlichen Mangel auf. Um beim vorherigen Beispiel zu bleiben: Es gibt zwar viele Rezepte, die Mehl verwenden, aber ohne Hefe auskommen, etwa Pfannkuchen oder Mürbeteig. Hefe hingegen wird nur selten ohne Mehl verwendet. Dieses asymmetrische Verhältnis kann der Support nicht abbilden.

Hier kommt die Confidence ins Spiel: Sie kann uns sagen, wie hoch der Anteil der Rezepte ist, in denen Hefe vorkommt, wenn auch Mehl vorhanden ist. Allgemeiner:

Confidence(A → B) ist der Anteil der Transaktionen, in denen B vorkommt, wenn auch A vorhanden ist.

Auch der Wertebereich der Confidence liegt zwischen 0 und 1. Der Pfeil steht für eine »Wenn ... dann«-Beziehung. Bezogen auf das Beispiel Mehl → Hefe bedeutet das:

- Bei einer Confidence von 0 ist Hefe *niemals* vorhanden, wenn Mehl enthalten ist.
- Beträgt die Confidence 0,5, enthält *jedes zweite* Rezept, das Mehl enthält, auch Hefe.
- Eine Confidence von 1 bedeutet, dass *jedes* Rezept, das Mehl verwendet, auch Hefe nutzt.

Sie erhalten die Confidence(A → B), indem Sie den Support von A und B durch den Support von B teilen.

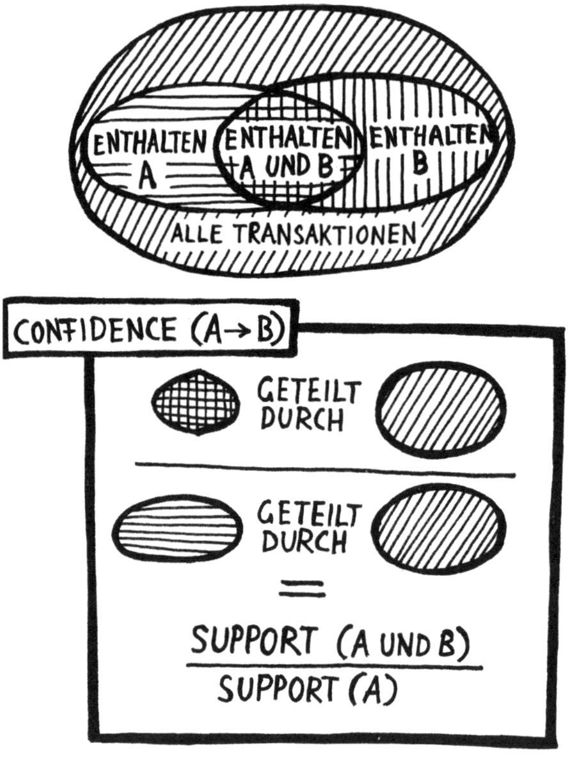

Abbildung 4.3 Confidence(A → B) ist der Anteil der Transaktionen, in denen B vorkommt, wenn auch A vorhanden ist.

4.2.3 Lift

Salz ist eine häufig eingesetzte Zutat. In so gut wie jedes Rezept gehört zumindest eine Prise hinein. Für den Support eines Itemsets macht es daher *keinen* Unterschied, ob Salz darin vorkommt oder nicht. Auch die Confidence-Werte für Itemsets mit Salz sind wenig aussagekräftig: Wenn Salz in jedem Rezept steht, dann ergibt Confidence(X → Salz) für jedes X den Wert 1.

Diese Unzulänglichkeit löst die Berechnung des Lifts.

Lift(A und B) zeigt uns das Verhältnis zwischen dem tatsächlichen gemeinsamen Vorkommen von A und B und einer bloß zufälligen Verteilung an.

Für dieses Verhältnis ist auch der Begriff der *Überzufälligkeit* gebräuchlich. Dieser bedarf der Erläuterung: Angenommen, unsere Zutatenlisten würden nicht aus einem Kochbuch stammen, sondern wären rein zufällig zusammengewürfelt worden. Dann wäre auch das Zusammentreffen zweier Zutaten rein zufällig. Bei einer hinreichend großen Anzahl von Rezepten würde der Support einer bestimmten Kombination von Zutaten das Produkt der einzelnen Supports sein: Support(A und B) = Support(A) × Support(B).

Ein konkretes Beispiel: Unser zufallsgesteuerter Rezeptgenerator ist so eingestellt, dass es zehn Zutaten gibt, die jeweils mit einer Wahrscheinlichkeit von 0,1 in einem Rezept landen. Damit beträgt der Support für jede einzelne Zutat 0,1. Folglich wäre die Wahrscheinlichkeit für das Zusammentreffen zweier bestimmter Zutaten, etwa Vanillezucker und Rosinen, in einem Rezept 0,1 × 0,1 = 0,01. Bei 1.000 Zufallsrezepten würden also in etwa zehn Fällen beide Zutaten gemeinsam in einem Rezept stehen. Das ist der *Erwartungswert* für diese Kombination.

Wenn aber die Kombination zweier Zutaten in einem Sinnzusammenhang steht – was etwa bei Vanillezucker und Rosinen der Fall ist –, *dann müsste der tatsächliche Support höher sein als der entsprechende Erwartungswert. Und genau diese Abweichung beschreibt der Lift.* Er kann Werte zwischen 0 und unendlich annehmen. Ein Wert von 1 markiert dabei eine entscheidende Grenze:

- Ein Lift kleiner 1 bedeutet, dass ein Itemset *seltener* vorkommt als bei einer rein zufälligen Verteilung – das deutet darauf hin, dass diese Items nicht gut zusammenpassen.
- Beträgt der Lift 1, kommt das Itemset *genauso häufig* vor, wie wir bei einer zufälligen Verteilung erwarten würden.
- Ein Lift größer 1 deutet auf eine sinnhafte Beziehung zwischen den betrachteten Items hin: Sie kommen *häufiger* vor als in einer zufälligen Verteilung.

Den Lift eines Itemsets berechnen Sie, indem Sie dessen Support durch dessen Erwartungswert teilen. Der Erwartungswert des Itemsets ist das Produkt der Support-Werte aller darin enthaltenen Items. Bitte schauen Sie sich die Formel in Abbildung 4.4 an und überlegen Sie, warum der Lift unendlich groß werden kann.

Hintergrund: Wahrscheinlichkeiten zwischen 0 und 1

Wenn wir im Alltag von Wahrscheinlichkeiten und Häufigkeiten sprechen, verwenden wir meist Prozentzahlen:

»Morgen regnet es mit einer Wahrscheinlichkeit von 30 %.«

»10 % aller Lose sind Gewinne.«

In der Mathematik und der Programmierung ist es deutlich praktischer, Zahlen zwischen 0 und 1 zur Darstellung von Wahrscheinlichkeiten und Häufigkeiten zu nutzen. Der Vorteil: Wenn wir etwa wissen, dass die Wahrscheinlichkeit für einen Gewinn 0,1 beträgt, und es insgesamt 10.000 Lose gibt, können wir die Anzahl der Gewinne mit einer einfachen Multiplikation berechnen: 10.000 × 0,1 = 1.000.

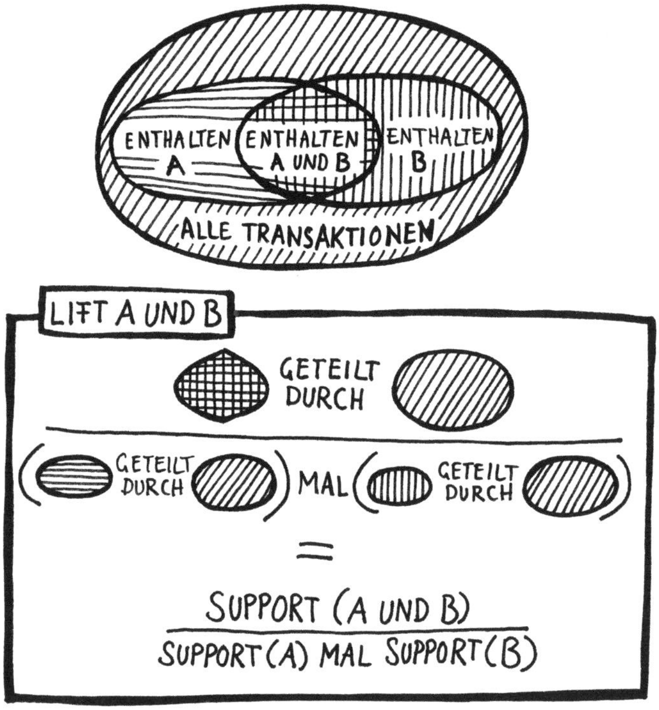

Abbildung 4.4 Lift(A und B) verrät uns das Verhältnis zwischen dem tatsächlichen gemeinsamen Vorkommen von A und B und einer bloß zufälligen Verteilung.

4.3 Ein Beispiel von Hand gerechnet

Abbildung 4.5 zeigt ein sehr überschaubares Beispiel für eine Assoziationsanalyse. Hier haben wir lediglich fünf Zutatenlisten (also Transaktionen) untersucht – und die Kenngrößen Support, Confidence und Lift für einige Item-Paare von Hand berechnet. Die Ergebnisse sind gerundet. Zum besseren Verständnis lohnt es sich, die Werte selbst nachzurechnen.

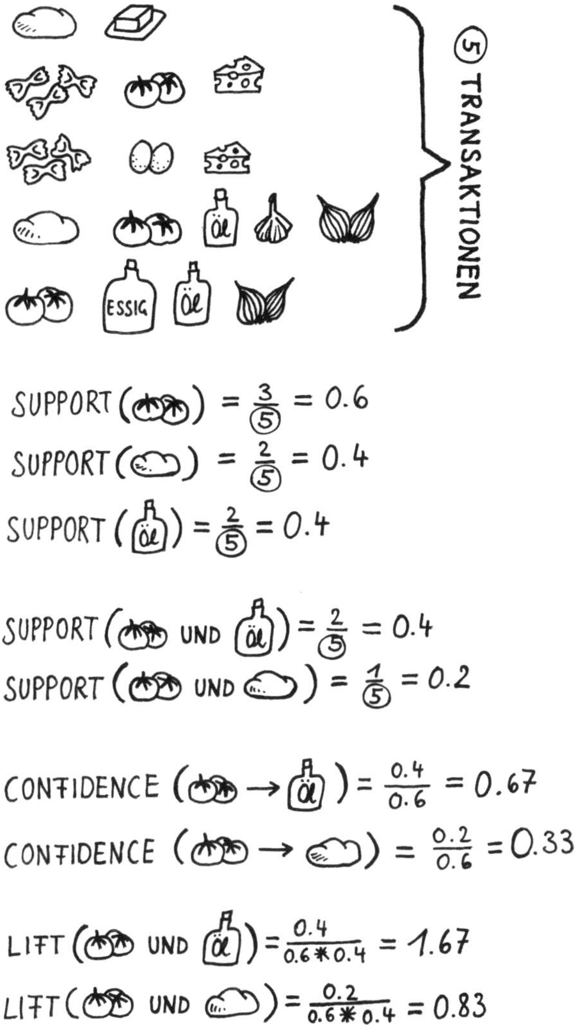

Abbildung 4.5 Ein einfaches Beispiel von Hand gerechnet: Oben stehen fünf Transaktionen, darunter die Berechnungen einiger Kenngrößen.

> **Hintergrund: Graphentheorie Teil II**
>
> In Kapitel 2, »Texte bauen mit Markow«, haben wir gezeigt, dass eine Vielzahl sehr unterschiedlicher Angelegenheiten in Form von *Graphen* abgebildet werden kann, die aus *Knoten* und *Kanten* bestehen: U-Bahn-Netze, Verwandtschaftsbeziehungen, Schachpartien sowie die Bedienung eines Getränkeautomaten lassen sich als Graphenprobleme behandeln.

Auch Assoziationen können wir gut durch Graphen darstellen. Das zeigt schon die erste Abbildung in diesem Kapitel: Knoten stehen dann für Items (Bäckerei, Kaffee, Kuchen ...) und die Kanten für die Assoziationen zwischen den Items.

In diesem Zusammenhang möchten wir *zwei wichtige Eigenschaften* von Graphen vorstellen:

Zum einen können Graphen *gerichtet* oder *ungerichtet* sein. Bei einem ungerichteten Graphen ist jede Verbindung zwischen zwei Knoten wechselseitig. Das ergibt zum Beispiel dann Sinn, wenn Knoten für Personen und Kanten für freundschaftliche Beziehungen stehen. Diese beruhen hoffentlich auf Gegenseitigkeit:

Im Kontrast dazu haben die Kanten in einem gerichteten Graphen eine meist durch eine Pfeilspitze markierte Richtung. Ein klassischer Anwendungsfall für gerichtete Graphen ist die Darstellung von Verwandtschaftsbeziehungen wie Elternschaft:

Zum anderen können Graphen *gewichtet* oder *ungewichtet* sein. Der Unterschied besteht schlichtweg darin, ob wir den Kanten Werte zuweisen oder nicht. Diese Werte können etwa die Entfernungen zwischen Städten in Kilometern sein:

In der Praxis wird häufig der günstigste Weg zwischen zwei Knoten in einem gewichteten Graphen gesucht. Das ist der Weg, bei dem die Summe der Gewichte aller Kanten, die durchlaufen werden, am geringsten ist. Diesen Weg zu finden, ist die typische Aufgabe eines Routenplaners.

Eine besonders herausfordernde Variante ist das *Handlungsreisendenproblem*. Hier geht es darum, die kürzeste Route zu finden, die *alle* Knoten eines Graphen miteinander verbindet. Das Problem ist deswegen so schwer zu lösen, weil die Anzahl der möglichen Routen mit zunehmender Anzahl von Knoten schnell ins Astronomische wächst: Bei drei Knoten gibt es deren sechs, bei zehn Knoten müssen bereits 3.628.800 Routen berechnet werden.

Bei der Assoziationsanalyse haben wir es grundsätzlich mit *gewichteten* Graphen zu tun: Das Gewicht steht immer für die Stärke einer Assoziation.

Ob ein Assoziationsgraph *gerichtet* oder *ungerichtet* ist, hängt von der gewählten Kenngröße ab: Support und Lift sind ungerichtet. Das heißt, die Werte für Support und Lift von A nach B sind *immer* identisch mit jenen von B nach A.

Die Confidence hingegen ist gerichtet, sprich: Der Confidence-Wert von A nach B ist in der Regel ein anderer als der von B nach A.

4.4 Das Beispielprogramm Begriffsnetz

Das Programm »Begriffsnetz« finden Sie wie alle anderen Beispielprogramme zu diesem Buch auf der Seite *https://www.maschinennah.de/ki-buch/*. Es erlaubt die Navigation durch ein Netzwerk von Begriffen, die im Sinne der Assoziationsanalyse miteinander verknüpft sind. Die Begriffe werden durch Schaltflächen repräsentiert. Die mittlere Schaltfläche steht für ein Item A, die Schaltflächen darum herum stehen für verschiedene naheliegende Items B. Je geringer die Distanz von der Mitte, desto stärker ist die assoziative Verbindung.

Wenn Sie auf einen der umliegenden Begriffe klicken, wird dieser zu Item A und rückt in die Mitte. Auf diese Weise können Sie sich von Begriff zu Begriff hangeln. Die Schaltfläche ZUFÄLLIGES ITEM führt Sie zu einem zufällig ausgewählten Begriff.

Per Drop-down-Menü wählen Sie die Kenngröße (Support, Confidence oder Lift) aus. Ein Klick auf die Checkbox GEWICHTE ANZEIGEN macht die entsprechenden Werte jeder einzelnen Verbindung sichtbar. Mittels zweier weiterer Drop-down-Menüs können Sie die Anzahl der Items B und die Datei mit den Transaktionen auswählen. Die Dateien *daten/zutaten01.txt* und *daten/zutaten02.txt* enthalten die in Abbildung 4.5 und Abbildung 4.7 verwendeten Zutatenlisten. Die Datei *zutaten03.txt* liefert ein weiteres Beispiel, das die in Abschnitt 4.2, »Kenngrößen der Assoziationsanalyse«, beschriebenen Effekte anhand der Zutaten Mehl, Hefe und Salz nachvollziehbar macht.

Abbildung 4.6 zeigt, wie das Programm enge Verbindungen zwischen Begriffen abbildet, hier etwa zwischen *Weltformel*, *Urknall*, *Relativitätstheorie* und *Teilchenbeschleuniger*.

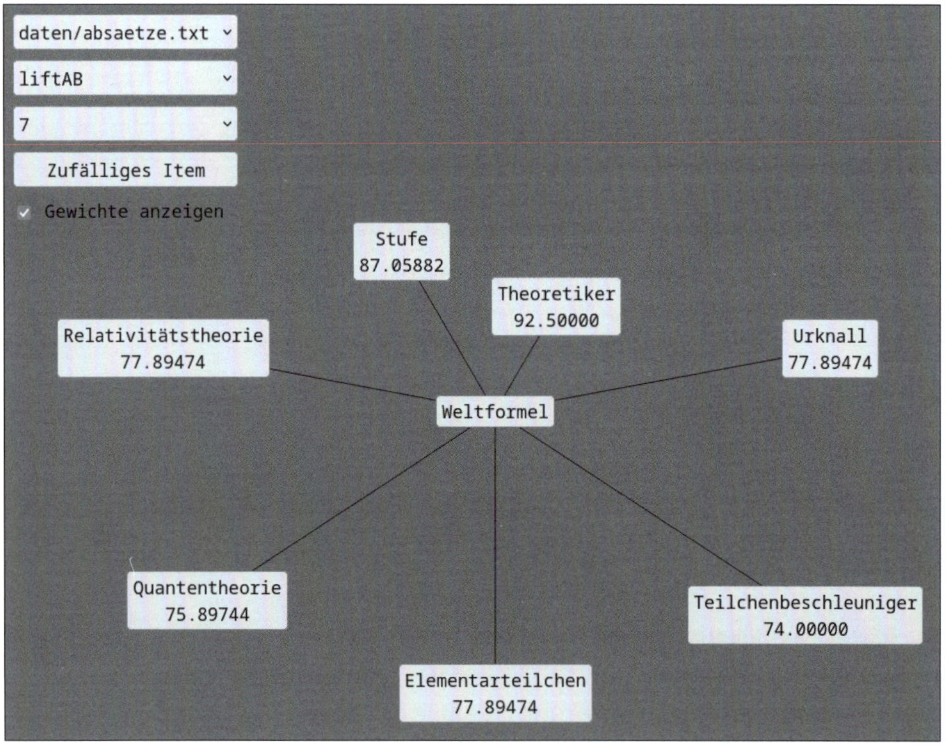

Abbildung 4.6 Das Programm »Begriffsnetz« erlaubt die Navigation durch ein Netzwerk von Begriffen.

Ein Umschalten zwischen Support, Confidence und Lift bei identischem Item A macht die Unterschiede zwischen diesen drei Kenngrößen intuitiv deutlich. Die wichtigste Erkenntnis dabei: Lift ist klar im Vorteil. Die Ergebnisse sind deutlich spezifischer und aussagekräftiger als bei Support und Confidence. Diese zeigen fast immer eine Verbindung zum Begriff *Mensch* auf, einfach weil dieser Begriff in den Datenquellen *daten/absaetze.txt* besonders häufig vorkommt.

4.4.1 Die Datenquelle

Die voreingestellte Datei *daten/absaetze.txt* enthält die eigentlichen Daten, die das Begriffsnetz spannen. Jede Zeile repräsentiert eine Transaktion. Das sind in unserer Anwendung Begriffe, die gemeinsam in einem Absatz gestanden haben. Die Transaktionen haben wir aus 250 ausgewählten, online verfügbaren Sendungsmanuskripten des Deutschlandfunks extrahiert. Wir bedanken uns an dieser Stelle bei dem hervorragenden Radiosender für die freundliche Nutzungsgenehmigung.

Die Extraktion der Begriffe aus den Absätzen der Manuskripte wäre mit p5.js-Bordmitteln unvertretbar aufwendig gewesen. Bei der Extraktion ging es etwa darum, die Substantive zu identifizieren, diese auf Grundformen zurückzuführen und lediglich die 1.500 häufigsten zu berücksichtigen. Das haben wir im Vorfeld erledigt und dafür die Programmiersprache Python sowie die Python-Module `HanTa` (*Hannover Tagger*) und `nltk` (*Natural Language Toolkit*) verwendet.

4.4.2 Beschränkung der Anwendung auf Item-Paare

Bitte beachten Sie, dass unsere Begriffsnetz-Anwendung lediglich Item-Paare untersucht. Tatsächlich lassen sich mit den in Abschnitt 4.2 vorgestellten Formeln auch die Kenngrößen für beliebig große Itemsets berechnen, zum Beispiel Lift({Zucker, Mehl} und {Butter, Eier, Salz}). Die von uns gewählte Beschränkung auf Paare hat einen triftigen Grund: Insgesamt gibt es in *absaetze.txt* 1.500 unterschiedliche Items. Daraus folgt, dass wir für die Confidence jeweils 1.500 × 1.499 – also 2.248.500 Kombinationen – systematisch berechnen müssen. Bei Support und Lift sind es wegen der Symmetrie halb so viele. Das schafft ein aktueller Rechner in wenigen Augenblicken. Zwischen drei Items sind bereits über drei Milliarden Kombinationen möglich, bei vier Items über fünf Billionen und so weiter. In Abschnitt 4.7, »Zusammenfassung und Ausblick«, skizzieren wir einen Weg, starke Assoziationen zwischen größeren Itemsets ohne lange Wartezeiten zu finden.

4.5 Eine Tour durch den Code

Nachdem wir die Begriffe Support, Confidence und Lift theoretisch erklärt haben, ist es Zeit, die Umsetzung in unserem Beispielprogramm anzuschauen.

4.5.1 Die Klasse Begriffsnetz

Für die Berechnung der Assoziationen ist in unserer Anwendung ein Objekt der Klasse `Begriffsnetz` zuständig. Der Code steht in der Datei *code/begriffsnetz.js*. Tabelle 4.1 zeigt Eigenschaften, Tabelle 4.2 die Funktionen des `Begriffsnetz`-Objekts.

Name	Inhalt
`itemStrings`	Ein Array mit sämtlichen Items, also Strings wie `["Weltformel", "Zeitung", "Wirtschaft"...]`. Die Indizes sind zugleich die IDs des jeweiligen Items.
`itemStringsToId`	Invertierte Version des Arrays `itemStrings`. Sie dient dazu, die ID eines Strings zu ermitteln.
`transaktionen`	Ein Array, das alle Transaktionen speichert. Jede Transaktion ist hier ein Array mit den entsprechenden IDs: `[24, 719, 318...]`.
`supportEinzel`	Ein Array, das den Support für jedes einzelne Item speichert.

`supportAB`
`confidenceAB`
`liftAB`
	Zweidimensionale Arrays, die Support, Confidence und Lift für alle Item-Paare A und B speichern.

Tabelle 4.1 Eigenschaften des Begriffsnetz-Objekts

Aus Sicht der Anwendung ist bei `Begriffsnetz`-Objekten allein die Funktion `assoziationen()` von Interesse. Sie liefert die naheliegendsten Items (sprich: Begriffe) zu einem gegebenen Item. Intern greift die Funktion dabei auf drei zweidimensionale Arrays (sprich: Matrizen oder Tabellen) zurück, die die Gewichte aller Paarungen zwischen zwei Items (A und B) speichern. Schauen Sie sich dazu auch Abbildung 4.9 an.

Name	Aufgabe
`assoziationen(itemIdA, kenngroesse, n)`	Liefert ein Array mit den `n` naheliegendsten Assoziationen zu `itemIdA`. `kenngroesse` ist ein String, der die Werte `"support"`, `"confidence"` oder `"lift"` annehmen darf. Jede Assoziation wird repräsentiert durch ein Objekt mit den drei Eigenschaften `itemIdB`, `itemStringB` und `gewicht`.
`enkodiereTransaktion(transaktionsString)`	Wandelt einen String, der eine Transaktion repräsentiert, in ein Array mit den entsprechenden `itemId`s um.
`berechneSupportEinzel()`	Liefert ein Array mit den Support-Werten für jedes einzelne Item.
`berechneSupportAB()`	Liefert eine Matrix, die für jedes Item-Paar A und B den Support speichert.
`berechneMatrixAB(kenngroesse)`	Liefert eine Matrix, die für jedes Item-Paar A → B die Confidence oder den Lift speichert. `kenngroesse` kann entsprechend `"confidence"` oder `"lift"` sein.
`confidence(itemIdA, itemIdB)`	Liefert den Confidence-Wert für ein Paar A → B.
`lift(itemIdA, itemIdB)`	Liefert den Lift-Wert für ein Paar A und B.

Tabelle 4.2 Funktionen des Begriffsnetz-Objekts

4.5.2 Enkodierung der Transaktionen

Der Konstruktor der Klasse `Begriffsnetz` erwartet als Argument ein mit Strings befülltes Array. Jeder dieser Strings repräsentiert eine Transaktion. Jede Transaktion steht für die Begriffe (also Items), die gemeinsam in einem Absatz gestanden haben: `["Ozean Meer Ökosystem", "Schriftsteller Buch Biografie", ...]`.

Zunächst muss das Programm ermitteln, welche Begriffe *überhaupt* in den Transaktionen vorkommen. Jedem ausgeschriebenen Begriff (`itemString`) soll dabei eine ganze Zahl (`itemId`) zugeordnet werden. Beides erledigt die in Listing 4.1 dargestellte Funktion.

Diese liefert ein Array zurück, das sämtliche `itemStrings` enthält. Die Indizes entsprechen den `itemIds`.

Das Array `itemStrings` enthält keine Duplikate; auch wenn zum Beispiel in den Transaktionen 26-mal der String `"Buch"` steht, ist dieser in dem Array nur ein einziges Mal enthalten. Der String `"Buch"` soll also durch eine einzige ID repräsentiert werden – und umgekehrt. In der Mathematik sprechen wir von einer *eineindeutigen Zuordnung*.

Die Funktion `berechneItemStrings` erreicht dieses Ziel mittels zweier Tricks: Zunächst fügt sie per `join()` alle Strings zu einem einzigen String zusammen, um sie gleich darauf wieder per `split()` in einzelne Begriffe aufzutrennen. Aus dem Array `["Ozean Meer Ökosystem", "Schriftsteller Buch Biografie", ...]` wird das Array `["Ozean", "Meer", "Ökosystem", "Schriftsteller", "Buch", "Biografie", ...]`. Duplikate beseitigt die letzte Zeile durch eine vorübergehende Umwandlung des Arrays in ein Set – dieses kann per definitionem keine Duplikate enthalten. Die drei Punkte `...` im Code sind in diesem Fall keine Auslassung, es ist der sogenannte *Spread-Operator*. Genaueres hierzu erfahren Sie in Anhang A am Ende von Abschnitt A.8, »Arrays«.

```
berechneItemStrings(transaktionsStrings) {
  const einString = transaktionsStrings.join(" ");
  const itemStrings = einString.split(" ");
  return [...new Set(itemStrings)];
}
```

Listing 4.1 Die Funktion begriffsnetz.berechneItemStrings() liefert ein duplikatfreies Array aller Items.

Im nächsten Schritt sollen die in Form von Strings vorliegenden Transaktionen übersetzt werden in Arrays mit `itemIds`. Das erledigt die Funktion `enkodiereTransaktion()`.

Transaktionen werden anschließend nicht mehr durch einen String (`"Ozean Meer Ökosystem"`), sondern durch Zahlenwerte (`[245, 32, 483]`) repräsentiert. Entscheidend ist die letzte Zeile der Funktion: `itemStringToId` ist eine invertierte Fassung von `itemStrings`, die zu jedem String die entsprechende ID liefert. Abbildung 4.7 stellt die Umwandlung von `transaktionsStrings` in die enkodierten `transaktionen` grafisch dar.

```
enkodiereTransaktion(transaktionsString) {
  const itemStrings = transaktionsString.split(" ");
  return itemStrings.map(itemString => this.itemStringToId[itemString]);
}
```

Listing 4.2 Die Funktion begriffsnetz.enkodiereTransaktion() liefert für einen transaktions-String ein Array mit den entsprechenden itemIds.

Abbildung 4.7 Die Codierung von Transaktionen

4.5.3 Befüllung der Arrays für Support

Die Umwandlung von `itemStrings` in `itemIds` und die Enkodierung der Transaktionen ist nur Mittel zum Zweck. Was uns eigentlich interessiert, sind die Support-, Confidence- und Lift-Werte für jedes mögliche Item-Paar A und B. Das `Begriffsnetz`-Objekt speichert diese Werte in den Matrizen `supportAB`, `confidenceAB` und `liftAB`. Dann liefert der Ausdruck `supportAB[7][3]` den Support-Wert für die Items mit den IDs 7 und 3. Abbildung 4.8 zeigt eine solche Matrix.

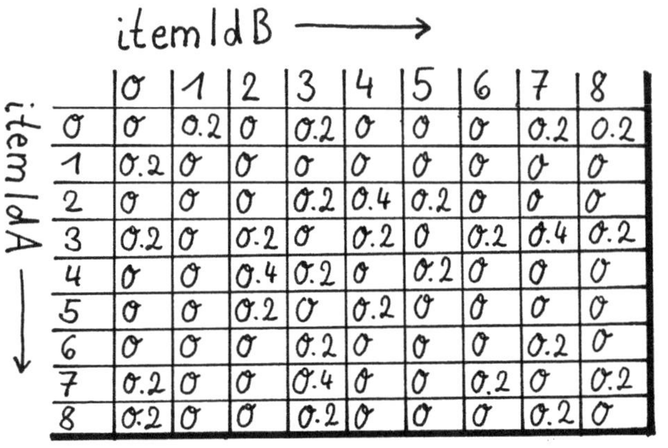

Abbildung 4.8 Das Begriffsnetz-Objekt speichert Support-, Confidence- und Lift-Werte für jedes mögliche Item-Paar A und B in jeweils einer Matrix.

Für die Befüllung dieser Arrays benötigen wir zunächst die Support-Werte aller einzelnen Items. Die Funktion in Listing 4.3 befüllt das entsprechende Array `supportEinzel`. Sie zählt schlichtweg, wie oft jedes einzelne Item vorkommt, und teilt das Ergebnis jeweils durch die Gesamtzahl der Transaktionen. Das entspricht der in Abschnitt 4.2.1 vorgestellten Formel für den Support.

```
berechneSupportEinzel() {
  const nItems = this.itemStrings.length;
  const nTransaktionen = this.transaktionen.length;
  let resultat = new Array(nItems).fill(0);

  for (let transaktion of this.transaktionen) {
    for (let itemId of transaktion) {
      resultat[itemId] += 1;
    }
  }

  resultat = resultat.map(n => n/nTransaktionen);

  return resultat;
}
```

Listing 4.3 Die Berechnung der Support-Werte für jedes einzelne Item

Die hier nicht abgedruckte Funktion `berechneSupportAB()` arbeitet nach einem ähnlichen Prinzip: Für jedes Item A sucht die Funktion jene Transaktionen, in denen das Item vorkommt. Alle anderen Items, die in den gefundenen Transaktionen stehen, betrachtet die Funktion als Item B. Für jede so aufgespürte Paarung A und B wird der entsprechende Zähler (also das Feld in der Matrix) um 1 erhöht. Am Ende werden alle Zähler durch die Anzahl der Transaktionen geteilt.

4.5.4 Befüllung der Arrays für Confidence und Lift

Die Werte für Confidence und Lift für jede Paarung lassen sich jetzt ohne weitere Zählung direkt aus den beiden Arrays `supportEinzel` und `supportAB` berechnen. Das leisten die beiden in Listing 4.4 abgedruckten Funktionen. Sie setzen die in Abschnitt 4.2.2 und Abschnitt 4.2.3 vorgestellten Formeln um. In der Darstellung haben wir das Abfangen einer Division durch 0 ausgelassen.

```
confidence(itemIdA, itemIdB) {
  const supportA = this.supportEinzel[itemIdA];
  const supportAB = this.supportAB[itemIdA][itemIdB];
  return supportAB / supportA;
}

lift(itemIdA, itemIdB) {
  const supportA = this.supportEinzel[itemIdA];
  const supportB = this.supportEinzel[itemIdB];
  const supportAB = this.supportAB[itemIdA][itemIdB];
  return supportAB / (supportA * supportB);
}
```

Listing 4.4 Die Berechnung von Confidence und Lift für ein gegebenes Item-Paar

Die nicht abgedruckte Funktion `berechneMatrixAB()` ruft `confidence()` und `lift()` für jedes Item-Paar auf und schreibt das Ergebnis in das entsprechende Feld der Matrix.

4.5.5 Die Funktion assoziationen()

Die Funktion `assoziationen()` liefert das, was uns im Anwendungsfall letztlich interessiert: die jeweils naheliegendsten Assoziationen zu einem gegebenen Item. Die Funktion erwartet drei Argumente:

1. `itemIdA` ist das Item, von dem die Assoziation ausgeht.
2. `kenngroesse` ist ein String `"support"`, `"confidence"` oder `"lift"`.
3. `n` ist die gewünschte Anzahl der Assoziationen.

Im Funktionskörper passiert dann Folgendes:

- `this[kenngroesse]` ist abhängig von `kenngroesse` eine der Matrizen `supportAB`, `confidenceAB` oder `liftAB`.
- Entsprechend speichert `matrixZeile` die Gewichte aller Paarungen von Item A mit allen anderen Items.
- Das `map`-Konstrukt baut dann für jedes Paar A und B ein Objekt mit den drei Eigenschaften `itemIdB`, `itemStringB` und `gewicht` für die Stärke der jeweiligen Assoziation.
- Der anschließende `sort`-Aufruf sortiert diese Objekte absteigend nach Gewicht.
- Schließlich wählt `slice()` die ersten `n` Objekte aus, also die Assoziationen mit dem höchsten Gewicht.
- Rückgabewert der Funktion ist ein Array mit `n` Objekten, das alles enthält, was unsere Anwendung zur grafischen Darstellung der Assoziationen braucht.

In einer früheren Version dieses Programms hatten wir die einzelnen Assoziationen durch Arrays repräsentiert. Das hatte den Nachteil, dass wir für die Zugriffe auf deren Eigenschaften Indizes verwenden mussten: Das Gewicht einer Assoziation war dann `assoziation[2]` etc. Mit einer Repräsentation per Objekt ist der Quellcode sehr viel besser lesbar: `assoziation.gewicht`.

```
assoziationen(itemIdA, kenngroesse, n) {
  const matrixZeile = this[kenngroesse][itemIdA];

  let resultat = matrixZeile.map((gewicht, itemIdB) =>
    ({itemIdB: itemIdB,
      itemStringB: this.itemStrings[itemIdB],
      gewicht: gewicht})
  );

  resultat.sort((itemL, itemR) => itemR.gewicht-itemL.gewicht);
  resultat = resultat.slice(0, n);
  return resultat;
}
```

Listing 4.5 Die Funktion begriffsnetz.assoziationen() liefert naheliegendste Begriffe.

4.6 Ideen zum Weitermachen

Im Programm »Begriffsnetz« lohnt sich ein Blick hinter die Kulissen. Wählen Sie dafür per Drop-down-Menü eine der übersichtlichen Transaktionsdateien *zutaten01.txt*, *zuta-*

ten02.txt oder *zutaten03.txt* aus. Per F12 öffnen Sie in den meisten Browsern die Konsole – im p5.js-Online-Editor finden Sie die Konsole unten links. Dort können Sie die Zustände des `Begriffsnetz`-Objekts abfragen. Tippen Sie etwa `begriffsnetz.itemStrings` oder `begriffsnetz.itemStringToId` ein. Die Matrizen für Support, Confidence und Lift können Sie sich mittels `console.table(begriffsnetz.supportAB)` etc. anschaulich anzeigen lassen. Das zeigt Abbildung 4.9.

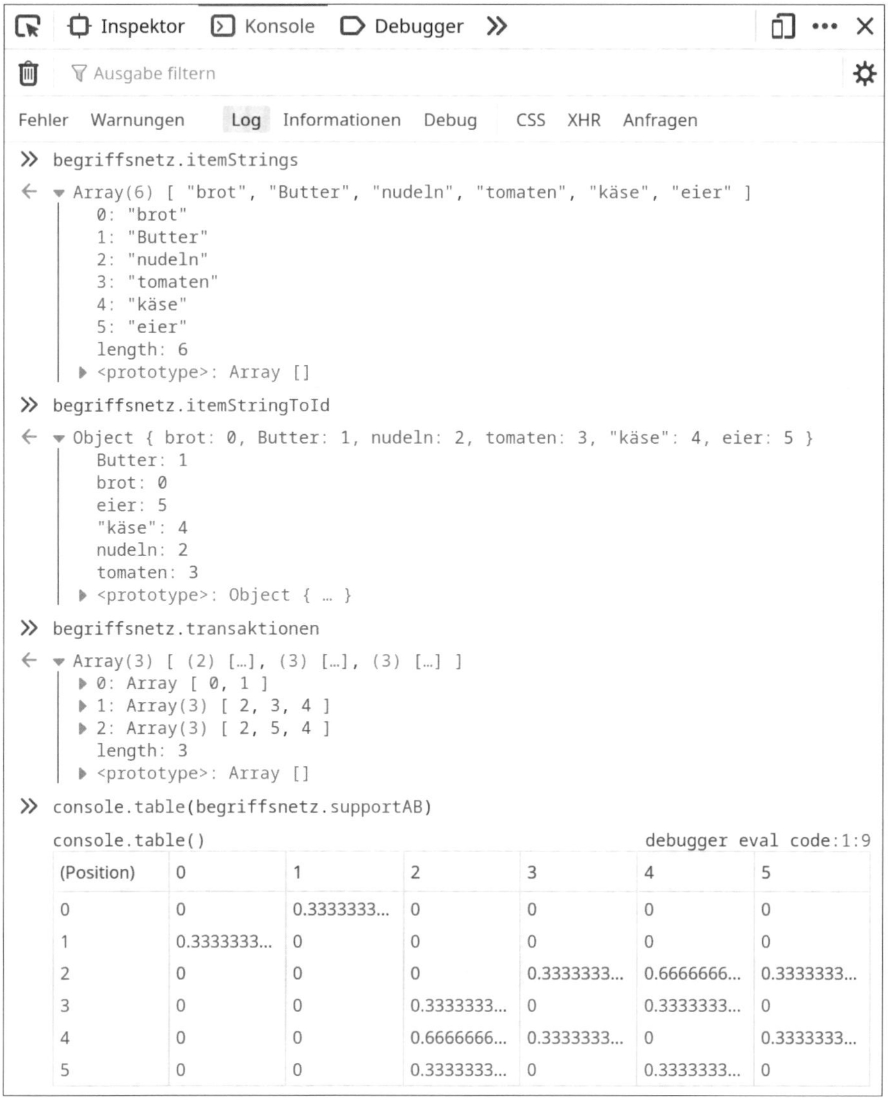

Abbildung 4.9 In der Webkonsole können Sie den Zustand des Begriffsnetz-Objekts inspizieren.

Unter *daten/eigene.txt* haben wir eine Datei für Ihre eigenen Transaktionen angelegt. Das entsprechende Drop-down-Menü bietet diese Datei bereits an. Im Prinzip können Sie beliebige Texte hineinkopieren. Bei solchen Experimenten kann einiges auf interessante und lehrreiche Weise schiefgehen – probieren Sie es aus! Überlegen Sie auch, auf welche Probleme sich die Assoziationsanalyse überhaupt anwenden lässt, auf welche nicht und warum.

4.7 Zusammenfassung und Ausblick

Die in diesem Kapitel vorgestellte Assoziationsanalyse eignet sich gut zur Suche nach Zusammenhängen in großen Datenmengen und kann erwartbare wie überraschende Assoziationen finden.

4.7.1 Der Apriori-Algorithmus

Unser Beispielprogramm beschränkt sich auf die Untersuchung von Item-Paaren. Andere Anwendungen suchen in Datensätzen gezielt nach starken Assoziationen, an denen im Prinzip beliebig große Itemsets beteiligt sein können. Eine systematische Berechnung aller möglichen Kombinationen von Itemsets würde aber selbst einen Supercomputer ins Schwitzen bringen.

Abhilfe schafft der sogenannte *Apriori-Algorithmus*. Die Idee dahinter ist, vereinfacht formuliert: Der Algorithmus untersucht nicht alle möglichen Kombinationen von Itemsets. Er beschränkt sich auf jene, deren Elemente einen bestimmten Mindestbetrag für Support und Confidence überschreiten. Auf diese Weise können Schritt für Schritt die Assoziationen zwischen immer größeren Itemsets untersucht werden, ohne dass die Anzahl der Berechnungen einem um die Ohren fliegt.

4.7.2 Transaktionstabellen

Wenn Sie sich praktische Data- und Text-Mining-Anwendungen anschauen, werden Sie feststellen, dass Transaktionen meist mithilfe von Tabellen codiert werden. Angenommen, es gäbe 5.000 Transaktionen und 100 verschiedene Items. Dann würden die Transaktionen durch eine Tabelle repräsentiert, die 5.000 Zeilen und 100 Spalten besitzt. In jeder Zelle steht eine 1 oder eine 0. Eine 1 zeigt an, dass das Item in der Transaktion vorkommt.

In der Praxis ist dieses Vorgehen oft effizienter. Eine Python-Anwendung wird Transaktionen in NumPy-Arrays speichern. Diese sind statisch typisiert und können nur Zeilen gleicher Länge enthalten. Die Berechnungen lassen sich dann als maschinennahe Matrizenoperationen in hoher Geschwindigkeit vornehmen.

Wir werden in Abschnitt 14.5.1. beim Thema *One Hot Encoding* auf diese Art von Codierung zurückkommen. In unserem Beispielprogramm haben wir uns aber für die Codierung der Transaktionen mittels Arrays von `itemIds` entschieden, weil uns diese Lösung anschaulicher erschien.

4.7.3 Eine Übersicht aller Fachbegriffe aus diesem Kapitel

Item	Die kleinste Einheit einer Assoziationsanalyse; je nach Anwendung können Items etwa Zutaten, Begriffe, Filme oder Produkte sein.
Menge	Eine Zusammenfassung von Elementen; identische Elemente kommen jeweils nur einmal vor.
Teilmenge	Eine Menge N ist dann eine Teilmenge von M, wenn alle Elemente von N auch in M enthalten sind.
Itemset	Eine Teilmenge der Menge aller Items.
Transaktion	Ein Itemset, das in einem Sinnzusammenhang steht, etwa: alle Produkte in einem Warenkorb.
Support(X)	Die Häufigkeit des Itemsets X.
Confidence(A → B)	Die Häufigkeit von B, wenn A vorhanden ist.
Lift(A und B)	Das Verhältnis zwischen dem tatsächlichen gemeinsamen Vorkommen von A und B und einer bloß zufälligen Verteilung.
Erwartungswert	In unserem Zusammenhang die Häufigkeit des Zusammentreffens von Items bei einer bloß zufälligen Verteilung.
Eineindeutige Zuordnung	Eine eineindeutige Zuordnung zwischen den Mengen M und N liegt dann vor, wenn jedem Element von M genau ein Element von N zugeordnet werden kann – und umgekehrt.

Tabelle 4.3 Die in diesem Kapitel verwendeten Fachbegriffe

Kapitel 5
Spiele für eine Person lösen

1996 schreibt der IBM-Rechner Deep Blue Geschichte und besiegt den Schachweltmeister Gari Kasparow. Die Niederlage des höchstrangigen Go-Spielers Lee Sedol gegen das Programm AlphaGo hat ebenfalls weltweites Aufsehen erregt. Die Entwicklung von Computerprogrammen, die menschlichen Spielern bei Schach & Co. überlegen sind, ist seit den frühesten Tagen der KI ein zentrales Forschungs- und Experimentierfeld. Wir stellen grundlegende Techniken der Spiel-KI vor.

Worum es in diesem Kapitel geht

- Das Spiel »Fruchtkräsch«, das von Puzzlespielen wie Candy Crush oder Collapse inspiriert ist.
- Eine KI, die Fruchtkräsch und andere *zugbasierte Ein-Personen-Spiele* konkurrenzlos gut spielt.
- Eine Funktion, die Spielstände bewertet.
- Eine *Baumstruktur*, die alle denkbaren Spielverläufe darstellt.
- Die Durchsuchung dieses Baums per *Warteschlangenverfahren*, um den besten Zug zu finden.

In diesem und dem nächsten Kapitel geht es um Anwendungen, die zugbasierte Spiele erfolgreich spielen. Zunächst stellen wir eine auf Ein-Personen-Spiele spezialisierte KI vor. Im nächsten Kapitel wenden wir uns Spielen für zwei Personen zu.

5.1 Das Spiel Fruchtkräsch

Das Beispielprogramm »Fruchtkräsch« basiert auf einem weithin bekannten Spielprinzip: Auf einer rechteckigen Spielfläche sind verschiedenfarbige Spielsteine aufgestapelt. Zusammenhängende Gruppen von mindestens drei gleichfarbigen Steinen – hier *gleichfarbige Gruppen* genannt – können Sie per Mausklick entfernen. Für jeden entfernten Stein erhalten Sie einen Punkt. Die entstehenden Lücken werden gefüllt, indem darüberliegende Steine »herunterfallen«, also nach unten aufrücken. Auch leere Spalten werden geschlossen, indem rechts davon befindliche Spalten nach links aufrücken.

Das Spiel ist beendet, wenn keine gleichfarbige Gruppe mehr vorhanden und damit kein Zug mehr möglich ist. Ziel des Spiels ist es, möglichst viele Steine zu entfernen, also möglichst viele Punkte zu bekommen. Reiz und Herausforderung bestehen darin, dass durch aufrückende Steine neue gleichfarbige Gruppen entstehen können. Es macht also einen Unterschied, in welcher Reihenfolge Sie die Steine wegklicken.

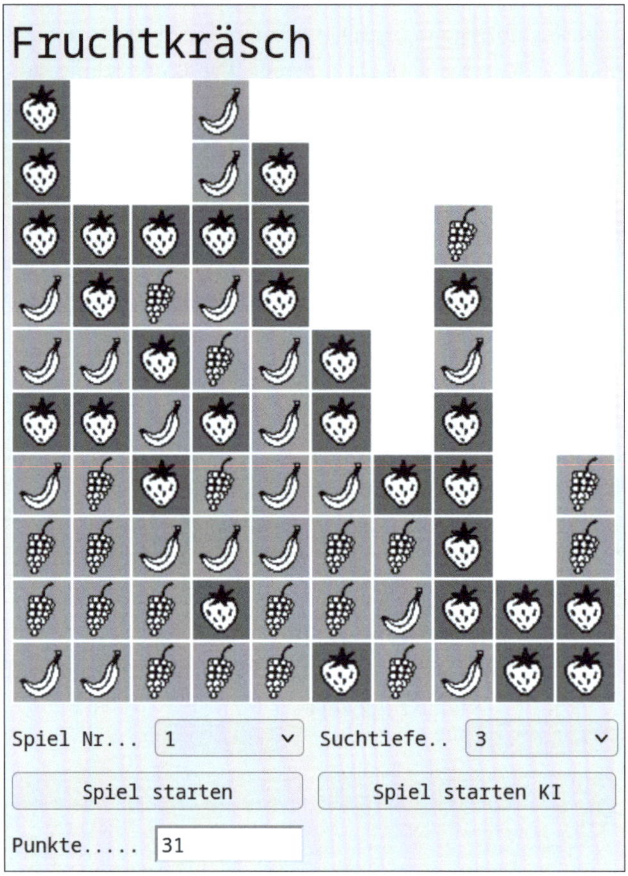

Abbildung 5.1 Das Beispielprogramm »Fruchtkräsch«

Sie können per Klick auf die Schaltfläche Spiel starten eine eigene Partie beginnen oder mit einem Klick auf Spiel starten KI dem Computer beim Spielen zuschauen. Mittels des Parameters Suchtiefe steuern Sie die Stärke der KI – was es damit auf sich hat, erfahren Sie weiter unten. Mittels des Drop-down-Menüs Spiel Nr. wählen Sie einen von zehn reproduzierbaren Startzuständen aus. Auf diese Weise können Sie Ihre Fruchtkräsch-Skills direkt mit jenen der KI messen oder die Spielergebnisse der KI bei unterschiedlichen Suchtiefen vergleichen. Probieren Sie es aus!

5.2 Wie findet die KI den besten Zug?

Ob Mensch oder Maschine: Immer geht es bei *zugbasierten* Spielen wie Fruchtkräsch darum, *den jeweils besten nächsten Zug aus der Menge aller möglichen Züge zu wählen*. Aber wie entscheiden wir, welche Züge besser und welche schlechter sind? Bei Fruchtkräsch könnten wir eine Strategie wie »Spielfeld von oben nach unten abräumen« verfolgen. Oder wir stellen uns vor, welche Folgen die zur Auswahl stehenden Züge auf den weiteren Spielverlauf haben – um auf diese Weise einen vorteilhaften Zug zu identifizieren.

Auf dem zuletzt genannten Prinzip basiert auch unsere KI: Im Idealfall berechnet sie ausgehend vom aktuellen Spielzustand sämtliche denkbaren Spielverläufe bis zum Spielende. Dann *wählt die KI den Zug, der zum Spielzustand mit der besten Bewertung führt*.

Abbildung 5.2 stellt den vollständigen *Suchbaum* eines Fruchtkräsch-Spiels mit einem 5 × 5 großen Spielfeld dar. Aus dem Suchbaum können Sie alle denkbaren Spielverläufe und Endzustände ablesen, die von dem oben befindlichen *Spielzustand* aus erreichbar sind. Die Zeichnung zeigt auch, wie die KI den besten Zug ermittelt: Das ist schlicht und einfach *der erste Zug der Zugfolge, die zum Endzustand mit der höchsten Punktzahl führt*.

Im Fall eines Spielfelds mit 25 Steinen ist es ein Leichtes, alle denkbaren Spielverläufe zu berechnen. Bei größeren Spielfeldern wird das nicht funktionieren, da die Anzahl der Möglichkeiten schnell ins Astronomische wächst. Hier kommt die *Suchtiefe* ins Spiel: Sie legt fest, *wie viele Züge die KI in die Zukunft vorausberechnen soll*, und beschränkt damit auch den Rechenaufwand. Bei Suchtiefe 2 berechnet die KI sämtliche Spielzustände, die mit zwei Zügen erreichbar sind etc.

Die Begrenzung der Suchtiefe bringt ein interessantes Problem mit sich: Wir müssen jetzt auch *Spielzustände bewerten, die noch Zugmöglichkeiten bieten*. Der Punktestand allein reicht als Kriterium für die Bewertung eines Spielzustands nicht mehr aus: Angenommen, wir vergleichen zwei Spielzustände A und B, bei denen der Punktestand gleich ist – A bietet aber noch Zugmöglichkeiten, B nicht. Dann liegt es auf der Hand, dass A höher zu bewerten ist, weil durch künftige Züge noch Punkte hinzukommen werden. Unsere Bewertungsfunktion wird dies berücksichtigen.

Eine weitere Technik zur Beschränkung des Rechenaufwands besteht darin, schon vor dem Erreichen der gesetzten Suchtiefe wenig erfolgversprechende Züge auszusortieren und die daran anschließenden Spielverläufe nicht weiter zu verfolgen. Dieses Vorgehen wird als *Pruning* bezeichnet, zu Deutsch »Beschneiden«. Auch das haben wir in unsere KI eingebaut.

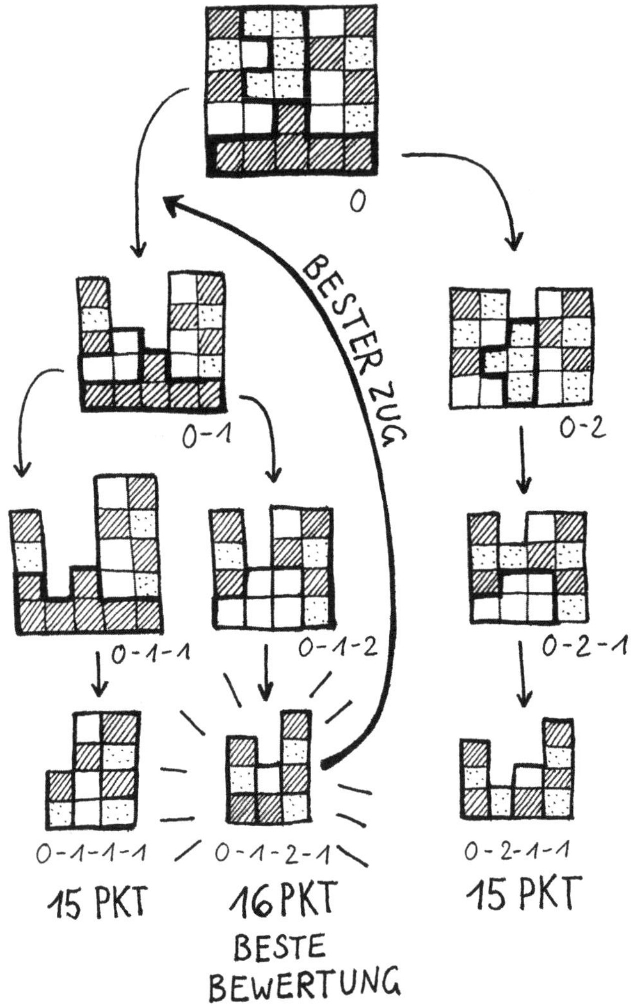

Abbildung 5.2 Die Ermittlung des besten ersten Zugs mittels einer Baumstruktur, die alle denkbaren Spielverläufe enthält

> **Hintergrund: Graphentheorie Teil III**
>
> Die Baumstruktur, mit der wir in Abbildung 5.2 die möglichen Spielverläufe von »Fruchtkräsch« darstellen, kommt Ihnen vielleicht bekannt vor. Auch hier haben wir es mit einem *Graphen* zu tun: Die *Knoten* stehen für Spielzustände, die *Kanten* für gültige Züge.

Dabei haben wir es mit einer *speziellen Klasse von Graphen* zu tun, den *gerichteten Wurzelbäumen*. Vertreter dieser Spezies zeichnen sich vereinfacht gesagt durch drei Eigenschaften aus:

- Sie besitzen einen *Wurzelknoten*, von dem aus alle weiteren Knoten erreichbar sind.
- Es führt jeweils exakt ein Weg vom Wurzelknoten zu jedem weiteren Knoten.
- Es gibt keine Rundwege.

In einem gerichteten Wurzelbaum können wir drei wesentliche Knotenarten unterscheiden: den Wurzelknoten sowie *innere Knoten* und *Endknoten*. Letztere werden auch *Blätter* genannt.

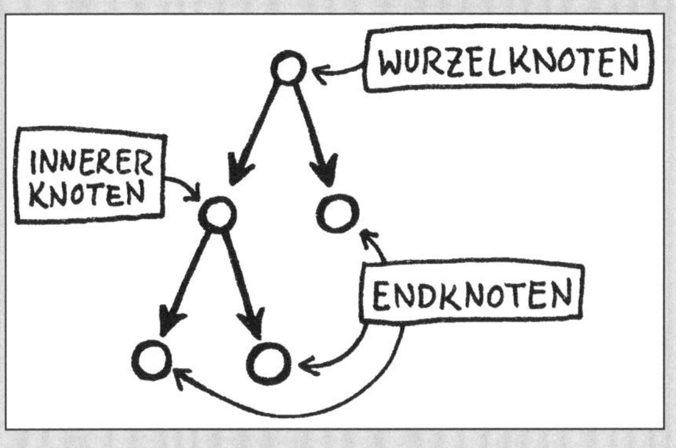

Für unsere Zwecke sind zwei weitere Begriffe nützlich: Die *Folgeknoten* eines Knotens sind sämtliche darunterliegenden Knoten, die von diesem aus erreichbar sind. Die *direkten Folgeknoten* sind dann jene, die mit einem einzigen Schritt erreicht werden können. Andere Darstellungen sprechen hier auch von *Nachfahren* und *Kindern*.

Es gibt zwei naheliegende Möglichkeiten, Graphen in einem Computerprogramm zu repräsentieren:

- Jeder einzelne Knoten ist ein Objekt, das in einem Array speichert, mit welchen anderen Knoten es verbunden ist. Ein solches Array wird *Nachbarschaftsliste* genannt.
- Alternativ lassen sich die Verbindungen zwischen sämtlichen Knoten eines Graphen auch in einer *Nachbarschaftsmatrix* speichern. Jeder Knoten wird durch eine Spalte und eine Zeile repräsentiert. Bei ungewichteten Graphen ist die Matrix zunächst mit Nullen gefüllt. Anschließend wird für jede Verbindung eine Eins eingetragen. Bei gewichteten Graphen stehen statt Einsen die Gewichte der jeweiligen Verbindungen in den Zellen. Die Abbildung zeigt das anhand des Beispiels mit den Rezeptzutaten aus Abschnitt 4.3, »Ein Beispiel von Hand gerechnet«:

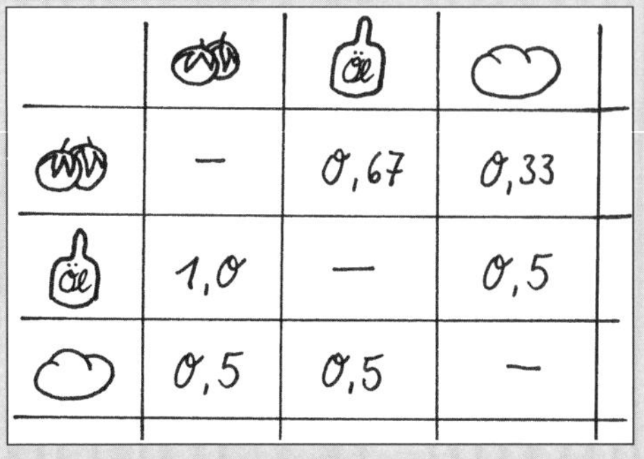

Welche dieser beiden Repräsentationen besser geeignet ist, hängt von der Anwendung ab. Wenn wir beispielsweise nicht wissen, wie viele Knoten es überhaupt gibt, funktioniert nur die Nachbarschaftsliste. In Kapitel 2, »Texte bauen mit Markow«, haben wir den Übergangsgraphen des Markow-Prozesses in dieser Form programmiert. Im Fall der Assoziationsanalyse in Kapitel 4, »Wörter gruppieren«, hat sich die Nachbarschaftsmatrix als zweckmäßiger erwiesen.

In diesem Kapitel nutzen wir eine weitere Variante, wie in Abbildung 5.6 gesehen: Ein Algorithmus durchläuft den Suchbaum schrittweise per *Warteschlangenverfahren*, also einen Spielzustand nach dem anderen. Einmal besuchte Spielzustände (Knoten) werden nicht mehr benötigt und müssen daher nicht gespeichert werden. *Der Suchbaum ist daher niemals als Ganzes im Arbeitsspeicher vorhanden.*

5.3 Eine vielseitig einsetzbare Spiel-KI

Das Spiel »Fruchtkräsch« erfüllt drei Bedingungen, die Voraussetzung für unser Lösungsverfahren sind:

- Es ist ein vollständig *determiniertes* Spiel – das heißt, dass Zufallsentscheidungen wie Würfel- oder Münzwürfe keine Rolle spielen. Die Folgen eines Zugs hängen ausschließlich vom Zustand des Spielfelds und dem jeweiligen Zug ab.
- Es bietet *perfekte Information* – das bedeutet vereinfacht gesagt, dass der aktuelle Zustand des Spiels vollständig bekannt ist. Es gibt keine verdeckten Spielkarten wie beim Poker und keine verborgenen Zustände wie bei »Schiffe versenken«.
- Es ist *endlich*, das bedeutet, dass jede Partie nach einer endlichen Anzahl von Zügen vorbei ist.

Die hier vorgestellte KI kann im Prinzip jedes endliche zugbasierte Ein-Personen-Spiel mit perfekter Information und ohne Zufallselemente spielen. Damit die KI derart vielseitig einsetzbar ist, müssen Spiellogik und KI weitgehend voneinander *entkoppelt* sein: Die KI weiß nichts über Spielfeld und Spielregeln. Sie kennt von einem Spielzustand lediglich *Bewertung* und *Zugmöglichkeiten*. Sie darf Züge ausprobieren und damit neue Spielzustände erzeugen und wiederum deren Bewertungen auslesen. Das reicht der KI, um einen Suchbaum wie den in Abbildung 5.2 zu durchlaufen und vielversprechende Züge zu finden.

Das, was die KI vom Spielzustand wissen muss, nennen wir die *Schnittstelle* zwischen Spiellogik und KI. Jedes Spiel, das die entsprechende Schnittstelle bietet, kann im Prinzip von der KI gespielt werden, ohne dass auch nur eine einzige Zeile Code in der KI geändert werden muss.

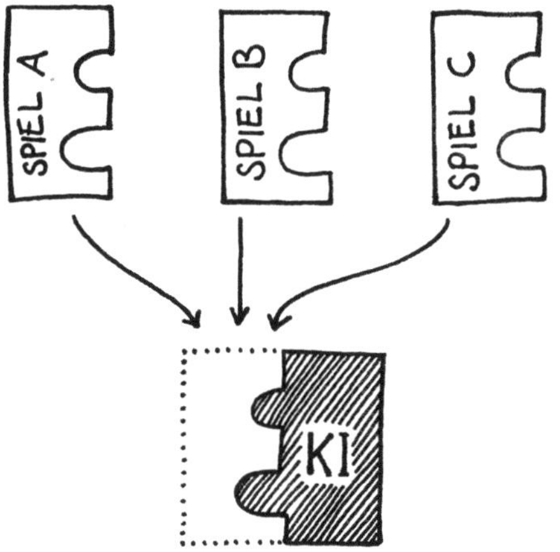

Abbildung 5.3 Unsere KI kann jedes Spiel spielen, das die entsprechende Schnittstelle bietet.

Im Folgenden konzentrieren wir uns auf jene Eigenschaften und Funktionen von Fruchtkräsch, die diese Schnittstelle bilden. Wie das Spiel gleichfarbige Gruppen findet, gültige Züge erkennt oder das Aufrücken der Spielsteine nach links und nach unten bewerkstelligt, ist nicht Thema dieses Kapitels. Falls Sie darüber mehr erfahren wollen, hilft Ihnen ein Blick in den ausführlich kommentierten Quellcode.

5.4 Die Klasse Spielzustand

Die komplette Fruchtkräsch-Spiellogik und die Schnittstelle für die KI stecken in der Klasse `Spielzustand`, zu finden in der Datei *code/fruchtkraesch.js*. Objekte dieser Klasse repräsentieren jeweils einen bestimmten Zustand des Spiels – das ist im Wesentlichen das Spielfeld mit den darin positionierten Spielsteinen.

5.4.1 Züge liefern modifizierte Spielzustände

Die Funktion `zug()` erwartet als Argument die Koordinaten eines Spielsteins in der Form `[zeile, spalte]`. Sofern der Zug gültig ist, *liefert die Funktion ein neues, modifiziertes* `Spielzustand`*-Objekt*; ist ein Zug ungültig, gibt die Funktion den ursprünglichen, unveränderten Spielzustand zurück:

```
spielzustand = spielzustand.zug([2, 4]);
```

Es gibt also nicht das *eine* Spiel, sondern nur einzelne Spielzustände – und Züge, die darauf angewendet werden und neue, modifizierte Spielzustände zurückliefern.

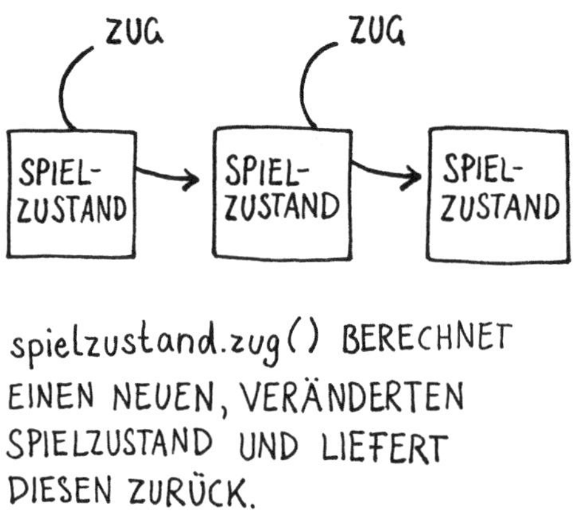

Abbildung 5.4 Jeder Spielverlauf ist eine Folge von Spielzuständen.

5.4.2 Die möglichen Züge

Jeder Spielzustand weiß, welche Züge auf ihm erlaubt sind. Wann immer ein neuer Spielzustand entsteht, werden die möglichen Züge berechnet und in einem Array mit dem Namen `moeglicheZuege` gespeichert.

5.4.3 Die Bewertung eines Spielzustands

Die Funktion `bewertung()` liefert eine ganze Zahl. Je höher die Zahl, umso besser ist der Spielzustand. Die KI benötigt die Bewertungen, um unterschiedliche Spielzustände miteinander zu vergleichen.

Wie in Abschnitt 5.2, »Wie findet die KI den besten Zug?«, beschrieben, können wir uns bei der Bewertung nicht allein auf den Punktestand verlassen, da wir auch Spielzustände beurteilen müssen, die noch Zugmöglichkeiten bieten. In unserer Lösung setzt sich die Bewertung daher aus dem Punktestand und dem *Potential* zusammen. So nennen wir die Anzahl aller Steine, die sich wegklicken lassen, sprich: zu irgendeiner gleichfarbigen Gruppe gehören (siehe Abbildung 5.5). Die Berechnung des Potentials nimmt vereinfachend an, dass sich durch einen Zug die Zugmöglichkeiten nicht ändern würden. Das trifft zwar nicht zu, hat sich in der Praxis aber als gute Näherungslösung bewährt.

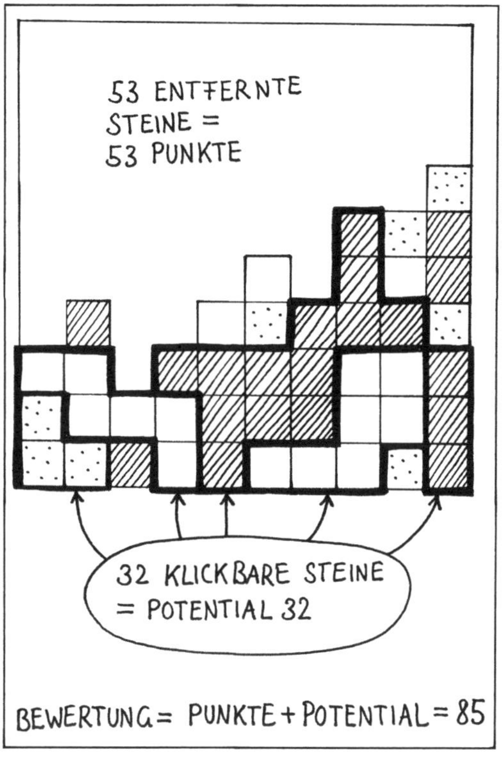

Abbildung 5.5 Die Bewertung eines Spielzustands ergibt sich aus dem Punktestand und dem Potential.

5.4.4 Ein Gedächtnis für Züge

Damit die KI rückverfolgen kann, welcher Zug zu dem am besten bewerteten Spielzustand geführt hat, muss es ein Gedächtnis für die vorherigen Züge geben. Dieses Gedächtnis heißt bei uns `zugArchiv`.

5.4.5 Die Schnittstelle im Überblick

Damit ist die Schnittstelle, welche die KI benötigt, um Fruchtkräsch zu spielen, vollständig beschrieben. Tabelle 5.1 fasst sie noch einmal zusammen.

Name	Aufgabe
`zug(zugKoord)`	Führt den gegebenen Zug durch und liefert einen neuen, veränderten Spielzustand zurück.
`moeglicheZuege`	Ein Array mit allen für diesen Spielzustand gültigen Zügen.
`zugIstMoeglich()`	Gibt `true` zurück, wenn mindestens ein Zug möglich, sonst `false`; Abkürzung für `moeglicheZuege.length > 0`.
`bewertung()`	Bewertet den Spielzustand und gibt dessen Wert zurück. Je höher der Wert, umso besser der Spielzustand.
`zugArchiv`	Ein Array, das vergangene Züge speichert.

Tabelle 5.1 Eigenschaften und Funktionen des Spielzustand-Objekts, die für die KI von Interesse sind

5.5 Die Klasse KI

Von Objekten der Klasse `KI` wollen wir nur eine einzige Sache wissen: *Was ist für einen gegebenen Spielzustand der vielversprechendste Zug?* Diese Frage beantworten Objekte der Klasse `KI` mit der Funktion `besterZug()`. Diese erwartet zwei Argumente: `spielzustand` und `suchtiefe`.

Alle weiteren Funktionen von `KI`-Objekten dienen lediglich dem internen Gebrauch und werden von `besterZug()` aufgerufen. Diese schauen wir uns der Reihe nach an.

5.5.1 Alle Folgezustände eines Spielzustands berechnen

Damit die KI einen Suchbaum konstruieren kann, muss sie viele Spielzustände untersuchen und alle jeweils möglichen Züge ausprobieren. Das erledigt die Funktion `berechneFolgezustaende()`. Sie erwartet als Argument einen Spielzustand und gibt ein Array zurück, das für jeden erlaubten Zug das Resultat – wiederum einen Spielzustand – speichert.

```
berechneFolgezustaende(spielzustand) {
  const moeglicheZuege = spielzustand.moeglicheZuege;
  return moeglicheZuege.map(einZug => spielzustand.zug(einZug));
}
```

Listing 5.1 Diese Funktion führt alle gültigen Züge aus und liefert ein Array mit den Ergebnissen.

Falls Ihnen nicht klar ist, was in der letzten Zeile des Funktionskörpers passiert, schauen Sie sich bitte den Abschnitt A.13, »Funktionen höherer Ordnung« in Anhang A an.

Für die KI macht es übrigens keinen Unterschied, ob die Züge Koordinaten, Fließkommazahlen, Strings oder gar Objekte einer selbst programmierten Klasse sind. *Was ein gültiger Zug ist und was nicht, liegt allein in der Verantwortung des Spielzustands!* Die KI fragt lediglich die gültigen Züge ab, wendet sie systematisch an und sammelt die Ergebnisse. Diese getrennten Verantwortlichkeiten sind Voraussetzung für die in Abschnitt 5.3 beschriebene vielseitige Anwendbarkeit der Spiel-KI.

5.5.2 Alle Spielverläufe per Warteschlangenverfahren berechnen

Die eben beschriebene Funktion ist ein wichtiger Baustein für die Berechnung des Suchbaums. Diese erledigt die Funktion `berechneSpielverlaeufe()`. Genau wie `besterZug()` erwartet sie zwei Argumente – einen Spielzustand und eine Suchtiefe. Rückgabewert ist ein Array mit Spielzuständen, bei denen die Suchtiefe erreicht wurde *oder* kein Zug mehr möglich ist.

Die Funktion nutzt eine *Warteschlange*, um den Baum zu durchsuchen. Eine solche Schlange funktioniert genau so, wie wir es aus dem Alltag kennen. Wer sich zuerst anstellt, kommt auch als Erstes dran. Dies wird als *First In First Out*-Prinzip (kurz *FIFO*) bezeichnet. Die Warteschlange heißt auch im Deutschen meist *Queue*.

```
berechneSpielverlaeufe(spielzustand, suchtiefe) {
  let warteschlange = [spielzustand];
  let resultat = [];

  while (warteschlange.length != 0) {
    const spielzustand = warteschlange.shift();

    // keine Züge mehr möglich
    if (!spielzustand.zugIstMoeglich()) {
      resultat.push(spielzustand);
      continue;
    }

    // Suchtiefe erreicht
    if (spielzustand.zugArchiv.length == suchtiefe) {
      resultat.push(spielzustand);
      continue;
    }

    // Züge möglich und Suchtiefe nicht erreicht
    let folgezustaende = this.berechneFolgezustaende(spielzustand);
    this.sortiereNachBewertung(folgezustaende);
    // Beschneidung des Suchbaums
    folgezustaende = folgezustaende.slice(0, 3);
    warteschlange = warteschlange.concat(folgezustaende);
  }

  return resultat;
}
```

Listing 5.2 Die Funktion ki.berechneSpielverlaeufe() durchkämmt den Suchbaum mittels einer Warteschlange.

Das Listing 5.2 zeigt den kompletten Code. Die erste Zeile des Funktionskörpers initialisiert die Warteschlange. Diese enthält zunächst lediglich den per Argument übergebenen Spielzustand, also den Wurzelknoten des Baums, den die Funktion durchsuchen soll: `[spielzustand]`. Das Array `resultat` ist der Behälter für alle »fertigen« Spielzustände – also jene, die die Suchtiefe erreicht haben oder keine Zugmöglichkeiten mehr bieten.

Die `while`-Schleife läuft so lange, bis die Warteschlange keinen Spielzustand mehr enthält. Innerhalb der Schleife passiert Folgendes:

- `shift()` entnimmt der Warteschlange den vorne stehenden `spielzustand` zur weiteren Betrachtung.
- Wenn `spielzustand` keine Zugmöglichkeiten bietet, wird dieser dem Array `resultat` hinzugefügt. Der aktuelle Durchgang der `while`-Schleife wird dann per `continue` abgebrochen.
- Das Gleiche passiert, wenn `spielzustand` die vorgegebene `suchtiefe` erreicht hat.
- Andernfalls werden mittels `berechneFolgezustaende()` alle auf dem `spielzustand` möglichen Züge durchgeführt.
- Die Funktion `sortiereNachBewertung()` sortiert die `folgezustaende`, sodass die am besten bewerteten vorne stehen.
- `slice()` wählt die ersten drei Zustände aus, und `concat()` hängt diese an die Warteschlange an. Hier werden also nicht alle Spielzustände weiterverfolgt, sondern nur drei besonders vielversprechende. Das ist das in Abschnitt 5.2, »Wie findet die KI den besten Zug?«, angesprochene Pruning, also die Beschneidung des Suchbaums.
- Sofern `warteschlange` noch Spielzustände enthält, wird der Körper der `while`-Schleife erneut durchlaufen.
- Andernfalls liefert die Funktion das Array mit den Ergebnissen zurück.

Abbildung 5.6 stellt den Weg durch den Suchbaum per Warteschlange dar.

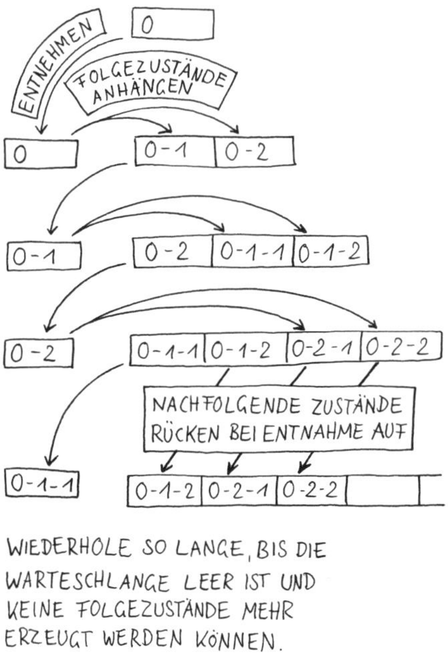

Abbildung 5.6 Berechnung der Spielverläufe mittels Warteschlangenverfahren

5.5.3 Die Spielzustände nach Bewertung sortieren

Mit den jeweils besten Spielzuständen soll weitergearbeitet werden. Dafür müssen diese nach der Bewertung sortiert werden. Das erledigt die Funktion `sortiereNachBewertung()`. Sie erwartet als Argument ein Array mit Spielzuständen und sortiert diese mittels `sort()` abhängig vom Rückgabewert der Funktion `bewertung()`. Höher bewertete Spielzustände stehen weiter vorn. Wohlgemerkt, es ist nicht die Aufgabe der KI, diese Bewertung durchzuführen, der Spielzustand selbst ist dafür zuständig.

```
sortiereNachBewertung(spielzustaende) {
  spielzustaende.sort((spielzustandL, spielzustandR) =>
    spielzustandR.bewertung() - spielzustandL.bewertung());
}
```

Listing 5.3 Die Sortierung von Spielzuständen nach deren Bewertung

5.5.4 Die Funktion besterZug()

Zu guter Letzt schauen wir uns den Code der Funktion `besterZug()` an. Die Funktion vollzieht das, was Abbildung 5.2 darstellt: Wir suchen den Spielzustand mit der höchsten Bewertung. Der erste Zug, der in Richtung dieses Endzustands führt, ist der beste Zug.

```
besterZug(spielzustand, suchtiefe) {
  spielzustand.zugArchiv = [];

  const zustaende = this.berechneSpielverlaeufe(spielzustand, suchtiefe);
  this.sortiereNachBewertung(zustaende);
  const besterZustand = zustaende[0];
  const besterZug = besterZustand.zugArchiv[0];
  return besterZug;
}
```

Listing 5.4 Die Funktion ki.besterZug()

Zuerst muss das Zuggedächtnis des untersuchten Spielzustands gelöscht werden. Denn die KI interessiert sich nicht für vergangene, bereits ausgeführte Züge, sondern allein für die vom aktuellen Spielzustand aus möglichen künftigen Spielverläufe. Die Anzahl der Einträge im Zugarchiv wird auch zur Kontrolle der Suchtiefe genutzt.

Ein Aufruf der Funktion `berechneSpielverlaeufe()` liefert das Array `zustaende` mit den Spielzuständen, die keine Zugmöglichkeiten mehr bieten oder die Suchtiefe erreicht haben. Anschließend wird `zustaende` absteigend nach Bewertung sortiert. Der beste Spielzustand steht ganz vorne im Array: `besterZustand = zustaende[0]`. Der beste Zug ist dann der erste im Zugarchiv des ausgewählten Spielzustandes: **`besterZug = besterZustand.zugArchiv[0]`**.

5.5.5 Die Funktionen des KI-Objekts im Überblick

Tabelle 5.2 fasst noch einmal alle Funktionen des KI-Objekts zusammen.

Name	Aufgabe
`besterZug(spielzustand, suchtiefe)`	Berechnet den bestmöglichen Zug ausgehend von `spielzustand` bei entsprechender `suchtiefe`.
`berechneFolgezustaende(spielzustand)`	Führt alle für `spielzustand` gültigen Züge aus und liefert ein Array mit den resultierenden Spielzuständen.
`berechneSpielverlaeufe(spielzustand, suchtiefe)`	Berechnet alle Spielverläufe ausgehend vom `spielzustand`. Der Rückgabewert ist ein Array mit allen Spielzuständen, bei denen die `suchtiefe` erreicht wurde oder keine Züge mehr möglich sind.
`sortiereNachBewertung(spielzustaende)`	Sortiert ein Array mit Spielzuständen absteigend nach Bewertung.

Tabelle 5.2 Funktionen des KI-Objekts

5.6 Ideen zum Weitermachen

Ein eigenes Spiel zu programmieren und dieses mittels der beschriebenen Schnittstelle an die KI anzuschließen – das ist eine reizvolle, aber anspruchsvolle Aufgabe. Dennoch können Sie hier eine Menge lernen, selbst wenn Sie ein solches Projekt nur mit Papier und Bleistift skizzieren.

Überlegen Sie, welche Spiele außer Fruchtkräsch geeignet sein könnten, um sie mit der hier vorgestellten KI zu spielen. Wenn Sie ein geeignetes Spiel gefunden haben, können Sie sich über die entscheidende Frage nachdenken, wie die Bewertungsfunktion beschaffen sein müsste.

Vielleicht schauen Sie sich bei der Gelegenheit das Spiel »Rush Hour« an. Das ist ein Ein-Personen-Spiel mit perfekter Information und ohne Zufallselemente. Können Sie sich vorstellen, dafür eine Bewertungsfunktion zu schreiben, die unfertige Spielzustände sinnvoll beurteilen kann?

5.7 Zusammenfassung und Ausblick

Die in diesem Kapitel vorgestellte KI leistet innerhalb der beschriebenen Grenzen Beachtliches. Im Hinblick auf das Spiel »Fruchtkräsch« haben wir den Eindruck gewonnen: Wenn es eine perfekte Lösung ohne übrig gebliebene Steine gibt, wird die KI diese Lösung bei hinreichender Suchtiefe auch finden. Sollte eine Leserin oder ein Leser ein Gegenbeispiel finden, freuen wir uns über Zuschriften.

Sobald Ungewissheit in Form von Zufallsereignissen oder verdeckten Zuständen ins Spiel kommt, versagt unsere KI kläglich. Bei ähnlich gestrickten Spielen wie »Candy Crush« oder »Collapse« rücken bei der Entfernung von Steinen aus dem Bereich jenseits des oberen Spielfeldrands neue Steine mit zufälligen Farben nach. Ein solches Spiel kann unsere KI nicht lösen. Auch hier laden wir Sie dazu ein, darüber nachzudenken, wie eine Lösung aussehen könnte und mit welchen Problemen dabei zu rechnen ist. Wir werden diese spannende Frage in diesem Buch nicht behandeln, sondern wenden uns im nächsten Spiel einer KI zu, die Zwei-Personen-Spiele mit perfekter Information meistert.

Kapitel 6
Spiele für zwei Personen gewinnen

6

»Bei einem Fußballspiel verkompliziert sich alles durch die Anwesenheit der gegnerischen Mannschaft«, hat der französische Philosoph Jean-Paul Sartre zutreffend bemerkt. Ähnliches gilt für Zwei-Personen-Spiele: Im letzten Kapitel haben wir eine Lösung für das Ein-Personen-Spiel »Fruchtkräsch« vorgestellt. Dort hat Mensch oder Maschine die alleinige Kontrolle über das Spielgeschehen.

Anders bei Spielen wie Schach, Dame oder Mühle: *Hier haben wir es mit einem Gegenspieler zu tun, der exakt das Gegenteil von dem erreichen will, was uns vorschwebt*. Es reicht also nicht, die Abfolge der eigenen Züge klug zu planen – wir müssen auch die Zugmöglichkeiten des Gegners in unsere Berechnungen einbeziehen. Wie das funktioniert, zeigen wir in diesem Kapitel.

Worum es in diesem Kapitel geht

- Mit dem *Minimax-Algorithmus* lassen sich Spiele für zwei Personen gewinnen.
- Im Beispielprogramm »Reversi KI« spielt der Mensch gegen eine KI das Brettspiel Reversi.
- Im Minimax-Algorithmus findet die KI den besten Zug mittels *Tiefensuche*.
- Tiefensuche wird mittels *rekursiver* Funktionen umgesetzt.
- Eine Optimierung namens *Alpha-Beta-Pruning* beschleunigt die Suche nach dem besten Zug erheblich.

Der hier vorgestellte Minimax-Algorithmus geht davon aus, dass der Gegner in jeder Spielsituation den *aus seiner Sicht* besten Zug macht. Die KI sucht dann angesichts dieser Annahme jenen Zug, der *aus Sicht der KI* den größten Vorteil verspricht.

Viele Begriffe und Ideen, die hier eine Rolle spielen, kennen Sie aus dem vorherigen Kapitel, und wir werden sie nur kurz wiederholen. Wir empfehlen Ihnen also – sollten Sie dies nicht bereits getan haben – vor der Lektüre dieses Kapitels zunächst Kapitel 5, »Spiele für eine Person lösen«, zu lesen.

6.1 Das Spiel Reversi

Als Beispiel für unsere Anwendung haben wir uns für das Brettspiel Reversi entschieden. Die Regeln lauten wie folgt:

- Gespielt wird auf einem Brett mit 8 × 8, also insgesamt 64, Feldern und mit Steinen, die auf der einen Seite schwarz und auf der anderen Seite weiß sind.
- Das Spiel beginnt wie in Abbildung 6.1 gezeigt: In der Mitte des Spielfelds liegen sich zwei schwarze und zwei weiße Steine diagonal gegenüber.
- Jeder Spieler muss pro Zug einen Stein der eigenen Farbe setzen, wenn er kann.
- Schwarz fängt an.
- Es sind nur Züge erlaubt, die gegnerische Steine auf einer horizontalen, vertikalen oder diagonalen Linie zwischen Steinen der eigenen Farbe einschließen.
- Auf diese Weise eingeschlossene Steine werden umgedreht, wechseln also die Farbe (siehe Abbildung 6.2).
- Wenn ein Spieler keinen Zug machen kann, der mindestens einen gegnerischen Stein einschließt, muss er passen.
- Das Spiel endet, wenn alle Felder mit Steinen bedeckt sind oder beide Spieler unmittelbar hintereinander passen mussten.
- Der Spieler, der am Ende die meisten Steine seiner Farbe auf dem Spielfeld liegen hat, gewinnt. Bei Gleichstand gilt das Spiel als unentschieden.

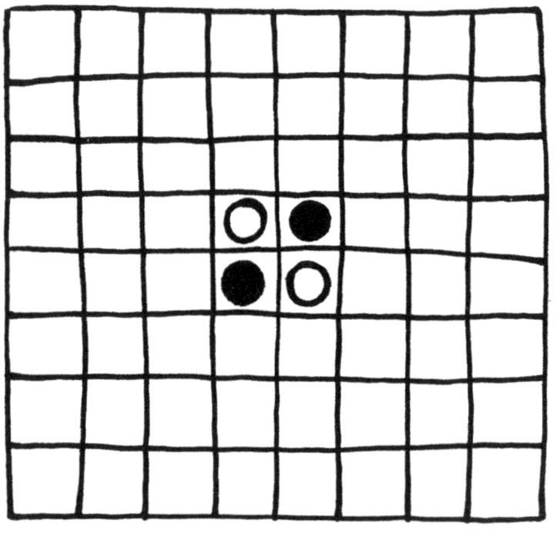

Abbildung 6.1 Reversi-Anfangsstellung

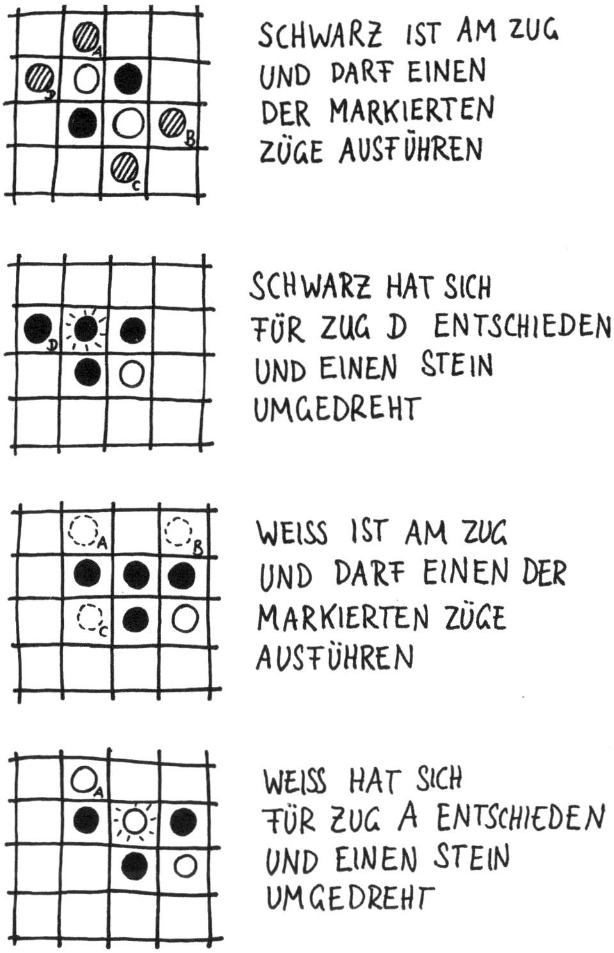

Abbildung 6.2 Reversi-Zugregeln

6.2 Das Beispielprogramm Reversi KI

Im Beispielprogramm »Reversi KI« spielen Sie gegen eine KI, die den Minimax-Algorithmus nutzt. Sie setzen die schwarzen Steine, eröffnen also die Partie. Ein Textfeld zeigt an, ob Mensch oder Maschine am Zug ist und wer aktuell im Vorteil ist. Bei abgeschlossenen Partien gibt das Textfeld Gewinner und Punktestand aus.

Mit dem Drop-down-Menü SUCHTIEFE steuern Sie die Spielstärke des maschinellen Gegners. Je höher die Suchtiefe, umso stärker spielt die KI. Auf einem aktuellen Rechner wird ein Spiel ab Suchtiefe 6 Ihre Geduld strapazieren, weil die Berechnung eines Zugs mitunter Minuten braucht. Mit der Checkbox ALPHA-BETA PRUNING aktivieren Sie eine Optimierung, mit deren Hilfe die KI auch bei höheren Suchtiefen flüssig spielt. Über eine weitere Checkbox schalten Sie die Anzeige der Feldkoordinaten an oder aus. Diese Funktion ist vor allem dann nützlich, wenn Sie mittels Konsolenbefehlen und Loggings hinter die Kulissen des Programms schauen und die Auswahl der Züge nachverfolgen wollen.

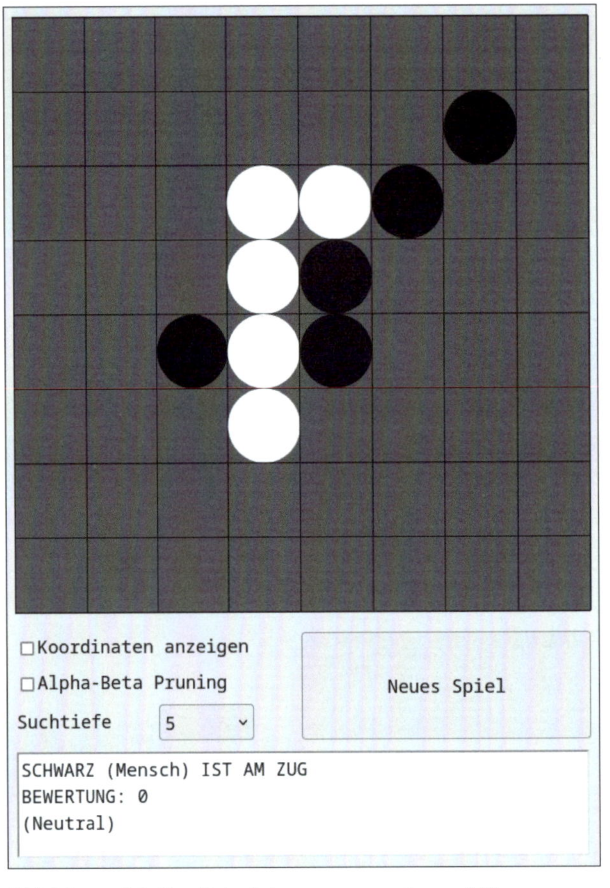

Abbildung 6.3 Das Beispielprogramm »Reversi KI«

6.3 Der Minimax-Algorithmus

Genau wie im vorherigen Kapitel bei »Fruchtkräsch« geht es auch bei »Reversi« darum, in jeder Spielsituation den besten Zug zu finden. Bei Fruchtkräsch hatten wir dafür die jeweils vielversprechendsten Spielverläufe bis zur Abbruchbedingung berechnet und die so erreichten Spielzustände bewertet. Der erste Zug der Zugfolge, die zum am besten bewerteten Spielzustand führte, wurde als bester Zug identifiziert.

Bei Reversi gestaltet sich die Suche nach dem optimalen Zug etwas vertrackter. Hier haben wir es mit einem Gegenspieler zu tun, der eigene Interessen verfolgt. Diese sind den unseren exakt entgegengesetzt. Genau solche konkurrierenden Bestrebungen berücksichtigt der Minimax-Algorithmus.

Voraussetzung für dessen Anwendung ist, dass wir die Bewertung eines Spielzustands mit einer Zahl ausdrücken können. Bei unserer Reversi-Version bedeutet ein *positiver Wert einen Vorteil für Weiß*, ein *negativer Wert einen Vorteil für Schwarz*. Die in Abschnitt 6.5.1 vorgestellte Funktion liefert solche Bewertungen für Reversi-Spielzustände.

Im Hinblick auf diese Bewertungen verteilt der Algorithmus zwei Rollen:

- Weiß ist der *Maximierer*, weil er eine hohe Bewertung anstrebt.
- Schwarz ist der *Minimierer*, weil er eine möglichst niedrige Bewertung erreichen möchte.

Der Algorithmus nimmt an, dass Maximierer und Minimierer in jeder Spielsituation *den jeweils aus ihrer Sicht optimalen Zug* ausführen.

Wie das abläuft, zeigt Abbildung 6.4: Der Suchbaum wächst von oben nach unten, die Knoten repräsentieren die Spielzustände, nach unten gerichtete Pfeile (also die Kanten) stellen gültige Züge dar. Der oben befindliche *Wurzelknoten* ist der aktuelle Spielzustand, für den der Algorithmus den optimalen Zug sucht. Der dargestellte Baum hat die Suchtiefe 3, rechnet also drei Züge in die Zukunft.

Maximierer und Minimierer ziehen abwechselnd. Entsprechend sind die Ebenen des Suchbaums beschriftet: Am Wurzelknoten zieht der Maximierer, anschließend der Minimierer etc. Die in den Knoten – sprich Spielzuständen – eingetragenen Werte stellen die von dort aus erreichbaren optimalen Bewertungen dar, und zwar jeweils aus Sicht des Spielers, der an der Reihe ist.

Entscheidend ist die Frage, wie der Minimax-Algorithmus die in den Knoten eingetragenen Werte berechnet. Für die *Endknoten* ist dieser Wert schlichtweg die Bewertung des jeweiligen Spielzustands. Den liefert die in Abschnitt 6.5.1 beschriebene Bewertungsfunktion. Alle anderen Werte leitet der Algorithmus von unten nach oben aus den Werten der Endknoten ab:

- Auf **Ebene 2** zieht der Maximierer. Er wird jeweils den Zug wählen, der zur *höchsten* Bewertung auf Ebene 3 führt. Entsprechend wird in einem Knoten auf Ebene 2 immer der höchste Wert aus den direkten Folgeknoten auf Ebene 3 eingetragen.

- Auf **Ebene 1** ist der Minimierer am Zug. Er entscheidet sich für die Züge, die zum jeweils *am geringsten* bewerteten Folgeknoten führen.
- Auf diese Weise ermittelt der Algorithmus den höchstmöglichen Wert des Wurzelknotens. Der optimale Zug ist dann – ähnlich wie bei der Fruchtkräsch-KI – der erste Zug der Zugfolge, die zu diesem Wert führt.

Für alle, die es ganz genau wissen wollen: Zugunsten der Übersichtlichkeit haben wir Abbildung 6.4 in zwei Punkten vereinfacht. Zum einen haben wir angenommen, dass es für jeden Spielzustand nur zwei Zugmöglichkeiten gibt – in der Praxis sind es meist viel mehr. Zudem kommt es bei Reversi vor, dass ein Spieler passen muss, und daher kann Maximierer oder Minimierer mehrmals hintereinander am Zug sein. Insofern stimmt die feste Zuordnung der einzelnen Ebenen zu einem Minimierer oder Maximierer nicht ganz. Für das Verständnis des Prinzips sind diese beiden Punkte jedoch nicht entscheidend.

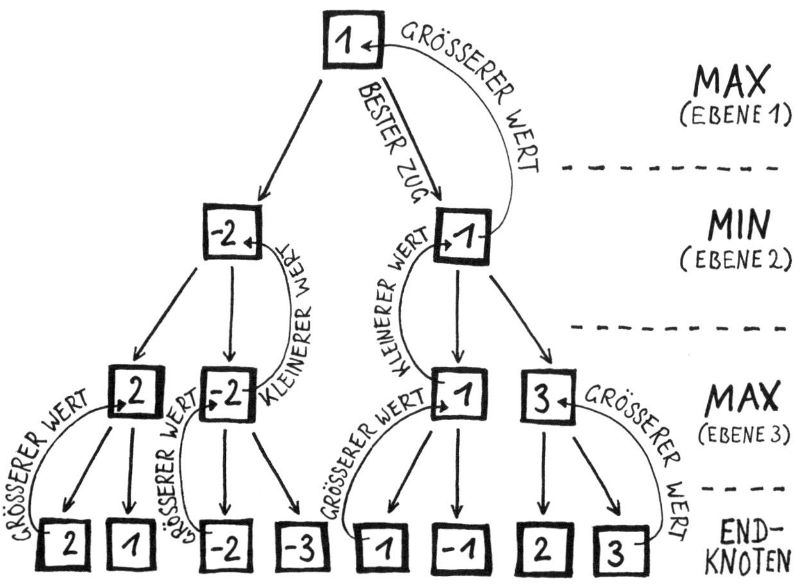

Abbildung 6.4 Das Prinzip des Minimax-Algorithmus: Auf jeder Ebene des Suchbaums werden die jeweils günstigsten Werte hochgereicht.

6.3.1 Anwendungsgebiete und Grenzen des Minimax-Algorithmus

Der Minimax-Algorithmus lässt sich auf eine ganze Klasse von Zwei-Personen-Spielen anwenden – vorausgesetzt, es liegt *perfekte Information* vor, das Spiel besitzt keine *Zufallselemente* und ist nach einer *endlichen* Anzahl von Zügen zu Ende. Was es mit diesen

Begriffen auf sich hat, erklären wir in Abschnitt 5.3, »Eine vielseitig einsetzbare Spiel-KI«. Zudem funktioniert der Algorithmus nur für sogenannte *Nullsummenspiele*, bei denen ein Gewinn des einen Spielers im gleichen Maße einen Verlust für den anderen Spieler bedeutet. Das gilt auch für Reversi: Wenn Weiß mit einem Vorsprung von fünf Steinen gewinnt, dann verliert Schwarz mit einem Rückstand von fünf Steinen. Bei Spielen, die auf Kooperation setzen, wird Minimax in der Regel keine brauchbaren Ergebnisse liefern.

Die Bewertung von Spielzuständen, die noch Zugmöglichkeiten bieten, ist in der Regel eine *Näherungslösung*. Tatsächlich geht Minimax davon aus, dass der Gegenspieler den bestmöglichen Zug *abhängig von der gewählten Bewertungsfunktion* wählt. Wenn man eine Spielstrategie verfolgt, die die Bewertungsfunktion nicht erkennt, ist es möglich, unter dem Radar der KI zu spielen. Das hat ein erfahrener Spieler in einem ausgiebigen Selbstversuch bewiesen.

6.4 Tiefensuche und Rekursion

Der letzte Abschnitt hat gezeigt, dass Minimax die Werte der höher gelegenen Knoten aus denen der Endknoten ermittelt. Der Algorithmus taucht gleichsam den Suchbaum hinab, um die entsprechenden Werte einzusammeln und hinaufzubringen. Wie das funktioniert, zeigt dieser Abschnitt zunächst an einem vereinfachten Beispiel.

6.4.1 Breitensuche und Tiefensuche

Für das Spiel »Fruchtkräsch« konnten wir die Knotenwerte direkt ermitteln: Es waren jeweils die Bewertungen der entsprechenden Spielzustände. In diesem Fall war die sogenannte *Breitensuche* das Mittel der Wahl: Sie arbeitet den Suchbaum von oben nach unten ab, eine Ebene nach der anderen. Dieses Vorgehen ist für Minimax nicht geeignet. Stattdessen verwenden wir die *Tiefensuche*, die wie folgt abläuft:

a) Tauche im Suchbaum hinab, bis ein Endknoten erreicht ist.

b) Gehe einen Schritt aufwärts zur vorherigen Verzweigung und schaue, ob in Abwärtsrichtung noch ein nicht besuchter Knoten zu finden ist.

c) Ist dies der Fall, wiederhole Schritt a) in Richtung des noch nicht besuchten Knotens.

d) Ist dies nicht der Fall, wiederhole Schritt b).

e) Die Tiefensuche ist abgeschlossen, wenn der Wurzelknoten des Baums erreicht wird und in Abwärtsrichtung keine Knoten mehr zu besuchen sind.

Abbildung 6.5 demonstriert diese Schrittfolge anhand eines recht übersichtlichen Suchbaums.

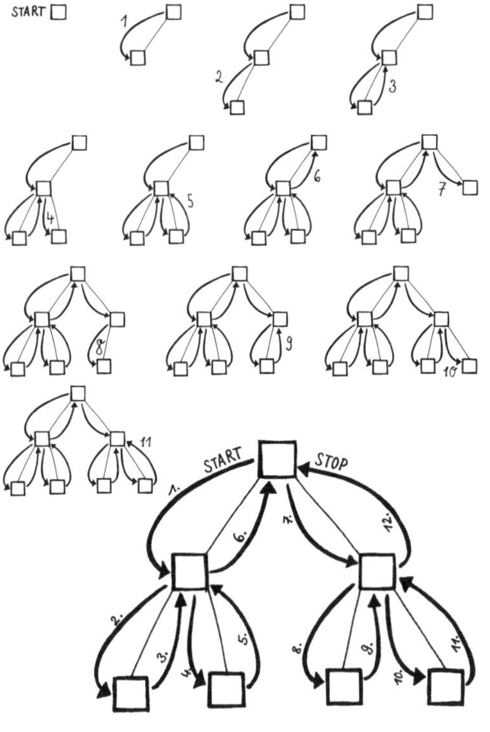

Abbildung 6.5 Der Weg durch einen Suchbaum per Tiefensuche

6.4.2 Die Paradoxie der Rekursion

Die Tiefensuche lässt sich nach einem ähnlichen Prinzip wie das Warteschlangenverfahren umsetzen, das wir in Abschnitt 5.2, »Wie findet die KI den besten Zug?«, gezeigt haben. Der Unterschied besteht darin, inwiefern besuchte Folgeknoten vorne oder hinten angefügt werden: Während wir für die Breitensuche neue Knoten *hinten* anhängen, fügen wir diese für die Tiefensuche *vorne* hinzu. Im ersten Fall sprechen wir von einer *Warteschlange* (engl. *Queue*), im zweiten Fall von einem *Stapel* (engl. *Stack*).

Für die Umsetzung des Minimax-Algorithmus nutzen wir keinen Stapel, sondern *rekursive Funktionen* – das sind Funktionen, die sich selbst aufrufen. Die rekursiven Funktionsaufrufe werden hinter den Kulissen allerdings ebenfalls über einen Stapel abgearbeitet.

Das Phänomen der Rekursion kennen wir aus vielen alltäglichen Situationen:

- Wenn wir zwischen zwei gegenüberliegenden Spiegeln stehen und uns in einem unendlich erscheinenden Tunnel wähnen.
- Wenn bei einer Beschallungsanlage das Mikrofon zu nah an die Lautsprecherboxen gerät und auf diese Weise eine pfeifende Rückkopplung entsteht.
- Wenn ein Heizungsthermostat die Raumtemperatur misst, daraufhin das Heizungsventil mehr oder weniger weit öffnet, dadurch die Raumtemperatur verändert, die wiederum vom Thermostat gemessen wird etc.

Hintergrund: Rekursion und Fraktale

Rekursive Prozesse bringen oft *fraktale*, also *selbstähnliche* Strukturen hervor, die auf verschiedenen Größenskalen gleich oder ähnlich aussehen. Beliebte Beispiele sind mathematische *Fraktale* wie das Sierpinsky-Dreieck, Pythagoras-Bäume oder Julia-Mengen. Sie alle werden mittels Rekursion erzeugt. Auch in der Natur finden sich viele solcher Strukturen. So ähnelt der Umriss eines Ahornbaums einem Ahornblatt und die einzelne Blütensprossen eines Blumenkohls dem gesamten Kohlkopf. Wenn ein Computer solche Strukturen simulieren soll, gelingt das ebenfalls per Rekursion.

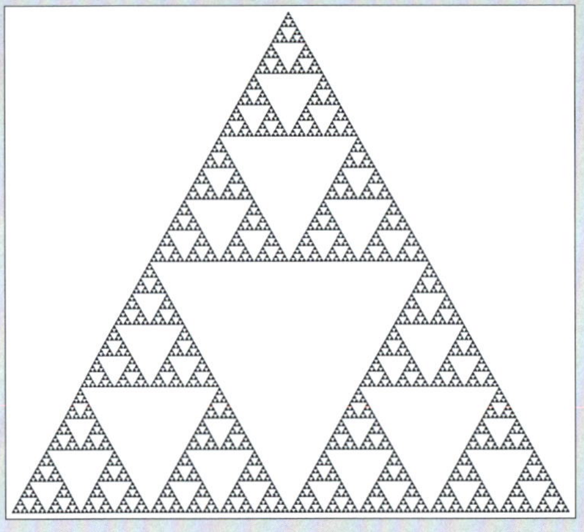

Abbildung 6.6 Sierpinsky-Dreieck

Abbildung 6.7 Pythagoras-Baum

Abbildung 6.8 Julia-Menge

Rekursive Funktionen stellen unseren Verstand auf die Probe. *Sie rufen sich selbst auf*, sind paradoxerweise *aus sich selbst zusammengesetzt*. Das sorgt mitunter für verknotete Denkorgane und Schwierigkeiten bei der sprachlichen Beschreibung. Wir erwarten nämlich, dass große Dinge aus kleinen Dingen zusammengesetzt sind und alles immer schön der Reihe nach passiert. Die Rekursion läuft diesen Erwartungen zuwider.

Atmen wir tief durch und schauen wir uns ein sehr einfaches Beispiel für eine rekursive Funktion an. Das Beispiel besitzt nur den Sinn, das Prinzip deutlich zu machen. Die Rekursion durchläuft hier einen »Baum« ohne Verzweigungen (siehe Abbildung 6.9). Jeder Knoten hat eine Nummer und soll einen Wert bekommen. Der Wert eines Knotens leitet sich direkt oder indirekt aus den Knotennummern ab:

a) Der Wert des Endknotens ist identisch mit dessen Nummer.

b) Der Wert aller anderen Knoten ist die Summe aus eigener Nummer und den Nummern aller Folgeknoten.

Aus diesen Regeln folgt, dass sich der Wert eines Knotens aus der eigenen Nummer plus dem Wert des unmittelbaren Folgeknotens zusammensetzt.

Listing 6.1 zeigt den entsprechenden Code: Die Zählervariable `knotenNr` dient der Vergabe der Knotennummern. Jeder Aufruf der Funktion `rekursivEinfach()` erhöht diesen Zähler um 1. Dieses Vorgehen sorgt dafür, dass jede Knotennummer nur einmal vergeben wird.

Die Funktion erwartet ein Argument `suchtiefe`. Die Suchtiefe wird heruntergezählt. Der Wert 0 zeigt an, dass wir einen Endknoten erreicht haben. Das ist die Abbruchbedingung – in diesem Fall liefert die Funktion direkt die Knotennummer.

Bei Suchtiefen größer 0 ist der besuchte Knoten *kein* Endknoten. In diesem Fall muss für die Berechnung des Knotenwerts zur eigenen Nummer der Wert des direkten Folgeknotens addiert werden. Diesen liefert der erneute Aufruf von `rekursivEinfach()`. Der wiederum liefert *entweder* den Wert eines Endknotens *oder* stößt einen weiteren rekursiven Aufruf an.

Jeder rekursive Aufruf vermindert `suchtiefe` um 1. Ohne dies würde die Abbruchbedingung nie erreicht – die Rekursion würde versuchen, unendlich tief hinabzutauchen: `InternalError: too much recursion` lautet die entsprechende Fehlermeldung.

Letztlich werden die Rückgabewerte *nach oben durchgereicht*. Der tatsächliche Rückgabewert eines Funktionsaufrufs mit der Suchtiefe 2 wäre dann 6 (siehe Abbildung 6.9).

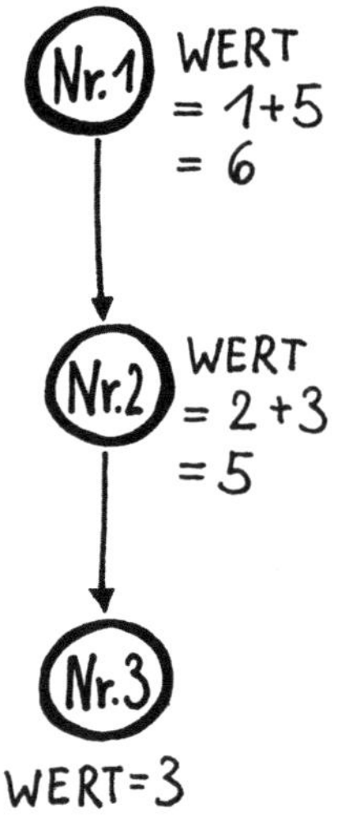

Abbildung 6.9 Unser Beispiel für eine einfache Rekursion: Der Wert jedes Knotens ist immer dessen Wert plus der des direkten Folgeknotens.

```
let knotenNr = 0;

function rekursivEinfach(suchtiefe) {
  knotenNr += 1;

  if (suchtiefe == 0) {
    return knotenNr;
  }
```

```
  return knotenNr + rekursivEinfach(suchtiefe-1);
}

console.log(rekursivEinfach(2));
// -> 6
```

Listing 6.1 Ein simples Beispiel für Rekursion

6.4.3 Verzweigte Rekursion

Das zweite Beispiel ist etwas vertrackter und ähnelt unserer Minimax-Anwendung im Programm »Reversi KI« deutlich mehr. Auch hier geht es darum, die Werte höher gelegener Knoten aus den Werten der Endknoten abzuleiten. Der Unterschied besteht darin, dass in diesem Beispiel jeder Knoten *zwei* direkte Folgeknoten besitzt. Es handelt sich also um einen Baum mit Verzweigungen.

Abbildung 6.10 zeigt das Prinzip. Die Knoten sind durchnummeriert in der Reihenfolge, in der die Tiefensuche sie ansteuert. Die Werte der Endknoten sind identisch mit deren Nummern. Die Werte aller anderen Knoten ergeben sich aus der eigenen Nummer und der Summe der Nummern sämtlicher Folgeknoten. Die Summe aus eigener Nummer und den Werten der direkten Folgeknoten liefert dasselbe Ergebnis.

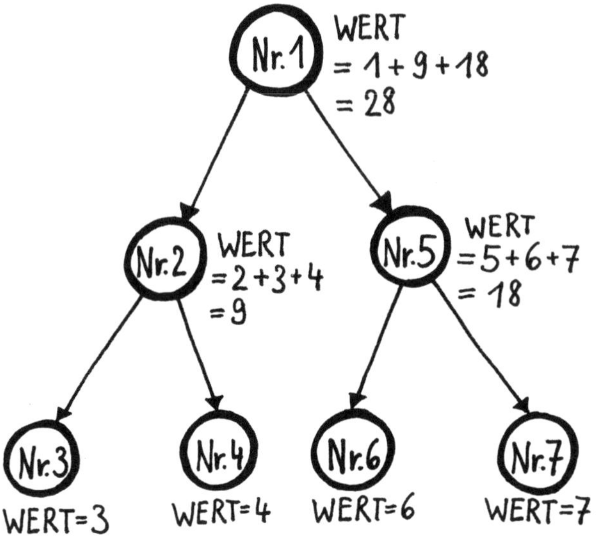

Abbildung 6.10 Die Berechnung der Knotenwerte – ein Problem, das wir per Rekursion lösen

Listing 6.2 zeigt den Code dieses Beispiels:

a) Ein Knotenzähler gewährleistet die eindeutige Vergabe der Knotennummern.

b) Die Abbruchbedingung lautet `suchtiefe == 0`.

c) Ist diese Bedingung erfüllt, hat die Funktion einen Endknoten erreicht und liefert die Knotennummer zurück.

d) Ist der besuchte Knoten *kein* Endknoten, so ist der Wert die Summe aus Knotennummer und der Summe der Werte aller direkten Folgeknoten.

e) Eine `for`-Schleife steuert die direkten Folgeknoten an und ermittelt für jeden dieser Knoten den Wert durch einen erneuten Aufruf von `rekursivVerzweigt()`. Für jeden dieser Knoten geht es also bei b) weiter.

f) Die letzte Zeile – also die Rückgabe des in den Schritten d) und e) ermittelten Werts – wird immer dann erreicht, wenn alle Folgeknoten eines Knotens besucht wurden.

```
let knotenNr = 0;

function rekursivVerzweigt(suchtiefe) {
  knotenNr += 1;
```

```
  if (suchtiefe == 0) {
    return knotenNr;
  }

  let wert = knotenNr;
  for (let i = 0; i < 2; i++) {
    wert += rekursivVerzweigt(suchtiefe-1);
  }

  return wert;
}

console.log(rekursivVerzweigt(2));
// -> 28
```

Listing 6.2 Verzweigte Rekursion

Von diesem Beispiel haben wir eine erweiterte Version vorbereitet, die Suchtiefe, Knotennummer und Wert in der Konsole ausgibt. Wir empfehlen, diese Version mit verschiedenen Suchtiefen zu testen und die Ausgaben zu verfolgen. Sie könnten auch die Abbruchbedingung der `for`-Schleife ändern, etwa `i < 2` in `i < 3` ändern. Dann haben der Wurzelknoten und alle inneren Knoten jeweils drei statt zwei Folgeknoten.

6.5 Die Klasse Spielzustand

Unsere KI soll verschiedenen Zwei-Personen-Spielen gewachsen sein. Daher ist es auch hier – wie schon im vorherigen Kapitel – unabdingbar, dass Spiellogik und KI möglichst weitgehend voneinander entkoppelt sind. Die KI weiß *nichts* über die Spielregeln, mögliche Züge oder Bewertungen. All dies fällt in die Verantwortung von Objekten der Klasse `Spielzustand`. Damit ein Spiel von unserer KI gespielt werden kann, muss es die in Tabelle 6.1 zusammengefassten Eigenschaften und Funktionen bereitstellen. Diese bilden die *Schnittstelle* zwischen Spielzustand und KI.

6.5.1 Die Bewertungsfunktion

Angenommen, wir hätten einen Supercomputer zur Verfügung, der in der Lage wäre, in kürzester Zeit sämtliche Reversi-Partien zu berechnen, die nach den gegebenen Regeln möglich sind. In diesem Fall wäre die Bewertungsfunktion im Handumdrehen programmiert: Ein Spielzustand, bei dem Weiß gewonnen hat, würde mit 1 bewertet; der Wert –1 würde einen Gewinn von Schwarz anzeigen, 0 stünde für unentschieden. Der Minimax-Algorithmus müsste lediglich diese Bewertungen nach oben durchreichen.

Die traurige Realität ist aber, dass uns eine angesichts dieser Aufgabe nur sehr begrenzte Rechenkapazität zur Verfügung steht. Die Anzahl der möglichen Partien hat nach unseren vorsichtigen Schätzungen 40 Stellen – zu viel selbst für die schnellsten Rechner der Welt. Wir müssen daher die Suchtiefe begrenzen und Spielzustände bewerten, die noch Zugmöglichkeiten bieten. Wir haben uns deshalb für ein einfaches Verfahren entschieden, das Abbildung 6.11 skizziert.

- Weiße Steine zählen 1, schwarze Steine –1, leere Felder sind neutral, also 0.
- Jede Zelle des Spielfelds wird mit einer Zahl multipliziert: die Ecken mit 5, die Ränder mit 3, alle anderen Zellen mit 1.
- Die Bewertung ist die Summe aller dieser Produkte.
- Ein positiver Wert bedeutet einen Vorteil für Weiß, ein negativer Wert einen Vorteil für Schwarz. Je höher der Wert, desto größer der Vorteil.
- Ein fertig gespielter Spielzustand wird mit `Number.MAX_VALUE`, null oder `-Number.MAX_VALUE` bewertet; diese Werte stehen für einen Gewinn von Weiß, für ein Unentschieden oder einen Gewinn von Schwarz. Diese Werte stellen sicher, dass keine Bewertung die einer gewonnenen Partie übertreffen kann.

Hinter unserer Bewertungsfunktion steht die Überlegung, dass es von Vorteil ist, Ecken und Ränder einzunehmen, da auf Ecken platzierte Steine nicht mehr umgedreht werden können und Ränder nur von zwei statt von vier Seiten angreifbar sind.

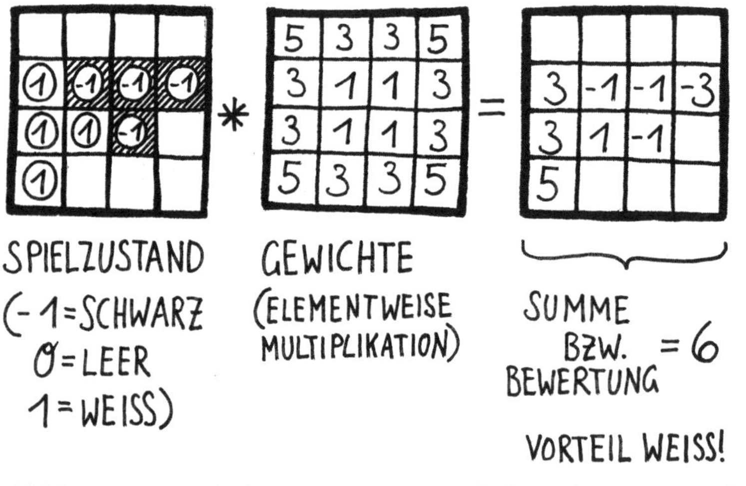

Abbildung 6.11 Das Prinzip unserer Bewertungsfunktion des Reversi-Spielzustands

Unsere Bewertungsfunktion erhebt nicht den Anspruch auf Perfektion, führt aber zu brauchbaren Ergebnissen. Tatsächlich ist die Programmierung solcher Funktionen eine Wissenschaft für sich.

6.5.2 Die Schnittstelle im Überblick

Die folgende Tabelle zeigt alle Eigenschaften und Funktionen von Objekten der Klasse `Spielzustand`, die die Schnittstelle für die KI bilden:

Name	Aufgabe
`spieler`	Wer ist am Zug: `-1` steht für Schwarz, `1` für Weiß.
`zug(zugKoord)`	Führt den gegebenen Zug aus und liefert einen neuen, veränderten Spielzustand zurück. `zugKoord` ist ein Array mit den Koordinaten des Zugs, etwa `[3, 5]`.
`moeglicheZuge`	Ein Array mit allen für diesen Spielzustand gültigen Zügen.
`spielIstZuende()`	Gibt `true` zurück, wenn das Spiel vorbei ist, sonst `false`. Ein Spiel ist zu Ende, wenn das Spielfeld komplett mit Spielsteinen gefüllt ist oder Schwarz und Weiß unmittelbar hintereinander passen mussten.
`bewertung()`	Gibt die Bewertung des Spielzustands zurück. Negative Werte bedeuten einen Vorteil für Schwarz, positive Werte einen Vorteil für Weiß. Je höher der Betrag, umso größer der Vorteil. `-Number.MAX_VALUE`, `Number.MAX_VALUE` oder `0` zeigen bei abgeschlossenen Partien einen Sieg für Schwarz, Weiß oder ein Unentschieden an.
`letzterZug`	Der Zug, der zu diesem Spielzustand geführt hat.

Tabelle 6.1 Eigenschaften und Funktionen des Reversi-Spielzustands

6.6 Die Klasse KI

Objekte der Klasse `KI` setzen den Minimax-Algorithmus um. Sofern ein Spielzustand die in Tabelle 6.1 beschriebene Schnittstelle bereitstellt, kann unsere KI damit umgehen. Um den Minimax-Algorithmus anzuwenden, benötigen unsere KI-Objekte lediglich vier Funktionen (siehe Tabelle 6.2).

Name	Aufgabe
`minimax(spielzustand, suchtiefe)`	Führt einen Schritt des Minimax-Algorithmus aus. Rückgabewert ist ein Objekt mit den Eigenschaften `bewertung` und `besterZug`. Ruft `maximierer()` und `minimierer()` auf.
`maximierer(spielzustand, suchtiefe)`	Aus Gründen der Übersichtlichkeit ausgelagerte Bestandteile des Minimax-Algorithmus.
`minimierer(spielzustand, suchtiefe)`	
`folgezustaende(spielzustand)`	Führt alle für `spielzustand` gültigen Züge aus, liefert ein Array mit den resultierenden Spielzuständen.

Tabelle 6.2 Die Funktionen des KI-Objekts

Die Anwendung des Minimax-Algorithmus in unserem Beispielprogramm ist ganz einfach: Immer wenn die KI an der Reihe ist, liefert ein Aufruf der Funktion `minimax()` die Koordinaten des optimalen Zugs für einen gegebenen Spielzustand und eine ausgewählte Suchtiefe:

```
const besterZug = ki.minimax(spielzustand, suchtiefe).besterZug
```

Der Aufruf liefert zwei Werte zurück, die in ein Objekt verpackt sind:

- `bewertung` ist der nach dem Minimax-Algorithmus ermittelte optimale Wert des Spielzustands bzw. des Knotens – immer aus Sicht des Spielers, der an der Reihe ist.
- `besterZug` ist der erste Zug der Zugfolge, die zu diesem optimalen Wert hinführt.

Bei Spielzuständen, die die Abbruchbedingung erfüllen, sind keine Folgezüge vorgesehen. Daher bleibt die Eigenschaft `besterZug` in diesem Fall leer.

Die erste `if`-Abfrage in der Funktion `minimax()` überprüft, ob der erreichte Knoten ein Endknoten ist. Das ist dann der Fall, wenn die Suchtiefe 0 erreicht wurde oder der Spielzustand eine abgeschlossene Partie repräsentiert. Dann sind keine weiteren Rekursionsaufrufe notwendig, um den Wert dieses Knotens zu berechnen. Der Wert ist identisch mit der Bewertung des Spielzustands.

Die beiden folgenden if-Abfragen werden nur ausgeführt, wenn der aktuelle Knoten *kein* Endknoten ist. Dann wird abhängig davon, ob der Maximierer oder der Minimierer am Zug ist, eine der beiden Funktionen minimierer() oder maximierer() aufgerufen. Beide sind Bestandteile des Minimax-Algorithmus, die wir zugunsten der Übersichtlichkeit in eigene Funktionen verpackt haben.


```
minimax(spielzustand, suchtiefe) {

  if (suchtiefe == 0 || spielzustand.spielIstZuende()) {
    return {bewertung: spielzustand.bewertung()};
  }

  if (spielzustand.spieler == KI.MAXIMIERER) {
    return this.maximierer(spielzustand, suchtiefe);
  }

  if (spielzustand.spieler == KI.MINIMIERER) {
    return this.minimierer(spielzustand, suchtiefe);
  }

}
```

Listing 6.3 Die Funktion minimax() liefert direkt eine Bewertung oder reicht den Aufruf weiter an maximierer() oder minimierer().

Die Funktion maximierer() setzt zunächst maximum auf einen unendlich niedrigen Wert: -Infinity. Zudem wird der Bezeichner besterZug deklariert, der erst später einen Wert erhält.

Die Funktion folgezustaende() liefert ein Array mit allen Spielzuständen, die auf den aktuellen Spielzustand folgen können. Das sind alle direkten Folgeknoten des aktuellen Knotens.

Die anschließende for-Schleife ruft für jeden dieser Spielzustände wiederum die Funktion minimax() auf. *Hier findet die eigentliche Rekursion statt!* Denn: Ein Aufruf von minimax() liefert nur dann eine Bewertung zurück, wenn der jeweilige Folgezustand einen Endknoten repräsentiert. Andernfalls ruft minimax() wiederum maximierer() oder minimierer() auf. Diese Abfolge wiederholt sich so lange, bis alle Knoten des Suchbaums eine Bewertung erhalten haben.

Die Zeile mit der Bedingung `if (bewertung > maximum)` wird immer dann erreicht, wenn die Rekursion bei einem Endknoten gelandet ist. Ist die Bedingung erfüllt, wird der Wert von `bewertung` zum neuen `maximum`. `besterZug` ist dann jener Zug, der in Richtung des am höchsten bewerteten Zustands führt. Wenn die Bedingung nicht erfüllt ist, bleiben die Werte von `maximum` und `besterZug` unverändert.

Die letzte Zeile des Funktionskörpers wird immer dann erreicht, wenn alle Folgeknoten des aktuellen Knotens (also alle Folgezustände des aktuellen Spielzustands) besucht wurden. Zu diesem Zeitpunkt ist `maximum` der höchste Wert, der im Verlauf der Rekursion ermittelt wurde. `besterZug` ist der Zug, der in Richtung dieses Werts führt.

```
maximierer(spielzustand, suchtiefe) {
  let maximum = -Infinity;
  let besterZug;
  const folgezustaende = this.folgezustaende(spielzustand);

  for (let folgezustand of folgezustaende) {
    const bewertung = this.minimax(folgezustand, suchtiefe-1).bewertung;
    if (bewertung > maximum) {
      maximum = bewertung;
      besterZug = folgezustand.letzterZug;
    }
  }
  return {bewertung: maximum, besterZug: besterZug};
}
```

Listing 6.4 Die Funktion maximierer(), Bestandteil des Minimax-Algorithmus

Die Funktion `minimierer()` arbeitet nach dem gleichen Prinzip. Der Unterschied besteht allein darin, dass die Funktion ein Minimum sucht. Die Unterschiede haben wir in Listing 6.5 hervorgehoben.

```
minimierer(spielzustand, suchtiefe) {
  let minimum = Infinity;
  let besterZug;
  const folgezustaende = this.folgezustaende(spielzustand);

  for (let folgezustand of folgezustaende) {
    const bewertung = this.minimax(folgezustand, suchtiefe-1).bewertung;
    if (bewertung < minimum) {
```

```
            besterZug = folgezustand.letzterZug;
            minimum = bewertung;
        }
    }
    return {bewertung: minimum, besterZug: besterZug};
}
```

Listing 6.5 Die Funktion minimierer(), Bestandteil des Minimax-Algorithmus

6.7 Beschleunigung mit Alpha-Beta-Pruning

Unser Minimax-Algorithmus benötigt auf aktuellen PCs bei Suchtiefen größer als 6 mitunter viel Zeit, um den optimalen Zug zu finden. Das ist kein Wunder, denn die Anzahl der Spielzustände, die Minimax durchlaufen muss, geht schnell in die Millionen und Milliarden.

Mit einem Trick lässt sich diese Anzahl erheblich reduzieren. Der Trick basiert auf folgender Idee: Zweige des Suchbaums, die das Endergebnis nicht mehr verändern können, werden identifiziert und nicht weiter untersucht, das heißt abgeschnitten. Für dieses Verfahren hat sich auch im Deutschen das englische Wort *Pruning* (für Beschneiden) durchgesetzt.

Diese Idee lässt sich anhand eines anschaulichen Beispiels beschreiben: Stellen Sie sich vor, Sie wären hungrig und knapp bei Kasse und wollten möglichst kostengünstig eine Pizza essen gehen. Sie haben zwei Pizzerien zur Auswahl: *Ristorante Antonio* und *Bella Italia*. Das Menü von Antonio kennen Sie bereits. Sie wissen, dass er für die günstigste

Pizza 7 € verlangt. Außerdem hat Ihnen eine Bekannte berichtet, dass die günstigste Pizza im Bella Italia 8,50 € kostet. Damit ist klar, dass Sie nicht mehr nach den anderen Preisen in dieser Pizzeria fragen müssen. Diese können nicht unter 8,50 € liegen und werden somit nichts an Ihrer Entscheidung ändern: Sie lassen es sich bei Antonio schmecken.

Das Alpha-Beta-Pruning sucht ebenfalls nach Zuständen, deren Folgezustände das Ergebnis nicht mehr verändern können. Diese Suche basiert auf folgenden Überlegungen:

- Der Minimierer entscheidet sich bekanntlich jeweils für den niedrigsten Wert, reicht also höhere Werte nicht nach oben durch.
- Der Maximierer wiederum wählt immer den höchsten Wert, lässt also niedrigere Werte nicht passieren.
- Damit ergibt sich für jeden Knoten des Suchbaums ein Fenster für Werte, die überhaupt eine Chance haben, von diesem Knoten durchgelassen zu werden: Die obere Grenze nennen wir *Alpha*, die untere *Beta*.
- Dieses Fenster wird mit zunehmender Suchtiefe enger oder bleibt gleich – Alpha und Beta rücken also tendenziell aufeinander zu.
- Wann immer sich dieses Fenster schließt und für einen Knoten Alpha >= Beta gilt, ist klar, dass keiner von dessen Folgeknoten das Ergebnis verändern kann, wenn Minimierer und Maximierer optimal spielen. Und was das Ergebnis nicht verändern kann, braucht nicht weiter untersucht zu werden.

In unserem Beispielprogramm können Sie per Checkbox das Alpha-Beta-Pruning ein- und ausschalten und den Geschwindigkeitsvorteil beobachten: Jetzt kann die KI auch locker mit Suchtiefen größer als 6 umgehen. Wir haben einmal zählen lassen, wie viele Spielzustände die KI in der gleichen Ausgangssituation und einer Suchtiefe von 7 ansteuern musste. Bei ausgeschaltetem Alpha-Beta-Pruning waren es 113.805 Spielzustände. Mit der Optimierung mussten lediglich 3.524 Spielzustände besucht werden – bei exakt gleicher Spielleistung der KI!

6.8 Ideen zum Weitermachen

Überlegen Sie, welche weiteren Spiele die hier vorgestellte KI spielen könnte. Wie schon bei den Ein-Personen-Spielen besteht eine entscheidende Frage darin, *wie Spielzustände bewertet werden können, die noch Zugmöglichkeiten bieten.* Im Fall von Reversi hat eine recht einfache Bewertungsfunktion gute Dienste geleistet. Bei Spielen wie Schach oder Go ist die Entwicklung einer solchen Funktion weitaus anspruchsvoller. Es ist eine gute

Übung, darüber nachzudenken und zu recherchieren, wie andere Entwicklerinnen und Entwickler das Problem angehen.

Zudem schlagen wir Fortgeschrittenen ein reizvolles Programmierprojekt vor: Sie könnten eine Variante unserer »Reversi KI« entwickeln, bei der Sie zwei KIs *gegeneinander* antreten lassen. Die Suchtiefe könnte dann für die beiden Opponenten getrennt eingestellt werden. Noch spannender wäre es, unterschiedliche Bewertungsfunktionen zu programmieren und im virtuellen Wettkampf zu vergleichen.

6.9 Zusammenfassung und Ausblick

Der Minimax-Algorithmus kann trotz des einfachen Aufbaus Erstaunliches leisten und durchschnittliche Reversi-Spielerinnen und -Spieler locker besiegen. Bei Spielen wie Backgammon, bei denen Würfel das Spielgeschehen beeinflussen, ist Minimax aufgeschmissen. Für solche Spiele gibt es eine Erweiterung mit dem sperrigen Namen *Expectiminimax*. Das englische Wort »to expect« bedeutet »erwarten«. Der Zufall übernimmt hier die Rolle eines dritten Spielers, der statt Minimum oder Maximum den *Erwartungswert* der möglichen Zufallsereignisse im Suchbaum nach oben durchreicht. Was ein Erwartungswert ist, erklären wir in Abschnitt 4.2.3 zum Thema Lift.

Ein anderer Algorithmus zum Lösen von Zwei-Personen-Spielen ist die *Monte-Carlo-Baumsuche*. Im Gegensatz zu Minimax hat dieses Verfahren ein Gedächtnis für Zugfolgen über die einzelne Partie hinaus – und findet auf diese Weise besonders vielversprechende Wege durch den Suchbaum. Wir sehen hier eine gewisse Ähnlichkeit zum Q-Learning, das wir in Kapitel 7 vorstellen.

Aktuelle Game-KI-Champions verlassen sich nicht auf einzelne Algorithmen wie Minimax oder Monte-Carlo-Baumsuche, sondern kombinieren verschiedene Techniken, um den besten Zug zu finden. Ohne neuronale Netze lässt sich auf diesem Gebiet kein Blumentopf mehr gewinnen. Dazu erfahren Sie mehr ab Kapitel 10, »Neuronale Netze I: Das Häschenproblem«.

Kapitel 7
Q-Learning

Mit Lea Reinhart

Wenn Informatikerinnen und Informatiker um Highscores in Videospielklassikern wie Space Invaders, Breakout oder Video Pinball wetteifern, kann das durchaus einen wissenschaftlichen Hintergrund haben. Auch wenn sie probieren, mit einem ferngesteuerten Spielzeugauto Stöcke in vertikaler Balance zu halten, per Quadrokopter einen Hindernisparcours zu durchqueren oder mit einem Roboterarm ein Kartenhaus zu bauen, steckt oft mehr dahinter als nerdiger Spieltrieb.

Die genannten Aufgaben haben gemeinsam, dass sie Gegenstand des sogenannten *verstärkenden Lernens* (engl. *Reinforcement Learning*) sein können. Dieser Begriff bezeichnet eine ganze Klasse von KI-Verfahren, bei denen ein Programm selbstständig lernen kann, durch bloßes Herumprobieren und anhand positiver und negativer Rückmeldungen Aufgaben zu lösen und Ziele zu erreichen.

In diesem Kapitel stellen wir eine prominente Spielart des verstärkenden Lernens vor: das *Q-Learning* mittels *Q-Tabellen*. Wir werden sehen, dass diese Art des Lernens erstaunliche Parallelen aufweist zu der Art und Weise, wie Menschen neue Fertigkeiten erwerben.

Worum es in diesem Kapitel geht

- *Q-Learning* bezeichnet eine Klasse von automatischen Lernverfahren, bei denen ein *Agent* mit einer *Umwelt* interagiert und Lösungsstrategien für eine gegebene Aufgabe nach dem Prinzip »Versuch und Irrtum« findet.
- Wir stellen das Q-Learning mittels *Q-Tabelle* vor, bei dem für jeden Umweltzustand die vielversprechendste Aktion gefunden werden soll.
- Das Beispielprogramm »Q-Lerner« wendet das Verfahren an und macht es auch visuell nachvollziehbar.

Wir steigen in das Thema mit einem anschaulichen Beispiel ein: Stellen Sie sich ein äußerst kurzsichtiges und ziemlich vergessliches Eichhörnchen vor, das einen Garten bewohnt und dort ein paar Nüsse deponiert hat.

7.1 Das Eichhörnchen und das Nussversteck

In Abbildung 7.1 hat das Eichhörnchen Appetit auf eine Nuss. Bedauerlicherweise ist ihm entfallen, wo es die Nüsse versteckt hat. Es beschließt daher, den Garten mit zufälligen Bewegungen zu durchstreifen. Der Garten ist in Zellen eingeteilt, und diese Zellen sind nummeriert – das wird später noch wichtig werden.

Abbildung 7.1 Das Eichhörnchen hat Appetit, aber leider vergessen, wo die Nüsse versteckt sind.

Schließlich ist das Eichhörnchen auf seinem Zickzackkurs auf das Nussversteck gestoßen. Es hat also sein Ziel erreicht. Im Q-Learning sprechen wir in diesem Fall auch davon, dass eine *Episode* abgeschlossen ist. Das zeigt Abbildung 7.2.

Von diesem Erfolgserlebnis beflügelt, beschließt das Eichhörnchen, eine Merkhilfe anzubringen, die dabei helfen wird, das Nussversteck beim nächsten Mal schneller zu finden. Zu diesem Zweck zeichnet das Eichhörnchen einen Pfeil. Der Pfeil zeigt von der zuletzt besuchten Zelle auf das Nussversteck. Das sehen Sie in Abbildung 7.3.

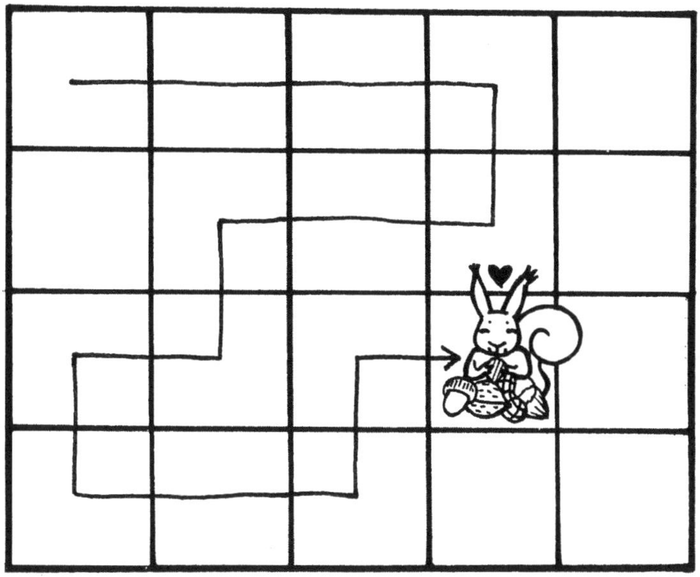

Abbildung 7.2 Durch eine zufällige Suchbewegung hat das Eichhörnchen das Nussversteck gefunden und lässt sich eine Nuss schmecken.

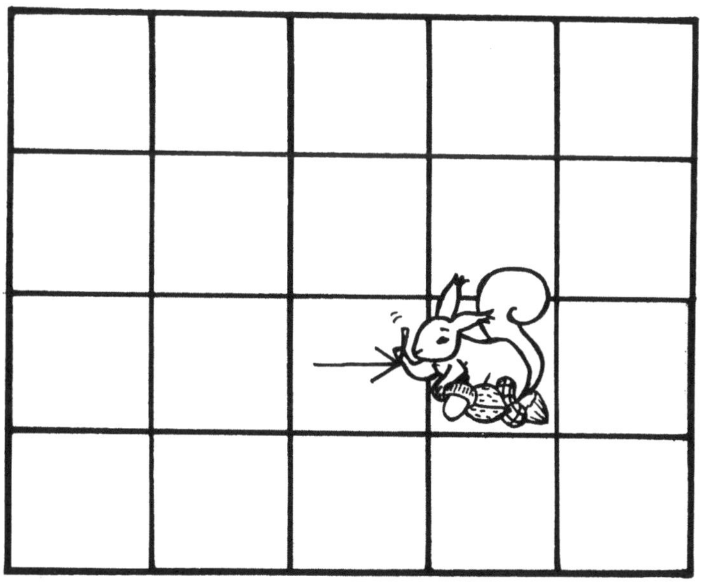

Abbildung 7.3 Das Eichhörnchen zeichnet in die zuletzt betretene Zelle einen Pfeil in Richtung des Nussverstecks.

Wenn das Eichhörnchen beim nächsten Mal Appetit auf eine Nuss verspürt, beginnt eine neue Episode. Da das Eichhörnchen so furchtbar kurzsichtig ist, kann es nicht nach dem Hinweispfeil Ausschau halten. Es muss erneut den Garten mit zufälligen Bewegungen absuchen – und zwar so lange, bis es entweder direkt auf das Nussversteck trifft oder, wie in Abbildung 7.4 gezeigt, auf einen Pfeil.

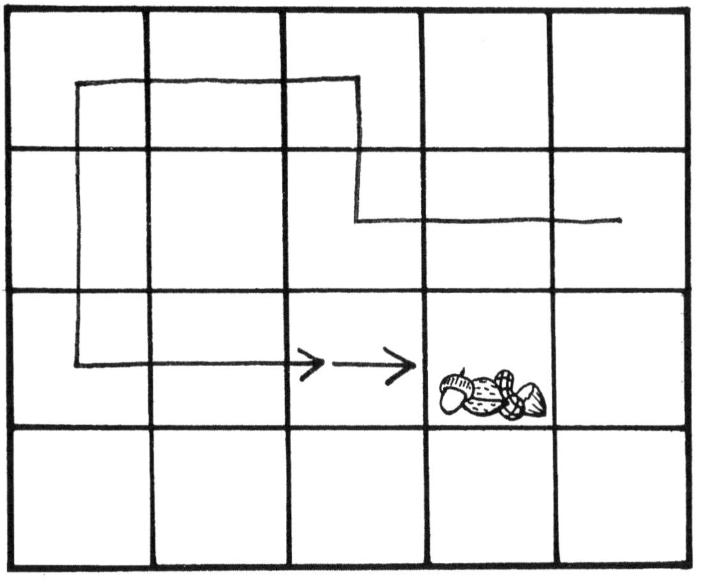

Abbildung 7.4 Jedes Mal, wenn das Eichhörnchen Appetit auf eine Nuss verspürt, startet es wieder eine zufällige Suchbewegung, bis es auf das Nussversteck oder auf einen Pfeil trifft, der zum Nussversteck führt.

Erneut setzt das Eichhörnchen eine Markierung. In Abbildung 7.5 zeichnet es einen Pfeil, der von der zuletzt besuchten Zelle auf den eben gefundenen Pfeil zeigt.

Jedes Mal, wenn das Eichhörnchen nach den Nüssen sucht, also in jeder Episode, wiederholt es dieses Verfahren. Und immer, wenn es einen Pfeil oder das Nussversteck findet, setzt es einen Pfeil von der zuletzt besuchten Zelle in Richtung des gefundenen Pfeils oder des Verstecks.

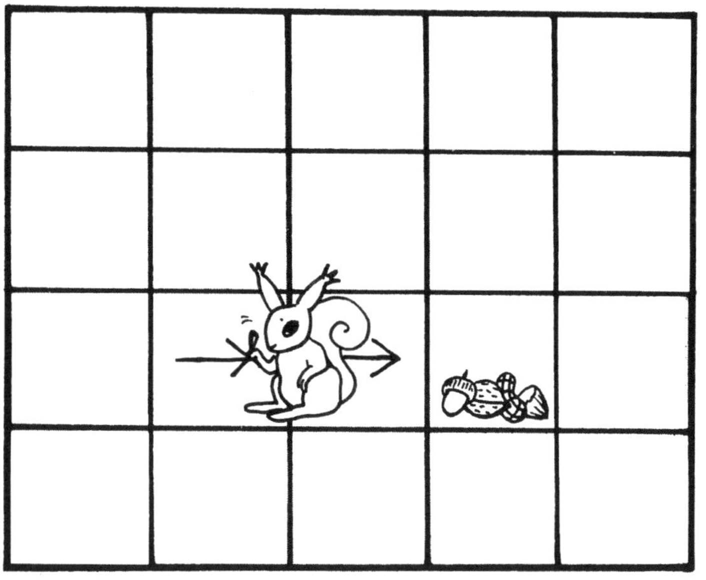

Abbildung 7.5 Das Eichhörnchen zeichnet einen Pfeil in Richtung des gefundenen Pfeils.

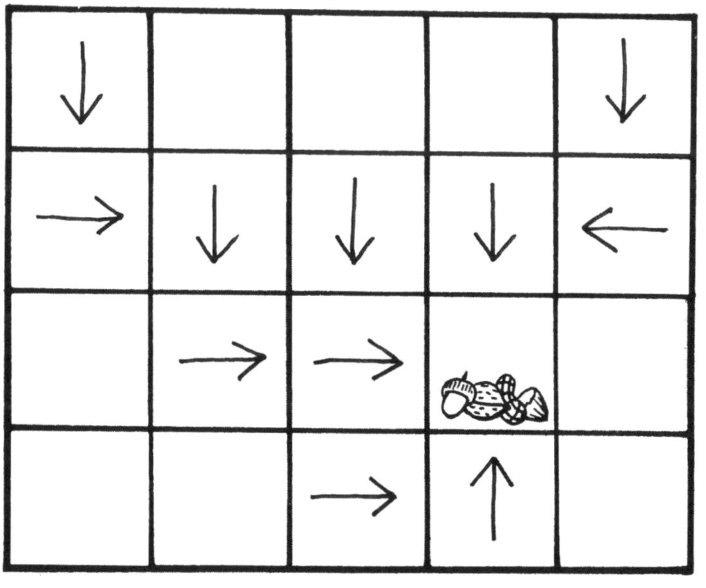

Abbildung 7.6 Immer wenn das Eichhörnchen eine Suche erfolgreich beendet, wird es einen neuen Pfeil hinzufügen ...

Irgendwann hat es sämtliche Zellen mit Pfeilen versehen. Das Eichhörnchen muss nun keine zufälligen Schritte mehr ausführen und kann jedes Mal einen Weg zum Ziel finden, indem es den Pfeilen folgt (siehe Abbildung 7.7).

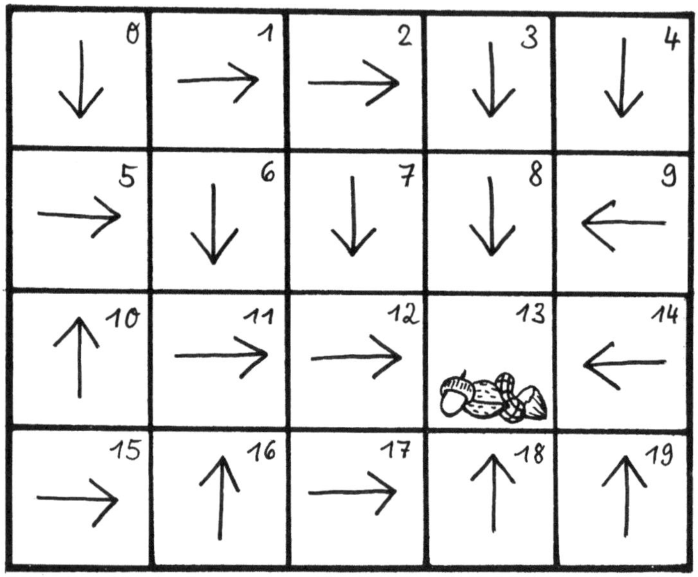

Abbildung 7.7 ... bis alle Zellen mit einem Pfeil versehen sind.

Bitte beachten Sie, dass dieses Verfahren nicht zwangsläufig von jeder Position aus den *kürzesten* Weg zum Ziel weist. Auch in Abbildung 7.7 ist ein Umweg versteckt. Finden Sie ihn? Die durch Pfeile markierten Wege haben aber *immer* eine endliche Länge. Eine bloß zufällige Suchbewegung hingegen kann im Prinzip jede beliebige Länge annehmen und daher auch unendlich lange dauern.

Wir müssen an dieser Stelle zudem einen Punkt betonen, der für das Verständnis des Q-Learnings von entscheidender Bedeutung ist: Aufgrund seiner Kurzsichtigkeit kann unser Eichhörnchen immer nur die eine Zelle sehen, auf der es sich gerade befindet. Trotzdem gelingt es ihm schließlich, alle Zellen im Garten mit Pfeilen zu markieren, die jederzeit den richtigen Weg weisen. Der Trick besteht – wie schon gezeigt – darin, dass das Eichhörnchen, wenn es auf einen Pfeil oder das Nussversteck gestoßen ist, jeweils einen Schritt zurückgeht und einen Pfeil in Richtung Fundstelle zeichnet. *Die Übertragung von Information findet also immer nur zwischen unmittelbar benachbarten Zellen statt.* Wie Sie später sehen werden, basiert auch das Q-Learning auf diesem Prinzip.

7.2 Umwelt, Agent, Aktion und Belohnung

Eine Anwendung des Q-Learnings besteht aus vier wesentlichen Elementen: der veränderlichen *Umwelt*, dem *Agenten*, den möglichen *Aktionen* und den *Belohnungen*. Dies lässt sich auch auf das Eichhörnchenbeispiel übertragen. Kurz gesagt, stellt der Garten die Umwelt dar, und das Eichhörnchen ist der Agent. Als Aktionen stehen dem Eichhörnchen Bewegungen in die vier Richtungen hoch, runter, links und rechts zur Verfügung. Die Belohnungen sind die Nüsse.

Die *Umwelt* befindet sich zu jedem Zeitpunkt in einem definierten *Zustand*. Die Anzahl dieser Zustände ist *endlich*. Dem Agenten steht eine ebenfalls *endliche Anzahl an Aktionen* zur Verfügung, um mit der Umwelt zu interagieren. Aktionen können den Zustand der Umwelt verändern.

Manche Zustände sind mit einer Belohnung für den Agenten verknüpft. Die Belohnungen sind Teil der Umwelt. Wenn der Agent einen der vorher festgelegten *Endzustände* erreicht, ist eine Episode abgeschlossen.

Übertragen auf das Eichhörnchenbeispiel gilt:

- Es gibt 20 Umweltzustände, da der Garten aus 20 Zellen besteht, auf denen sich das Eichhörnchen befinden kann. Der Zustand der Umwelt ist in unserem Beispiel schlichtweg die Zelle, auf der sich das Eichhörnchen gerade aufhält.
- Entsprechend können Aktionen des Eichhörnchens den Zustand der Umwelt verändern. Das ist aber nicht immer der Fall: Wenn das Eichhörnchen sich bereits ganz links befindet, verändert die Aktion »links« den Umweltzustand nicht.
- Der mit einer Belohnung verknüpfte Zustand ist erreicht, wenn das Eichhörnchen das Nussversteck gefunden hat.
- Dieser Zustand ist zudem ein Endzustand. Wenn das Eichhörnchen ihn erreicht, ist die Episode abgeschlossen.

Beim Q-Learning geht es in der Regel nicht nur darum, im nächsten Schritt eine kurzfristige Belohnung zu ergattern. Stattdessen ist es das Ziel des Agenten, eine *Strategie* zu finden, die den langfristig zu erwartenden Gewinn maximiert – da es im Fall unseres Eichhörnchens nur ein einziges Ziel gibt, sind kurz- und langfristige Belohnungen allerdings identisch.

Durch wiederholtes Durchlaufen der Umwelt soll der Agent lernen, für jeden möglichen Umweltzustand jene Aktion zu wählen, die den langfristig erwartbaren Gewinn maximiert.

7.2.1 Das Verhältnis von Agent und Umwelt

Agent und Umwelt beeinflussen sich gegenseitig. Wenn der Agent eine Aktion ausführt, aktualisiert sich der Zustand der Umwelt. Dieser neue Zustand bestimmt wiederum, welche Aktion der Agent als Nächstes wählt. Dieses rekursive Wechselverhältnis ist in Abbildung 7.8 dargestellt.

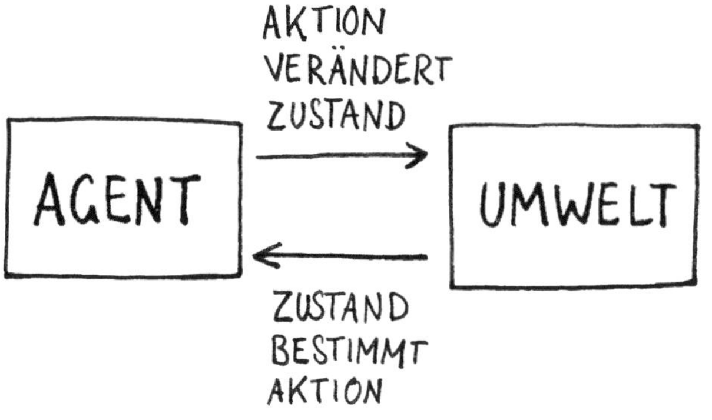

Abbildung 7.8 Agent und Umwelt wirken aufeinander ein.

Im Eichhörnchenbeispiel ist die Position des Agenten zugleich der Umweltzustand. Insofern könnten wir genauso gut sagen, dass der Agent ein Teil der Umwelt ist.

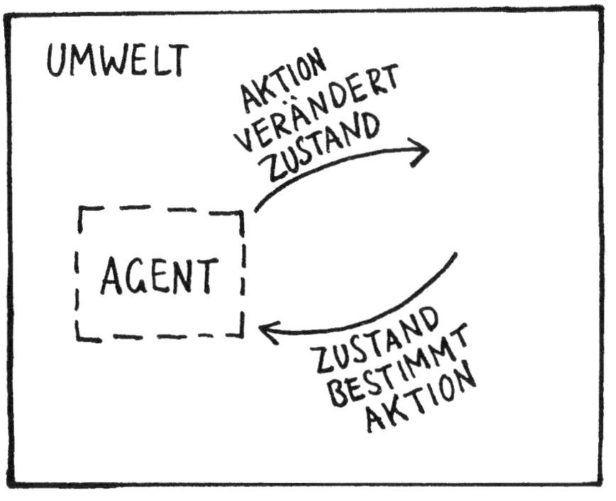

Abbildung 7.9 Wir könnten auch sagen, dass der Agent Teil der Umwelt ist.

Aus der Perspektive einer Softwareentwicklerin ist es allerdings meist sinnvoll, Agent und Umwelt getrennt voneinander zu betrachten. So lassen sich für dieselbe Umgebung verschiedene Agenten programmieren. Auch dies ließe sich auf unser Beispiel übertragen. Schließlich ist nicht nur das Eichhörnchen an den Nüssen im Garten interessiert. Manche Vogelarten lassen sich gerne hin und wieder eine Nuss schmecken und könnten das Versteck aufspüren und plündern.

7.3 Die Q-Tabelle

Unser Eichhörnchenbeispiel demonstriert eine stark vereinfachte Variante des Q-Learnings – wiederum anhand einer sehr einfachen Aufgabe. Dennoch lassen sich daran viele wesentliche Begriffe verdeutlichen – so auch der Begriff *Q-Tabelle*. Wir können die »Lösung« des Nussproblems in Form einer Tabelle darstellen, wie sie Abbildung 7.10 zeigt.

AKTIONEN

ZUSTÄNDE	hoch	runter	links	rechts
0	0	1	0	0
1	0	0	0	1
2	0	0	0	1
3	0	1	0	0
4	0	1	0	0
5	0	0	0	1
6	0	1	0	0
7	0	1	0	0
8	0	1	0	0
9	0	0	1	0
10	1	0	0	0
11	0	0	0	1
12	0	0	0	1
13	0	0	0	0
14	0	0	1	0
15	0	0	0	1
16	1	0	0	0
17	0	0	0	1
18	1	0	0	0
19	1	0	0	0

Abbildung 7.10 Jede Zeile der Tabelle steht für einen Zustand der Umwelt, jede Spalte für eine Aktion. Im Fall des Eichhörnchenbeispiels ist die bevorzugte Aktion mit einer 1 markiert.

In Abbildung 7.1 haben Sie bereits gesehen, dass die Zellen des Gartens nummeriert sind. Passend dazu haben wir auch die Zeilen in der Tabelle mit Nummern versehen: Wenn sich das Eichhörnchen auf Zelle 0 befindet, ist die Umwelt in Zustand 0, wenn es sich auf Zelle 1 befindet, ist sie in Zustand 1 etc. Also hat die Tabelle 20 Zeilen für 20 Umweltzustände und 4 Spalten für die 4 Aktionen *hoch*, *runter*, *links* und *rechts*. *Die Zeilen einer Q-Tabelle stehen für die Umweltzustände, die Spalten für die möglichen Aktionen.*

7.3.1 Q steht für Qualität

In der Tabelle stehen die sogenannten *Q-Werte*. Q steht für Qualität. Ein Q-Wert sagt uns, wie sinnvoll eine Aktion in einem bestimmten Zustand ist, und zwar in Hinblick auf zukünftige Belohnungen. In unserer vereinfachten Variante steht in jeder Zeile eine 1, alle anderen Felder sind mit 0 gefüllt. Die 1 steht für die Richtung des Pfeils in der entsprechenden Zelle, wie Sie durch einen Vergleich mit Abbildung 7.7 feststellen können.

Beim tatsächlichen Q-Learning speichert die Q-Tabelle auch von 0 und 1 abweichende Werte. Die Berechnung dieser Werte zeigen wir in Abschnitt 7.5, »Die Q-Tabelle befüllen«. Zunächst schauen wir uns aber das Beispielprogramm »Q-Lerner« an.

7.4 Das Beispielprogramm Q-Lerner

Dieses Programm setzt eine erweiterte Fassung des Nussproblems um. Hier wird der Agent durch ein Quadrat dargestellt, das in Abbildung 7.11 mit dem Buchstaben A markiert und im Programm blau eingefärbt ist. Der Agent startet jede Episode am linken Spielfeldrand. Das Ziel ist ein Quadrat (Z, am Bildschirm grün) am rechten Spielfeldrand. Zwischen Agent und Ziel befinden sich drei Barrieren aus Quadraten (X, am Bildschirm rot), die vom Agenten nicht passiert werden können.

Zu Beginn des Programms ist der Agent noch völlig unbedarft und springt orientierungslos herum. Irgendwann jedoch überwindet er mit diesen hilflos wirkenden Bewegungen durch bloßen Zufall die drei Barrieren und erreicht das Ziel. Die erste Episode ist damit abgeschlossen. *Genau wie im Eichhörnchenbeispiel positioniert der Agent mit jeder Episode einen weiteren Pfeil in Richtung Ziel.* Anschließend springt der Agent auf eine neue Startposition. Damit beginnt eine weitere Episode.

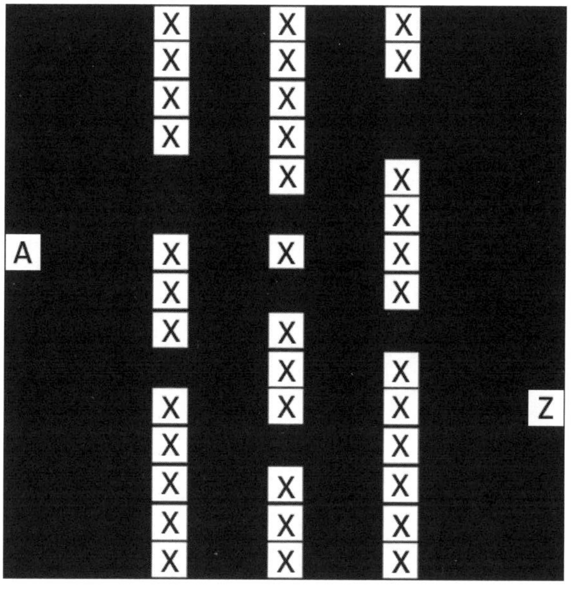

Abbildung 7.11 Das Spielfeld des Beispielprogramms Q-Lerner zu Beginn einer Episode und bevor irgendetwas gelernt wurde

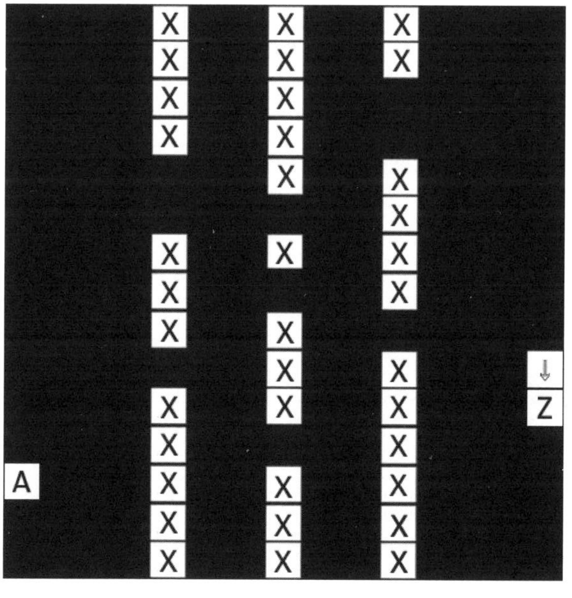

Abbildung 7.12 Die erste Episode ist mit dem Auffinden des Ziels und der Positionierung eines Pfeils in Richtung Ziel abgeschlossen; der Agent springt zurück auf eine neue Startposition.

Abbildung 7.13 und Abbildung 7.14 zeigen die Zustände jeweils unmittelbar nach Abschluss der zweiten und dritten Episode.

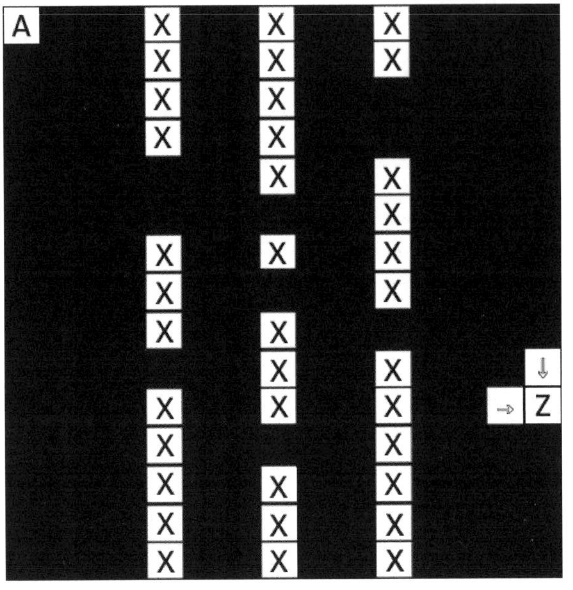

Abbildung 7.13 Mit dem Abschluss einer jeden Episode ...

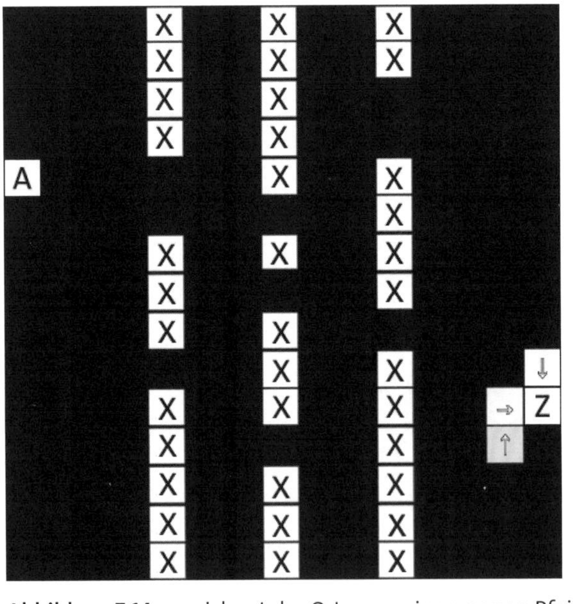

Abbildung 7.14 ... zeichnet der Q-Lerner einen neuen Pfeil.

In Abbildung 7.15 sehen Sie die Veränderung des Spielfelds im weiteren Verlauf des Programms. Zuletzt sind alle Zellen mit Pfeilen versehen, die den Weg Richtung Ziel weisen.

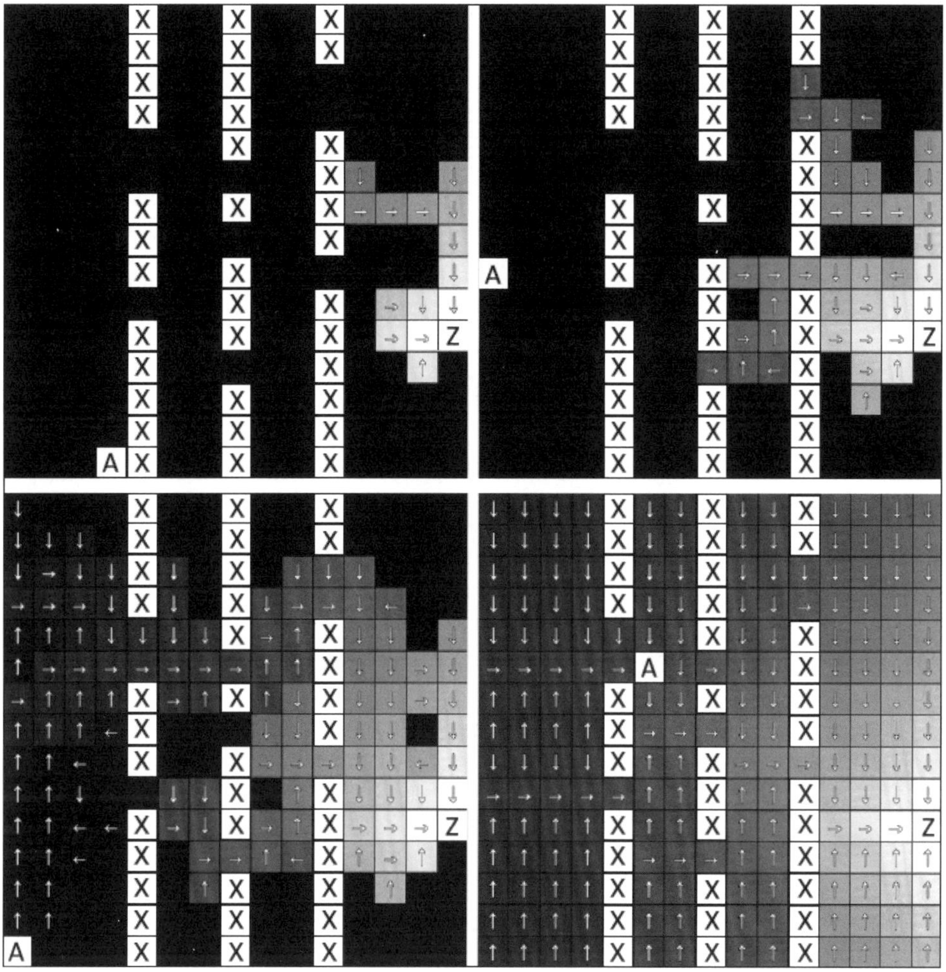

Abbildung 7.15 Je länger der Q-Lerner lernt, umso mehr Zellen sind mit Pfeilen markiert.

Sie sehen in der Abbildung, dass die Zellen des Spielfelds mit unterschiedlich hellen Graustufen eingefärbt sind. Die Helligkeit einer Zelle steht für deren Q-Wert: Je näher eine Zelle dem Ziel ist, umso heller leuchtet sie. Die Pfeile zeigen jeweils auf diejenige benachbarte Zelle, die den höchsten Q-Wert besitzt.

Die unterschiedlichen Helligkeitsstufen weisen auf einen fundamentalen Unterschied zu der Q-Tabelle hin, die wir für das Nussproblem erstellt haben: Dort nämlich konnten die

Einträge nur zwei unterschiedliche Werte annehmen, 0 oder 1 – wobei die jeweils bevorzugte Aktion mit 1 gekennzeichnet ist.

Unser Q-Lerner erstellt im Hintergrund ebenfalls eine Q-Tabelle. Genau wie in Abbildung 7.10 gezeigt, steht dort jede Zeile für einen Umweltzustand und jede Spalte für eine Aktion. Im Unterschied zum Nussproblem speichert die Tabelle für jedes Zustands-Aktions-Paar eine Dezimalzahl zwischen 0 und 100. Die Q-Werte können also jeden beliebigen Wert dazwischen annehmen, zum Beispiel 13,45 oder 72,9. Der maximale Q-Wert 100 kommt daher, dass wir die Belohnung für den Zielzustand auf 100 gesetzt haben.

Genau wie bei der Lösung des Nussproblems wird auch beim Q-Lerner die Information nur zwischen benachbarten Zellen übertragen. Benachbarte Zellen entsprechen Zuständen, die nur eine einzige Aktion voneinander entfernt sind. Wie diese Informationsübertragung abläuft, wie also der Q-Lerner die Q-Tabelle befüllt, zeigen wir im folgenden Abschnitt.

Vorher präsentieren wir noch einige nützliche Funktionen des Q-Learners: Wenn Sie auf irgendeine der Zellen klicken, können Sie die Zeile der Q-Tabelle auslesen, die dieser Zelle zugeordnet ist. Im Textfeld unten erscheint ein kurzer Bericht, der neben der Zeilen- und der Spaltennummer die der Zelle entsprechende Zustandsnummer und die Q-Werte für die vier möglichen Aktionen darstellt. In der Abbildung ist der Wert für die Aktion *runter* am höchsten. Entsprechend wird auch der Pfeil in dieser Zelle nach unten zeigen.

```
[Zeile, Spalte]: [1, 13]
Zustands-Nummer: 28
Aktion  Q-Wert
hoch:   72.900
runter: 90.000
links:  72.900
rechts: 0.000
```

Abbildung 7.16 Das Textfeld zeigt einen Bericht über eine angeklickte Zelle.

Beim Ausprobieren des Q-Lerners werden Sie feststellen, dass das Programm sehr viele Lernschritte und Episoden braucht, um das Spielfeld mit Pfeilen zu füllen. Daher haben wir den Button 5000 SCHRITTE eingebaut, mit dem Sie den Lernprozess erheblich beschleunigen können.

Abbildung 7.17 Die grafischen Bedienelemente des Q-Lerners

Die anderen Buttons in der linken Spalte sind selbsterklärend. In der rechten Spalte wird jeweils die Anzahl der Lernschritte und der Episoden angezeigt. Mit dem Drop-down-Menü Schritte/Sek bestimmen Sie das Tempo, mit dem der Agent über das Spielfeld flitzt. Was es mit Gamma und mit Epsilon auf sich hat, erklären wir in Abschnitt 7.7 und Abschnitt 7.8.

7.5 Die Q-Tabelle befüllen

Nun nähern wir uns der alles entscheidenden Frage: Wie füllt der Q-Lerner in unserem Beispielprogramm die Q-Tabelle?

Im Eichhörnchenbeispiel wurde jeweils mit dem Abschluss einer Episode ein Pfeil gezeichnet beziehungsweise eine 1 in die entsprechende Zelle der Q-Tabelle eingetragen. Ein einmal gezeichneter Pfeil beziehungsweise eine eingetragene 1 blieb unveränderlich.

Das Vorgehen des Q-Lerners im Beispielprogramm unterscheidet sich in diesem sehr wesentlichen Punkt: Mit *jeder* Aktion des Agenten wird das entsprechende Feld in der Q-Tabelle aktualisiert.

Abbildung 7.18 zeigt die Formel, mit der unser Q-Lerner einen Tabelleneintrag aktualisiert. Die Formel ist weit weniger kompliziert, als sie auf den ersten Blick erscheinen mag. Schauen wir uns die Bestandteile der Formel der Reihe nach an:

- (z_t, a_t) bezeichnet das aktuelle *Zustands-Aktions-Paar*.
- $Q_{\text{neu}}(z_t, a_t)$ ist der neue Wert der Zelle der Q-Tabelle, die aktualisiert werden soll.

Zur Berechnung dieses neuen Werts benötigen wir drei Komponenten:

- *b* steht für die Belohnung, die der Agent für das aktuelle Zustands-Aktions-Paar erhält.
- γ (*Gamma*) steht für die *Verminderungsrate*. Sie regelt kurz gesagt, in welchem Maße künftige Belohnungen Einfluss auf die Qualität des aktuellen Zustand-Aktions-Paars haben – dazu mehr in Abschnitt 7.7.
- z_{t+1} ist der Zustand, der durch das aktuelle Zustand-Aktions-Paar erreicht wird. Wir nennen ihn *Folgezustand*. $Q_{max}(z_{t+1})$ ist dann der höchste Wert in der Zeile der Q-Tabelle, die zum diesem Folgezustand gehört.

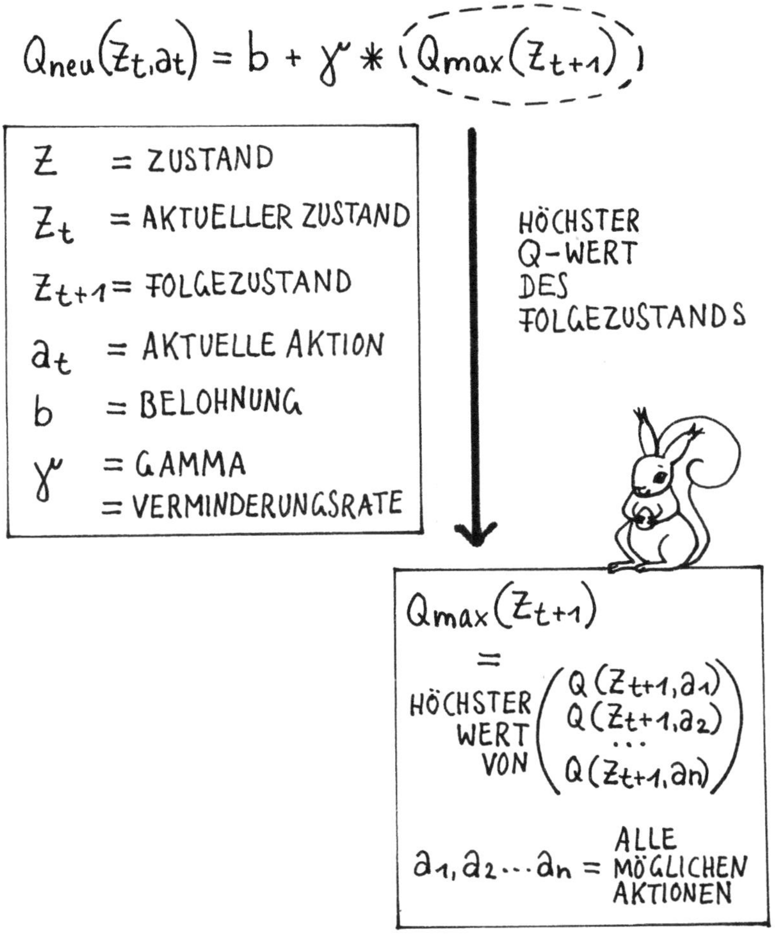

Abbildung 7.18 Die Formel für die Aktualisierung einer Zelle der Q-Tabelle

Wir erhalten den neuen Wert der Zelle, indem wir den höchstmöglichen Q-Wert des Folgezustands mit γ multiplizieren und die Belohnung für den aktuellen Zustand addieren.

Der Q-Wert eines Zustands-Aktions-Paars hängt also sowohl von der direkten Belohnung als auch von den zukünftig zu erwartenden Belohnungen ab. In jedem Lernschritt wird der Q-Wert des entsprechenden Felds in der Tabelle erneut ermittelt. Die Q-Werte sind also nicht konstant, sondern verändern sich im Laufe des Lernens. In Fall unseres Beispielprogramms stabilisieren sich die Werte, wenn der Agent lang genug lernt und eine optimale Strategie gefunden hat.

7.5.1 Warum funktioniert das?

Damit ist die mathematische Seite der Aktualisierung der Q-Tabelle geklärt. Aber *warum* erreicht der Q-Lerner mittels dieser Berechnung von Q-Werten das Ziel, für jeden Zustand die vielversprechendste Aktion zu finden – vorausgesetzt, wir lassen ihn lang genug probieren?

Abbildung 7.15 kann ein intuitives Verständnis vermitteln: Sie sehen deutlich einen Farbverlauf bei den Einfärbungen der einzelnen Zellen: Je weiter diese vom Ziel entfernt sind, umso dunkler ist die Zelle gefärbt.

Stellen Sie sich vor, dass der Zielzustand ein in Auflösung befindliches Salzkristall in einem sehr großen Wasserbehälter ist, in dem keine Strömung herrscht. Je näher wir dem Kristall kommen, desto höher wird die Salzkonzentration im Wasser sein. Ein solcher Auflösungs- und Verdünnungsprozess wird auch *Diffusion* genannt. Und ganz ähnlich diffundiert die Qualität eines mit einer Belohnung verknüpften Zustands durch den *Zustandsraum* unserer Umwelt.

Im Beispiel mit dem Salzkristall sorgt die selbsttätige Molekularbewegung für die Verteilung der Salzmoleküle im Wasserbecken. Beim Q-Learning mittels Q-Tabelle ist es der Agent, der durch fortwährendes Aktualisieren der Q-Tabelle die Qualität des Zielzustands im Zustandsraum verteilt. Und zwar – wir betonen diesen wichtigen Punkt hier gerne noch einmal – immer zwischen Zuständen, die nur eine Aktion voneinander entfernt sind.

Das Beispiel mit dem Salzkristall ist noch in einer anderen Hinsicht passend. Wenn Sie zum Salzkristall gelangen wollen, werden Sie sich immer in die Richtung bewegen, in der die Salzkonzentration im Wasser zunimmt. Genau das tut der Q-Lerner, wenn er den Pfeilen folgt.

7.6 Der Code unter der Lupe

Im Code des Beispielprogramms sind Objekte der Klassen `Umwelt` und `QLerner` entscheidend. Sie finden die entsprechenden Definitionen in den Dateien *code/umwelt.js* und *code/qlerner.js*.

7.6.1 Die Umwelt

Die in Kapitel 5, »Spiele für eine Person lösen«, und Kapitel 6, »Spiele für zwei Personen gewinnen«, vorgestellten KIs können verschiedene Spiele spielen, sofern diese eine passende Schnittstelle bereitstellen. Sehr ähnlich läuft es bei unserem Q-Lerner: Er kann verschiedene Aufgaben bewältigen, also mit verschiedenen Umwelten interagieren, vorausgesetzt, die Schnittstelle passt.

Tabelle 7.1 zeigt die Eigenschaften und Funktionen von Objekten der Klasse `Umwelt`, die diese Schnittstelle bilden.

Name	Aufgabe
`nZustaende`	Anzahl der möglichen verschiedenen Zustände der Umwelt.
`nAktionen`	Anzahl der Aktionen, die ein Agent wählen kann.
`aktion(aktionsNr)`	Führt die Aktion mit der entsprechenden `aktionsNr` aus und modifiziert die Umwelt. Rückgabewert ist die modifizierte Umwelt.
`zustandsNr()`	Liefert die Nummer des aktuellen Zustands.
`belohnung()`	Liefert die Belohnung für den aktuellen Zustand.

Tabelle 7.1 Funktionen von Objekten der Klasse Umwelt, die die Schnittstelle für den Q-Lerner bilden

Listing 7.1 zeigt den Code der Funktion `umwelt.belohnung()`. Wenn die Position des Agenten identisch ist mit der Position der Belohnung, gibt die Funktion `100` zurück, sonst `0`.

```
belohnung() {
  if (this.posAgent.zeile == this.posZiel.zeile &&
    this.posAgent.spalte == this.posZiel.spalte) {
    return 100;
```

```
  }
  return 0;
}
```

Listing 7.1 Die Funktion umwelt.belohnung()

7.6.2 Der Q-Lerner

Tabelle 7.2 und Tabelle 7.3 zeigen wesentliche Eigenschaften und Funktionen von Objekten der Klasse `QLerner`.

Name	Inhalt
`gamma`	Legt fest, wie weit die Qualität künftiger Zustände auf die Qualität des aktuellen Zustands einwirkt (siehe Abschnitt 7.7); Wertebereich zwischen 0 und 1.
`epsilon`	Bestimmt die Experimentierfreudigkeit des Q-Lerners (siehe Abschnitt 7.8); Wertebereich zwischen 0 und 1.
`nAktionen`	Die Anzahl der möglichen Aktionen.
`qTabelle`	Die Q-Tabelle, die der Q-Lerner befüllt.

Tabelle 7.2 Wesentliche Eigenschaften …

Name	Aufgabe
`schritt(umwelt)`	Vollzieht einen vollständigen Schritt, der aus der Wahl einer Aktion, deren Ausführung und der Aktualisierung der Q-Tabelle besteht. Ruft `waehleAktion()`, `umwelt.aktion()` und `aktualisiereQ()` auf.
`waehleAktion(zustandsNr)`	Wählt eine Aktion abhängig von `zustandsNr`.
`aktualisiereQ(zustandsNr, aktionsNr, folgezustandsNr, belohnung)`	Aktualisiert die Q-Tabelle in der Zeile `zustandsNr` und der Spalte `aktionsNr`.

Tabelle 7.3 … und Funktionen von Objekten der Klasse QLerner

Jedes Mal, wenn der Agent »am Zug« ist, wird die Funktion `schritt()` aufgerufen (siehe Listing 7.2). In einem Schritt werden drei Dinge erledigt:

1. Wahl einer Aktion abhängig vom Zustand der Umwelt
   - `umwelt.zustandsNr()` liefert die Nummer des aktuellen Umweltzustands.
   - `waehleAktion()` wählt dann die Aktion abhängig von der `zustandsNr` aus.
2. Anwendung der Aktion
   - `umwelt.aktion()` wendet die gewählte Aktion auf die Umwelt an.
3. Modifikation der Umwelt
   - Die modifizierte Umwelt wird unter `folgezustand` gespeichert.
   - `folgezustand.zustandsNr()` liefert die Nummer des Folgezustands.
   - `folgezustand.belohnung()` liefert die mit der letzten Aktion erlangte Belohnung.
   - `aktualisiereQ()` aktualisiert die Q-Tabelle.

```
schritt(umwelt) {
  const zustandsNr = umwelt.zustandsNr();
  const aktionsNr = this.waehleAktion(zustandsNr);
  const folgezustand = umwelt.aktion(aktionsNr);
  const folgezustandsNr = folgezustand.zustandsNr();
  const belohnung = folgezustand.belohnung();
  this.aktualisiereQ(zustandsNr, aktionsNr, folgezustandsNr, belohnung);
  this.nSchritte += 1;
  return folgezustand;
}
```

Listing 7.2 Die Funktion qlerner.schritt()

Die Funktion `schritt()` ruft die Funktionen `waehleSchritt()` und `aktualisiereQ()` auf. Bevor wir uns den Code dieser beiden Funktionen anschauen, müssen wir noch klären, was es mit Gamma und Epsilon auf sich hat.

7.7 Gamma bestimmt die Weitsicht

Gamma wird auch *Verzögerungsrate* genannt. Sie bestimmt, wie weit in die Zukunft mögliche Belohnungen beachtet werden.

Beträgt Gamma 0, interessiert sich der Agent nur für die unmittelbar mit einer Aktion verbundenen Belohnungen, nicht aber für Belohnungen, die nach drei, fünf oder sechsundzwanzig Schritten winken. Somit lernt der Agent nur sehr wenig. Lediglich die Q-

Werte von Zuständen, die nur einen einzigen Schritt von einem Belohnungszustand entfernt sind, können überhaupt verändert werden. Das Ergebnis sehen Sie in Abbildung 7.20 links.

Abbildung 7.19 Bei einem niedrigen Wert für Gamma interessiert sich der Q-Lerner nur für nahe liegende Belohnungen.

Beträgt Gamma 1, interessiert sich ein Agent für alle möglichen Langzeitfolgen. Die Anzahl an Aktionen, die für das Erreichen des Ziels nötig ist, spielt keine Rolle. Es macht überhaupt keinen Unterschied, wohin sich der Agent bewegt, weil jeder zufällig gewählte Weg *irgendwann* zum Ziel führen wird.

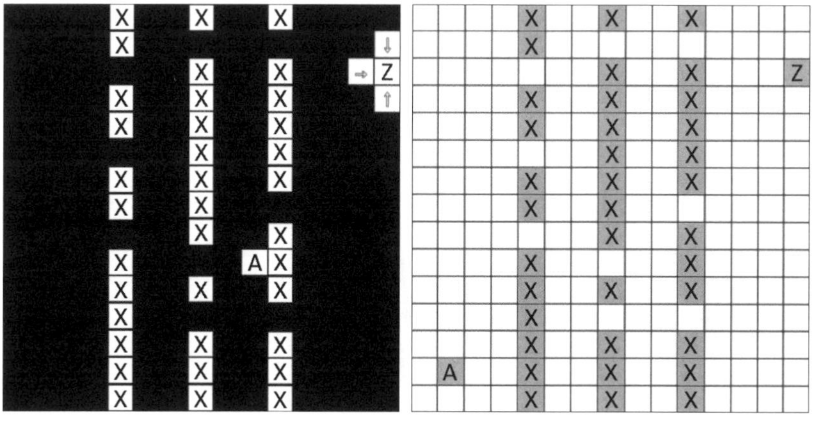

Abbildung 7.20 Bei Gamma = 0 erhalten nur die dem Belohnungszustand benachbarten Zustände einen Q-Wert. Bei Gamma = 1 erhalten im Extremfall alle Zustände einen maximalen Q-Wert. Beides bietet keine Orientierung.

Abbildung 7.20 rechts zeigt, was passiert, wenn Sie im Q-Lerner Gamma auf 1 setzen und den Agenten lang genug lernen lassen: Alle Zellen haben den Q-Wert 100 – was der Höhe der Belohnung des Zielzustands entspricht. Richtungspfeile sind nicht mehr zu sehen, da diese nur angezeigt werden, wenn es eine bevorzugte Richtung gibt.

Beide Szenarien sind offensichtlich nicht ideal. In der Praxis wählen wir daher Gamma-Werte, die weder 0 noch 1 sind. Bewährt haben sich Werte zwischen 0,9 und 0,99.

Abbildung 7.21 Ein Gamma-Wert um 0,9 erlaubt dem Q-Lerner, entferntere Ziele mit einem angemessenen Aufwand anzustreben.

7.8 Epsilon: Erforschung oder Anwendung

Der Wert *Epsilon* bestimmt, ob sich der Agent auf zufälliges Erforschen der Umgebung oder auf das Anwenden der besten Aktion konzentriert. Je höher der Epsilon-Wert, umso experimentierfreudiger ist der Q-Lerner.

Ist Epsilon 1, führt der Agent *nur* zufällige Aktionen aus. Er füllt seine Q-Tabelle zwar mit sinnvollen Werten, wendet das so gewonnene Wissen aber nie an. Ein solcher Agent ist durch ineffizientes Verhalten charakterisiert.

Übertragen auf den Q-Lerner bedeutet das: Nach hinreichend langem Training sind zwar alle Zellen mit Pfeilen gefüllt, die in die jeweils vielversprechendste Richtung weisen, allerdings hält sich der Agent nicht an diese Wegweiser, sondern springt genauso ziellos umher wie ein Agent, der noch gar nichts gelernt hat.

Ist Epsilon hingegen 0, findet keine umfassende Erforschung der Umwelt statt. Der Agent entscheidet sich dann immer für die von der Q-Tabelle empfohlene Aktion – einmal gelernte Umwege bleiben bestehen. Auch dies bereitet Schwierigkeiten. Zwar werden die ersten Züge auch in diesem Fall zufällig ausgeführt, da alle Werte in der Q-Tabelle 0 sind, aber sobald die Q-Tabelle teilweise befüllt ist, wird der Agent sich vorwiegend auf festgefahrenen Wegen bewegen. Ein solcher Agent ist in der Regel nicht in der Lage, die optimale Lösung zu finden, und wird für die meisten Zustände keinen Q-Wert ermitteln.

Abbildung 7.22 zeigt ein mögliches Ergebnis eines Q-Lerners, bei dem Epsilon auf 1 eingestellt ist. Sie können zahlreiche Pfeile finden, die auf einen Umweg verweisen. Viele Zellen (= Umweltzustände) wurden nie erreicht und sind entsprechend auch nicht mit Pfeilen markiert.

Abbildung 7.22 Bei einem niedrigen Epsilon-Wert findet der Q-Lerner keine optimale Lösung; viele Zustände verbleiben ohne jeden Hinweis auf eine bevorzugte Richtung.

Für Epsilon werden in der Praxis entsprechend Werte verwendet, die zwischen 0 und 1 liegen. Ein Wert um 0,1 hat sich bewährt. Ein Epsilon von 0,1 sagt aus, dass der Agent in 10 % der Fälle mit einer zufällig gewählten Aktion die Umgebung erforscht und in 90 % der Fälle die von der Q-Tabelle empfohlene Aktion ausführt.

Es ergibt oft Sinn, dass ein Agent am Anfang gründlich die Umgebung erforscht und im Verlauf des Trainings immer mehr dazu übergeht, das Gelernte anzuwenden. Dies kann man durch eine kontinuierliche Verminderung von Epsilon erreichen: Der Agent beginnt mit einem hohen Epsilon-Wert. Mit jeder Episode wird der Wert um einen geringen Betrag verringert, bis er bei einem niedrigen Wert – zum Beispiel 0,1 – konstant bleibt.

Abbildung 7.23 Bei einem hohen Wert für Epsilon ist der Agent experimentierfreudiger.

7.9 Ein zweiter Blick auf den Code

Jetzt haben wir geklärt, wofür die Werte Gamma und Epsilon stehen, und können uns anschauen, wie die Funktionen `waehleAktion()` und `aktualisiereQ()` ihr Werk verrichten.

Listing 7.3 zeigt die Funktion `waehleAktion()`. Ihr Rückgabewert kann vom Zustand der Umwelt abhängen oder per Zufall bestimmt werden. Die Funktion trifft die Entscheidung wie folgt:

- `this.qTabelle[zustandsNr]` liefert die Zeile der Q-Tabelle, die zum aktuellen Zustand der Umwelt gehört.
- Wenn alle Werte in dieser Zeile gleich sind, bietet die Q-Tabelle für den entsprechenden Zustand keinerlei Orientierung – das prüft unsere Hilfsfunktion `alleGleich()`. In diesem Fall liefert die Funktion mit `int(random(this.nAktionen))` eine zufällig ausgewählte Aktionsnummer.
- Andernfalls geht es mit der zweiten `if`-Abfrage weiter: `random()` liefert eine Zufallszahl zwischen 0 und 1. Ist diese kleiner als `epsilon`, ist der Rückgabewert der Funktion ebenfalls eine zufällig ausgewählte Aktionsnummer. Bei einem Epsilon-Wert von 0,1 ergibt `waehleAktion()` also in 10 % aller Fälle eine zufällige Aktion.
- Die letzte Zeile des Funktionskörpers kommt nur dann zum Zuge, wenn die beiden `if`-Abfragen `false` waren. In diesem Fall kann und soll also die Q-Tabelle den Weg weisen. Unsere Hilfsfunktion `maxPos()` liefert dann die Position des höchsten Werts jener Zeile der Q-Tabelle, die zum aktuellen Umweltzustand gehört. Das ist die Nummer der bevorzugten Aktion.

```
waehleAktion(zustandsNr) {

  const qTabellenZeile = this.qTabelle[zustandsNr];

  if (alleGleich(qTabellenZeile)) {
    return int(random(this.nAktionen));
  }

  if (random() < this.epsilon) {
    return int(random(this.nAktionen));
  }

  return maxPos(qTabellenZeile);
}
```

Listing 7.3 Die Funktion qlerner.waehleAktion()

Die Funktion `aktualisiereQ()` vollzieht schließlich die Formel, die wir in Abschnitt 7.5, »Die Q-Tabelle befüllen«, vorgestellt haben, und speichert das Ergebnis im entsprechenden Feld der Q-Tabelle.

```
aktualisiereQ(zustandsNr, aktionsNr, folgezustandsNr, belohnung) {
  const qTabellenZeileFolgezustand = this.qTabelle[folgezustandsNr];
  const maxQ = max(qTabellenZeileFolgezustand);
  const qNeu = belohnung + this.gamma * maxQ;
  this.qTabelle[zustandsNr][aktionsNr] = qNeu;
}
```

Listing 7.4 Die Funktion qlernen.aktualisiereQ()

7.10 Alpha

Die Umwelt in unserem Beispielprogramm ist vollständig determiniert. Das heißt, dass der Folgezustand einer Aktion einzig und allein vom vorherigen Umweltzustand und der gewählten Aktion des Agenten abhängt. Eine Umwelt, bei der das nicht der Fall ist, lässt sich leicht vorstellen: Was wäre etwa, wenn das Ziel genauso wie der Agent in der Lage wäre, gelegentlich die Position zu wechseln? Oder wenn andere Agenten die Umwelt bewohnen und die Interessen unseres Agenten zu durchkreuzen suchen? Dann würden die Folgezustände nicht mehr allein von den Aktionen des Agenten abhängen.

Auch für solche Umwelten können wir per Q-Learning mittels Q-Tabelle sinnvolle Strategien finden. Allerdings ist dafür eine Erweiterung unserer Aktualisierungsfunktion erforderlich, die wir hier kurz vorstellen.

Abbildung 7.24 zeigt die erweiterte Gleichung. Der Unterschied zur vorher verwendeten Gleichung: Zur Aktualisierung eines Felds wird dessen vorheriger Wert nicht mehr einfach überschrieben. Vielmehr setzt sich dieser aus dem neu berechneten Wert *und* dem vorherigen Wert zusammen. Die Lernrate Alpha steuert das Verhältnis:

- Ist die Lernrate gleich 1, zählt allein der neu berechnete Wert. Dann liefert die Gleichung dasselbe Ergebnis wie die Variante für determinierte Umgebungen aus Abschnitt 7.5.
- Bei einer Lernrate von 0,5 bestimmen der vorherige und der neu berechnete Wert zu gleichen Teilen den neuen Q-Wert.
- Bei einer Lernrate von 0 würde sich nichts ändern. Es wird also lediglich der vorherige Wert übernommen. Das ergibt offensichtlich keinen Sinn, da überhaupt nichts gelernt werden kann.

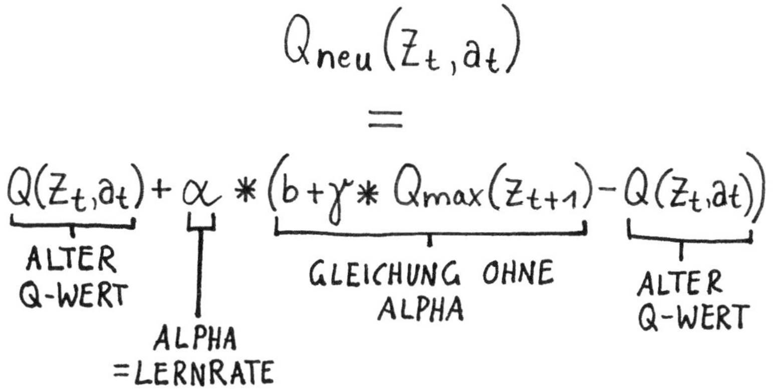

Abbildung 7.24 Die erweiterte Gleichung für Umwelten mit Zufallselementen

Sie finden im Code des Q-Lerners eine entsprechende Erweiterung der Aktualisierungsfunktion, die im aktuellen Beispielprogramm aus Mangel an Notwendigkeit allerdings keine Anwendung findet.

```
aktualisiereQAlpha(zustandsNr, aktionsNr, folgezustandsNr, belohnung) {
  const qAlt = this.qTabelle[zustandsNr][aktionsNr];
  const qTabellenZeile = this.qTabelle[folgezustandsNr];
  const maxQ = max(qTabellenZeile);
  const qNeu = qAlt + this.alpha * (belohnung + this.gamma * maxQ - qAlt);
  this.qTabelle[zustandsNr][aktionsNr] = qNeu;
}
```

Listing 7.5 Die Funktion qlerner.aktualisiereQAlpha()

7.11 Was wir weggelassen haben

In diesem Kapitel ging es uns erneut vor allem darum, grundlegende Ideen zu vermitteln. Deshalb haben wir auch in diesem Kapitel viele technische Details, Spezialfälle und Varianten unerwähnt gelassen.

Allerdings ist das Thema Q-Learning mittels Q-Tabellen ein besonders weites Feld, und daher mussten wir besonders viel auslassen und vereinfachen. Einige wichtige Punkte wollen wir an dieser Stelle zumindest kurz erwähnen:

7.11.1 Komplexere Umwelten

Unser Programmbeispiel zeigt die Lösung einer *äußerst* einfachen Aufgabe. Tatsächlich ist das Q-Learning mittels Q-Tabelle nicht einmal die einfachste Art, diese Aufgabe zu lösen. Mit einer schlichten Breitensuche würden wir schneller zum Ziel kommen. Wir haben uns trotzdem für eine derart simple Aufgabe entschieden, weil wir so den Zustandsraum grafisch anschaulich abbilden können und ein intuitives Verständnis des Algorithmus ermöglichen: Jede Zelle auf der Fläche ist einem Umweltzustand zugeordnet. Bei nur geringfügig komplexeren Aufgaben wäre dies nicht mehr möglich.

7.11.2 Kosten für Aktionen

Bei praktischen Anwendungen des Q-Learnings ist es oft sinnvoll, für jede ausgeführte Aktion einen Strafpunkt (also eine negative Belohnung) zu geben. Das kann die Suche nach optimalen Lösungen beschleunigen. In unserem Beispielprogramm würden wir dafür in der Funktion `umwelt.belohnung()` in Listing 7.1 lediglich den Standardrückgabewert `0` durch `-1` ersetzen. Das hat einen interessanten Effekt in der Darstellung – vielleicht mögen Sie das probieren?

7.11.3 Belohnungen mit Zustands-Aktions-Paaren verknüpfen

In unserem Beispielprogramm ist die Belohnung *direkt* mit einem Zustand verknüpft. In der Praxis sind jedoch Belohnungen meist Zustands-Aktions-Paaren zugeordnet. Dann ist die Belohnung also nicht allein vom aktuellen Zustand abhängig, sondern auch davon, *von wo* und *durch welche Aktion* der Agent zu diesem Zustand gekommen ist. Auf diese Weise ließe sich zum Beispiel eine Drehtür modellieren, die sich nur von einer Seite her passieren lässt und deren erfolgreiche Durchquerung mit einer Belohnung verknüpft ist.

Die Verknüpfung von Belohnungen mit Zustands-Aktions-Paaren wird in der Praxis häufig ebenfalls in einer Tabelle gespeichert. Das Format einer solchen Tabelle ist identisch mit jenem der Q-Tabelle.

7.11.4 Mehrere Belohnungszustände

In unserem Beispiel haben wir nur einen einzigen Zustand mit einer Belohnung verknüpft. Es kann auch mehrere Zustände dieser Art geben, und diese können mit unterschiedlich hohen Belohnungen verknüpft sein. Strafen, also Belohnungen mit umgekehrten Vorzeichen, sind ebenfalls möglich. In Kombination mit den eben erwähnten Aktionskosten können sich damit deutlich kompliziertere Strategien ergeben.

Hintergrund: Maschinelles Lernen

Ein Computer weiß *nichts* über die Welt, in der wir leben. Ihm ist nicht bekannt, dass Bäcker Brötchen backen, dass es in Autowerkstätten nach Öl riecht und dass Elefanten in Porzellanläden nichts verloren haben. Er weiß nicht, dass alle Menschen sterben müssen, dass auf Rockkonzerten laute Musik gespielt wird und dass manche Menschen ihren Kaffee mit Milch trinken.

Eine klassische Strömung der KI-Forschung versucht, Computern solch uns Menschen selbstverständliches Alltagswissen über manuelle, stark formalisierte Eingaben beizubringen – mit dem Ziel, dieses Wissen zur Weiterverarbeitung mittels logischer Verknüpfungen bereitzustellen. Dieses Ansinnen verfolgt zum Beispiel das 1984 gestartete Projekt Cyc.

Aktuell ist in der KI-Welt ein anderer Ansatz vorherrschend, das sogenannte *maschinelle Lernen*. Hier soll uns die Mühe der manuellen Eingabe erspart bleiben. Der Computer lernt allein anhand von Beispielen oder durch Versuch und Irrtum. Dieses Vorgehen hat sich als sehr erfolgreich erwiesen. Das in diesem Kapitel vorgestellte Q-Learning ist eine Variante des maschinellen Lernens. Auch andere in diesem Buch vorgestellte Verfahren können zum maschinellen Lernen gezählt werden.

Wir finden die Unterscheidung zwischen manueller Eingabe von Wissen und Regeln einerseits und dem selbstständigen Lernen des Programms andererseits höchst bedeutsam. Allerdings halten wir den Begriff des maschinellen Lernens für nicht so trennscharf, wie er auf den ersten Blick erscheinen mag. So müssen die Daten, anhand derer gelernt werden soll, oft mit sehr großem Aufwand manuell vorbereitet werden: Damit der Computer zum Beispiel lernen kann, Katzen- und Hundebilder voneinander zu unterscheiden, müssen zuvor Tausende von Bildern entsprechend markiert worden sein. Zu dem Thema erfahren Sie mehr in Abschnitt 11.1, »Das überwachte Lernen«.

Daher sprechen wir in diesem Buch nicht von maschinellem Lernen, auch wenn der Begriff sehr verbreitet ist und in vielen Zusammenhängen geradezu als Synonym für künstliche Intelligenz verwendet wird.

7.12 Ideen zum Weitermachen

In Abschnitt 7.10, »Alpha«, haben wir eine erweiterte Formel zur Aktualisierung von Q vorgestellt, die dem Q-Lerner auch die Entwicklung von Lösungsstrategien in Umwelten mit Zufallselementen erlaubt. Ein interessantes Codeexperiment wäre die Erweiterung der Umwelt um ein Zufallselement und die Anwendung der erweiterten Funktion namens `aktualisiereQAlpha()`. Zum Beispiel könnte das Ziel zufallsgesteuert am rechten Spielfeldrand hin- und herwandern.

7.12.1 OpenAI Gym

Wenn Sie das spannende Thema des verstärkenden Lernens vertiefen und sich gar in der Programmierung eigener Agenten üben wollen, empfehlen wir einen Blick auf die Python-Bibliothek *OpenAI Gym*. Dort finden Sie viele vollständig programmierte Umwelten. Beliebt sind etwa Atari-Spieleklassiker wie Space Invaders, Breakout oder Video Pinball, aber auch knifflige Physiksimulationen: In Mountain Car muss der Agent mit einem leistungsschwachen Fahrzeug einen Berg überwinden, beim Lunar Lander geht es darum, eine Mondfähre sicher auf unebenem Gebiet zu landen.

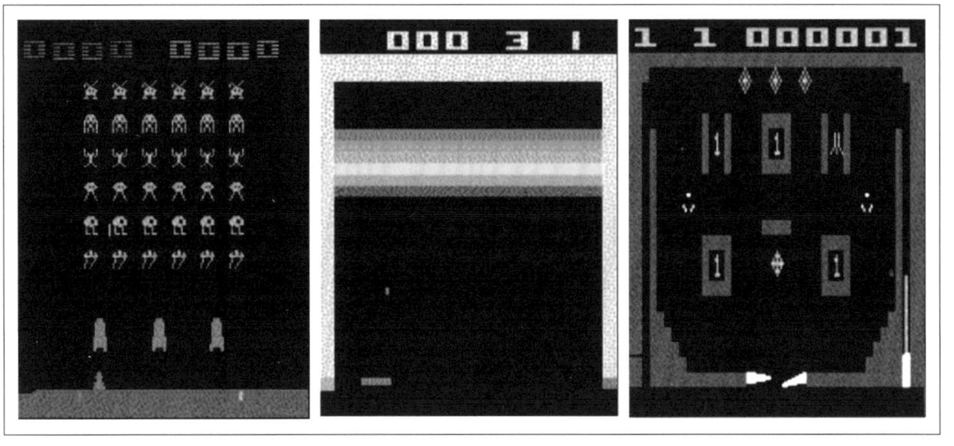

Abbildung 7.25 Die Spiele Space Invaders, Breakout und Video Pinball ...

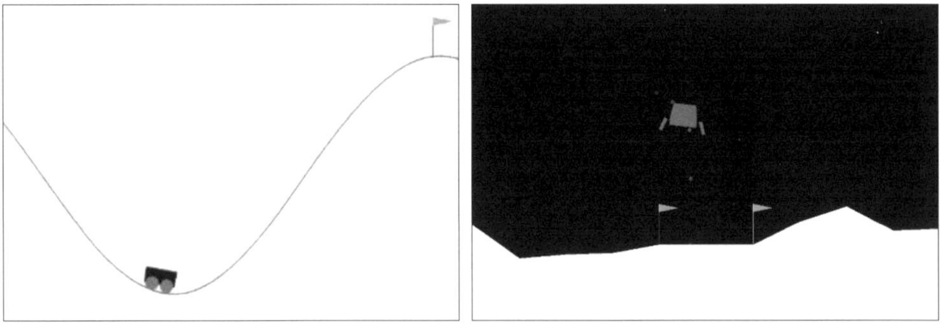

Abbildung 7.26 ... und die Physiksimulationen Mountain Car und Lunar Lander aus der OpenAi-Gym-Umgebung

Die Schnittstellen der OpenAI-Gym-Umwelten sind vereinheitlicht. Daher können Sie einen Agenten, den Sie für eine bestimmte Umwelt entwickelt haben, im Prinzip auch auf andere Umwelten loslassen. OpenAI Gym ist bei Laien wie Profis weitverbreitet. Sie finden daher zahlreiche deutsch- und englischsprachige Tutorials und Beispielanwendungen im Netz.

7.12.2 Das Buch von Sutton und Barto

Wenn Sie es ganz genau wissen wollen, die englische Sprache gut beherrschen und sich auch von komplexeren mathematischen Ausdrücken nicht abschrecken lassen, können wir Ihnen das Buch »Reinforcement Learning: An Introduction« von Richard S. Sutton und Andrew G. Barto empfehlen. Das Buch bietet eine umfassende Darstellung und steht in der zweiten Auflage zum kostenlosen Download bereit. Alle Infos dazu finden Sie Anhang C, »Quellen und weiterführende Literatur«.

7.13 Zusammenfassung und Ausblick

Zum Abschluss dieses umfangreichen Kapitels wollen wir einen Vergleich mit dem menschlichen Erwerb von Fertigkeiten wagen und die Grenzen des hier vorgestellten Verfahrens aufzeigen.

7.13.1 Menschliches Lernen vs. Q-Learning

Bei den Recherchen und Codeexperimenten für dieses Kapitel sind uns einige Gemeinsamkeiten aufgefallen, die das Q-Learning mittels Q-Tabelle mit dem menschlichen Erwerb von Fähigkeiten aufweist. Der »Q-Lerner« hat zu Beginn des Lernprozesses keine Ahnung, wie er die ihm gestellte Aufgabe bewältigen soll. Daher bleibt ihm nichts anderes übrig, als herumzuprobieren. Ähnliches können wir bei einem Säugling beobachten, der versucht, einen Gegenstand zu greifen oder ein Steckspiel zu lösen. Erfolgserlebnisse bestärken den Säugling darin, die Lösung von gleichen oder ähnlichen Aufgaben zukünftig mit ähnlichen Bewegungsfolgen anzugehen wie jenen, die beim letzten Mal zum Erfolg geführt haben.

Je mehr ein Q-Lerner gelernt hat, umso weniger ist er auf zufällige Aktionen angewiesen – ebenso wie Menschen. Allerdings gilt für Q-Lerner und Mensch gleichermaßen: *Nur, weil eine Lösung funktioniert hat, muss sie nicht zwangsläufig die beste sein – schon gar nicht in einer Umwelt, die stetigem Wandel unterworfen ist.* »Das haben wir schon immer so gemacht« sollte als Begründung für ein bestimmtes Vorgehen allein nicht ausreichen. Es kann in vielen Fällen nicht schaden, bewährte Strategien zu überdenken und gelegentlich etwas Neues zu probieren.

Im Bereich der Psychotherapie zeigt sich, dass in der Kindheit erlernte Problemlösungsstrategien zur Bewältigung des Lebens im Erwachsenenalter nicht immer geeignet sind. Und wir alle wissen, wie mühevoll es ist, einmal erlernte Gewohnheiten zu überwinden, auch wenn sich diese als unnütz oder gar schädlich erwiesen haben.

Einen deutlichen Unterschied zwischen einem lernenden Menschen und dem Q-Lerner besteht darin, dass Letzterer ohne ein Modell der Umwelt auskommt. Diese Modellfreiheit ist eine wesentliche Eigenschaft des Q-Learnings. Modellfreiheit bedeutet, dass ein Algorithmus keine Kenntnis über die Struktur der Umgebung benötigt, um Entscheidungen zu treffen. Er lernt direkt aus Erfahrung, ohne ein Modell der Umgebung zu bauen.

Wenn wir einen Stadtteil kennenlernen, merken wir uns die Anordnung der einzelnen Straßen und Gebäude zueinander. Wir erschaffen ein mentales Abbild des Stadtteils, eine Karte, wie unvollkommen diese auch immer sein mag. Der Q-Lerner erstellt keine Karte, sondern speichert lediglich die Beziehungen von Zuständen, Aktionen und Belohnungen.

7.13.2 Die Grenzen des Verfahrens

Das hier vorgestellte Q-Learning mittels Q-Tabellen ist gut geeignet, um Lösungsstrategien für Aufgaben zu finden, die mit einer überschaubaren Anzahl von Zuständen und Aktionen auskommen. Wenn die Anzahl der möglichen Zustände und Aktionen zu groß ist, stößt das Verfahren an Grenzen. Stellen Sie sich vor, das Spielfeld ist 1.000 × 1.000 Zellen groß, es gibt vier Tageszeiten, und der Agent kann einen Spielstein aufheben oder ablegen. Schon haben Sie eine Q-Tabelle, die 8.000.000 Zustände und sechs Aktionen abbilden muss. Damit müssten 48.000.000 Q-Werte berechnet werden. Bei noch mehr Zuständen und Aktionen können Q-Tabellen den Arbeitsspeicher sprengen. Auch wenn das nicht passiert, kann es sehr lange dauern, eine optimale Strategie zu finden.

In solchen Fällen hat sich eine Erweiterung des Q-Learnings bewährt, das sogenannte *Deep Q-Learning*. Hier werden die Q-Werte nicht von Tabellen berechnet und gespeichert, sondern mittels neuronaler Netze. Über neuronale Netze erfahren Sie mehr in Kapitel 10, »Neuronale Netze I: Das Häschenproblem«. Abschnitt 13.5 geht etwas detaillierter auf das Thema Deep Q-Learning ein.

Hintergrund: Diskrete oder kontinuierliche Zustände und Zustandsräume

Daten lassen sich auf zwei Arten messen, speichern und darstellen: *diskret* und *kontinuierlich*. Diskrete Daten können nur eine abzählbare Anzahl von Werten annehmen, bei kontinuierlichen Daten gibt es diese Einschränkung nicht.

Nehmen wir als Beispiel die Größe von Schuhen und Füßen: So gibt es etwa Schuhe in den Größen 34 und 42. Im amerikanischen System sind auch Werte wie 10,5 oder 11,5 gebräuchlich. Nach Schuhen in Größe 34,76 oder 11,23 werden Sie allerdings vergeblich suchen. Ob Sie nun das europäische oder das amerikanische System verwenden: Immer haben Sie es mit einem diskreten System zu tun.

Messen Sie hingegen mit einem Maßband die Länge eines Fußes, kann das Messergebnis im Prinzip jeden beliebigen Wert annehmen, etwa 15,7 cm, 18,97 cm oder 21,633 cm. Die Zahl der Nachkommastellen hängt allein von der Genauigkeit Ihres Messverfahrens und der Entscheidung ab, wie viele Stellen Sie notieren wollen.

Das Q-Learning mittels Q-Tabelle lässt sich nur auf Umwelten anwenden, bei denen die Anzahl der Zustände begrenzt – also abzählbar, also diskret – ist. Wir sprechen in solchen Fällen auch von einem *diskreten Zustandsraum*. Falls wir aber mit dem Q-Lerner in Umwelten agieren wollen, die diese Bedingung nicht erfüllen, müssen wir die kontinuierlichen Zustände in diskrete Zustände übersetzen. Stellen wir uns ein Pendel vor, das zwischen A und B hin- und herschwingt. Eine Übersetzung dieser kontinuierlichen in diskrete Werte erreichen wir zum Beispiel, indem wir etwa die Entfernung von Punkt A auf zwei Nachkommastellen runden. Dieses Verfahren nennt sich *Quantisierung*. Mit ihr legen wir gleichsam ein diskretes Raster über den kontinuierlichen Wertebereich.

In vielen Fällen ist ein Raster mit gleichmäßigen Abständen allerdings nicht die beste Methode. Wenn die Aufgabe etwa darin besteht, eine Mondfähre sicher zu landen, sollten wir in der Nähe der Mondoberfläche ein feineres Raster auf die kontinuierlichen Werte für Höhe und Geschwindigkeit legen, als wenn wir noch einen Kilometer von der Oberfläche entfernt sind.

Kapitel 8
K-nächste-Nachbarn

Eine Tafel Schokolade hat mehr gemeinsame Eigenschaften mit einem Stück Torte als mit einer Karotte. Eine Tomate wiederum hat viel mehr Gemeinsamkeiten mit der Karotte als mit Schokolade. In diesem Kapitel zeigen wir, wie Sie solche Ähnlichkeiten und Nachbarschaftsverhältnisse in Zahlen fassen und diese nutzen können, um Ordnung in große Datenbestände zu bringen und Zusammengehörigkeiten darin zu erkennen.

Worum es in diesem Kapitel geht

- Zahlenförmige Daten lassen sich durch *Datenpunkte* darstellen.
- Distanzen zwischen Datenpunkten können wir mit einem einfachen geometrischen Verfahren berechnen.
- Der *k-nächste-Nachbarn-Algorithmus* nutzt solche Distanzmessungen, um Datenpunkte zu klassifizieren.

Angenommen, ein Datenbestand versammelt Nährwertangaben, die jeweils zwei Werte enthalten, einen für den Zucker- und einen für den Fettgehalt. Dann kann es sehr hilfreich sein, jedes einzelne dieser Wertepaare als einen *Datenpunkt* auf eine Fläche zu zeichnen. Dabei können wir den Zuckergehalt als Position des Punkts in der Waagerechten und den Fettgehalt als Position des Punkts in der Senkrechten nehmen.

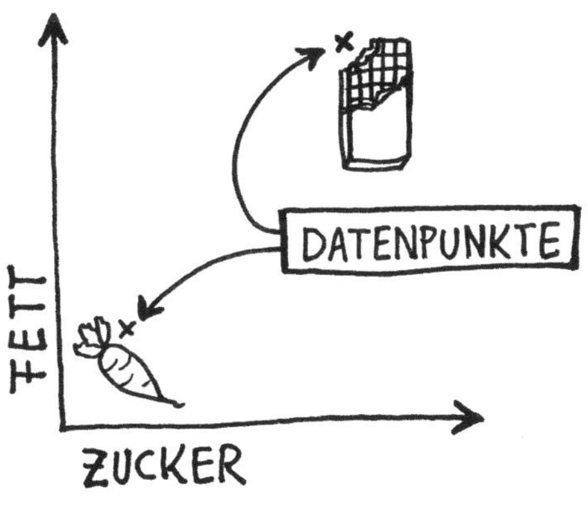

Abbildung 8.1 Messwerte lassen sich als Punkte darstellen.

Ein riesiger Vorteil dieser Darstellung: *Ähnlichkeit* zwischen Datenpunkten lässt sich jetzt *als räumliche Nähe* ablesen und berechnen: Je näher sich zwei Punkte auf der Fläche sind, umso so größer ist die Ähnlichkeit:

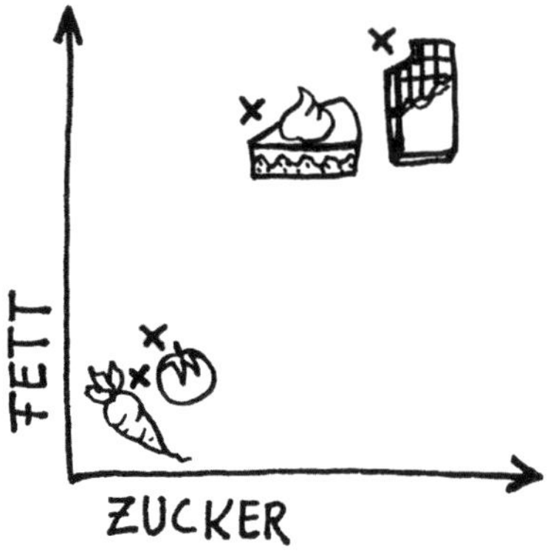

Abbildung 8.2 Räumlich nahegelegene Punkte haben ähnliche Eigenschaften.

Für dieses Kapitel haben wir uns ein alltagsnahes Anwendungsbeispiel ausgedacht, das insbesondere Tierfreundinnen und -freunden anschaulich sein wird: Es geht um die Identifizierung von Tierarten anhand der Eigenschaften *Niedlichkeit* und *Flauschigkeit*.

8.1 Häschen, Igel, Vogelspinne oder Hai?

Das Beispiel geht von folgenden Annahmen aus:

- Sie haben zwei Messgeräte konstruiert, mit denen Sie die Eigenschaften *Flauschigkeit* und *Niedlichkeit* jeweils auf einer Skala von 0 bis 1 präzise messen können. Das Messverfahren ist selbstverständlich ganz und gar harmlos, es kitzelt höchstens ein wenig.
- Mittels dieser Geräte haben Sie jeweils fünf Tiere der Spezies Vogelspinne, Häschen, Hai und Igel vermessen und entsprechende Datenpunkte erzeugt: `{niedlichkeit: 0.90, flauschigkeit: 0.90, spezies: "haeschen"}`. Sie besitzen also einen Datenbestand mit 20 Datenpunkten.
- Es gibt Tiere, von denen Sie nicht wissen, zu welcher Spezies sie gehören. Anhand der Werte für *Flauschigkeit* und *Niedlichkeit* wollen Sie diese einer der vier Ihnen bekannten Spezies zuordnen. Für diese Zuordnung wollen Sie die räumliche Nähe zu bereits klassifizierten Datenpunkten nutzen.

8.2 Das Beispielprogramm Tiere erkennen

Das Programm »Tiere erkennen« finden Sie wie alle anderen hier besprochenen Beispielprogramme auf der Webseite zum Buch: *https://maschinennah.de/ki-buch*. Wenn Sie das Programm starten, sehen Sie die vorliegenden 20 Datenpunkte und deren Klassifizierung, eingetragen im Koordinatensystem. Die waagerechte Achse steht für *Niedlichkeit*, die senkrechte Achse für *Flauschigkeit*. Sie können an dieser grafischen Darstellung ihres Datenbestands Folgendes ablesen:

- Vogelspinnen sind flauschig, aber nicht besonders niedlich.
- Häschen zeichnen sich durch hohe Flauschigkeit und Niedlichkeit aus.

- Haie sind weder besonders flauschig noch allzu niedlich.
- Igel wiederum sind außerordentlich niedlich, eine ausgeprägte Flauschigkeit hingegen gehört nicht zu ihren hervorstechenden Eigenschaften.

Wir müssen hier den Einwand gelten lassen, dass in unserer Darstellung auch die Haie recht niedlich geraten sind. Zudem gibt es nachweislich Personen, die sogar Vogelspinnen süß finden.

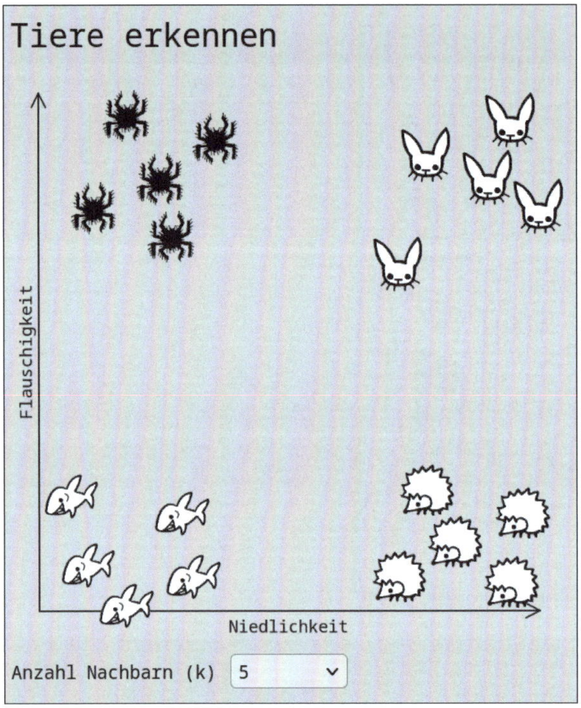

Abbildung 8.3 Das Beispielprogramm »Tiere erkennen«: Die 20 bekannten Datenpunkte sind hier abhängig von den Parametern »Niedlichkeit« und »Flauschigkeit« im Koordinatensystem angeordnet.

Mit dem Drop-down-Menü ANZAHL NACHBARN legen Sie fest, wie viele nächste Nachbarn zur Einordnung eines nicht klassifizierten Datenpunkts genutzt werden sollen.

Die Erzeugung eines neuen Datenpunkts ist ganz einfach: Klicken Sie mit der Maus auf eine beliebige Stelle im Koordinatensystem. Das Programm ordnet den neuen Datenpunkt sogleich einer Spezies zu. *Die Zuordnung passiert abhängig davon, welcher Spezies die meisten der benachbarten Datenpunkte angehören.* Abbildung 8.4, Abbildung 8.5 und Abbildung 8.6 zeigen Beispiele für solche Zuordnungen.

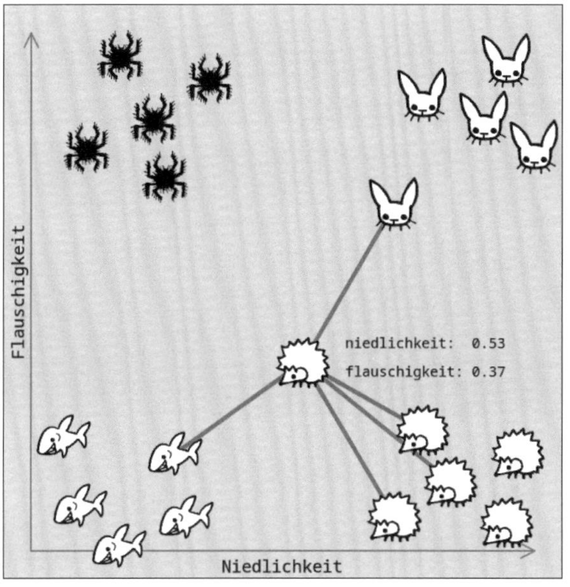

Abbildung 8.4 Das Programm ordnet unbekannte Datenpunkte den vier Spezies Vogelspinne, Häschen, Hai und Igel zu – hier wurde ein Igel erkannt, weil drei der fünf nächsten Nachbarn Igel sind.

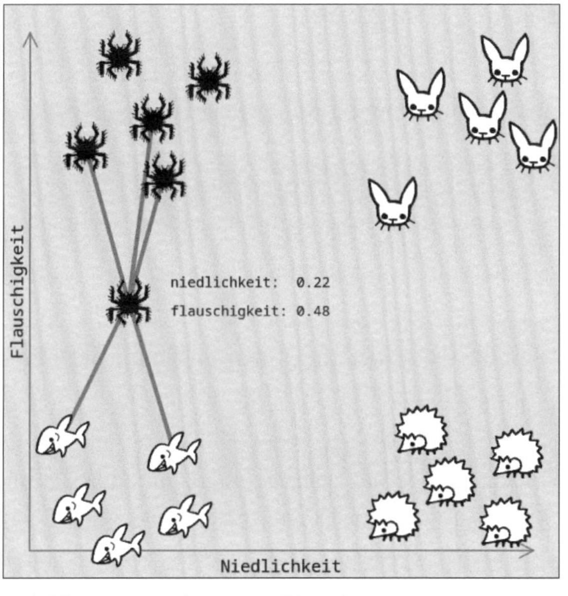

Abbildung 8.5 In diesem Fall hat das Programm eine Vogelspinne identifiziert, weil drei der fünf nächsten Nachbarn zu dieser Spezies gehören.

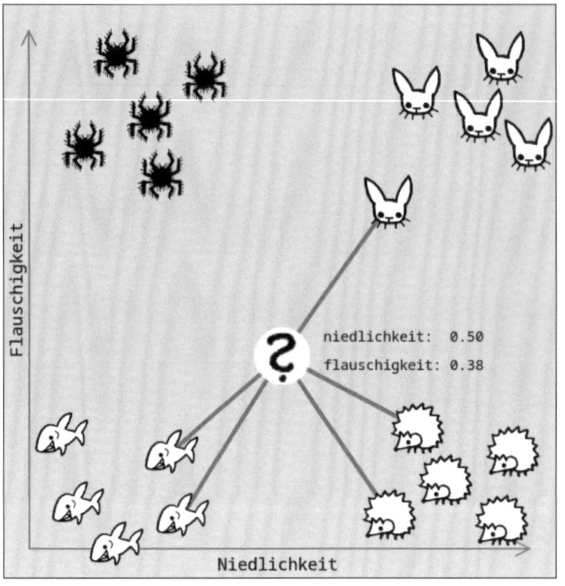

Abbildung 8.6 Weil es keinen eindeutigen »Sieger« gibt, hält sich das Programm mit einer Beurteilung zurück.

8.3 Entfernungen bestimmen mit Pythagoras

Jetzt kennen Sie das Prinzip des k-nächste-Nachbarn-Algorithmus. Es bleibt zu klären, *wie* wir die Entfernung zwischen zwei Datenpunkten bestimmen. Hier hilft uns ein alter Bekannter aus dem Matheunterricht weiter – der *Satz des Pythagoras*. Diese Gleichung macht eine einfache und nützliche Aussage über die Längenverhältnisse der Seiten eines rechtwinkligen Dreiecks. Dabei ist c die längste Seite, a und b die beiden kürzeren Seiten:

$a^2 + b^2 = c^2$

Abbildung 8.7 zeigt, wie Sie durch eine einfache Umformung dieser Gleichung die Länge von c berechnen können, wenn Ihnen die Längen von a und b bekannt sind.

In der Abbildung haben wir das Dreieck abweichend von der üblichen Darstellung des Pythagoras-Satzes so gedreht, *dass der rechte Winkel des Dreiecks unten links steht*. Damit wollen wir deutlich machen, dass wir die Formel zur Berechnung der Länge von c auch nutzen können, um die Entfernung zwischen zwei Punkten P1 und P2 im Koordinatensystem zu ermitteln: Wir benennen die Seiten *a*, *b* und *c* schlichtweg um:

- Aus *a* wird die Distanz der beiden Punkte auf der x-Achse: Δx.
- Aus *b* wird die Distanz der beiden Punkte auf der y-Achse: Δy.
- Aus *c* wird die Distanz zwischen den beiden Punkten P1 und P2.

Das Zeichen Δ ist der griechische Buchstabe Delta, der in Formeln und Gleichungen häufig für Differenzen steht.

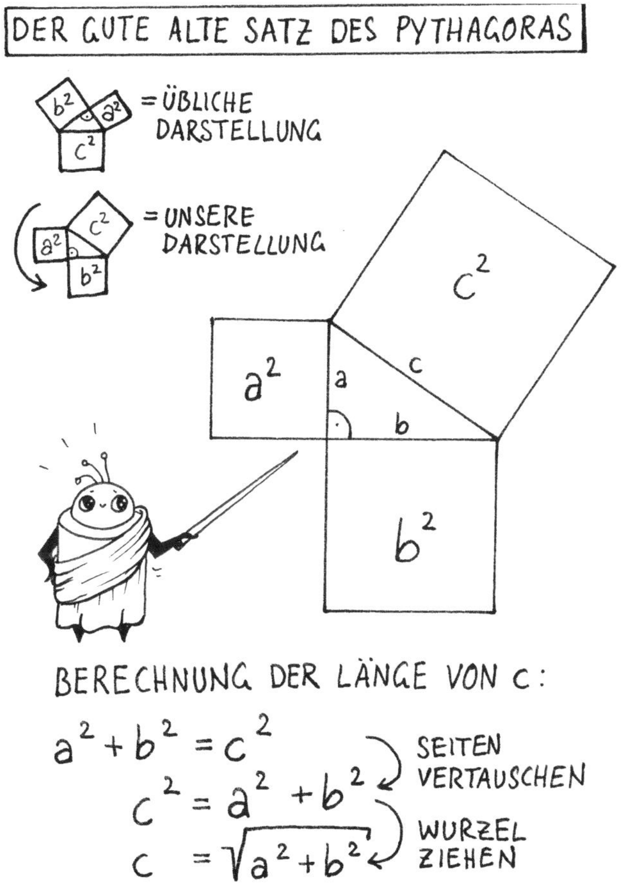

Abbildung 8.7 Mit dem Satz des Pythagoras können wir die Länge der Seite c berechnen …

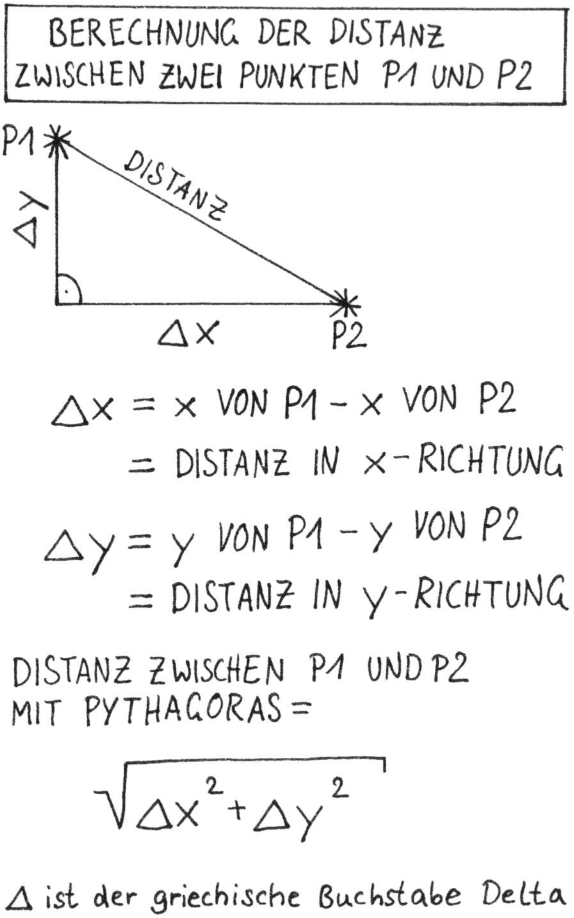

Abbildung 8.8 … und dies für die Ermittlung der Distanz zwischen zwei Punkten nutzen.

Hintergrund: Euklidische und nicht-euklidische Geometrien

Die hier beschriebene, mit dem Satz des Pythagoras berechnete Entfernung zwischen zwei Punkten wird auch *euklidische Distanz* genannt. Dieser Name bezieht sich auf die vom griechischen Mathematiker Euklid begründete *euklidische Geometrie*. Sie beschreibt einen Raum, in dem Aussagen gelten wie: »Die Summe der Winkel in einem Dreieck beträgt immer 180 Grad« oder »Zwei parallele Linien berühren sich in keinem Punkt«.

Ab dem 19. Jahrhundert haben Mathematiker wie Felix Klein und Henri Poincaré begonnen, alternative, also *nicht-euklidische Geometrien* zu untersuchen. Ein einfaches Beispiel ist die Geometrie auf der Kugeloberfläche. Hier haben die eben genannten Aussagen zur Winkelsumme im Dreieck und den Parallelen keine Gültigkeit.

Jenseits solcher anschaulichen Beispiele untersuchen Mathematikerinnen und Mathematiker bis heute, unabhängig von jeder Anschauung oder Erfahrung, *wie überhaupt Räume beschaffen* und *Dinge zueinander angeordnet sein können*. Gibt es unendlich viele Möglichkeiten, unendlich viele Geometrien und Topologien? Lassen sich diese sinnvoll in Gruppen unterteilen?

Das sind höchst spannende Fragen, die sehr viel mehr mit den Thema dieses Buches zu tun haben, als auf den ersten Blick offensichtlich sein mag. Wir sprechen im Kontext von KI nämlich unentwegt über Räume, Dimensionen, Anordnungen von Objekten, Zustandsübergänge, Nachbarschaften, Entfernungen und deren Berechnung.

8.4 Der Code im Detail

Im Code unseres Beispielprogramms sind Objekte der Klasse `KNN` für die Umsetzung des **k**-**n**ächste-**N**achbarn-Algorithmus zuständig. Sie besitzt eine Eigenschaft und vier Funktionen, die in Tabelle 8.1 aufgelistet sind.

Name	Aufgabe

`datenpunkte`	Ein Array mit den bereits klassifizierten Datenpunkten in diesem Format:
	`{niedlichkeit: 0.90,`
	` flauschigkeit: 0.90,`
	` spezies: "haeschen"}`

`klassifiziere(datenpunktA, k)`	Klassifiziert einen Datenpunkt und liefert diesen zurück. `k` bestimmt die Anzahl der Nachbarn, die zur Klassifizierung genutzt werden. Ruft die Funktionen `nachbarn()` und `zaehlung()` auf.
`nachbarn(datenpunktA, k)`	Liefert ein Array mit den `k` nächsten Nachbarn von `datenpunktA`. Ruft die Funktion `distanz()` auf.

Tabelle 8.1 Eine Eigenschaft und vier Funktionen der Klasse KNN

Name	Aufgabe
`distanz(datenpunktA, datenpunktB)`	Ermittelt die Distanz zwischen datenpunktA und datenpunktB.

`zaehlung(nachbarn)`	Zählt die Häufigkeit der einzelnen Spezies in dem Datenpunkt-Array nachbarn.
	Rückgabewert ist eine Rangfolge im folgenden Format:
	`[["igel", 3],`
	` ["hai", 1],`
	` ["haeschen", 1]]`

Tabelle 8.1 Eine Eigenschaft und vier Funktionen der Klasse KNN (Forts.)

Listing 8.1 zeigt die Funktion zur Berechnung der Distanz zwischen zwei Datenpunkten, so wie wir sie in Abbildung 8.8 dargestellt haben. `deltaX` und `deltaY` sind die Distanzen zwischen den beiden Punkten in x- und y-Richtung. Die beiden Deltas werden anschließend quadriert und summiert. Die Quadratwurzel des Ergebnisses ist die Distanz:

```
distanz(datenpunktA, datenpunktB) {
  const deltaX = datenpunktA.niedlichkeit - datenpunktB.niedlichkeit;
  const deltaY = datenpunktA.flauschigkeit - datenpunktB.flauschigkeit;
  return sqrt(deltaX * deltaX + deltaY * deltaY);
}
```

Listing 8.1 Die Funktion knn.distanz() berechnet die Entfernung zwischen zwei Datenpunkten.

Die Funktion `nachbarn()` liefert die `k` nächsten Nachbarn zu einem gegebenen `datenpunktA` – im Fall unserer Anwendung ist `datenpunktA` ein noch nicht klassifizierter Punkt. Um die Nachbarn zu finden, sortiert `sort()` die `datenpunkte` abhängig von der Distanz zu `datenpunktA`. Anschließend wählt `slice()` die ersten `k` Datenpunkte aus:

```
nachbarn(datenpunktA, k) {
  this.datenpunkte.sort((L, R) =>
    this.distanz(datenpunktA, L) - this.distanz(datenpunktA, R));
  return datenpunkte.slice(0, k);
}
```

Listing 8.2 Die Funktion knn.nachbarn() liefert benachbarte Datenpunkte.

Jetzt fehlt noch die Auswertung des Rückgabewerts von nachbarn(): Sind die meisten der benachbarten Datenpunkte Vogelspinnen, Häschen, Haie oder Igel? Diese Auswertung liefert die Funktion zaehlung().

Eine for-Schleife durchläuft alle im Argument übergebenen Datenpunkte und zieht jeweils die spezies heraus. Ist diese spezies im Objekt zaehlung noch nicht als Schlüssel vorhanden, wird der Schlüssel angelegt und mit dem Wert 1 initialisiert. Andernfalls wird der zu diesem Schlüssel eingetragene Wert um 1 erhöht. Dies ähnelt übrigens dem Vorgehen, das wir in Abschnitt 2.2, »Der Code des Nonsense-Texters unter der Lupe«, angewendet haben, als es um die Zählung von Worthäufigkeiten im Rahmen eines Markow-Prozesses ging. Abschließend wird das Objekt zaehlung per Object.entries() in ein Array umgewandelt. Die Funktion sort() sortiert das Array nach Anzahl. Das sortierte Array ist der Rückgabewert.


```
zaehlung(nachbarn) {
  const zaehlung = {};

  for (let datenpunkt of nachbarn) {
    const spezies = datenpunkt.spezies;
    if (!zaehlung[spezies]) {
      zaehlung[spezies] = 1;
    } else {
      zaehlung[spezies] += 1;
    }
  }

  const alsArray = Object.entries(zaehlung);
  alsArray.sort((L, R) => R[1] - L[1]);
  return alsArray;
}
```

Listing 8.3 Die Funktion knn.zaehlung() liefert eine Rangfolge der Spezies der in der Nachbarschaft gefundenen Datenpunkte.

In der Funktion klassifiziere() greifen alle vorgestellten Komponenten ineinander. Die Funktion erwartet als erstes Argument einen nicht klassifizierten datenpunktA. Das zweite Argument k bestimmt die Anzahl der Nachbarn, die für die Klassifikation relevant sind.

Die eben vorgestellten Funktionen liefern die entsprechenden nächsten Nachbarn und deren Auswertung nach Häufigkeit. Dann bleibt nur noch eine Sache zu tun, nämlich, die Auswertung in eine erkannte Spezies zu übersetzen – oder eben nicht:

- Die Bedingung zaehlung.length == 1 ist genau dann erfüllt, wenn alle Nachbarn derselben Spezies angehören. In diesem Fall ist die Zuordnung eindeutig.
- Ein wenig komplizierter wird es, wenn die Auswertung mehrere Einträge enthält. Ist die Häufigkeit des ersten Eintrags größer als die des zweiten, dann ist die Zuordnung ebenfalls klar: Die Spezies des vorne stehenden Eintrags wurde identifiziert.
- Wenn keine dieser beiden Bedingungen erfüllt ist, gibt es keinen klaren Spitzenreiter: Die Spezies von datenpunktA erhält den Wert "unbekannt".

```
klassifiziere(datenpunktA, k) {
  const nachbarn = this.nachbarn(datenpunktA, k);
  const zaehlung = this.zaehlung(nachbarn);

  if (zaehlung.length == 1 || zaehlung[0][1] > zaehlung[1][1]) {
    datenpunktA.spezies = zaehlung[0][0];
  } else {
    datenpunktA.spezies = "unbekannt";
  }
  return datenpunktA;
}
```

Listing 8.4 Die Funktion knn.klassifiziere() ordnet den unbekannten datenpunktA einer Spezies zu.

8.5 Ideen zum Weitermachen

Der k-nächste-Nachbarn-Algorithmus ist nicht besonders anspruchsvoll. Es sollte nicht schwer sein, unser Beispielprogramm zu modifizieren.

Sie könnten etwa eine weitere Tierart in das Programm aufnehmen. Hierfür sind lediglich zwei Ergänzungen notwendig:

- Zeichnen Sie das Tier und speichern Sie die Zeichnung im Ordner daten unter dem entsprechenden Namen. Ideal ist hier das PNG-Format mit einem Alpha-Kanal, also einem durchsichtigen Hintergrund.
- Schreiben Sie in die Datei *daten/datenpunkte.js* einige Datenpunkte, die Vertreter der neu hinzugefügten Tierart repräsentieren.

Alternativ könnten Sie Tiere auch nach anderen Eigenschaften ordnen: Wie wäre es, wenn sie Tiere nach Gewicht und Zutraulichkeit charakterisierten? Sie könnten auch ein ganz anderes Thema bearbeiten, etwa indem Sie Nahrungsmittel nach ihrem Fett- und

Zuckergehalt klassifizieren. Überlegen Sie dabei, welche Eigenschaften sich überhaupt sinnvoll auf einer Skala eintragen lassen.

8.6 Zusammenfassung und Ausblick

Der k-nächste-Nachbarn-Algorithmus ist ein einfaches Verfahren, um zahlenförmige Daten zu klassifizieren. Der Cartoon mit der falsch klassifizierten Katze zeigt die Grenzen auf: Es können nur Klassen erkannt werden, die schon vorher bekannt waren. Vielen ist die Erfahrung geläufig, von einem Computerprogramm oder einem formalen Prozess in ein Schema hineingepresst zu werden, das offensichtlich nicht passt.

Die in Abschnitt 8.3, »Entfernungen bestimmen mit Pythagoras«, vorgestellte Formel eignet sich ebenfalls für Daten mit mehr als zwei Dimensionen. Auch wenn wir uns das bildlich nur schwer vorstellen können: Wenn die Nährwertangaben eines Fertiggerichts jeweils Werte für Kohlenhydrate, Fett, Eiweiß, Ballaststoffe und Salz enthalten, können wir jedes Fertiggericht als Datenpunkt in einem fünfdimensionalen Raum behandeln und damit rechnen. Die Formel zur Berechnung der Entfernung wird nach demselben Prinzip aufgebaut. Wird die Anzahl der Dimensionen allerdings sehr groß, eignet sich dieses Berechnungsverfahren nicht mehr. Das liegt am sogenannten Fluch der Dimensionalität, den wir in Abschnitt 14.5.6 erklären. Dort stellen wir auch ein alternatives Verfahren zur Entfernungsmessung vor, die *Kosinus-Ähnlichkeit*.

Kapitel 9
K-means-Clustering

Stellen Sie sich vor, Sie hätten von einer Freundin den Auftrag bekommen, eine durcheinandergeratene Kunstsammlung zu ordnen. Der Haken an der Sache: Sie haben leider keine Ahnung von Kunst und könnten nicht einmal den Unterschied zwischen einer wuchtigen Betonskulptur und einer zarten Bleistiftzeichnung benennen. Auch ohne solch bildungsbürgerliches Spezialwissen wären Sie durchaus in der Lage, die Sammlungsobjekte sinnvoll zu gruppieren, und zwar allein *aufgrund äußerer Merkmale*, die Sie sehen und fühlen können. So würden Sie feststellen, dass es Objekte gibt, die eher dreidimensional und schwer sind und eine graue und kühle Oberfläche haben – und andere Objekte, die ausgesprochen leicht und flach sind und aus einem hellen Material bestehen. Schon hätten Sie zwei Gruppen gefunden, in die Sie einige der Kunstobjekte einsortieren können.

9

Worum es in diesem Kapitel geht

- Mit dem *k-means-Clustering-Algorithmus* können Sie Datenpunkte in Gruppen einteilen.
- Das Beispielprogramm »Wetterdaten gruppieren« wendet den Algorithmus auf meteorologischen Messdaten für Temperatur und Niederschlag an.
- Sie lernen zentrale Fragen kennen, die bei der Anwendung des Algorithmus auftreten, etwa die der *linearen Trennbarkeit* und die der *Dimensionsreduktion*.

Im vorherigen Kapitel haben Sie einen Algorithmus kennengelernt, mit dem Sie Datenpunkte unterschiedlichen Klassen zuordnen können: Anhand der Flauschigkeit und Niedlichkeit eines Tieres hat der k-nächste-Nachbarn-Algorithmus entschieden, ob es sich dabei um ein Häschen, einen Igel, einen Hai oder um eine Vogelspinne handelt. Das hat aber nur funktioniert, weil bereits Beispiele vorlagen, bei denen die Tierart bereits bekannt war.

In diesem Kapitel zeigen wir, wie Sie Datenpunkte in Klassen einteilen können, ohne dass Sie zu Beginn irgendeine Idee haben, *welche Klassen es überhaupt geben könnte*, ganz ähnlich wie bei der durcheinandergeratenen Kunstsammlung.

Schauen Sie sich dazu noch einmal Abbildung 8.2 aus dem letzten Kapitel an. Sie können der Grafik entnehmen, dass sich manche Lebensmittel durch einen besonders hohen Fett- und Zuckergehalt auszeichnen: Torte und Schokolade. Andere enthalten weder besonders viel Zucker noch besonders viel Fett: Tomaten und Karotten. Ihnen werden sicher weitere Lebensmittel einfallen, die viel Zucker und wenig Fett (Fruchteis und Bonbons) oder wenig Zucker und viel Fett enthalten (Pommes frites und Erdnüsse). Sie können also »Klassen« bilden, ohne übergeordnete Begriffe wie *Süßspeisen* oder *Gemüse* zu verwenden oder auch nur zu kennen. Eine solche Gruppe zusammengehöriger Datenpunkte nennen wir auch *Cluster*. Das Wort steht für »Haufen«, »Traube« oder »Schwarm«. Die Einteilung von Datenpunkten in Cluster wird als *Clusterbildung* bezeichnet.

Der *k-means-Clustering-Algorithmus* ist in der Lage, selbstständig Cluster zu bilden. Übersetzt, müsste das Verfahren eigentlich »k-Mittelwerte-Haufenbildungs-Algorithmus« heißen. Aber auch in deutschsprachigen Texten hat sich die weniger sperrige englische Bezeichnung durchgesetzt.

Genau wie k-nächste-Nachbarn nutzt der k-means-Clustering-Algorithmus die Berechnung von Distanzen zwischen Datenpunkten, die Sie in Abschnitt 8.3, »Entfernungen bestimmen mit Pythagoras«, nachlesen können. Zudem nehmen wir auch hier an, *dass räumlich nahe gelegene Datenpunkte mehr Gemeinsamkeiten haben als solche, die weit voneinander entfernt sind*. Die räumliche Nähe der Datenpunkte im Koordinatensystem ist also maßgeblich.

9.1 Clusterbildung in Aktion

Das Ziel des k-means-Clustering-Algorithmus lässt sich aus mathematischer Sicht so beschreiben: Die mittlere Distanz der Datenpunkte zu den Zentren ihres jeweiligen Clusters soll möglichst klein sein. Bevor wir zeigen, wie wir dieses Ziel erreichen, müssen wir noch klären, was mit der *mittleren Distanz* und dem *Zentrum eines Clusters* genau gemeint ist.

9.1.1 Mittelwert, Zentrum, Schwerpunkt

Der *Mittelwert* ist eine der grundlegenden Kenngrößen in der Statistik. Sie erhalten den Mittelwert, indem Sie schlichtweg alle vorliegenden Werte addieren und das Ergebnis durch die Anzahl der Werte teilen. Wenn etwa eine Person 1.000 € in der Tasche hat und neun anderen Personen jeweils 10 €, berechnet sich der Mittelwert für den Tascheninhalt so: 1.090 / 10 = 109 €. Dieses Beispiel zeigt zugleich, wie trügerisch der Mittelwert sein kann: Keine einzige der Personen hat tatsächlich 109 € in der Tasche, sondern eine Person sehr viel mehr, alle anderen aber haben sehr viel weniger.

Die x- und y-Koordinaten eines Clusterzentrums ermitteln wir ebenfalls per Mittelwert. Wenn ein Cluster aus zehn Datenpunkten besteht, finden wir dessen Zentrum, indem wir jeweils die Werte der x- und der y-Koordinaten summieren und das Ergebnis durch zehn teilen. Sie können sich das Zentrum auch als den *Schwerpunkt* des Clusters vorstellen: Ein Cluster wäre dann wie ein Tablett, die Datenpunkte die darauf verteilten Gläser. Das Zentrum ist dann jener Punkt, auf dem sie das Tablett lagern können, ohne dass es kippt.

Hintergrund: Das Anscombe-Quartett

Das *Anscombe-Quartett* sind vier Mengen von jeweils elf Datenpunkten, die der britische Statistiker Francis Anscombe 1973 ausgetüftelt hat. Der Witz an der Sache: Obwohl die grafische Darstellung dieser vier Mengen sehr unterschiedliche Eigenschaften offenbart, sind die Mittelwerte für x und y sowie drei weitere statistische Kenngrößen nahezu gleich. Damit wollte Anscombe die Vorteile einer grafischen Datenanalyse und den Einfluss von *Ausreißern* auf statistische Kenngrößen zeigen.

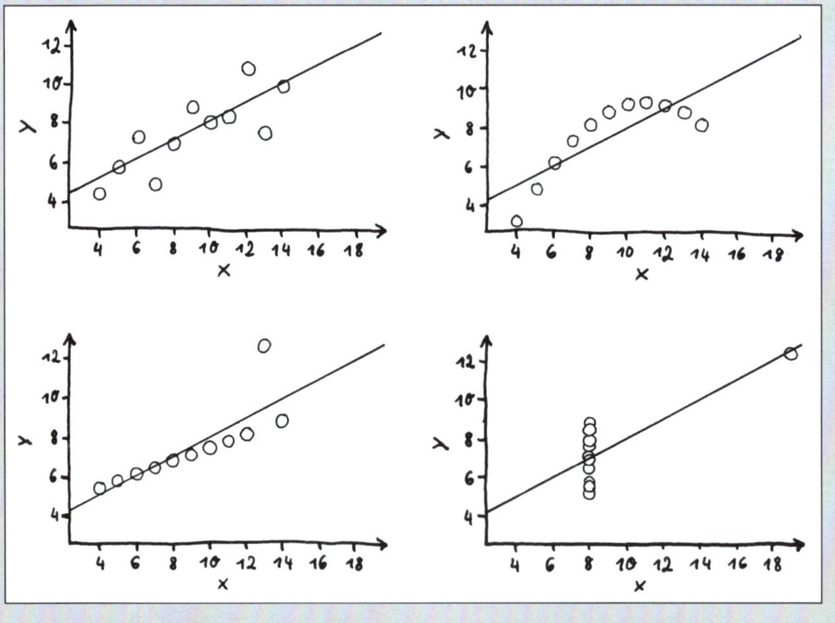

Abbildung 9.1 Das Anscombe-Quartett: vier sehr unterschiedliche Mengen von Datenpunkten, die aus Sicht einiger statistischer Kenngrößen nahezu gleich sind

9.1.2 Die Schrittfolge des k-means-Clustering-Algorithmus

Schauen wir uns nun an, wie der Algorithmus sein Werk vollbringt und die Datenpunkte in Cluster einteilt. Das k steht für die Anzahl der Cluster. Angenommen, Sie hätten sich entschlossen, k auf 3 zu setzen:

a) Legen Sie zu Beginn drei willkürlich gewählte Datenpunkte als Startwerte für die Zentren der drei Cluster fest.

b) Anschließend ordnen Sie sämtliche Datenpunkte dem jeweils nächstgelegenen Clusterzentrum zu.

c) Dann berechnen Sie die Zentren der drei Cluster neu, indem Sie jeweils den Mittelwert sämtlicher darin befindlicher Datenpunkte bestimmen.

d) Machen Sie bei Schritt b) weiter.

Brechen Sie ab, wenn Schritt b) keine Zuordnungen mehr ändert.

Abbildung 9.2 zeigt, wie der Algorithmus in zwölf Schritten eine Menge von Datenpunkten ordnet.

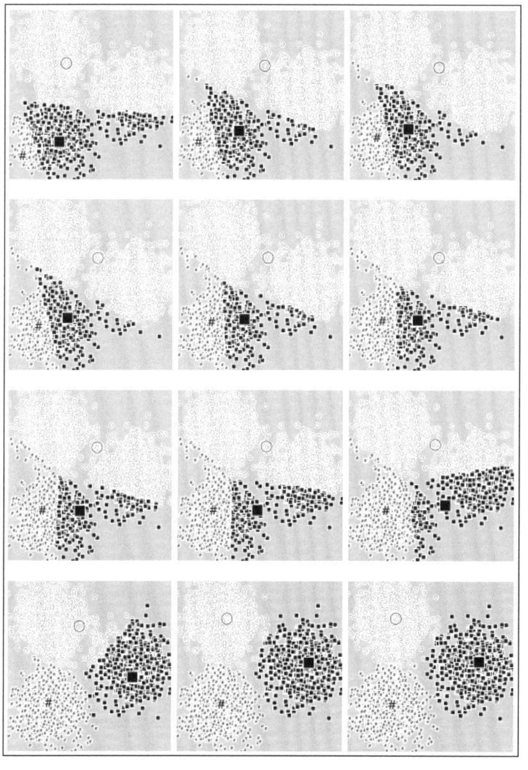

Abbildung 9.2 Der k-means-Clustering-Algorithmus in Aktion

Oben links sehen Sie den Anfangszustand, bei dem die Zentren zufällig gesetzt sind. Mit jedem Schritt verschieben sich die Clusterzentren – und damit auch die Grenzen zwischen den Clustern. Im letzten Schritt unten rechts ist eine stabile Aufteilung der Datenpunkte erreicht.

Sie können in der Abbildung auch erkennen, dass die Grenzen zwischen zwei Clustern gerade Linien sind. Auf diese Beobachtung werden wir in Abschnitt 9.4.3, »Linear nicht trennbare Datenpunktmengen«, noch einmal zurückkommen.

9.2 Das Beispielprogramm Wetterdaten gruppieren

Das Programm »Wetterdaten gruppieren« wendet den k-means-Clustering-Algorithmus auf meteorologische Daten an. Dafür haben wir Messwerte von Wetterstationen von allen Kontinenten verwendet. Die Datenpunkte bestehen aus jeweils zwei Werten: Der erste steht für die mittlere Temperatur in Grad Celsius, der zweite für die gesamte Niederschlagsmenge in Millimeter. Messzeitraum war der Januar 2021. Die Daten haben wir mit der Programmiersprache Python und dem Python-Modul `meteostat` geladen und aufbereitet.

Die Anwendung skaliert das Koordinatensystem automatisch so, dass alle Datenpunkte exakt hineinpassen. Die einzelnen Datenpunkte sind als farbig gefüllte Kreise dargestellt. Jede Farbe kennzeichnet die Zugehörigkeit zu einem Cluster. Die Zentren der Cluster sind ebenfalls farbig markiert und grafisch hervorgehoben.

Mittels Drop-down-Menü legen Sie die Anzahl der Cluster fest. Die Buttons entsprechen den in Abschnitt 9.1.2 dargestellten Schritten:

a) Zentren zufällig setzen

b) Datenpunkte zuordnen

c) Zentren neu berechnen

Ein weiterer Button fasst die Schritte b) und c) zusammen.

Probieren Sie verschiedene Werte für k aus und klicken Sie die Buttons für die Zuordnung der Datenpunkte. Dabei können Sie beobachten, wie sich die Grenzen zwischen den Clustern verschieben. Bereits nach wenigen Wiederholungen dieser beiden Schritte erhalten Sie ein stabiles Ergebnis.

Beim Ausprobieren werden Sie feststellen, dass die Clusterbildung abhängig von den zufällig gewählten Startwerten der Zentren zu unterschiedlichen Ergebnissen kommt. Es gibt also nicht *die eine* Lösung, sondern eine ganze Reihe stabiler, gleichwertiger Lösungen.

Übrigens gibt es algorithmische Lösungen zur Bestimmung eines optimalen Werts für die Anzahl der Cluster, die wir in dieser Darstellung nicht behandeln. Wenn Sie neugierig auf dieses Thema sind, empfehlen wir eine Suche nach dem Begriff *Silhouetten-koeffizient*.

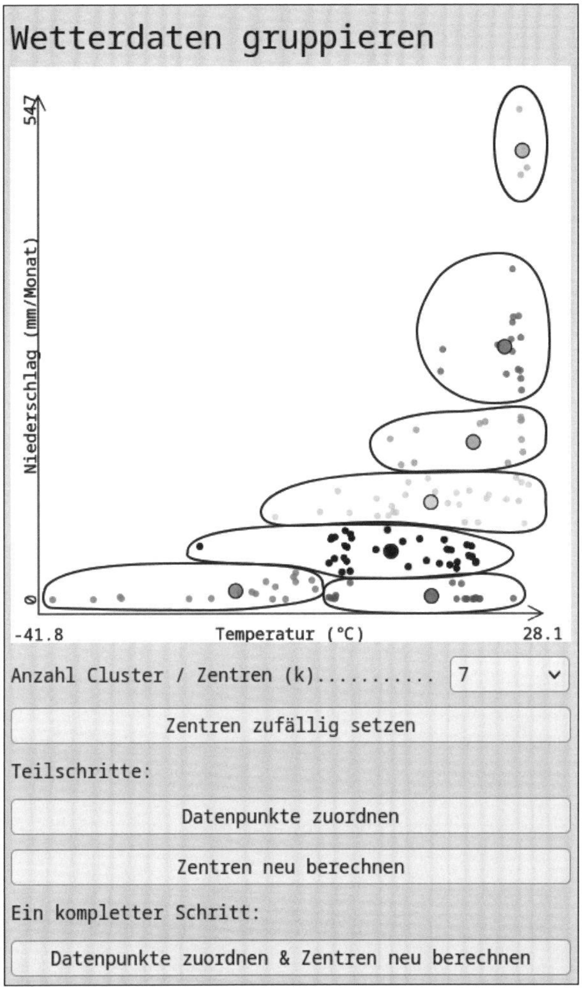

Abbildung 9.3 Das Beispielprogramm »Wetterdaten gruppieren« wendet den k-means-Clustering-Algorithmus auf meteorologische Messdaten an.

Abbildung 9.4 Eine Wetterstation bei der Arbeit

9.3 Der Code

Im Programm sind Objekte der Klasse `kMeansClustering` für die Gruppierung der Datenpunkte zuständig. Tabelle 9.1 und Tabelle 9.2 zeigen wesentliche Eigenschaften und Funktionen.

Name	Inhalt
`datenpunkte`	Ein Array mit Datenpunkten, die in Cluster eingeteilt werden sollen. Jeder Datenpunkt ist ein zweistelliges Array im Format `[x, y]`.
`k`	Anzahl der Cluster.

`cluster`	Die aktuelle Einteilung der Datenpunkte in Form eines zweidimensionalen Arrays:
	`[[datenpunkt, datenpunkt...],`
	` [datenpunkt, datenpunkt...],`
	` ...]`

`zentren`	Ein Array mit den aktuellen Zentren der einzelnen Cluster. Jeder Mittelwert ist ein zweistelliges Array im Format `[x, y]`.

Tabelle 9.1 Wesentliche Eigenschaften von Objekten der Klasse kMeansClustering

Name	Aufgabe
`zentrenZufaelligSetzen()`	Setzt die Zentren der Cluster auf zufällig ausgewählte Datenpunkte.
`datenpunkteZuordnen()`	Ordnet alle Datenpunkte den aktuellen Zentren zu. Ruft `datenpunktZuordnen()` auf.
`datenpunktZuordnen(datenpunkt)`	Ordnet einen Datenpunkt dem nächstgelegenen Zentrum zu.
`distanz(datenpunktA, datenpunktB)`	Liefert die Distanz zwischen zwei Datenpunkten.
`zentrenAktualisieren()`	Aktualisiert die Koordinaten der Zentren. Ruft `mittelwert()` auf.
`mittelwert(cluster)`	Berechnet den Mittelwert eines Arrays von Datenpunkten.

Tabelle 9.2 Wesentliche Funktionen von Objekten der Klasse kMeansClustering

Bei unserer flotten Tour durch den Code orientieren wir uns wieder an der Schrittfolge aus Abschnitt 9.1.2 eingeführten Schrittfolge.

9.3.1 Zentren zufällig setzen

Als Startwerte für die Clusterzentren greifen wir uns `k` zufällig ausgewählte Datenpunkte. Dabei müssen wir darauf achten, dass kein Datenpunkt doppelt vorkommt. Dies erreichen wir, indem wir die Datenpunkte mit der p5.js-Funktion `shuffle()` mischen und anschließend die ersten `k` Datenpunkte mit `slice()` auswählen.

```
zentrenZufaelligSetzen() {
  this.zentren = shuffle(this.datenpunkte).slice(0, this.k);
}
```

Listing 9.1 Die zufällige Auswahl von Datenpunkten ohne Dopplungen

9.3.2 Datenpunkte zuordnen

Die in Listing 9.2 gezeigte Funktion ordnet einen einzelnen Datenpunkt einem Cluster zu. Zu diesem Zweck berechnet die Funktion innerhalb der `for`-Schleife die Distanz zwischen dem Datenpunkt und jedem der vorhandenen Zentren. Das am nächsten liegende Clusterzentrum wird ausgewählt und der Datenpunkt in das entsprechende Cluster einsortiert. Die Funktion zur Distanzberechnung ist identisch mit der im vorherigen Kapitel in Listing 8.1 gezeigten Funktion `distanz()`. Die Zuordnung für sämtliche Datenpunkte erledigt die hier nicht abgedruckte Funktion `datenpunkteZuordnen()`.

```
datenpunktZuordnen(datenpunkt) {

  let minDistanz = Number.MAX_VALUE;
  let clusterIdx;

  for (let idx in this.zentren) {
    const distanz = this.distanz(datenpunkt, this.zentren[idx]);
    if (distanz < minDistanz) {
      minDistanz = distanz;
      clusterIdx = idx;
    }
  }

  this.cluster[clusterIdx].push(datenpunkt);
}
```

Listing 9.2 Die Einordnung eines Datenpunkts in ein Cluster

9.3.3 Zentren neu berechnen

Nach der Einordnung der Datenpunkte in Cluster müssen die Zentren der Cluster neu berechnet werden. Die entsprechende Funktion ruft zu diesem Zweck die Funktion `mittelwert()` für jedes einzelne Cluster auf:

```
zentrenNeuBerechnen() {
  for (let clusterIdx in this.cluster) {
    const mittelwert = this.mittelwert(this.cluster[clusterIdx]);
    this.zentren[clusterIdx] = mittelwert;
  }
}
```

Listing 9.3 Die Neuberechnung der Clusterzentren ...

Die Funktion `mittelwert()` liefert die Koordinaten des Zentrums des im Argument übergebenen Clusters. Dafür ziehen wir durch Aufrufe von `map()` alle x- und y-Koordinaten aus dem Cluster heraus, berechnen mit der Hilfsfunktion `summe()` die Summen von x und y und bilden deren Mittelwerte, indem wir die Summen durch die Anzahl der Datenpunkte teilen.

```
mittelwert(cluster) {
  const alleX = cluster.map((punkt) => punkt[0]);
  const alleY = cluster.map((punkt) => punkt[1]);
  const summeX = summe(alleX);
  const summeY = summe(alleY);
  const mittelwertX = summeX / cluster.length;
  const mittelwertY = summeY / cluster.length;
  return [mittelwertX, mittelwertY];
}
```

Listing 9.4 ... per Berechnung des Mittelwerts der x- und y-Koordinaten

9.4 Grenzen des Verfahrens

Der k-means-Clustering-Algorithmus ist leicht zu verstehen und auf eine Fülle sehr unterschiedlicher Probleme anwendbar. Dieser Abschnitt zeigt Unzulänglichkeiten und Probleme auf und deutet Lösungen an.

9.4.1 Unsinnige Gruppierungen

Wie das in Abbildung 9.5 gezeigte reale Beispiel beweist, kann es vorkommen, dass der Algorithmus die Datenpunkte in unsinniger Weise gruppiert. Wir können uns nicht darauf verlassen, dass solche Fehler derart offensichtlich sind wie in diesem Beispiel. Gerade bei Datenpunkten, die mehr als zwei Dimensionen besitzen, also zum Beispiel jeweils 7, 23 oder gar 42 Messwerte abbilden, ist eine grafische Darstellung und damit eine visuelle Kontrolle nicht einfach zu bewerkstelligen. Im konkreten Fall konnten wir beobachten, dass, abhängig von den zufälligen Startwerten der Zentren, die Ergebnisse *meistens* sinnvoll waren – ein Hinweis auf eine Lösung dieses Problems?

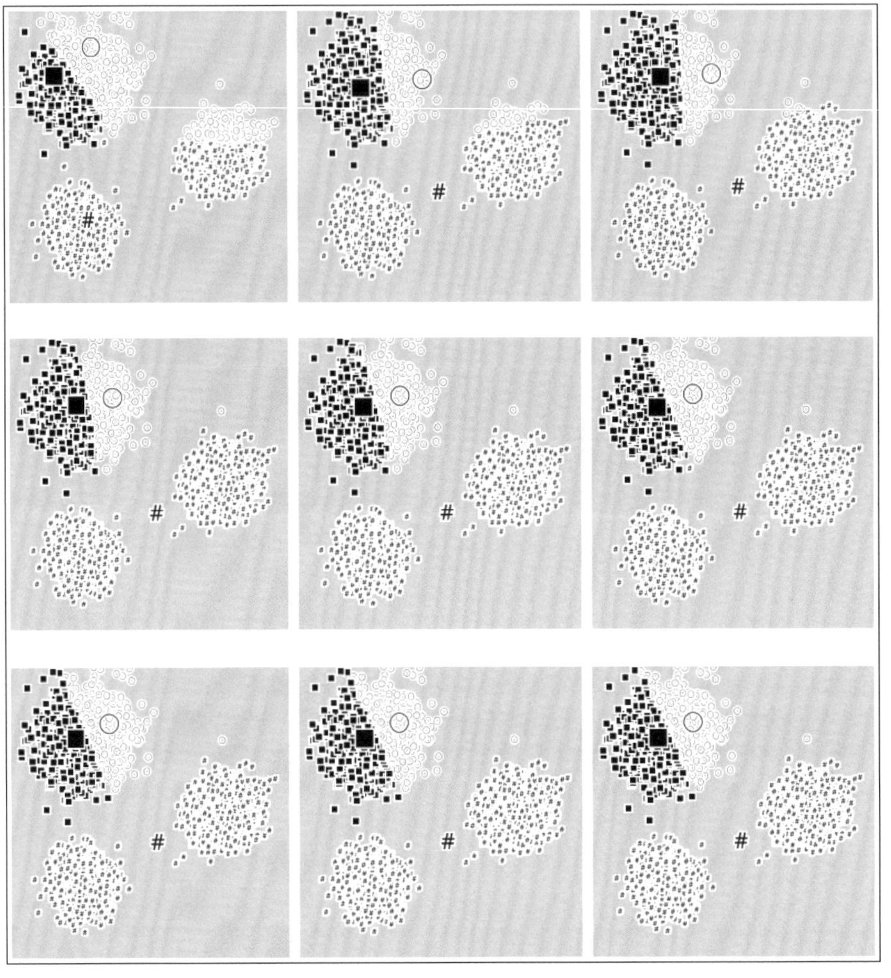

Abbildung 9.5 Eine offensichtlich unsinnige Clusterbildung

9.4.2 Zu viele Dimensionen

Insbesondere bei vieldimensionalen Datenpunkten stellt sich die Frage, welche Eigenschaften überhaupt wesentlich für die Clusterbildung sind. So wird die Gruppierung von Schriftstellerinnen und Schriftstellern nach der durchschnittlichen Satz- oder Wortlänge unter Umständen Bemerkenswertes zutage fördern. Eine Gruppierung nach Schuhgröße oder Körpergewicht hingegen dürfte *vermutlich* weniger relevant sein. Die sogenannte *Dimensionsreduktion* adressiert diese Frage und verfolgt kurz gesagt drei Ziele:

- Identifikation der für die Clusterbildung relevanten Eigenschaften
- Verminderung des mit der Reduktion verbundenen Rechenaufwandes
- Verbesserung der grafischen Darstellbarkeit und damit der visuellen Kontrolle der Ergebnisse

Die genannten Vorteile gelten auch für andere Algorithmen, die mit Datenpunkten hantieren. Dimensionsreduktion läuft darauf hinaus, einzelne Dimensionen zu streichen oder zusammenzufassen. Auch zur Identifikation der Dimensionen, die ausgelassen oder zusammengefasst werden können, ohne dabei wesentliche Informationen zu verlieren, gibt es algorithmische Verfahren.

Ein prominenter Vertreter ist die *Hauptkomponentenanalyse*. Sie geht grob gesagt davon aus, dass jene Dimensionen am besten zur Trennung von Datenpunktmengen geeignet sind, in denen die Streuung der Werte am größten ist. Das *tSNE*-Verfahren wiederum orientiert sich bei der Dimensionsreduktion an den Entfernungen zwischen den Punkten und versucht diese näherungsweise zu erhalten. Im Kapitel 14, »Transformer verstehen«, nutzen wir tSNE, um eine Punktmenge von zwanzig auf zwei Dimensionen zu reduzieren und so grafisch darstellbar zu machen.

Der Begriff der Dimensionsreduktion hat im Kontext dieses Buches allerdings noch eine viel weitreichendere Bedeutung: Wenn wir etwa mit dem k-nächste-Nachbarn-Algorithmus anhand von sieben Nährwertangaben entscheiden, ob ein Nahrungsmittel der Gesundheit zuträglich ist oder nicht, dann führen wir ebenfalls eine Dimensionsreduktion durch. In diesem Sinne lassen sich viele der in diesem Buch vorgestellten Verfahren gut als Dimensionsreduktionen oder -erweiterungen beschreiben.

9.4.3 Linear nicht trennbare Datenpunktmengen

Abbildung 9.6 zeigt eine Menge von Datenpunkten, die sich per k-means-Clustering nicht sinnvoll trennen lässt – zumindest nicht ohne Weiteres. Die meisten menschlichen Betrachter werden intuitiv erkennen, dass der äußere Ring und der innere Haufen jeweils ein Cluster bilden sollten. Das Problem dabei: Wir können diese Trennung nicht durch Ziehung einer geraden Grenzlinie vollziehen. Wir sprechen in diesem Fall von einer *linear nicht trennbaren Datenpunktmenge*. Tatsächlich gibt es Varianten des k-means-Clustering-Algorithmus, die mit solchen Datenpunktmengen zurechtkommen. Das funktioniert aber nur, wenn wir ein anderes Verfahren zur Berechnung von Distanzen verwenden als die im Abschnitt 8.3 vorgestellte Verfahren. In diesem Buch zeigen wir einen anderen Weg auf, das Problem zu lösen. Dazu erfahren Sie mehr ab Kapitel 10, in dem wir in das Thema »Neuronale Netze« einsteigen.

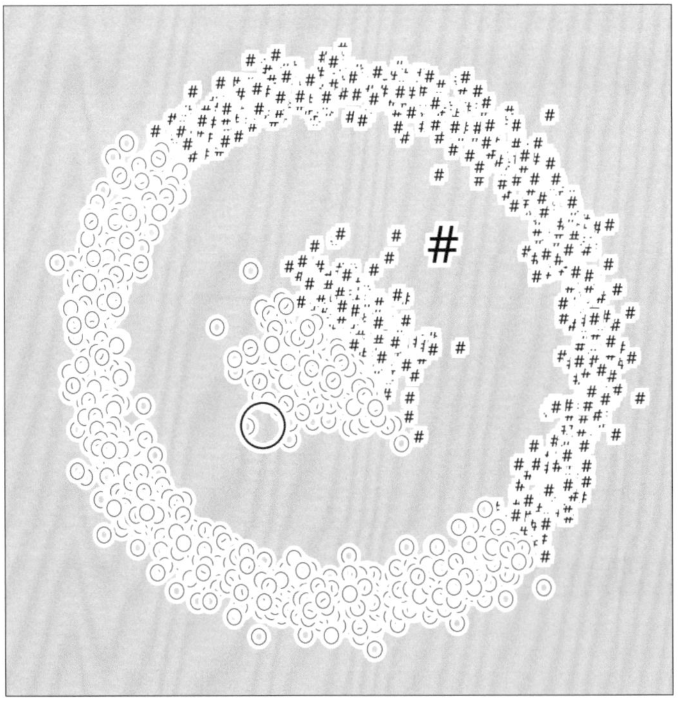

Abbildung 9.6 Eine Menge von Datenpunkten, die sich linear nicht sinnvoll trennen lässt

9.5 Ideen zum Weitermachen

Wenn Sie sich die Ergebnisse unseres Beispielprogramms »Wetterdaten gruppieren« genau anschauen, wird Ihnen vielleicht eine Unstimmigkeit auffallen: So sind in Abbildung 9.3 in einem der Cluster Datenpunkte zusammengefasst, die Durchschnittstemperaturen zwischen rund –10 und +30 Grad Celsius repräsentieren. Der Grund für diese Verzerrung: Die Einteilung der Temperaturskala in Grad Celsius und jene der Niederschlagsmengen in Millimeter ist letztlich willkürlich, legt aber die Gewichtung dieser Wettereigenschaften fest: Einen Unterschied von einem Millimeter Niederschlag und einem Grad Celsius haben für unseren k-means-Clustering-Algorithmus dasselbe Gewicht. Das erscheint fragwürdig.

Sie können diese Verzerrung korrigieren, indem Sie die Funktion zur Berechnung der Distanzen umbauen: Multiplizieren Sie `deltaX` und `deltaY` mit einem Faktor zwischen 0 und 1. Sinnvolle Bezeichner für diese Faktoren wären `gewichtX` und `gewichtY`. Der Nachteil dieser »hartcodierten« Lösung: Die Klasse `kMeansClustering` ist damit auf ein einziges Problem festgelegt. Deutlich eleganter verfahren Sie, wenn Sie aus den Gewichten eine Eigenschaft von `kMeansClustering`-Objekten machen. Auf der Webseite zum Buch finden Sie eine Musterlösung.

Eine weitere Übungsaufgabe wendet sich an fortgeschrittene Programmiererinnen und Programmierer: Erweitern Sie die Klasse `kMeansClustering` so, dass diese auf Datenpunktmengen mit einer beliebigen Anzahl von Dimensionen anwendbar ist. Die Stellen, die Sie im Code dafür ändern müssen, sind schnell identifiziert: Überall dort, wo ein `x` oder ein `y` steht, müssen Sie eine `for`-Schleife einbauen, die über die Dimensionen iteriert. Diese Erweiterung würde allerdings die grafische Darstellung erheblich verkomplizieren. Ein Lösungsansatz wäre die Auswahl der dargestellten Dimensionen per Dropdown-Menü.

9.6 Zusammenfassung und Ausblick

Wir finden die Beschäftigung mit dem k-means-Clustering-Algorithmus besonders lohnenswert. Er ist leicht zu verstehen und umzusetzen, bietet uns aber dennoch die Gelegenheit, grundlegende Fragen aus den Bereichen KI und Programmierung zu diskutieren. Darüber hinaus gibt er Anlass zu philosophischen Betrachtungen, die weit über die Gebiete der Mathematik und Informatik hinausweisen, wie wir an dieser Stelle nur andeuten können.

Wir Menschen werden mit der Geburt in ein Universum hineingeworfen, das in weiten Teilen chaotisch oder zumindest sehr schwer zu durchschauen ist. Ordnungen müssen wahrnehmend erkannt oder durch begriffliche, handwerkliche und technische Bemühungen erst geschaffen werden. Und es ist eine seit Jahrtausenden heiß diskutierte philosophische Frage, was Begriffe überhaupt sind und wie diese entstehen.

Wir behaupten, dass der k-means-Clustering-Algorithmus auf demselben Platz spielt. Er ist in der Lage, Ordnungen in einem zunächst nur grob strukturierten Material zu erkennen und Datenpunkte nach Art einer Begriffsbildung zusammenzufassen – ohne dabei tatsächlich Begriffe zu verwenden oder zu schaffen.

Allerdings ist auch dieser Algorithmus blind für Sinn und Bedeutung. Dass die Schuhgröße und das Körpergewicht von Autorinnen und Autoren vermutlich irrelevant ist für die Ordnung der von ihnen verfassten Texte, kann auch die Hauptkomponentenanalyse nicht erkennen. Wir müssen also vor Beginn der Datenanalyse Vermutungen darüber anstellen, wo sich die Suche nach Ordnungen und Strukturen lohnt. Um es mit Albert Einstein zu sagen: »Erst die Theorie entscheidet darüber, was man beobachten kann.«

Kapitel 10
Neuronale Netze I: Das Häschenproblem

Nehmen wir an, Sie benötigten – aus welchen obskuren Gründen auch immer – ein Foto, das den zotteligen Weltraumpiloten Chewbacca zeigt, vertieft in eine Partie Unterwasser-Schach gegen niemand Geringeren als Elvis Presley. Oder stellen wir uns vor, Sie bräuchten – vielleicht wegen einer verlorenen Wette – dringend ein Gemälde, das so aussieht, als hätte Picasso eine Gruppe von Spaghettimonstern porträtiert.

In solchen Fällen müssten Sie nicht unbedingt selbst zum Pinsel greifen, eine Bildbearbeitungssoftware anwerfen oder eine Grafikagentur beauftragen. Stattdessen haben Sie die Möglichkeit, KI-Anwendungen wie *DALL-E* oder *Midjourney* zu nutzen. Sie sind in der Lage, anhand englischsprachiger Beschreibungen wie »Chewbacca playing chess against Elvis Presley underwater« oder »spaghetti monster group painted by Picasso« Bilddateien zu erzeugen, die das Gewünschte in verblüffender Qualität und künstlerisch einfallsreich darstellen. Eine abgespeckte Version von DALL-E können Sie unter *craiyon.com* kostenfrei und ohne Anmeldung ausprobieren.

Abbildung 10.1 Eine Gruppe Spaghettimonster, porträtiert von Pablo Picasso, wie die KI Craiyon sich dies vorstellt

Im November 2022 sorgte die Freischaltung von *ChatGPT* weltweit für Furore. Die KI-Anwendung ermöglicht die Kommunikation zwischen Mensch und Maschine in natürlicher Sprache auf einem bis dahin nie gesehenen Niveau. Sie kann – in den meisten Fällen korrekte – Antworten aus allen nur erdenklichen Wissensgebieten liefern und auch die abwegigsten Anfragen bearbeiten: »Erkläre Quantenphysik mithilfe einer Portion Pommes rot-weiß«, »Nenne mir zehn Buchtitel für Kriminalromane, die im Flechtenforschermillieu spielen« oder »Welche Programmiersprache würde Gandalf verwenden und warum?«.

ChatGPT und DALL-E sind beeindruckende Anwendungsbeispiele von *Deep Learning*, einer KI-Technologie, deren Erfolge aktuell nicht nur in eingefleischten Nerd-Kreisen Aufsehen erregen. Deep Learning ist eine Weiterentwicklung der *neuronalen Netze* – Thema dieses und der vier folgenden Kapitel.

Worum es in diesem Kapitel geht

- *Neuronale Netze* sind eine prominente Spielart künstlicher Intelligenz, die von biologischen Nervensystemen inspiriert wurde.
- Der Anwendungsbereich neuronaler Netze ist weit gespannt. Sie können handgeschriebene Zeichen erkennen, Bilder und Filme generieren, in natürlicher Sprache gestellte Fragen beantworten, Übersetzungen anfertigen und vieles mehr.
- Neuronale Netze haben eine *Eingangs-* und eine *Ausgangsschicht*. Ihre Leistung besteht letztlich darin, *Zuordnungen* zwischen Eingaben und Ausgaben herzustellen.

Dieses Kapitel wird zeigen, aus welchen Komponenten neuronale Netze zusammengesetzt sind und was überhaupt passiert, wenn ein neuronales Netz eine Berechnung durchführt.

Kapitel 11 stellt den Mechanismus vor, über den ein neuronales Netz lernen kann, bestimmte Aufgaben zu erledigen.

Kapitel 12 präsentiert eine fertige Anwendung, mit der Sie einem neuronalen Netz beim Lernen und Lösen von Problemen zuschauen können.

In Kapitel 13, »Neuronale Netze IV: Faltungsnetze, Autoencoder, GANs und DQL«, geben wir einen Überblick über weitere Typen und Bauarten neuronaler Netze: Faltungsnetze, Autoencoder, GANs und DQL.

Kapitel 14 schließlich gibt eine Einführung in Transformer. Das ist jene Bauform neuronaler Netze, die hinter Anwendungen wie ChatGPT und Midjourney steht.

10.1 Bilderkennung: ein klassisches Problem

Wer die Programmierung neuronaler Netze erlernt, wird unweigerlich auf das klassische Problem der Bilderkennung stoßen. Dabei geht es zum Beispiel darum, handgeschriebene Zeichen zu erkennen oder zu entscheiden, ob ein Foto eine Katze, einen Hund oder einen Lastkraftwagen abbildet. Das sind Aufgaben, die ein vierjähriges Kind in Sekundenbruchteilen zu lösen vermag, während sie einen Computer durchaus vor Herausforderungen stellen.

Was neuronale Netze zu leisten imstande sind, ist durchaus verblüffend und lässt uns an den berühmten Satz des Science-Fiction-Autors Arthur C. Clarke denken: »Jede hinreichend fortschrittliche Technologie ist von Magie nicht zu unterscheiden.« Anders als Abbildung 10.2 und Abbildung 10.3 nahelegen, hat die Bilderkennung mittels neuronaler Netze allerdings nichts mit Zauberei zu tun.

Abbildung 10.2 Ein neuronales Netz kann erkennen, ob ein Bild einen Hund ...

Abbildung 10.3 ... oder eine Katze zeigt.

10.2 Was ist ein Modell?

Bevor wir also der vermeintlichen Magie auf den Grund gehen, möchten wir den für das Thema grundlegenden Begriff des Modells klären. Ein *Modell* ist eine Form von *Abbildung*, die *bestimmte Aspekte* des Abgebildeten berücksichtigt, andere hingegen außer Acht lässt. *Das, was abgebildet, und das, was weggelassen wird, hängt von dem jeweiligen Interesse ab, das die Modellbildung motiviert.* Ein Modell kann ein reales physikalisches

Objekt sein, eine Computersimulation, eine Formel, ein gedankliches Bild oder sogar ein gesprochener Satz.

- In der Tragwerksplanungssoftware einer Architektin bildet ein Modell die statischen Eigenschaften eines Wohnhauses ab. Das Modell ist aber nicht bewohnbar.
- Das Modell eines Kochsalzklumpens bildet die gitterförmige Anordnung der Natrium- und Chloratome und deren chemische Bindungen ab. Es eignet sich aber nicht dazu, eine Suppe zu würzen.
- Eine Modelleisenbahn bildet eine Landschaft maßstabsgetreu nach und lässt ebenfalls maßstabsgetreu verkleinerte Züge kreisen. Die Züge sind aber zumindest für menschliche Fahrgäste als Fortbewegungsmittel nur bedingt zu empfehlen.

Neuronale Netze werden in der Fachliteratur häufig als *Modelle* bezeichnet. Das ergibt bei genauerer Betrachtung sehr viel Sinn: Wenn ein Computerprogramm Hunde- und Katzenbilder unterscheiden kann, modelliert dieses Programm das entsprechende menschliche Unterscheidungsvermögen. Die Art und Weise, wie das Modell diese Unterscheidung trifft, weicht stark davon ab, wie ein Mensch diese Aufgabe bewältigt. Sie ist *nicht* Gegenstand des Modells.

Allgemeiner formuliert, leisten neuronale Netze *Zuordnungen einer Eingabe zu einer Ausgabe*. Der KI-Vordenker Andrew Ng hat es so formuliert: »Bei selbstfahrenden Autos

... ist die Eingabe ein Bild davon, was sich vor dem Auto befindet, und die Ausgabe enthält die Positionen der anderen Autos. Weitere Beispiele sind die Spracherkennung – hier ist die Eingabe eine Audiodatei und die Ausgabe eine Transkription des Textes. Oder maschinelle Übersetzung – hier ist die Eingabe z. B. ein englischer Text, und die Ausgabe könnte beispielsweise ein chinesischer Text sein.«

Auch für die von Ng vorgestellten Beispiele gilt: Letztlich interessiert uns die *Außenseite* des Modells, die tatsächlich vom Modell getroffenen Zuordnungen von Eingaben zu Ausgaben. Diese Zuordnungen sind das, was modelliert wird – nicht die Art und Weise, wie sie getroffen werden.

Übrigens ist in der KI die Verwendung des Begriffs »Modell« nicht auf neuronale Netze beschränkt. Auch andere Verfahren lassen sich gut als Modelle beschreiben, welche die Zuordnungen von Eingaben zu Ausgaben leisten.

Abbildung 10.4 Ein Modell ordnet einer Eingabe eine Ausgabe zu.

10.3 Der Aufbau eines neuronalen Netzes

Die britische Mathematikerin Hannah Fry hat in ihrem Buch »Hello World« eine knappe und treffende Beschreibung dessen geliefert, was ein neuronales Netz ist und was es tut: »Ein künstliches neuronales Netz kann man sich als eine riesige mathematische Struktur vorstellen, mit jeder Menge Schaltern und Reglern. Man speist ein Bild an einem Ende ein, es fließt durch eine Struktur, und am anderen Ende kommt eine Vermutung heraus, was dieses Bild enthält. Eine Wahrscheinlichkeit für jede Kategorie: Hund oder nicht Hund.«

Abbildung 10.5 zeigt eine solche Struktur und macht deutlich, was passiert, wenn »ein Bild durch die Struktur fließt«, und zwar anhand eines konkreten Beispiels: Das Netz soll erkennen, ob ein 3 × 3 Pixel großes Pixelfeld ein Plus-, ein Mal- oder ein Minuszeichen darstellt. Die Helligkeitswerte der einzelnen Pixel sind Dezimalzahlen in einem festgelegten Wertebereich. Eine 0 steht für Schwarz, eine 1 für Weiß, alle Werte dazwischen stehen für Graustufen.

In der Abbildung *fließt das Signal* – in diesem Fall ein Bild – *von links nach rechts* durch die Struktur: Die Helligkeitswerte der einzelnen Pixel speisen wir in die *Eingabeschicht* des Netzes ein. Diese Schicht besteht – genau wie die anderen Schichten – aus *künstli-*

chen Neuronen, dazu mehr im nächsten Abschnitt. Vorerst genügt uns, zu wissen, dass *jedes* Neuron *einen* Wert ausgeben kann, den wir *Aktivierung* nennen.

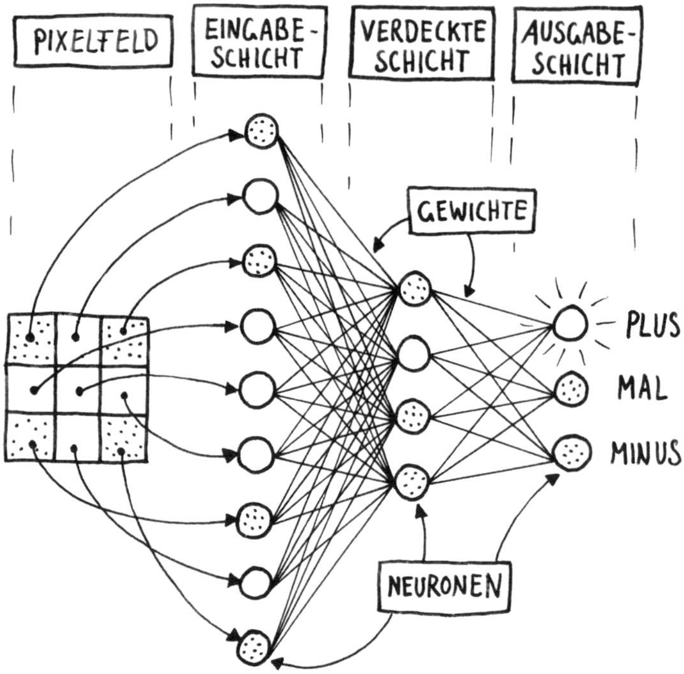

Abbildung 10.5 Ein neuronales Netz zur Erkennung von Zeichen

Die Aktivierungen der einzelnen Neuronen in der Eingabeschicht – also die Werte, die sie an die folgende Schicht weitergeben – stehen für die Helligkeitswerte der zugehörigen Pixel.

Ganz rechts in der Abbildung befindet sich die *Ausgabeschicht*. Sie besteht aus drei Neuronen, weil in diesem Fall drei unterschiedliche Zeichen erkannt werden sollen.

In der Ausgabeschicht stehen die Aktivierungen für die Wahrscheinlichkeiten, dass es sich bei dem eingespeisten Bild um ein Plus-, ein Mal- oder ein Minuszeichen handelt. Stellen wir uns drei Lämpchen vor: *Das Lämpchen, das am hellsten leuchtet, verweist auf das erkannte Zeichen.*

Uns interessieren also die Aktivierungen der Ausgabeneuronen. Wie werden diese berechnet? Dabei spielen die Verbindungen zwischen den Neuronen benachbarter Schichten eine entscheidende Rolle. Das sind die *Gewichte*, der veränderliche Teil des neuronalen Netzes, der bestimmt, wann ein Plus-, ein Mal- oder ein Minuszeichen erkannt wird.

Ein Gewicht zwischen zwei Neuronen A und B bestimmt, wie stark die Aktivierung von A auf die Aktivierung von B einwirkt. Gewichte sind immer Dezimalzahlen. Ein positives Gewicht steht für einen verstärkenden Einfluss, ein negatives Gewicht für einen hemmenden Einfluss auf die Aktivierung. Das klingt noch sehr theoretisch. Um deutlicher zu werden, wenden wir uns in Kürze einem konkreten, noch einfacheren Beispiel zu.

Hintergrund: Die Architektur eines neuronalen Netzes

Das in Abbildung 10.5 gezeigte neuronale Netz besteht aus drei Schichten: einer *Eingabeschicht*, einer *verdeckten Schicht* und einer *Ausgabeschicht. Die Anzahl der Neuronen in der Eingabeschicht und der Ausgabeschicht wird durch das Problem vorgegeben*: Die Eingabeschicht hat neun Neuronen, weil das Bild aus neun Pixeln besteht. Die Ausgabeschicht hat drei Neuronen, weil das Netz zwischen drei Zeichenklassen unterscheiden soll.

Die Anzahl der verdeckten Schichten ist variabel, ebenso die Anzahl der Neuronen in jeder einzelnen verdeckten Schicht. So gibt es Netze ohne verdeckte Schichten und solche, die eine ganze Reihe verdeckter Schichten enthalten.

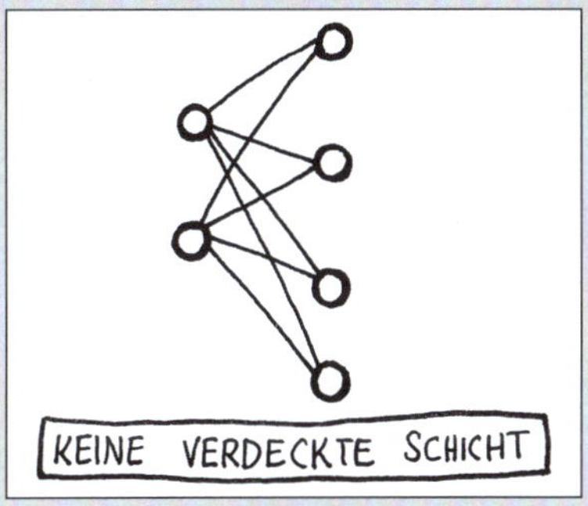

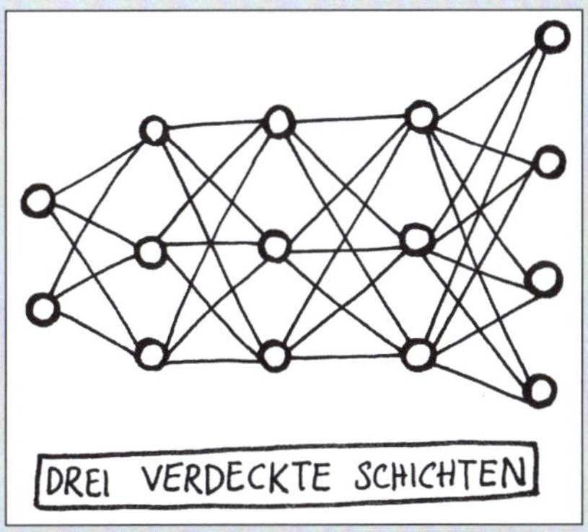

Als *Architektur* eines neuronalen Netzes bezeichnen wir Typ, Anzahl und Umfang der einzelnen Schichten. Bei verdeckten Schichten sind Anzahl und Umfang im Prinzip frei wählbar, es gibt allerdings Faustregeln und Erfahrungswerte, die dabei helfen, die richtige Architektur für ein gegebenes Problem zu entwerfen. In Kapitel 12, »Neuronale Netze III: Fehler zurückverfolgen mit dem Neuronentrainer«, werden wir anhand praktischer Beispiele zeigen, welche Arten von Problemen ohne verdeckte Schicht lösbar sind und welche nicht.

Die Neuronen benachbarter Schichten sind in Abbildung 10.5 vollständig miteinander verbunden. So weist jedes Neuron der Eingabeschicht eine Verbindung zu jedem Neuron der verdeckten Schicht auf. Auch die Art der Verbindung ist Teil der Architektur. In diesem Buch geht es vor allem um Netze mit solchen *vollständig verbundenen Schichten*.

Es gibt auch Architekturen, bei denen nicht alle Neuronen benachbarter Schichten verbunden sind, Verbindungen einzelne Schichten überspringen, entgegen der hier vorgestellten Flussrichtung laufen oder Signale parallel verarbeitet werden. Architekturen können beliebig komplex werden.

Einen Extremfall bilden die sogenannten *Liquid State Machines* (übersetzt etwa: »fließende Zustandsautomaten«), in denen verdeckte Neuronen nicht mehr in Schichten organisiert sind, sondern jedes Neuron mit jedem anderen verbunden sein kann.

10.4 Das Häschenneuron und seine Kollegen

In Kapitel 8 haben wir mit dem *k-nächste-Nachbarn-Algorithmus* anhand der wissenschaftlich präzise gemessenen Eigenschaften *Niedlichkeit* und *Flauschigkeit* entschieden, ob es sich bei einem Tier um ein Häschen, einen Igel, eine Vogelspinne oder einen Hai handelt. Diese Aufgabe können wir auch mit einem neuronalen Netz lösen. Sie ist derart einfach, dass wir in diesem Fall sogar ohne eine verdeckte Schicht auskommen. Abbildung 10.6 zeigt die Architektur dieses sehr überschaubaren Netzes.

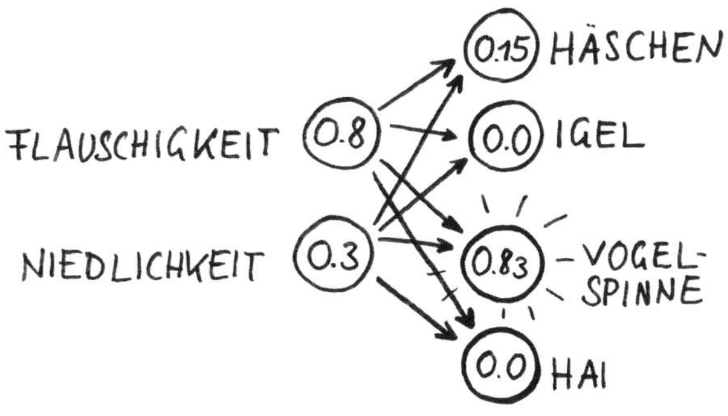

Abbildung 10.6 Ein neuronales Netz mit zwei Eingangs- und vier Ausgangsneuronen und ohne verdeckte Schicht

Die Eingangsschicht besteht aus zwei Neuronen. Deren Aktivierung wird durch die Messwerte für Flauschigkeit und Niedlichkeit gesetzt. Die Ausgabeschicht enthält vier Neuronen, weil zwischen vier Tierarten, also Klassen, unterschieden werden soll. In Abbildung 10.6 veranlasst eine hohe Flauschigkeit und eine geringe Niedlichkeit das Netz dazu, auf eine Vogelspinne zu tippen: In der Ausgabeschicht hat das der Vogelspinne zugeordnete Neuron die höchste Aktivierung. Wie diese Aktivierungswerte zustande kommen, erklären wir gleich.

10.4.1 Die biologische Nervenzelle als Vorbild

Bevor wir uns die Arbeit eines einzelnen Neurons im Detail anschauen, werfen wir einen Blick auf die natürlichen Vorbilder, also die biologischen Nervenzellen. Diese Zellen sind darauf spezialisiert, elektrochemische Signale zu verarbeiten, um all das zu ermöglichen, was wir umgangssprachlich als Sehen, Hören, Fühlen und Denken bezeichnen. Auch die Bewegung von Muskeln wird durch elektrochemische Signale verursacht.

Wir können an dieser Stelle Aufbau und Funktion eines biologischen Neurons nur stark vereinfacht wiedergeben.

- Jede Nervenzelle besitzt einen *Zellkörper*.
- Über *Dendriten* fließen elektrische Signale in den Zellkörper hinein. Diese stammen von anderen Nervenzellen.
- Die Signale addieren sich zum elektrischen *Potential* des Zellkörpers.
- Wenn das Potential der Nervenzelle einen bestimmten *Schwellwert* überschreitet, feuert das Neuron seinerseits ein Signal ab.
- Dieses Signal wird über den Ausgang der Zelle, das *Axon*, an andere Nervenzellen weitergegeben.

- Dendriten und Axone sind über *Synapsen* miteinander verbunden. Die Synapsen können Signale hemmen oder verstärken.
- Jede Nervenzelle besitzt ein *Ruhepotential* – das ist das elektrische Potential der Zelle, wenn keine Signale hineinlaufen.

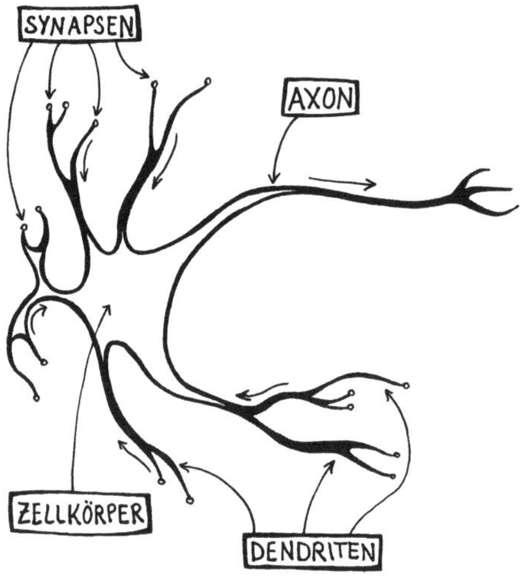

Abbildung 10.7 Das Modell einer biologischen Nervenzelle

10.4.2 Das künstliche Neuron

Abbildung 10.8 zeigt ein künstliches Neuron, wie wir es zur Identifikation von Tieren anhand ihrer Flauschigkeit und Niedlichkeit nutzen wollen.

- Die Flauschigkeit F wird mit dem Gewicht $g1$ multipliziert, die Niedlichkeit N mit dem Gewicht $g2$. Diese Gewichte entsprechen den Synapsen der biologischen Nervenzelle, die die von anderen Nervenzellen hineinlaufenden Signale verstärken oder hemmen können.
- Die Ergebnisse dieser beiden Berechnungen werden addiert: $F \times g1 + N \times g2$. Hinzu kommt ein Wert b. Dieser entspricht dem elektrischen Ruhepotential des biologischen Vorbilds.
- Das Ergebnis von $F \times g1 + N \times g2 + b$ wird durch eine sogenannte *Aktivierungsfunktion* geschickt, die das Abfeuern der Zelle über einem bestimmten Schwellwert modelliert.
- Der Rückgabewert der Aktivierungsfunktion wird *Aktivierung* genannt. Das ist schlichtweg der Wert, den das Neuron ausgibt.

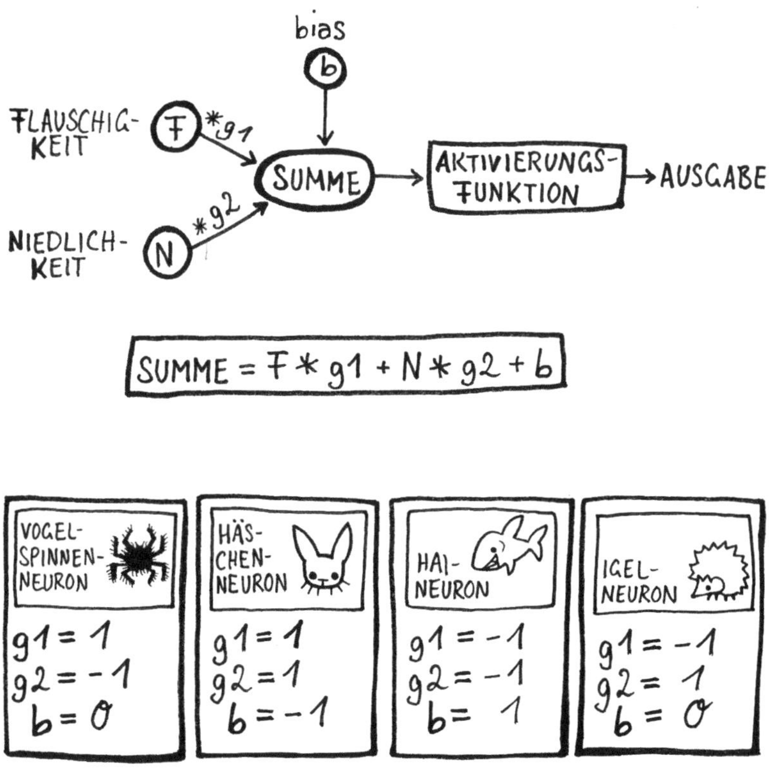

Abbildung 10.8 Ein künstliches Neuron zur Tiererkennung

10.4.3 b steht für Bias

Der Buchstabe *b* steht für *Bias*, zu Deutsch etwa »Vorurteil« oder »Vorspannung«. Auch in deutschen Texten ist der englische Begriff gebräuchlich. Was hat es damit auf sich? Wir haben bereits die Entsprechung im biologischen Vorbild erklärt: Das Ruhepotential ist das Potential der Nervenzelle, wenn keine Signale von anderen Zellen hineinlaufen.

Warum brauchen wir ein Bias bei künstlichen Neuronen? Schauen wir uns dazu noch einmal Abbildung 10.8 und die Werte der vier Neuronen an.

Angenommen, das Neuron erhielte keine Signale für Flauschigkeit und Niedlichkeit, also jeweils 0. Dann soll im Fall des Haineurons die Aktivierung einen hohen Wert erhalten. Unabhängig von den Gewichten würde die Aktivierung des Haineurons ohne Bias aber 0 betragen. Der Bias rückt das zurecht und schiebt die Aktivierung auf den gewünschten Wert 1. Beim Häschenneuron hingegen müssen wir die Aktivierung mit einem negativen Bias in die entgegengesetzte Richtung korrigieren: Niedrige Werte für Flauschigkeit und Niedlichkeit sprechen dagegen, dass wir es mit einem Häschen zu tun haben.

10.4.4 Die Aktivierungsfunktion

Beim ersten Hinsehen erscheint es sinnvoll, die Aktivierung des Neurons mit einer *Sprungfunktion* zu berechnen, die für x-Werte über einem bestimmten Schwellwert 1 ergibt, sonst 0.

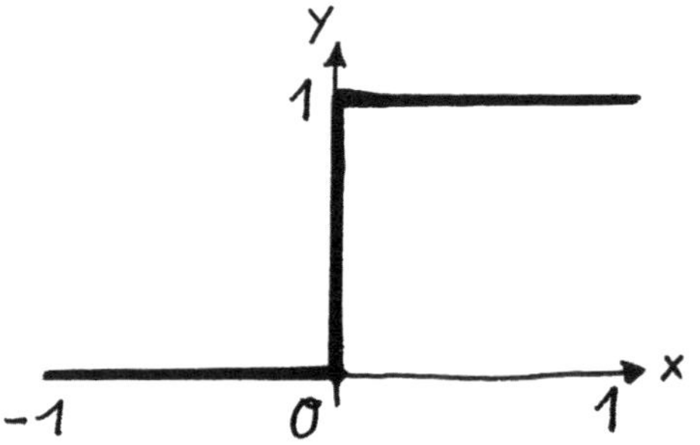

Abbildung 10.9 Eine Sprungfunktion, die nur zwei unterschiedliche Werte ausgeben kann

In der Praxis werden jedoch andere Aktivierungsfunktionen verwendet, die keinen starren Schwellwert haben, sondern im Übergangsbereich stetig verlaufen. Dies leisten etwa die *Sigmoidfunktion* oder die *reLU*-Funktion.

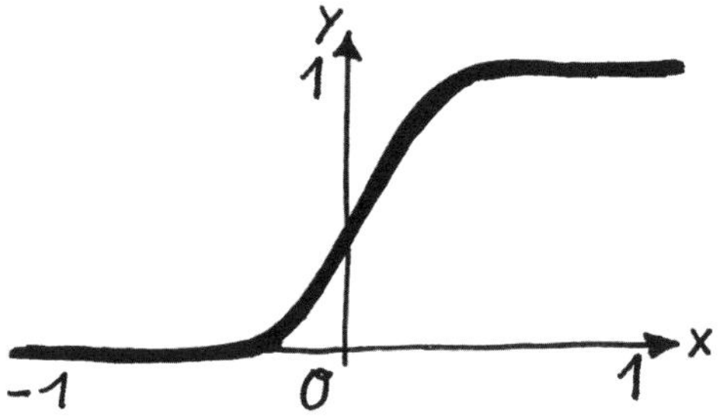

Abbildung 10.10 Die Sigmoidfunktion ist eine stetige Alternative zur Sprungfunktion.

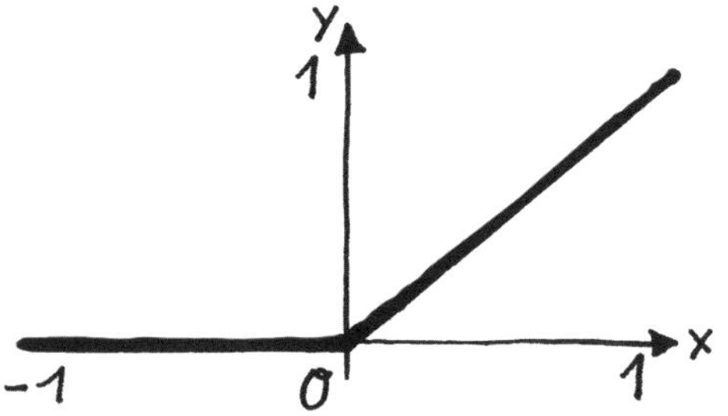

Abbildung 10.11 Die reLU-Funktion reicht alle Werte größer 0 unverändert durch; Werte kleiner 0 werden auf 0 gesetzt.

Die Entscheidung für eine stetige Aktivierungsfunktion statt einer sprunghaften hat damit zu tun, wie neuronale Netze lernen. Darüber erfahren Sie mehr in Abschnitt 11.2.6, »Die Lernrate«.

10.5 Das Beispielprogramm Tiere erkennen II

Das Programm »Tiere erkennen II« löst das Problem der Tiererkennung anhand von Flauschigkeit und Niedlichkeit mit vier künstlichen Neuronen. Das Programm übersetzt die Position des Mauszeigers im Koordinatensystem in ein Wertepaar für Flauschigkeit und Niedlichkeit. Unten sehen Sie die entsprechenden Aktivierungen der vier Neuronen, die den einzelnen Tierarten zugeordnet sind. Der Mauszeiger wird ersetzt durch das entsprechende Tiersymbol. Je sicherer sich das neuronale Netz in seiner Entscheidung für eine Tierart ist, desto größer ist das Symbol.

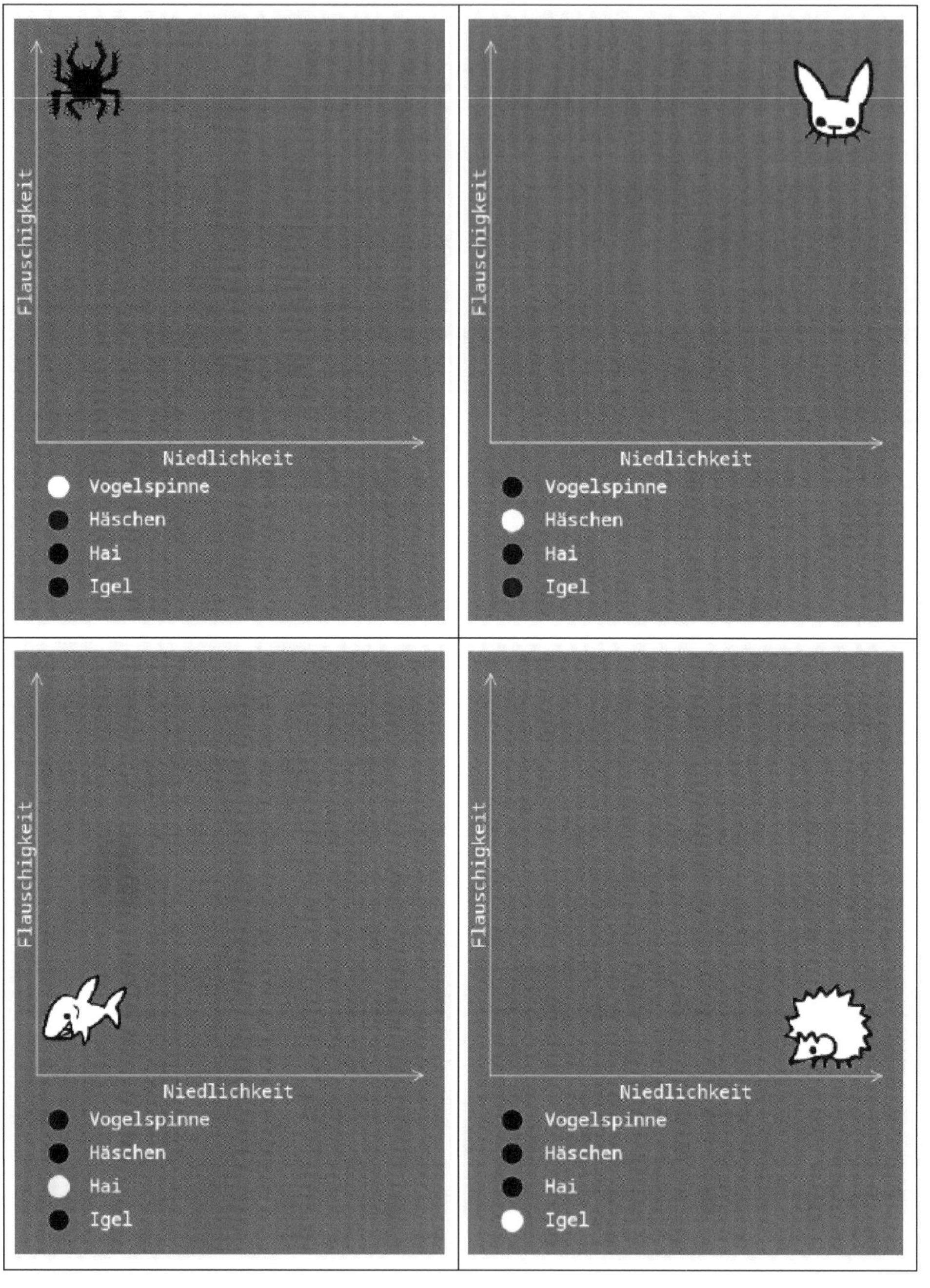

Abbildung 10.12 Das Beispielprogramm »Tiere erkennen II« übersetzt die Mauskoordinaten in Werte für Flauschigkeit und Niedlichkeit und leitet diese in ein neuronales Netz.

10.6 Der Code

In der Datei *code/neuronen.js* finden Sie den Code der vier Neuronen, die wir in diesem einfachen Fall in vier Funktionen verpackt haben: `istHaeschen()`, `istIgel()`, `istHai()` und `istVogelspinne()`.

Listing 10.1 zeigt exemplarisch die Funktion `istHaeschen()`. Der Code ist selbsterklärend – er setzt das um, was Abbildung 10.8 zeigt.

```
function istHaeschen(flauschigkeit, niedlichkeit) {
  const gewicht01 = 1;
  const gewicht02 = 1;
  const bias = -1;
  let resultat = flauschigkeit * gewicht01 +
                 niedlichkeit * gewicht02 +
                 bias;
  resultat = aktivierungsfunktion(resultat);
  return resultat;
}
```

Listing 10.1 Die Funktion istHaeschen() modelliert ein Neuron zur Häschenerkennung.

Zur Berechnung der Aktivierung haben wir die reLU-Funktion gewählt (siehe Abbildung 10.11). Die p5.js-Funktion `max()` gibt den im Argument übergebenen Wert unverändert zurück, sofern dieser größer 0 ist. Andernfalls ist der Rückgabewert 0.

```
function aktivierungsfunktion(wert) {
  return max(0, wert);
}
```

Listing 10.2 Die Aktivierungsfunktion

10.7 Ideen zum Weitermachen

Bei der Betrachtung des Codes unseres Beispielprogramms fällt Ihnen vielleicht auf, dass es sich streng genommen nicht um ein neuronales Netz handelt, sondern lediglich um vier Neuronen, die unabhängig voneinander rechnen.

Es bietet sich aber eine kleine Modifikation am Beispielprogramm an, die einen Mangel behebt und dafür einen Zusammenhang zwischen den Neuronen herstellen muss. In Kapitel 2, »Texte bauen mit Markow«, haben wir erklärt, dass in Mathematik und Informatik Wahrscheinlichkeiten durch Werte zwischen 0 und 1 repräsentiert werden. Zudem sollte, wenn alle denkbaren Ereignisse und deren Wahrscheinlichkeiten bekannt sind, die Summe der Wahrscheinlichkeiten 1 betragen.

Das ist, wie Abbildung 10.6 zeigt, bei unserem Beispiel nicht der Fall. In der Abbildung beträgt die Summe der Aktivierungen aller Ausgangsneuronen etwa 0,98. Sie könnten den Code des Beispielprogramms so erweitern, dass die Summe der Aktivierungen immer 1 beträgt. Das könnten Sie mittels einer Funktion `normiere(array)` erreichen, die die Elemente des übergebenen Arrays summiert und ein Array zurückliefert, bei dem jedes Element durch einen Wert geteilt wird, sodass die Summe des ausgegebenen Arrays stets 1 ist.

Das funktioniert, hat aber Nachteile, die wir an dieser Stelle noch nicht darstellen können. Wenn Sie wissen wollen, wie diese Normierung in der Praxis vollzogen wird, empfehlen wir eine Suche nach dem Begriff *Softmax*.

10.8 Zusammenfassung und Ausblick

Sie wissen nun, aus welchen Komponenten ein neuronales Netz besteht und wie es Berechnungen durchführt. Möglicherweise wird es Ihre Fantasie zum jetzigen Zeitpunkt der Lektüre noch überstrapazieren, wenn Sie sich fragen, was unsere überschaubare Häschengleichung mit verblüffenden Anwendungen wie DALL-E, der nahezu perfekt arbeitenden Übersetzungssoftware DeepL oder den mitunter klugen Antworten von ChatGPT zu tun hat. Sorgen Sie sich nicht! Wir sind gemeinsam auf dem Weg zu einem tiefergehenden Verständnis neuronaler Netze und werden deutlich machen, warum sie für eine kaum überschaubare Vielfalt von Anwendungsfällen geeignet sind.

Bei dem in diesem Kapitel vorgestellten Beispielprogramm haben wir Gewichte und Bias von Hand eingestellt. Bei nur unwesentlich komplexeren Aufgaben ist dies nicht mehr möglich. Entscheidend ist hier also die Frage: *Wie finden wir passende Werte für Hunderte, Tausende oder gar Millionen von Neuronen?* Wir müssen das Netz dazu bringen, diese Werte selbstständig einzustellen, also zu *lernen*. Im nächsten Kapitel zeigen wir den Mechanismus, durch den ein neuronales Netz in die Lage versetzt wird, dieses Problem zu lösen.

Kapitel 11

Neuronale Netze II: Auf dem Weg ins Tal

Haben Sie schon einmal eine Plastikschüssel auf einem heißen Kochfeld abgestellt, mit Wildschweinfrischlingen Fangen gespielt oder ein Dieselfahrzeug mit Superbenzin betankt? Falls ja, haben Sie es vermutlich nur einmal gemacht, denn wir Menschen haben die Fähigkeit, aus Fehlern zu lernen.

Im vorigen Kapitel haben wir gezeigt, aus welchen Komponenten neuronale Netze aufgebaut sind und wie sie Berechnungen durchführen. Wie können wir aber die einzelnen Neuronen und schließlich das gesamte Netz so justieren, dass die Ergebnisse der Berechnungen korrekt sind? Auch das funktioniert mit der bewährten »Aus Schaden wird man klug«-Methode. Allerdings sind in diesem Fall die negativen Rückmeldungen kein geschmolzenes Plastik, keine wutentbrannten Wildschweineltern und auch keine zerstörten Motoren.

Dieses Kapitel erklärt das Prinzip, auf dem das sogenannte *überwachte Lernen* basiert und mit dem wir neuronale Netze darauf trainieren, die gewünschten Ausgaben zu produzieren.

Worum es in diesem Kapitel geht

- Das Ziel des *überwachten Lernens* besteht darin, ein neuronales Netz so zu justieren, dass es die richtigen Ausgaben produziert.
- Um dieses Ziel zu erreichen, werden *Trainingsdaten* verwendet; das sind Beispiele für Eingaben, bei denen eine korrekte Lösung existiert und bekannt ist.
- Beim *Training* werden die Ausgaben des Netzes mit den korrekten Lösungen verglichen, und auf diese Weise wird ein Fehlerwert ermittelt.
- Mittels eines mathematischen Tricks, des *Gradientenabstiegs*, werden die einzelnen Neuronen schrittweise so eingestellt, dass das Modell als Gesamtes immer weniger Fehler macht.
- Das Beispielprogramm »Gradientenabstieg« vermittelt ein intuitives Verständnis dieses Tricks.

11.1 Das überwachte Lernen

Neuronale Netze leisten Zuordnungen von Eingaben zu Ausgaben. Die Eingabe könnte zum Beispiel ein Bild sein, die Ausgabe die Information, ob auf dem Bild ein Hund oder eine Katze zu sehen ist. Die korrekte Zuordnung ist das, was durch das neuronale Netz modelliert werden soll. Zu Beginn ist das Netz mit Zufallswerten initialisiert. Das Ziel des überwachten Lernens besteht darin, das Modell so einzustellen, dass es in möglichst vielen Fällen eine korrekte Zuordnung vornimmt.

Um das überwachte Lernen zu praktizieren, benötigen wir *Trainingsdaten*. Diese bestehen im Idealfall aus *sehr vielen* Trainingsbeispielen. Jedes Beispiel besteht aus einer Eingabe und der dazugehörigen korrekten Ausgabe. Das könnten Katzen- und Hundebilder sein, jeweils kombiniert mit einem Array, das die jeweils gewünschte Ausgabe des Netzes enthält: `[1, 0]` für Katze und `[0, 1]` für Hund.

Abbildung 11.1 Für das überwachte Lernen werden Trainingsdaten benötigt: Jedes Beispiel besteht hier aus einem Bild und der gewünschten Ausgabe.

Das eigentliche Training läuft vereinfacht gesagt nach folgendem Prinzip ab:

- Wir schicken ein Beispiel aus den Trainingsdaten in das Modell hinein.
- Wir vergleichen die tatsächliche Ausgabe des Modells (= Vermutung) mit der korrekten Lösung des Trainingsbeispiels (= Wahrheit).
- Aus der Abweichung zwischen Wahrheit und Vermutung berechnen wir einen Fehlerwert.

- Mittels dieses Fehlerwerts können wir Gewichte und dem Bias eines jeden Neurons ein klein wenig dahin gehend verändern, dass das Modell, wenn es beim nächsten Mal mit diesem Trainingsbeispiel konfrontiert wird, etwas weniger danebenliegt.

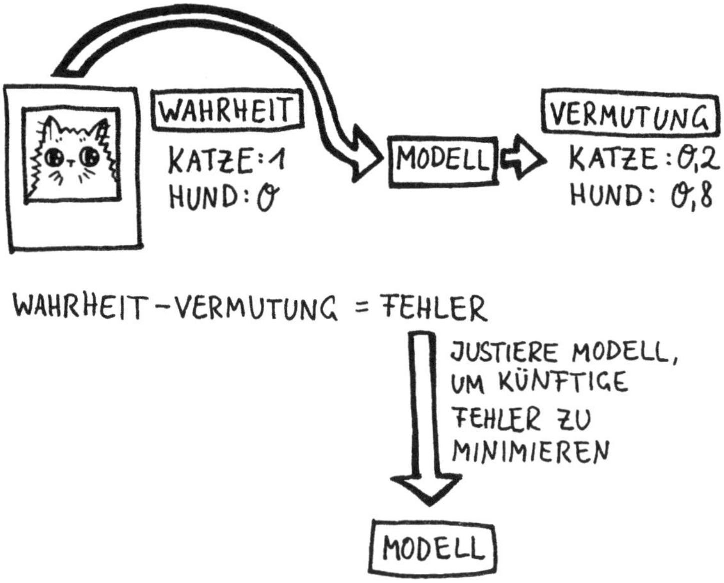

Abbildung 11.2 Das Prinzip des überwachten Lernens: Justierung des Modells anhand von Trainingsbeispielen ...

Abbildung 11.2 lässt ein wichtiges Detail aus Gründen der Übersichtlichkeit aus: Auch wenn der Fehler eigentlich aus zwei Abweichungen besteht – für die »Katzen-« und die »Hundeartigkeit« –, wird er letztlich zu *einem* Wert zusammengefasst. Die Berechnung dieses Fehlers ist ein Thema für sich – sogenannte *Verlustfunktionen* (auch im Deutschen oft als *Lossfunktionen* bezeichnet) sind dafür zuständig. Ein wichtiges Prinzip für den Entwurf solcher Funktionen besteht darin, dass der Fehler mittels Quadrierung der Abweichungen ermittelt wird. Das bringt zwei Vorteile: Erstens fallen große Abweichungen mehr ins Gewicht als geringe. Und zweitens können sich positive und negative Abweichungen auf diese Weise nicht gegenseitig aufheben. Wie auch immer die Verlustfunktion im Detail arbeitet: Für das in diesem Kapitel dargestellte Verfahren zur Fehlerminimierung ist entscheidend, dass sie *einen einzigen Wert* zurückliefert.

Die in Abbildung 11.2 dargestellte Prozedur wiederholen wir für alle Trainingsdaten, und zwar so oft, bis – hoffentlich! – das Modell nur noch sehr wenige beziehungsweise sehr geringe Fehler produziert. Der Zweck der Übung: Das Netz soll künftig auch Bilder richtig zuordnen, *die es vorher noch nie zu Gesicht bekommen hat*, die also nicht Teil der Trainingsdaten sind.

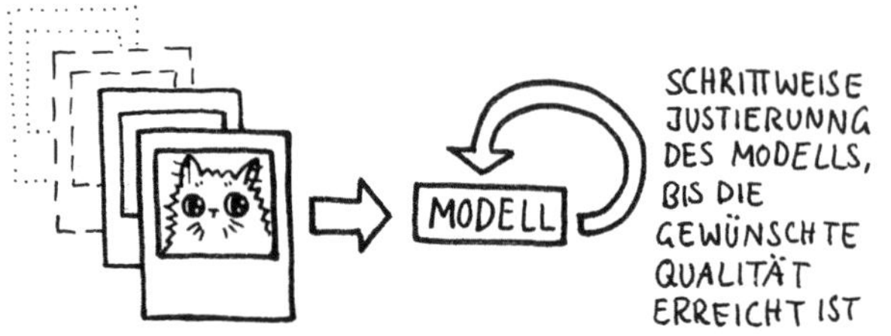

Abbildung 11.3 ... bis die gewünschte Qualität erreicht ist

11.2 Die schrittweise Justierung des Modells

Was geht nun eigentlich vor sich, wenn wir beim Training anhand von Fehlern das Modell in kleinen Schritten zu immer besseren Vermutungen veranlassen? Der veränderliche Teil des Modells sind die Gewichte und die Bias-Werte der einzelnen Neuronen (siehe Abschnitt 10.4.2, »Das künstliche Neuron«). Um zu verstehen, was passiert, müssen wir selbst in kleinen Schritten vorwärtsgehen.

Stellen wir uns zunächst vor, dass alle Gewichte und Bias-Werte eines neuronalen Netzes unveränderlich wären – bis auf ein *einzelnes* Gewicht eines *einzelnen* Neurons. Wir können dann eine mathematische Funktion berechnen, die *den Fehler einer Vermutung in Abhängigkeit von diesem einen Gewicht* darstellt. Abbildung 11.4 zeigt eine entsprechende Kurve und die aktuelle Position des Gewichts. Sie erkennen auf den ersten Blick eine Stelle, an der der Fehler besonders gering ist. Ziel eines einzelnen Trainingsschritts ist es, *das Gewicht ein kleines Stück in Richtung dieses Minimums zu verschieben*.

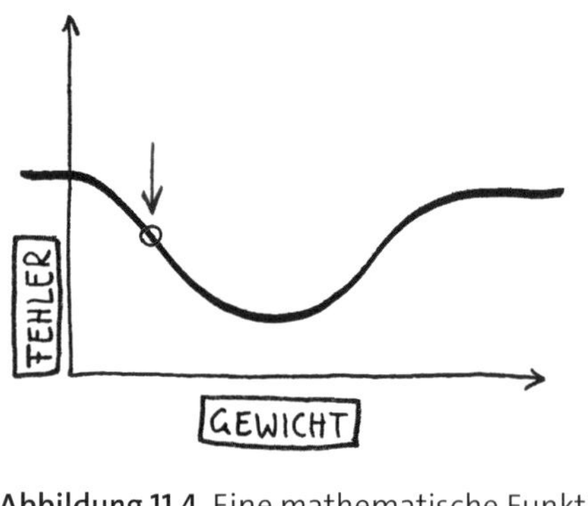

Abbildung 11.4 Eine mathematische Funktion, die ein Gewicht auf den Fehler abbildet; der Pfeil zeigt die aktuelle Position des Gewichts.

11.2.1 Die grundlegende Idee

Woher wissen wir aber, in welche Richtung und wie weit wir das Gewicht verschieben sollen, um zum Minimum zu gelangen? Uns hilft in diesem Fall ein Verfahren, das auf einer Binsenweisheit beruht: »Wenn Sie ins Tal gelangen wollen, dann gehen Sie bergab.«

Wie wir diese einfache Idee in Code umsetzen können, zeigt der folgende, mathematisch anspruchsvollste Teil des Buchs. Grämen Sie sich nicht, falls Sie nicht alles auf Anhieb verstehen! Die einzelnen Schritte sind – wie so oft in der Mathematik – nicht schwer zu verstehen. Die Schwierigkeit besteht vielmehr darin, den Weg nicht aus den Augen zu verlieren: Wo kommen wir her, wo wollen wir hin, und an welcher Stelle des Wegs befinden wir uns gerade?

Entscheidend ist, sich die Bedeutung von Abbildung 11.4 klarzumachen:

Wir haben eine Funktion, die den Zusammenhang eines einzelnes Gewichts zum Fehler darstellt. Wir können den Fehler des Netzes verringern, wenn wir das Gewicht in die richtige Richtung verschieben.

Wenn Sie das verstanden haben, können Sie guten Gewissens den Rest dieses Abschnitts überfliegen und direkt mit Abschnitt 11.3 weitermachen: Das Beispielprogramm »Gradientenabstieg« wird Ihnen dann ein intuitives Verständnis davon vermitteln, was passiert und worum es letztlich geht.

11.2.2 Steigung

Um die mathematische Umsetzung der Wanderung ins Tal zu verstehen, müssen wir drei Begriffe erklären: *Steigung*, *Tangente* und *Ableitung*.

Abbildung 11.5 zeigt, wie Sie die Steigung einer Geraden messen und als Zahlenwert ausdrücken können. Wir legen ein sogenanntes *Steigungsdreieck* an die Gerade an und ermitteln das Verhältnis der beiden Seiten Δx und Δy. Bei einer positiven Steigung geht es bergauf, bei einer negativen Steigung geht es bergab. Je größer der Betrag der Steigung ist, umso steiler ist die Gerade.

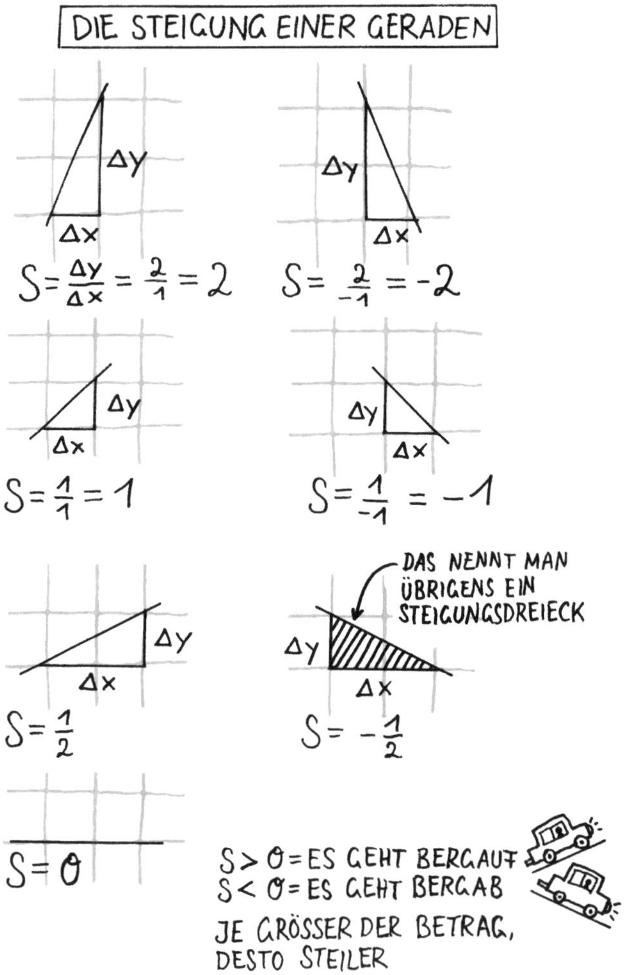

Abbildung 11.5 Die Steigungen von Geraden berechnen wir anhand von Seitenverhältnissen des Steigungsdreiecks.

11.2.3 Tangente

Egal wo Sie bei einer Geraden das Steigungsdreieck anlegen: Sie werden immer dasselbe Ergebnis erhalten. Die Steigung einer Geraden ist konstant. Wie verfahren wir aber mit der in Abbildung 11.4 gezeigten Kurve? Hier können wir das Steigungsdreieck nicht ohne Weiteres anlegen. Abbildung 11.6 zeigt die Lösung: Eine *Tangente* ist eine Gerade, die eine Kurve an einem einzigen Punkt berührt, ohne die Kurve zu schneiden. Die Steigung der Tangente stimmt überein mit der Steigung der Kurve an genau diesem Punkt.

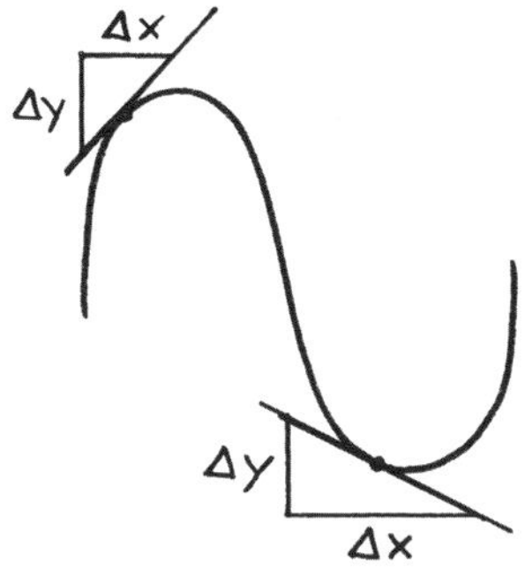

Abbildung 11.6 Mit Tangenten können wir auch die Steigung von Kurven ermitteln.

11.2.4 Ableitung

Hier ist nicht der Ort, um zu erklären, wie Ableitungen berechnet werden. Uns interessiert nur das Ergebnis: Die Ableitung einer mathematischen Funktion ist wiederum eine Funktion, welche die Steigung der ursprünglichen Funktion für jeden Wert x liefert. Die Ableitung nimmt uns freundlicherweise die Arbeit ab, für jeden Punkt, der uns interessiert, eigens eine Tangente und ein Steigungsdreieck zu zeichnen. Abbildung 11.7 macht das Prinzip der Ableitung anhand der prominentesten quadratischen Funktion $f(x) = x^2$ deutlich. Sie zeigt auch das Wichtigste, das Sie in Sport, Hobby und Beruf über Ableitungen wissen sollten:

- Die Ableitung einer quadratischen Funktion ist immer eine lineare Funktion, hat also eine konstante Steigung.
- Die Ableitung einer linearen Funktion ist immer eine Konstante.
- Die Ableitung einer Konstanten ist immer 0.

Als kleine Merk- und Verständnishilfe bietet sich das folgende praktische Anwendungsbeispiel an: Nehmen wir an, eine Funktion beschriebe die Entfernung einer beschleunigten Rakete von der Erdoberfläche. Dann liefert die Ableitung dieser Funktion den zeitlichen Verlauf der Geschwindigkeit. Die Ableitung der Geschwindigkeit wiederum beschreibt den Verlauf der Beschleunigung.

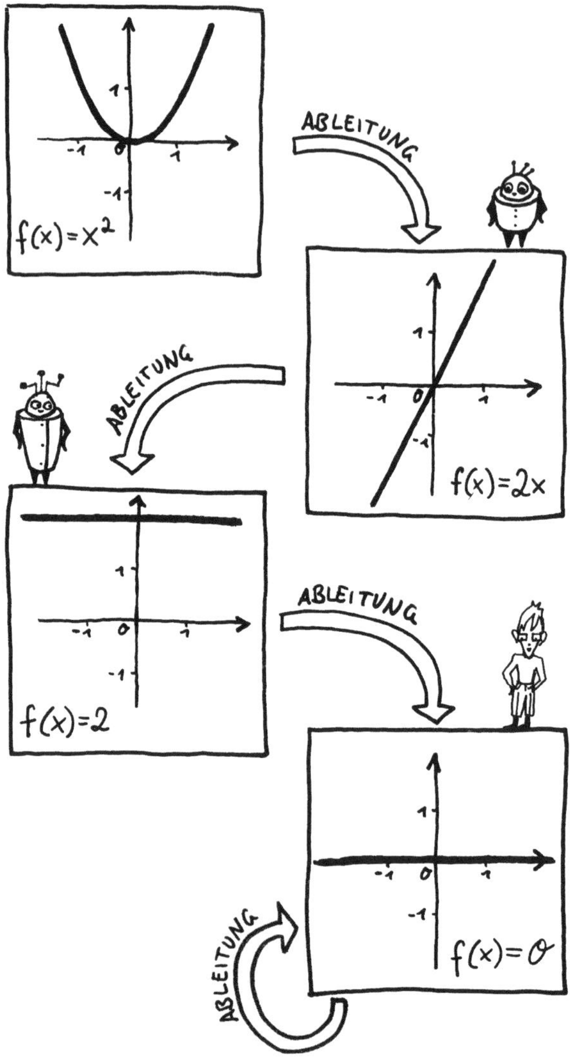

Abbildung 11.7 Die Normalparabel und ihre drei Ableitungen

11.2.5 Der Gradientenabstieg

Kommen wir zurück zu unserem ursprünglichen Problem: Wir haben eine Funktion, die ein einziges Gewicht eines einzigen Neurons auf den Fehler des Modells abbildet. Wir möchten den Wert dieses Gewichts in Richtung des Fehlerminimums verschieben. Das gelingt mit dem *Gradientenabstiegsverfahren*, wie es Abbildung 11.8 skizziert. Die Ableitung der Funktion gibt uns Auskunft über die Steigung dieser Funktion an der Stelle x. Mittels dieser Steigung können wir dann entscheiden, in welche Richtung und wie weit x (beziehungsweise das Gewicht) verschoben werden soll:

- Je größer der Betrag der Steigung, umso größer der Betrag, um den wir x verschieben.
- Wenn die Steigung positiv ist, schieben wir x nach links.
- Wenn die Steigung negativ ist, schieben wir x nach rechts.

Die Annahme hinter diesem Vorgehen: Wenn die Steigung hoch ist, dann sind wir weit vom Ziel entfernt und gehen daher in großen Schritten voran. Bei einer geringen Steigung befinden wir uns in der Nähe des Ziels und gehen daher in kleinen Schritten vorwärts. Sind wir am Ziel angelangt, beträgt die Steigung und somit auch die Schrittweite 0 – wir bleiben an Ort und Stelle.

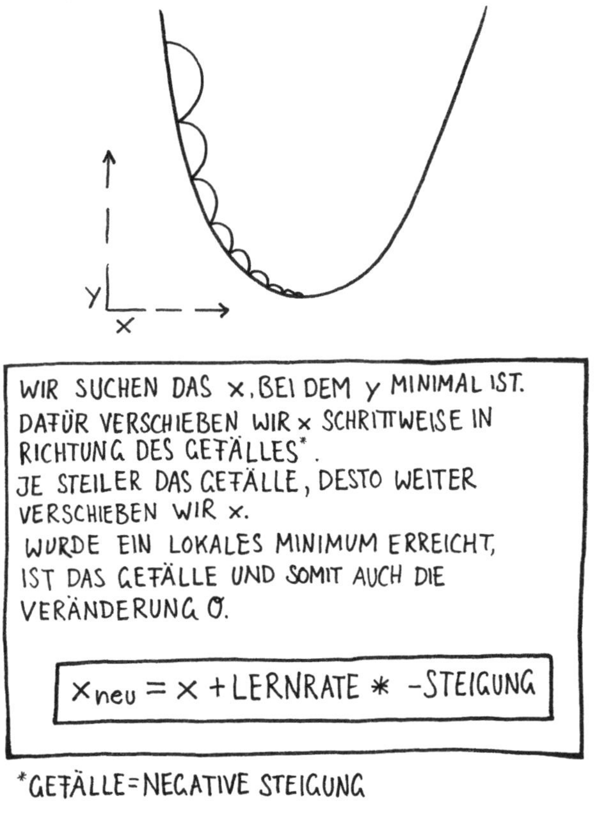

Abbildung 11.8 Der Gradientenabstieg

Hintergrund: Warum verschieben wir das Gewicht nicht direkt auf das Minimum?

Sie werden sich beim Anblick von Abbildung 11.4 und Abbildung 11.8 vielleicht gefragt haben, warum wir, anstatt in kleinen Schritten zu gehen, das Gewicht nicht direkt bis zum Minimum verschieben. Bei sehr einfach aufgebauten Funktionen wäre das durchaus möglich. Bei mehrschichtigen neuronalen Netzen sind die entsprechenden Funktionen allerdings viel zu komplex, um das Minimum direkt zu berechnen. Eine Ableitung können wir hingegen von jeder Funktion ermitteln, wie komplex diese auch sein mag.

11.2.6 Die Lernrate

Das Verhältnis zwischen Steigung und Änderung von x regelt die Lernrate. Sie sollte mit Bedacht gewählt werden. Ist sie zu niedrig, dauert der Abstieg viel zu lang. Ist sie zu hoch, springt der x-Wert wild hin und her, ohne jemals zur Ruhe zu kommen.

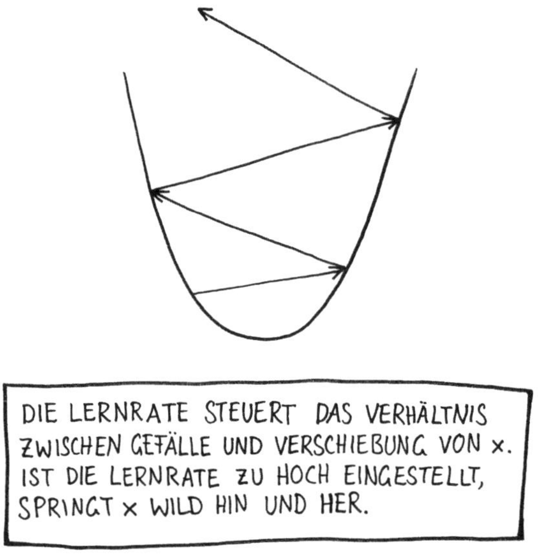

Abbildung 11.9 Das passiert, wenn die Lernrate zu hoch ist.

Hintergrund: Warum wir keine Sprungfunktionen als Aktivierungsfunktion verwenden können

In Abschnitt 10.4.4 haben wir geschrieben, dass wir zur Berechnung der Aktivierung eines Neurons keine Sprungfunktionen verwenden, die einen starren Schwellwert haben. Stattdessen nutzen wir Funktionen, die im Übergangsbereich stetig verlaufen.

Jetzt wissen wir genug, um diese Entscheidung zu begründen: Zwar liefert die Ableitung einer Funktion grundsätzlich die Steigung dieser Funktion für jeden Wert *x*. Das gilt aber nur, wenn die ursprüngliche Funktion an der Stelle *x stetig* verläuft, also *keine* Sprünge macht. Diese Bedingung ist bei der Sprungfunktion genau an der Stelle nicht erfüllt, die uns beim Training eines neuronalen Netzes mittels Gradientenabstieg besonders interessiert. Die Steigung der Sprungfunktion ist fast überall 0 und an der Übergangsstelle unendlich groß und somit als Wegweiser beim Gradientenabstieg ungeeignet.

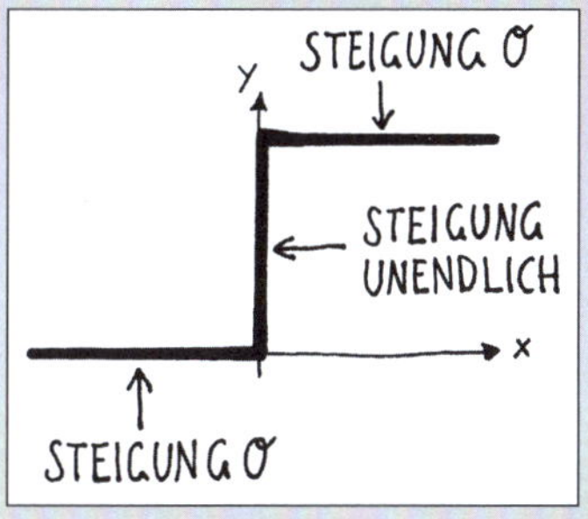

Abbildung 11.10 Die Schwellwertfunktion verläuft an der entscheidenden Stelle nicht stetig.

Die Sigmoidfunktion bietet demgegenüber gleich zwei Vorteile: Zum einen verläuft sie überall stetig, und zum anderen nähert sich die Steigung dem Wert 0 zwar beliebig nahe an, erreicht diesen aber nie.

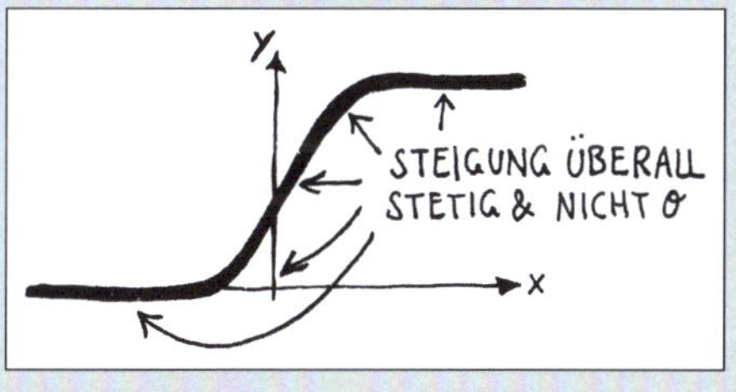

Abbildung 11.11 Die Sigmoidfunktion verläuft überall stetig und besitzt nirgendwo die Steigung 0.

11.3 Das Beispielprogramm Gradientenabstieg

Nachdem Sie den etwas anspruchsvolleren Mathematik-Teil so tapfer hinter sich gebracht haben, dürfen Sie sich jetzt zurücklehnen und dem Beispielprogramm »Gradientenabstieg« bei der Arbeit zusehen. Im Programmfenster sehen Sie die Originalfunktion und die Ableitung. Der aktuelle Wert von *x* ist mit einem Kreis markiert.

Mit einem Klick auf die Schaltfläche NEUER STARTWERT FÜR X setzen Sie *x* auf einen zufälligen Wert. Wenn Sie die Schaltfläche SCHRITT anklicken oder halten, können Sie sehen, wie *x* sich schrittweise einem Minimum annähert. Über ein Drop-down-Menü können Sie unterschiedliche Lernraten auswählen – und den in Abbildung 11.9 dargestellten Effekt nachvollziehen: Bei geringen Lernraten dauert der Abstieg sehr lange, bei zu hohen Lernraten springt *x* wild umher und kommt niemals zur Ruhe.

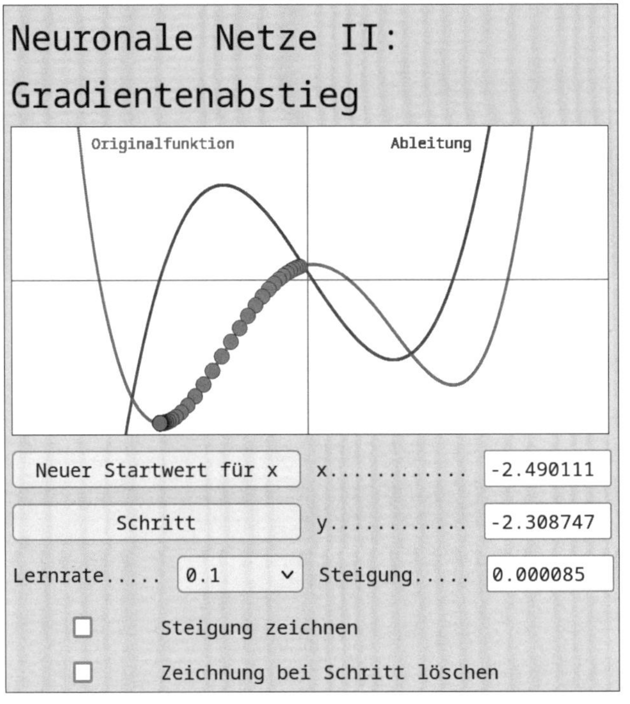

Abbildung 11.12 Das Beispielprogramm »Gradientenabstieg«

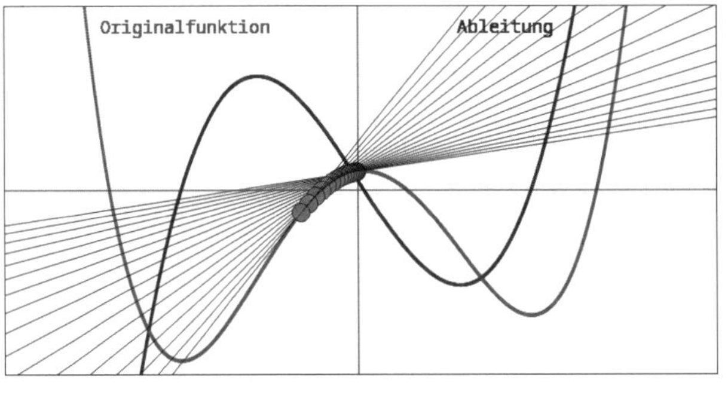

Abbildung 11.13 Mit einer Checkbox können Sie die Anzeige der Tangenten an- und ausschalten.

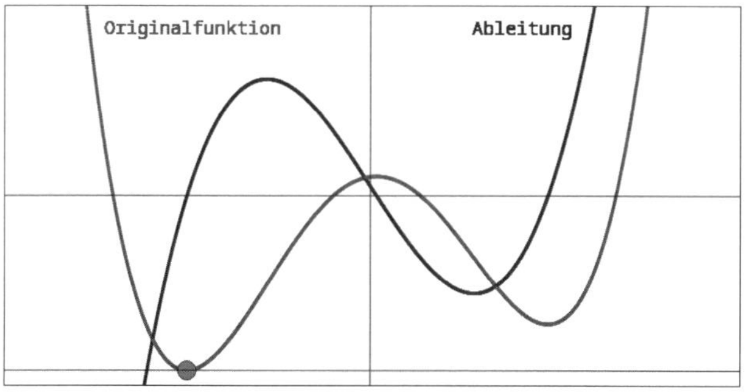

Abbildung 11.14 x hat das globale Minimum erreicht, die Steigung an dieser Stelle beträgt 0, die Tangente verläuft waagerecht.

Vielleicht ist Ihnen aufgefallen, dass es von der Startposition von *x* abhängt, in welchem Minimum *x* zur Ruhe kommt. Wir nennen den tiefsten Punkt einer Kurve das *globale Minimum*. Ein Minimum, das weniger tief liegt als dieses globale Minimum, bezeichnen wir als *lokales Minimum*. Davon kann es mehrere geben. Das Gradientenabstiegsverfahren garantiert Ihnen nicht, das globale Minimum zu finden. Übersetzt in unsere Bergsteigergeschichte bedeutet das: Wenn Sie bergab laufen, kommen Sie mit Sicherheit in ein Tal, aber nicht unbedingt in das tiefste.

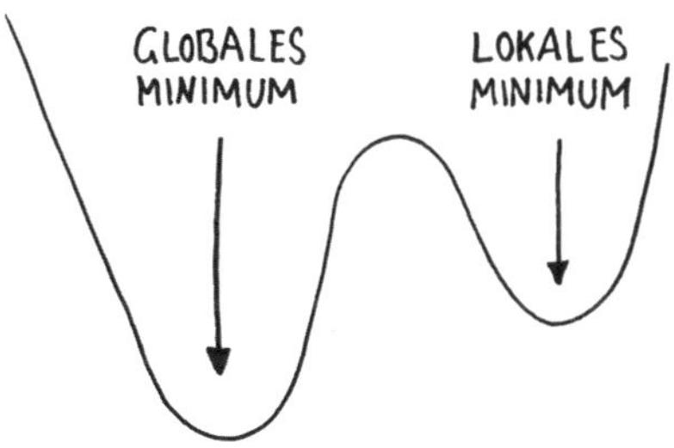

Abbildung 11.15 Ein lokales Minimum kann an anderer Stelle noch unterboten werden.

11.4 Der Code

Im Code unseres Beispielprogramms finden Sie die für den Gradientenabstieg wesentlichen Teile in der Datei *code/main.js*. Das sind zunächst die Ursprungsfunktion und deren Ableitung. Diese Funktion steht in keinem direkten Zusammenhang mit einem bestimmten Neuron in einem bestimmten Netz. Sie dient lediglich der Veranschaulichung des Gradientenabstiegs und des Prinzips des globalen und lokalen Minimums:

```
function funktion(x) {
  return 0.0625 * x**4 - 0.75 * x**2 + 0.125 * x + 0.25;
}

function ableitung(x) {
  return 0.25 * x**3 - 1.5 * x + 0.125;
}
```

Listing 11.1 Die Ursprungsfunktion und ihre Ableitung

Die Funktion `schritt()` wird immer dann aufgerufen, wenn Sie den entsprechenden Button drücken. `xAktuell` enthält den derzeitigen Wert für *x*. Per Einsetzen in die Funktion `ableitung()` erhalten wir die Steigung an diesem Punkt. Entsprechend der Formel in Abbildung 11.8 berechnen wir einen neuen Wert für `xAktuell`.

```
function schritt(xAktuell, lernrate) {
  let steigung = ableitung(xAktuell);
  const veraenderung = -steigung * lernrate;
  return xAktuell + veraenderung;
}
```

Listing 11.2 Ein einzelner Schritt beim Gradientenabstieg

11.5 Tipps zum Weitermachen

Um das Programm zu erweitern, könnten Sie andere Funktionen und deren Ableitungen suchen und diese in das Programm einsetzen. Eventuell müssen Sie dafür den Darstellungsbereich anpassen. Den ändern Sie über die Eigenschaften des `GUI`-Objekts `xMin`, `xMax`, `yMin` und `yMax` (siehe in der Datei *code/gui.js*).

Eine Aufgabe für fortgeschrittene Programmiererinnen und Programmierer: Sie könnten per Drop-down-Menü mehrere Funktionen zur Auswahl anbieten. Das wäre zugleich ein schöner Anlass, um das Speichern von Funktionen in Arrays auszuprobieren.

11.6 Zusammenfassung und Ausblick

In diesem Kapitel haben wir gezeigt, wie wir *ein* Gewicht *eines* Neurons in *einer* Schicht anhand *eines* Trainingsbeispiels per Gradientenabstiegsverfahren so justieren können, dass der Gesamtfehler des Modells bei der nächsten Begegnung mit dem Trainingsbeispiel etwas kleiner sein wird.

Um praktisch verwertbare Ergebnisse zu erzielen, müssen wir dieses Verfahren auf *alle* Gewichte und Bias-Werte *aller* Neuronen anhand einer *sehr großen Menge* von Trainingsbeispielen wiederholt anwenden. Letztlich dürfen wir uns den Gradientenabstieg beim überwachten Lernen als eine Bergwanderung in einem vieldimensionalen Gebirge vorstellen.

Im folgenden Kapitel stellen wir das Beispielprogramm »Neuronentrainer« vor, das eine solche Bergwanderung im Gradientengebirge absolviert und dabei lernt, Klassifizierungsaufgaben zu lösen.

Hintergrund: Mathematische Funktionen

Es ist wichtig, die Unterschiede zwischen einer mathematischen Funktion und einer Funktion in der Programmierung zu verstehen. Wir erläutern Ihnen an dieser Stelle das Allerwichtigste zu diesem Thema:

Eine *mathematische Funktion* ordnet jedem Wert x einen Wert y zu. Im Fall der in Abbildung 11.4 gezeigten Funktion steht das x für ein Gewicht, das y für den entsprechenden Fehler. Weitere Beispiele für mathematische Funktionen finden Sie in Abbildung 11.7. Die Linien oder Kurven, die den Verlauf einer Funktion darstellen, heißen übrigens *Graphen*. Schauen Sie sich die Funktion $f(x) = 2x$ an. Diese Funktion berechnet für jeden Wert von x das Doppelte.

$f(2) = 4$

$f(1{,}234) = 2{,}468$

$f(-23) = -46$

Der Wert einer mathematischen Funktion für ein bestimmtes x hängt ausschließlich von x ab. $f(x) = 2x$ liefert für $f(2)$ *immer* 4.

Solche Funktionen lassen sich ohne Weiteres auch in Code umsetzen:

```
function f(x) {
  return 2 * x;
}
```

Allerdings ist die Bedeutung des Begriffs *Funktion in der Programmierung* weitaus vielschichtiger. So gibt es Funktionen, die ohne Argument auskommen und bei denen der Rückgabewert vom Zufall oder von einer äußeren Bedingung abhängt:

- In p5.js liefert `random()` bei jedem Aufruf eine andere Zufallszahl.
- `millis()` gibt darüber Auskunft, wie viele Millisekunden seit dem Start des Programms vergangen sind.

Von einer festen Zuordnung eines y zu einem x kann in diesen beiden Fällen also keine Rede sein.

Zudem existieren Funktionen, die keinen Rückgabewert haben, sondern stattdessen etwas *machen*:

- In p5.js ändert `fill()` die Füllfarbe.
- Die Funktion `save()` kann eine Grafik in eine Bilddatei schreiben.

In vielen Fällen ist es sinnvoll, auch beim Programmieren Funktionen zu bevorzugen, die den strengeren Bedingungen einer mathematischen Funktion genügen. Komponenten, die so konstruiert sind, lassen sich leichter testen, da sie vollkommen unabhängig von den jeweils anderen Komponenten ihres Programms sind.

Kapitel 12
Neuronale Netze III: Fehler zurückverfolgen mit dem Neuronentrainer

Neuronale Netze können erkennen, ob ein Bild ein Flugzeug, ein Boot oder einen LKW zeigt. Sie können anhand von Parametern wie *Flauschigkeit* und *Niedlichkeit* Tierarten zuordnen. Sie können sogar aufgrund einer Beschreibung wie »Eichhörnchen-Geburtstagsparty, gemalt von Max Ernst« ein passendes Bild liefern. Gemeinsam ist allen diesen Aufgaben, dass es darum geht, einer Eingabe eine Ausgabe zuzuordnen.

Kapitel 10, »Neuronale Netze I: Das Häschenproblem«, hat gezeigt, aus welchen Komponenten neuronale Netze aufgebaut sind und wie diese Netze anhand von Eingaben die Ausgaben berechnen. In Kapitel 11, »Neuronale Netze II: Auf dem Weg ins Tal«, haben Sie die Idee des überwachten Lernens und einen mathematischen Trick namens Gradientenabstieg kennengelernt: Das überwachte Lernen verwendet Trainingsbeispiele, bei denen die jeweils korrekten Ausgaben bekannt sind. Bei fehlerhaften Ausgaben können wir mittels Gradientenabstieg die Gewichte eines Neurons schrittweise in die richtige Richtung verschieben, sodass der Fehler beim nächsten Mal etwas kleiner ausfällt.

In diesem Kapitel stellen wir Ihnen das Beispielprogramm »Neuronentrainer« vor. Der Neuronentrainer setzt das überwachte Lernen praktisch um, indem er anhand von Trainingsbeispielen den Gradientenabstieg für *sämtliche* Gewichte von *sämtlichen* Neuronen in *sämtlichen* Schichten eines neuronalen Netzes durchführt. Währenddessen können Sie dem Netz beim Lernen zuschauen.

Worum es in diesem Kapitel geht

- Das Beispielprogramm »Neuronentrainer« praktiziert das überwachte Lernen mittels Gradientenabstieg.
- Der Neuronentrainer visualisiert den Lernerfolg durch fortlaufende Erzeugung von Bildern und Kurven während des Trainings.
- *Validierungsdaten* werden nicht für das Training verwendet, sondern nur zur Kontrolle des Trainingserfolgs. Das kann auch helfen, *Überanpassung* zu erkennen, also das bloße Auswendiglernen von Trainingsdaten.
- *Generatoren* sind Funktionen oder Objekte, die während des Trainings laufend neue Trainingsdaten erzeugen.

12.1 Was ist Backpropagation?

Das Training eines neuronalen Netzes mittels Gradientenabstieg nutzt ein Verfahren namens *Backpropagation* (zu Deutsch: *Fehlerrückführung*). Das hier vorgestellte Beispielprogramm wendet Backpropagation an. Es würde Rahmen und Anspruch dieser Einführung allerdings sprengen, alle mathematischen und technischen Details des Verfahrens zu erläutern. Daher haben wir uns entschieden, in diesem Kapitel, anders als in allen vorherigen, den Code beiseitezulassen und uns auf die Ergebnisse zu konzentrieren.

In diesem Abschnitt möchten wir lediglich eine ungefähre Vorstellung davon vermitteln, was bei der Backpropagation passiert. Wenn Sie an dieser Stelle nicht mitkommen, ist das halb so wild. Sie können den Abschnitt auch überspringen und direkt mit Abschnitt 12.2, »Das Beispielprogramm Neuronentrainer«, weitermachen – und sich vorher nur diesen Cartoon anschauen, in dem Fritz seinen Job nach Art der Backpropagation angeht: Er betrachtet die Sache vom Ergebnis her, also entgegen der Flussrichtung.

Grundsätzlich geht es bei der Backpropagation darum, den an der Ausgabeschicht berechneten Fehler (also den Unterschied zwischen erwarteter und tatsächlicher Ausgabe) Schicht für Schicht von hinten nach vorne durchzureichen und zur schrittweisen Anpassung der Gewichte zu nutzen.

Im vorherigen Kapitel haben wir behauptet, dass sich für ein einzelnes Gewicht eine Funktion berechnen lässt, die den Einfluss dieses Gewichts auf den Fehler abbildet. Mittels der Ableitung dieser Funktion lässt sich per Gradientenabstieg der Fehler minimieren. Das ist im Prinzip richtig, solche Berechnungen wären allerdings bei einem mehrschichtigen Netz mit vielen Neuronen viel zu aufwendig.

Der Zusammenhang zwischen den Gewichten und Bias der Neuronen in der Ausgabeschicht und dem Fehler ist noch vergleichsweise einfach zu berechnen. Je weiter die Schicht vom Ausgang entfernt ist, umso komplexer würden die Berechnungen ausfallen, da wir es mit Ableitungen von Ableitungen von Ableitungen zu tun bekämen.

Um die Aufgabe überhaupt lösen zu können, hilft auch hier ein Trick zur Vereinfachung: Wir berechnen für jedes Gewicht einen Gradienten, der sich nicht auf den Fehler der Ausgabe des Netzes, sondern auf die Ausgabe des jeweiligen Neurons bezieht.

Durch schrittweise Berechnung und Kombination dieser Gradienten entgegen der Flussrichtung des neuronalen Netzes erhalten wir schließlich für jedes Gewicht einen Gradienten, der sich tatsächlich auf den Fehler bezieht.

12.2 Das Beispielprogramm Neuronentrainer

Der »Neuronentrainer« bietet die Möglichkeit, mit unterschiedlichen Aufgaben, Netzarchitekturen und Lernraten zu experimentieren und dem neuronalen Netz beim Lernen per Backpropagation zuzusehen. Abbildung 12.1 zeigt einen Screenshot des Programms. Sie finden es, wie alle anderen Beispielprogramme auch, auf der Webseite zum Buch: *https://www.maschinennah.de/ki-buch/*.

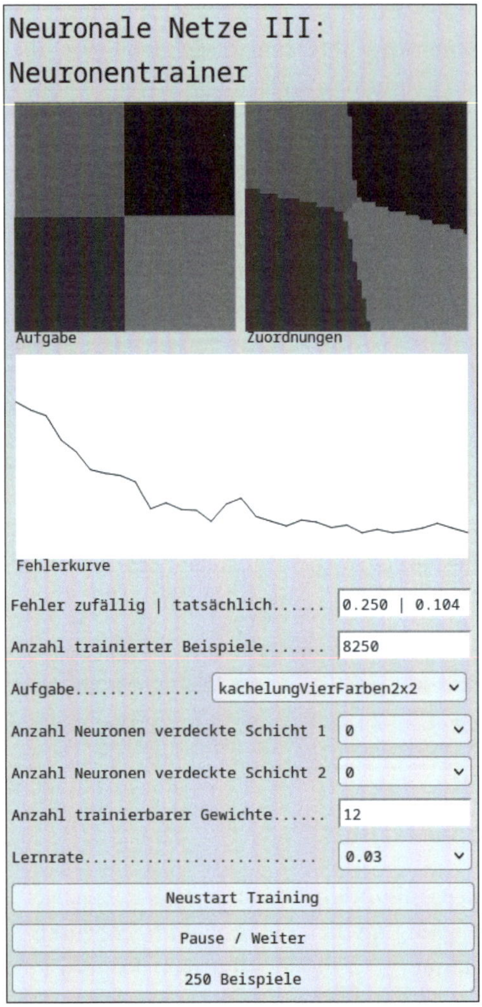

Abbildung 12.1 Das Beispielprogramm »Neuronentrainer«

12.2.1 Aufgaben und Netzarchitekturen

Mittels eines Drop-down-Menüs können Sie zwischen verschiedenen Aufgaben wählen, die mit Namen wie *kreisUndHintergrund* oder *kachelungVierFarben2x2* bezeichnet sind. Was es mit diesen Aufgaben auf sich hat, erfahren Sie gleich. Jedes Mal, wenn Sie eine neue Aufgabe auswählen, erzeugen Sie damit auch ein neues, noch untrainiertes neuronales Netz mit zufällig eingestellten Gewichten.

Grundsätzlich geht es bei unserem Neuronentrainer darum, *eine aus zwei Koordinaten bestehende Eingabe einer Klasse zuzuordnen*. Die Aufgaben sind in Form eines farbigen Bildes codiert, in den Abbildungen als Graustufen dargestellt. Die Trainingsdaten werden mithilfe dieses farbigen Bildes laufend während des Trainings erzeugt:

- Jede Eingabe in das Netz besteht aus einem Koordinatenpaar, das auf eine Stelle im Bild zeigt.
- Die Farbe des Pixels an dieser Stelle steht für die entsprechende Klasse.
- Wenn das Bild also vier unterschiedliche Farben verwendet, soll das neuronale Netz zwischen vier Klassen unterscheiden.

Damit ist geklärt, wie viele Neuronen die Ein- und die Ausgabeschicht des jeweiligen Netzes besitzen muss. Dies wird, wie in Abschnitt 10.3, »Der Aufbau eines neuronalen Netzes«, dargestellt, durch das Problem vorgegeben:

- Die Eingabeschicht hat immer zwei Neuronen, weil die Eingabe immer aus einem Koordinatenpaar x und y besteht.
- Die Zahl der Neuronen in der Ausgabeschicht ist bestimmt durch die Anzahl der Klassen, die das Netz unterscheiden soll.

Variabel ist die Anzahl der verdeckten Schichten und die Anzahl der darin enthaltenen Neuronen. Diese bestimmen Sie über zwei weitere Drop-down-Menüs. Ein Ausgabefeld zeigt die Anzahl der trainierbaren Gewichte, die sich daraus ergibt. Es ist eine nützliche Übung, diesen Wert für verschiedene Einstellungen nachzurechnen. Kommen Sie auf die richtigen Ergebnisse? Bedenken Sie dabei, dass benachbarte Schichten vollständig verbunden sind und jedes Neuron ein zusätzliches Gewicht benötigt, das den Bias repräsentiert.

Wir werden später zeigen, dass sich manche Aufgaben ohne verdeckte Schichten lösen lassen. Andere Aufgaben benötigen mindestens eine verdeckte Schicht.

Im Programmfenster sehen Sie **links** eine *als Bild codierte Aufgabe*, die der Produktion der Trainingsdaten dient. Drei weitere Elemente geben über den Lernerfolg Auskunft: ein weiteres *Bild*, eine *Fehlerkurve* und ein *Ausgabefeld*. Diese drei Elemente werden jeweils nach 250 trainierten Beispielen aktualisiert.

Das Bild **rechts** daneben wird durch das neuronale Netz erzeugt. Die Farbe jedes einzelnen Pixels zeigt an, welcher Klasse das Netz das entsprechende Koordinatenpaar zugeordnet hat. Den Erfolg des Trainings macht der direkte Vergleich der beiden Bilder sichtbar: *Je geringer die Unterschiede, umso besser sind die Voraussagen des Netzes.*

Die FEHLERKURVE zeigt den zeitlichen Verlauf des Lernerfolgs. Unser Beispielprogramm berechnet den Fehler, indem es bei einer *unveränderlichen* Stichprobe von 500 Trainingsbeispielen die Anzahl der falschen Ausgaben durch die Anzahl aller Ausgaben teilt. Der Fehler ist also immer ein Wert zwischen 1 (alle falsch) und 0 (alle richtig). Warum die Stichprobe unveränderlich sein soll, erfahren Sie in Abschnitt 12.3.1, »Validierungsdaten und Überanpassung«.

Wenn ein Freund damit angibt, er könne mit fünfzigprozentiger Wahrscheinlichkeit voraussagen, ob ein Münzwurf das Ergebnis Kopf oder Zahl liefert, werden Sie nur mäßig beeindruckt sein. Auch bei der Beurteilung eines neuronalen Netzes gilt: Um die Qualität realistisch einzuordnen, müssen Sie die tatsächliche Fehlerquote zu der Fehlerquote in Beziehung setzen, die bei einem bloßen Raten erwartet werden darf. Diese Einordnung liefert das Ausgabefeld FEHLER ZUFÄLLIG | TATSÄCHLICH.

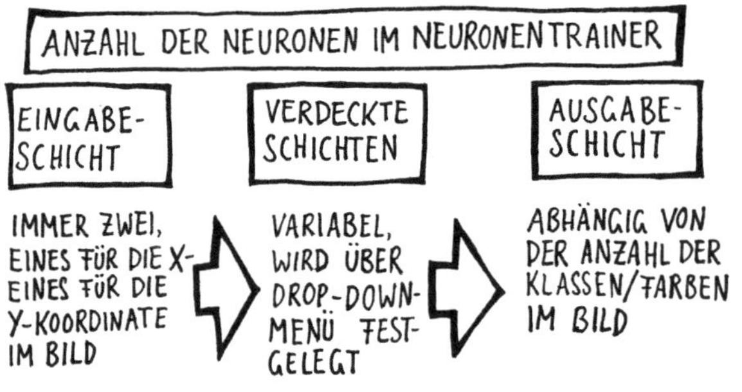

Abbildung 12.2 Die Eingangsschicht hat immer zwei Neuronen, die Anzahl der Neuronen in der Ausgabeschicht entspricht der Anzahl der Klassen bzw. Farben.

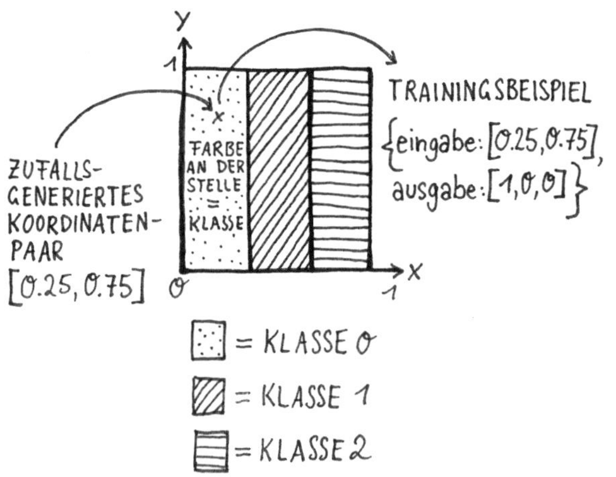

Abbildung 12.3 Die Produktion von Trainingsbeispielen anhand eines Bildes

12.2.2 Ein Wiedersehen mit dem Häschenproblem

Aufmerksame Häschenfans werden es vielleicht schon bemerkt haben: Hinter der Aufgabe *kachelungVierFarben2x2* verbirgt sich das allseits beliebte Häschenproblem, bekannt aus Kapitel 8, »K-nächste-Nachbarn«, und Kapitel 10, »Neuronale Netze I: Das Häschenproblem«. Um dies zu erkennen, müssen Sie lediglich die Koordinatenbezeichnungen x und y durch *Niedlichkeit* und *Flauschigkeit* und die vier Farben durch die Klassen Vogelspinne, Häschen, Hai und Igel ersetzen.

Abbildung 12.4 Hinter der Aufgabe »KachelungVierFarben2x2« verbirgt sich ein alter Bekannter.

Für die Lösung des Häschenproblems ist keine verdeckte Schicht notwendig. Die Bildfolge in Abbildung 12.5 zeigt die Lernentwicklung eines Netzes im Neuronentrainer, das lediglich aus Eingabe- und Ausgabeschicht besteht. Die Zahlenpaare stehen jeweils für die Anzahl der trainierten Beispiele und die Fehlerquote. Nach 500 trainierten Beispielen hält das Netz so gut wie alles für einen Hai und weist eine unbefriedigende Fehlerquote von 0,668 auf. Bereits nach 8.000 trainierten Beispielen ist eine Fehlerquote von unter 0,1 erreicht, und das Netz macht nur noch an den Grenzen Fehler, die es im Fortgang des Trainings weiter minimiert. Abbildung 12.6 zeigt die entsprechende Fehlerkurve. Sie ist charakteristisch für das erfolgreiche Training eines einfachen Problems. Zu Beginn können wir uns über einen steilen Abstieg freuen, der immer flacher wird und sich schließlich um einen festen niedrigen Wert herum einpendelt. Dieser Bereich wird *Sättigung* genannt.

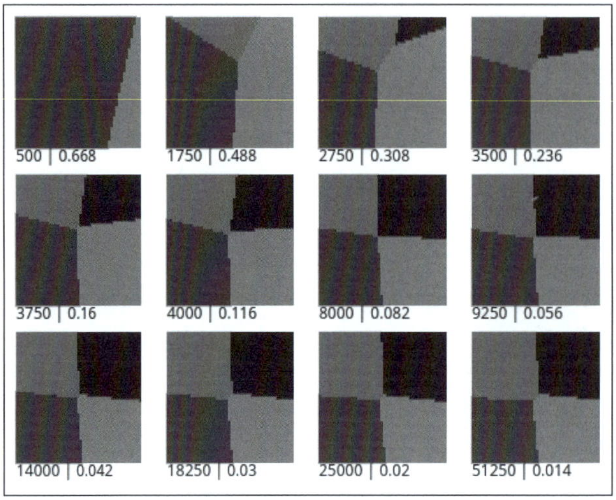

Abbildung 12.5 Die Bildfolge zeigt den Lernfortschritt des Neuronentrainers.

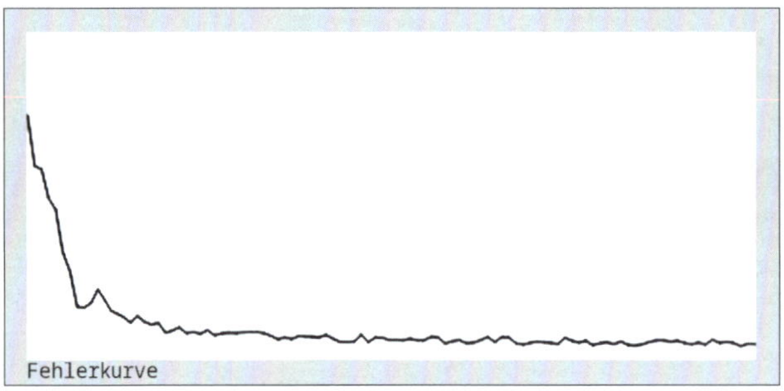

Abbildung 12.6 Die entsprechende Fehlerkurve

12.2.3 Lineare Trennbarkeit

Warum benötigen wir zur Lösung des Häschenproblems keine verdeckten Schichten? Wir haben in Abschnitt 9.4.3 über »linear nicht trennbare Datenpunktmengen« gesprochen. Die präzise mathematische Definition der *linearen Trennbarkeit* ist durchaus anspruchsvoll. In vielen Fällen reicht das intuitive Verständnis allerdings aus: Wenn wir zwischen *zwei* Klassen unterscheiden können, indem wir *eine* gerade Linie ziehen, dann lässt sich das Problem auch ohne verdeckte Schichten lösen. Dasselbe gilt, wenn Sie *drei* Klassen durch *zwei* gerade Linien voneinander trennen können. Schauen Sie sich hierzu Abbildung 12.7 an. Sie zeigt die Aufgaben *dreiStreifenZweiFarben* und *dreiStreifenDreiFarben*. Erstere ist linear nicht trennbar und benötigt zur Lösung eine verdeckte Schicht. Die zweite ist linear trennbar und lässt sich ohne verdeckte Schicht lösen.

Abbildung 12.7 Die linke Aufgabe benötigt zur Lösung eine verdeckte Schicht, die rechte kann ohne verdeckte Schicht gelöst werden.

12.3 Validierungsdaten, Überanpassung, Generatoren

Wenn Sie das Thema neuronale Netze vertiefen wollen, werden Ihnen mit hoher Wahrscheinlichkeit zwei berühmte Trainingsdatensätze unterkommen: *MNIST* und *CIFAR-10*. MNIST versammelt 70.000 Bilddateien handgeschriebener Ziffern, die jeweils 28 × 28 Pixel groß sind. CIFAR-10 stellt 60.000 farbige Bilddateien im Format 32 × 32 Pixel bereit, die zehn verschiedenen Klassen zugeordnet sind: »Flugzeug«, »Automobil«, »Vogel«, »Katze«, »Wild«, »Hund«, »Frosch«, »Pferd«, »Schiff« und »LKW«. MNIST und CIFAR-10 sind zum Lernen und Experimentieren hervorragend geeignet. Zudem bieten sie die Möglichkeit, die Leistung von unterschiedlichen neuronalen Netzen über die Fehlerquote direkt miteinander zu vergleichen.

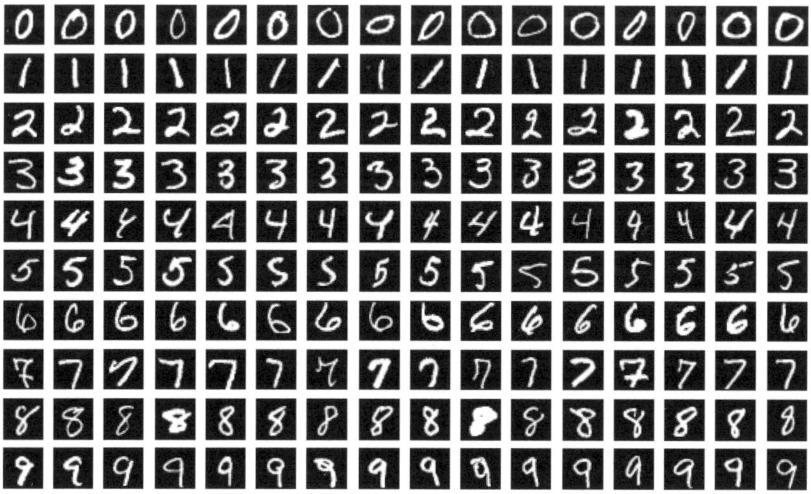

Abbildung 12.8 Einige Beispiele aus dem MNIST- ...

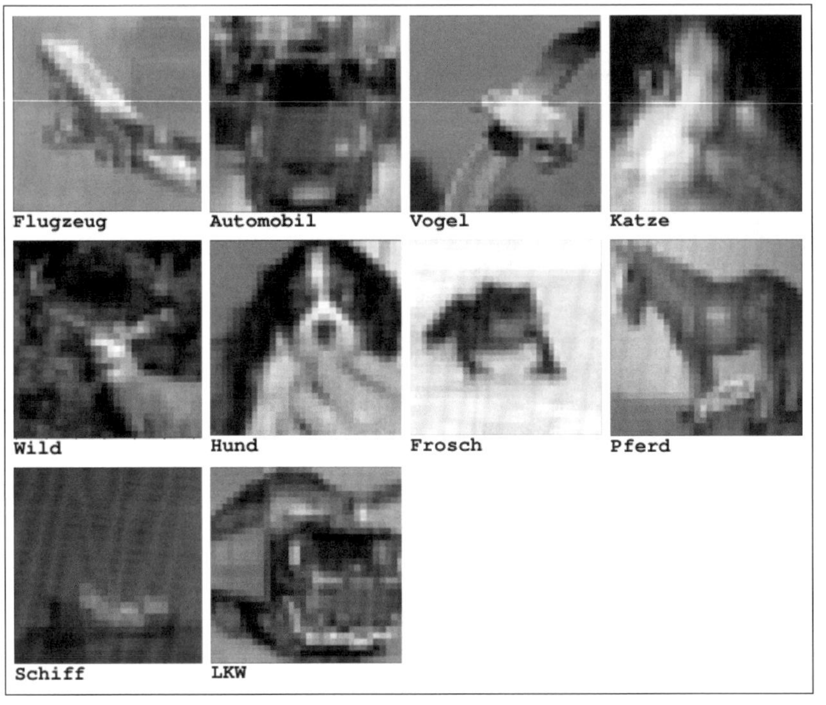

Abbildung 12.9 ... und dem CIFAR-10-Datensatz

12.3.1 Validierungsdaten und Überanpassung

Beim überwachten Lernen gilt grundsätzlich: je mehr Trainingsdaten, desto besser. Wenn Sie eine Anwendung zur Zeichen- oder Bilderkennung anhand von MNIST oder CIFAR-10 entwickeln, sollten Sie trotzdem einen Teil der Daten *nicht* für das Training verwenden. Der Grund für diese Enthaltsamkeit: Es kann passieren, dass das neuronale Netz die Trainingsdaten lediglich *auswendig lernt*, anstatt Regeln zu erkennen.

Stellen Sie sich einen Schüler vor, der sich Hunderte von Beispielrechnungen wie etwa »23 × 0 = 0«, »17 × 0 = 0« oder »42 × 0 = 0« merkt, aber die Regel »Irgendwas mal null ist immer null« nicht verstanden hat. Dieser Schüler wird in einer Klassenarbeit kläglich an Rechnungen scheitern, die er noch nie gesehen hat.

Etwas Ähnliches kann beim überwachten Lernen passieren. Dafür hat sich der Begriff *Überanpassung* (engl. *Overfitting*) durchgesetzt. Um überhaupt zu bemerken, dass eine Überanpassung stattfindet, sollten Sie einen Teil der Trainingsbeispiele nicht für das

Training, sondern zur *Validierung* der Ausgaben des neuronalen Netzes verwenden. Die Validierung ist sozusagen die Klassenarbeit, die Ihr neuronales Netz schreiben muss.

Übrigens kann es Ihnen trotz gründlicher Validierung passieren, dass das Netz unbemerkt etwas ganz anderes lernt, als Sie eigentlich gehofft hatten. Stellen Sie sich vor, ein Programm soll Katzen- und Häschenbilder unterscheiden. Nun sind in Ihren Trainingsdaten die Katzen meist in Wohnungen fotografiert worden, die Häschen auf einer grünen Wiese. Selbst wenn die Validierung sehr geringe Fehlerquoten anzeigt, könnte das Netz tatsächlich gelernt haben, grüne Wiesen von Inneneinrichtungen zu unterscheiden. Es kann daher von Vorteil sein, wenn die Validierungsdaten auch aus anderen Quellen stammen als die Trainingsdaten.

12.3.2 Generatoren

Im Fall unseres Neuronentrainers gibt es keine fixen Trainingsdaten. Während des Trainings liefert ein *Datengenerator* laufend neue Beispiele, indem er zufällige Koordinatenpaare erzeugt und nachschaut, welche Farbe das Aufgabenbild an der entsprechenden Stelle hat. Trotzdem werden die Validierungsdaten unabhängig von den Trainingsdaten behandelt und einmal zu Beginn eines Trainings erzeugt. Das hat in diesem Zusammenhang den Vorteil, dass Schwankungen der Fehlerquote nicht durch zufällige Ausgaben des Datengenerators verursacht werden können.

In der Praxis werden Generatoren häufig auch dann verwendet, wenn es einen festen Bestand an Trainingsdaten gibt:

- Die Trainingsdaten könnten so umfangreich sein, dass sie nicht komplett in den Arbeitsspeicher passen. Ein Generator kann in diesem Fall den Zugriff auf das Dateisystem und die Erzeugung der Trainingsbeispiele in Echtzeit gewährleisten und lädt jeweils nur einen Teil der Beispiele in den Arbeitsspeicher.
- Generatoren können zusätzliche Variationen in das vorhandene Trainingsmaterial einfügen. Damit kann die Anzahl der Trainingsbeispiele erheblich gesteigert werden. Ein Bild von einem Flugzeug sollte trotz geringfügig verändertem Kontrast, abweichender Skalierung, vertikaler Spiegelung oder einigen Pixelfehlern immer noch eindeutig als Flugzeug erkannt werden. Diese Technik wird *Augmentierung* genannt.
- Angenommen, Sie wollten ein neuronales Netz darauf trainieren, verschwommene Bilder zu schärfen, dann könnte ein Generator die Trainingsdaten aus gestochen scharfen Bildern dynamisch erzeugen.

12.4 Weitere Beispielaufgaben

Im Folgenden stellen wir einige weitere Beispielaufgaben aus dem Neuronentrainer vor und zeigen die Trainingsfortschritte als Bildfolge.

12.4.1 Kreis und Hintergrund

Die Aufgabe *kreisUndHintergrund* ist offensichtlich ohne verdeckte Schicht nicht lösbar; gerade Linien sind hier beim besten Willen nicht zu entdecken.

Abbildung 12.10 Die Aufgabe »kreisUndHintergrund«

Abbildung 12.11 zeigt eine Bildfolge, die der Neuronentrainer mit einer aus 25 Neuronen bestehenden verdeckten Schicht produziert hat.

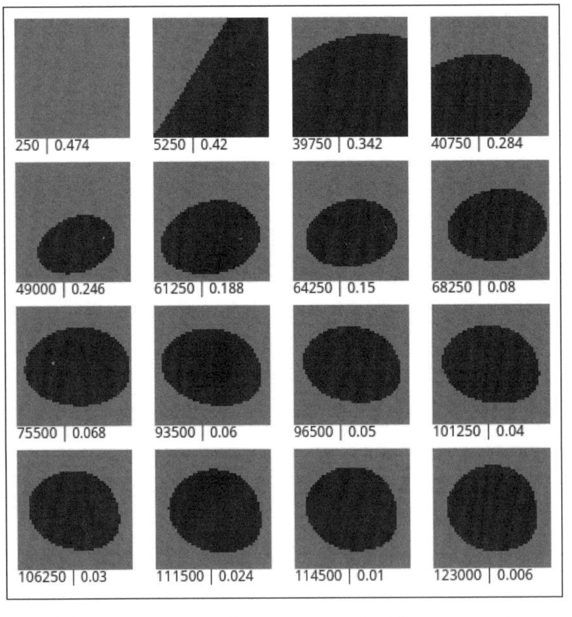

Abbildung 12.11 Eine Bildfolge, die die Lösung des Problems »kreisUndHintergrund« zeigt ...

Beachten Sie, dass das Netz fast 40.000 Beispiele lang herumeiert, bis es ihm gelingt, eine stabile runde Form zu produzieren. Von da an erzielt es langsam, aber stetig Fortschritte. Das zeigt auch die Fehlerkurve in Abbildung 12.12.

Die Kurve ist charakteristisch für die Lösung etwas anspruchsvollerer Probleme – gerade am Anfang ist Geduld gefragt. Wir finden, dass die Suche des Netzes nach einer Lösung durchaus Unterhaltungswert haben kann. Probieren Sie es aus!

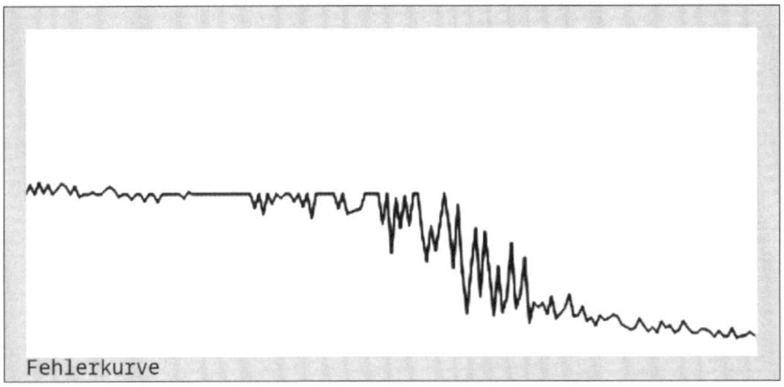

Abbildung 12.12 ... und die zugehörige Fehlerkurve: Lange eiert das Netz um eine bloß zufällige Fehlerquote von 0,5 herum, bevor es Fortschritte erzielt.

12.4.2 Quadrat und Hintergrund

Die Aufgabe *quadratUndHintergrund* nutzt zur Lösung ebenfalls eine verdeckte Schicht. Die beiden Gebiete sind zwar durch gerade Linien begrenzt, allerdings sind es vier Linien. Also kann eine Lösung ohne verdeckte Schicht nicht funktionieren. Die Bildfolge in Abbildung 12.14 zeigt den Fortschritt des Neuronentrainers bei einer verdeckten Schicht mit 25 Neuronen.

Abbildung 12.13 Die Aufgabe »quadratUndHintergrund« ...

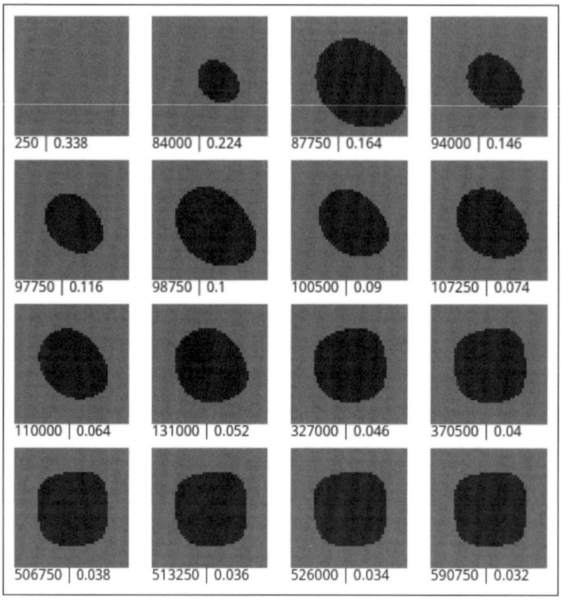

Abbildung 12.14 ... und die zugehörige Bildfolge

12.4.3 Farbtunnel sieben Farben

In manchen Fällen bringt es Vorteile, mehr als eine verdeckte Schicht zu nutzen. Das gilt auch für die Aufgabe *farbtunnelSiebenFarben*. Die Bildfolge in Abbildung 12.16 zeigt den Lernerfolg bei einer verdeckten Schicht mit 75 Neuronen. Das Netz kommt über eine bestimmte Qualität nicht hinaus. Das ändert sich auch nicht, wenn wir dem Neuronentrainer 100, 150 oder 200 Neuronen spendieren. Sehr viel besser schlägt sich der Neuronentrainer, wenn wir ihn mit zwei verdeckten Schichten lernen lassen. Abbildung 12.16 zeigt den Lernerfolg, wenn die erste Schicht 50, die zweite 25 Neuronen enthält.

Abbildung 12.15 Die Aufgabe »farbtunnelSiebenFarben«

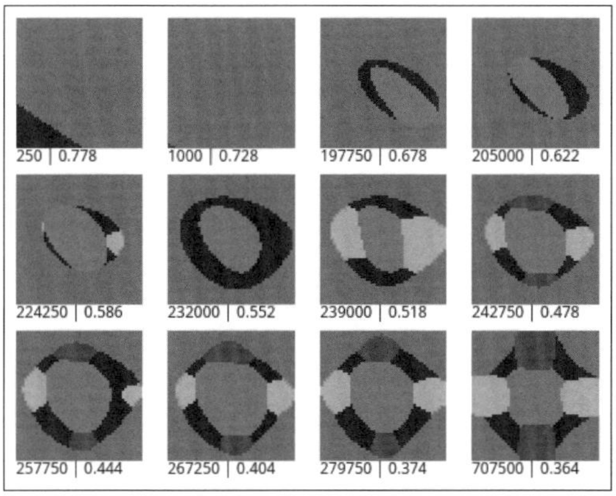

Abbildung 12.16 Der Lernerfolg mit einer verdeckten Schicht mit 75 Neuronen

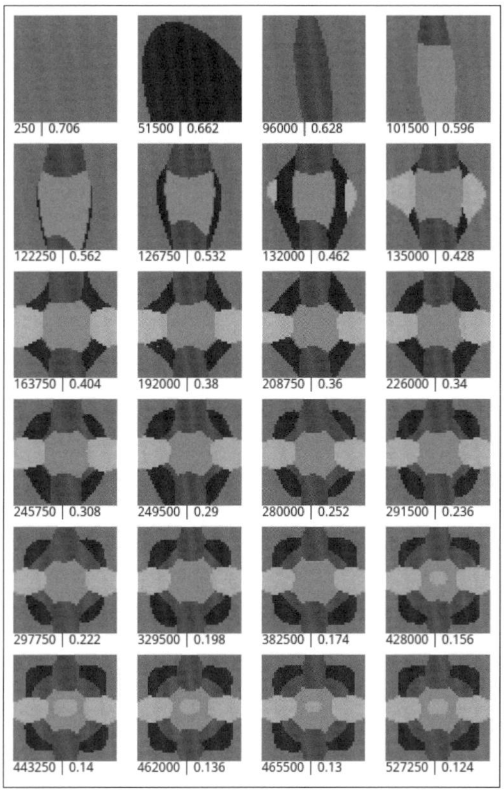

Abbildung 12.17 Bei zwei verdeckten Schichten mit 50 und 25 Neuronen kommt der Neuronentrainer deutlich schneller zu besseren Ergebnissen.

12.5 Die Anzahlen der verdeckten Schichten und der Neuronen

Jedes Problem, das durch ein neuronales Netz mit mehreren verdeckten Schichten zu lösen ist, lässt sich *im Prinzip* auch durch ein neuronales Netz mit einer einzigen verdeckten Schicht lösen. Das lässt sich mathematisch beweisen. Trotzdem zeigen die Praxis und das zuletzt vorgestellte Beispiel, dass Netze mit mehreren verdeckten Schichten bei gleichem Ressourcenbedarf oft schneller zu besseren Lösungen kommen. Woran liegt das?

Eine mathematisch einigermaßen präzise Begründung für diese Tatsache ist im Rahmen dieses Buchs nicht zu leisten. Wir finden diesen Punkt aber zu spannend, um komplett darüber hinwegzugehen, und begnügen uns mit Metaphern:

Jedes Musikstück ist in digitaler Form im Prinzip nur eine Folge von Einsen und Nullen. Also sollte doch Musikproduktion als eine Aneinanderreihung von Einsen und Nullen beschrieben werden können? Das ist *im Prinzip* richtig, hat aber mit praktischer Musikproduktion nur sehr wenig zu tun, was Ihnen jede Musikerin und jeder Musiker gern bestätigen wird.

Es reicht eben nicht aus, zu sagen, dass etwas *im Prinzip* so oder so darstellbar und herstellbar ist. Die Anzahl der Zustände, die ein nicht besonders großes neuronales Netz oder eine kurze Sounddatei annehmen kann, überschreitet die geschätzte Anzahl der Atome im sichtbaren Teil des Universums! Die Frage, wie wir zu einem bestimmten Zustand kommen, ist viel entscheidender als die bloße Beschreibung des Zustands oder irgendwelche Aussagen über prinzipielle Möglichkeiten.

Im vorherigen Kapitel haben wir das Training eines neuronalen Netzes als Bergwanderung in einem vieldimensionalen Gradientengebirge beschrieben. Um in diesem Bild zu bleiben: In einer Netzarchitektur mit mehreren verdeckten Schichten (A) ist es häufig einfacher, den Weg ins Tal zu finden, als in einer Architektur (B) mit nur einer verdeckten Schicht. Bei vergleichbarer Rechenleistung hat das Gradientengebirge von A weniger Dimensionen als B. Wir könnten sagen, dass im Fall von A die Wege ins Tal weniger verschlungen sind und weniger Richtungswechsel benötigen als im Fall von B.

12.5.1 Viel hilft viel?

Daraus lässt sich im Umkehrschluss aber nicht »je mehr Schichten und je mehr Neuronen, desto besser« folgern – schließlich kosten mehr Schichten und mehr Neuronen auch mehr Rechenzeit. Zudem muss eine höhere Anzahl von Schichten nicht zwangsläufig zu einer besseren Lösung führen und kann sogar eine Überanpassung begünstigen. Das gilt ebenso für die Anzahl der Neuronen pro Schicht. *Es gibt keine Formel, mit der wir zuverlässig für jede Art von Problem berechnen können, welche Architektur zur Lösung optimal ist und ob ein Problem überhaupt in endlicher Zeit lösbar ist.* Auch dafür gibt es einen mathematischen Beweis. Hier hilft letztlich nur ein Herantasten über Erfahrungswerte in dieser Art: »Problem X ähnelt Problem Y, ist aber etwas schwieriger. Also spendiere ich der Architektur, mit der ich Problem Y gelöst habe, noch ein paar Extraneuronen oder eine zusätzliche Schicht.«

12.6 Was wir weggelassen haben

Auch in diesem Kapitel haben wir einige wichtige Themen ausgelassen, die wir zumindest kurz erwähnen wollen.

12.6.1 Dynamisierung der Lernrate

Die Lernrate steuert den Einfluss der Gradienten auf die Gewichte (siehe Kapitel 11, »Neuronale Netze II: Auf dem Weg ins Tal«). Im Neuronentrainer kontrollieren Sie die Lernrate über ein entsprechendes Drop-down-Menü. Die Voreinstellung von 0,03 liefert bei allen Aufgaben gute Ergebnisse. Allerdings kann es hilfreich sein, die Lernrate auf den letzten Metern zu vermindern. Die Dynamisierung der Lernrate abhängig vom Lernerfolg lässt sich selbstverständlich auch programmieren und ist fester Bestandteil aller professionellen Umgebungen für maschinelles Lernen.

12.6.2 Batch und Epoche

Der Neuronentrainer nutzt für den Gradientenabstieg immer nur einzelne Trainingsbeispiele. In der Praxis ist es weitaus effizienter, wenn Gradienten anhand eines ganzen Bündels von Beispielen berechnet und zur Anpassung der Gewichte genutzt werden. Das spart Rechenzeit und sorgt für einen ruhigeren, weniger sprunghaften Trainingsfortschritt. Solche Bündelungen werden *Batches* genannt. Als *Epoche* bezeichnet man einen Trainingsabschnitt, in dem alle vorhandenen Trainingsbeispiele einmal vorgekommen sind.

12.6.3 Verlustfunktionen und Softmax

Angenommen, wir unterscheiden zwischen zwei Klassen A und B, und die Ausgabe des Netzes in unserem Neuronentrainer ist `[0.875, 0.101]`. Wenn wir die Ausgaben des Netzes als Wahrscheinlichkeit für A oder B interpretieren wollen, ist das ein unschönes Ergebnis. Die Summe aller möglichen Ereignisse sollte immer 1 sein (siehe Abschnitt 4.2.3,

»Lift«). Die sogenannte *Softmax*-Funktion arbeitet wie eine zusätzliche Schicht, die an die Ausgabeschicht angehängt wird. Sie sorgt dafür, dass die Summe der Aktivierungen aller Ausgabeneuronen 1 ergibt.

Die Softmax-Funktion bringt zudem einen weiteren Vorteil: Wir möchten eigentlich, dass das »korrekte« Neuron in der Ausgabeschicht eine Aktivierung von 1 haben soll. Diese Bedingung ist aber unnötig streng. Es sollte genügen, dass die Aktivierung deutlich höher ist als jene der anderen Neuronen in der Ausgangsschicht. Softmax verschiebt den Wert für das am höchsten aktivierte Neuron in die Nähe von 1 und alle anderen in die Nähe von 0. Das macht es für das Netz deutlich einfacher, da es mehr Möglichkeiten hat, die Aufgabe korrekt zu lösen.

Die Softmax-Funktion ist stetig, hat also keine Sprünge oder Lücken. Das ist eine Bedingung für die Anwendung des Gradientenabstiegsverfahrens.

12.7 Ideen zum Weitermachen

Mit dem Neuronentrainer können Sie ein eigenes kleines Forschungsprojekt starten, indem Sie die Leistungen verschiedener Netzarchitekturen bei identischen Aufgabenstellungen vergleichen und die Ergebnisse systematisch aufzeichnen. Wie viele Neuronen sind mindestens nötig, um das Problem X zu lösen? Ab welchem Punkt bringen zusätzliche Neuronen oder eine zusätzliche Schicht keine Verbesserung mehr? Welchen Einfluss haben Änderungen der Lernrate auf den Lernerfolg?

Bei amtlichen KI-Forschungsprojekten werden solche Aufzeichnungen selbstverständlich nicht von Hand gemacht. Ein reizvolles Projekt für fortgeschrittene Programmiererinnen und Programmierer wäre eine Erweiterung unseres Neuronentrainers, die solche Messreihen selbstständig durchführt und aufzeichnet.

Deutlich einfacher ist die Programmierung eigener Aufgaben für den Neuronentrainer. Nachfolgend skizzieren wir das Vorgehen. Ergänzende Informationen zur Funktion des Neuronentrainers finden Sie in den Quellcodekommentaren.

Listing 12.1 zeigt eine Funktion, die die Aufgabe *quadratUndHintergrund* liefert. Sie steht in der Datei *code/datengenerator.js*.

Die Funktion erwartet als Argument ein Farbschema, das die Zuordnung von Farben und Klassen regelt (siehe Listing 12.2). Farben sind hier im RGB-Format codiert: Drei ganze Zahlen zwischen 0 und 255 stehen für die Rot-, Grün- und Blauanteile.

Üblicherweise zeichnen wir in p5.js direkt in die Zeichenfläche unseres Programms, auch Canvas (Leinwand) genannt. Sie haben aber auch die Möglichkeit, mittels der Funktion createGraphics() ein PGraphics-Objekt zu erzeugen, auf das Sie alle Farb- und Zeichenbefehle anwenden können.

bild = createGraphics(100, 100) speichert eine 100 × 100 Pixel große Zeichenfläche unter dem Bezeichner bild, und bild.background(farbschema[0]) füllt die Zeichenfläche mit der ersten im Farbschema gespeicherten Farbe. Die anschließenden Zeilen setzen die Füllfarbe auf die zweite Farbe im Farbschema und zeichnen einen Kreis.

Damit bei der weiteren Verwendung der Aufgabe nicht aufwendig ermittelt werden muss, wie viele Farben (sprich: Klassen) das Bild enthält, liefern wir diese Information im Rückgabewert der Funktion. Sie hat das Format {bild: bild, nFarben: nFarben}.

```
function quadratUndHintergrund(farbschema) {
  const bild = createGraphics(100, 100);
  bild.background(farbschema[0]);
  bild.noStroke();
  bild.fill(farbschema[1]);
  bild.rectMode(CENTER);
  bild.rect(50, 50, 60);
  return {bild: bild,
          nFarben: 2};
}
```

Listing 12.1 Die Funktion zur Aufgabe quadratUndHintergrund

```
const farbschema = [[200,0,0],
                     [0,0,200],
                     [0,150,0],
                     [128,0,255],
                     [255,140,0],
                     [0,128,255],
                     [0,255,128]];
```

Listing 12.2 Das Farbschema regelt die Zuordnung von Farben und Klassen.

Wenn Sie nach diesem Prinzip eine neue Aufgabe programmieren, schreiben Sie eine entsprechende Funktion in die Datei *code/datengenerator.js*. Damit die Aufgabe ausgewählt werden kann, müssen Sie in der Datei *code/gui.js* in der Funktion erzeugeGUI() noch einen entsprechenden Eintrag ergänzen:

```
this.aufgabenWaehler.option("meineSelbstprogrammierteAufgabe");
```

12

Wenn Sie per Drop-down eine neue Aufgabe auswählen, erzeugen Sie damit automatisch einen neuen Datengenerator. Der kümmert sich um alles Weitere.

12.8 Zusammenfassung und Ausblick

Mit dem Abschluss dieses Kapitels haben Sie einige der zentralen Fachbegriffe kennengelernt, denen Sie unweigerlich begegnen werden, wenn Sie sich auch über die Lektüre dieses Buchs hinaus mit neuronalen Netzen beschäftigen wollen.

Unsere Darstellung hat sich aus didaktischen Gründen allerdings bisher auf neuronale Netze beschränkt, bei denen die benachbarten Schichten vollständig miteinander verbunden sind und die per überwachtem Lernen darauf trainiert werden können, Klassifizierungsaufgaben zu lösen.

Tatsächlich gibt es noch unzählige weitere Varianten von Netzarchitekturen, alternative Lernverfahren und Aufgaben jenseits der Datenklassifizierung. Im folgenden Kapitel stellen wir einige alternative Architekturen, Lernverfahren und Aufgabenstellungen vor.

Kapitel 13
Neuronale Netze IV: Faltungsnetze, Autoencoder, GANs und DQL

In den vorherigen drei Kapiteln haben Sie die wichtigsten Grundlagen zum Thema neuronale Netze kennengelernt. Dabei haben wir uns auf vollständig verbundene Netze konzentriert – und gezeigt, wie wir sie nutzen, um Eingaben zu klassifizieren. In diesem Kapitel weiten wir den Blick und stellen einige alternative Architekturen und Anwendungsbeispiele vor. Ausführlich werden wir uns mit Faltungsnetzen befassen. Zudem skizzieren wir kurz, was es mit Autoencodern, GANs und Deep Q-Learning auf sich hat.

Worum es in diesem Kapitel geht

- *Faltungsnetze* sind besonders gut zur Verarbeitung visueller Daten geeignet.
- *Autoencoder* können zur Datenkompression und Dimensionsreduktion genutzt werden.
- *GANs* sind in der Lage, Eigenschaften von Trainingsdaten zu imitieren und so täuschend echte Fälschungen zu produzieren.
- *Deep Q-Learning* ist eine Erweiterung des Q-Learnings, die ein neuronales Netz anstelle einer Q-Tabelle nutzt.

13.1 Faltungsnetze

Bei vollständig verbundenen neuronalen Netzen sind alle Neuronen benachbarter Schichten miteinander verbunden. Doch gibt es zahlreiche alternative Netzarchitekturen. In diesem Abschnitt stellen wir *Faltungsnetze* (engl. *Convolutional Neural Networks*) vor, die bei der Verarbeitung von Bilddaten Erstaunliches leisten.

Wesentlicher Bestandteil eines Faltungsnetzes sind die sogenannten *Filterkernel*. Sie stammen ursprünglich aus der digitalen Bildbearbeitung. Filterkernel können Bilder weichzeichnen, schärfen oder Kanten hervorheben. Bevor wir im Detail zeigen, wie das funktioniert, schauen wir uns zunächst eine praktische Anwendung an.

13.1.1 Das Beispielprogramm Filterlabor I

Im Programm »Filterlabor I« wählen Sie mittels zweier Drop-down-Menüs unterschiedliche Bilddateien und Filterkernel aus. Oben sehen Sie jeweils das Originalbild, unten das gefilterte Ergebnis. Abbildung 13.1 zeigt die Anwendung eines Laplace-Filters zur Hervorhebung von Kanten. Abbildung 13.2 zeigt die Ausgaben der Filter »Prewitt links«, »Prewitt rechts«, »Prewitt oben« und »Prewitt unten«.

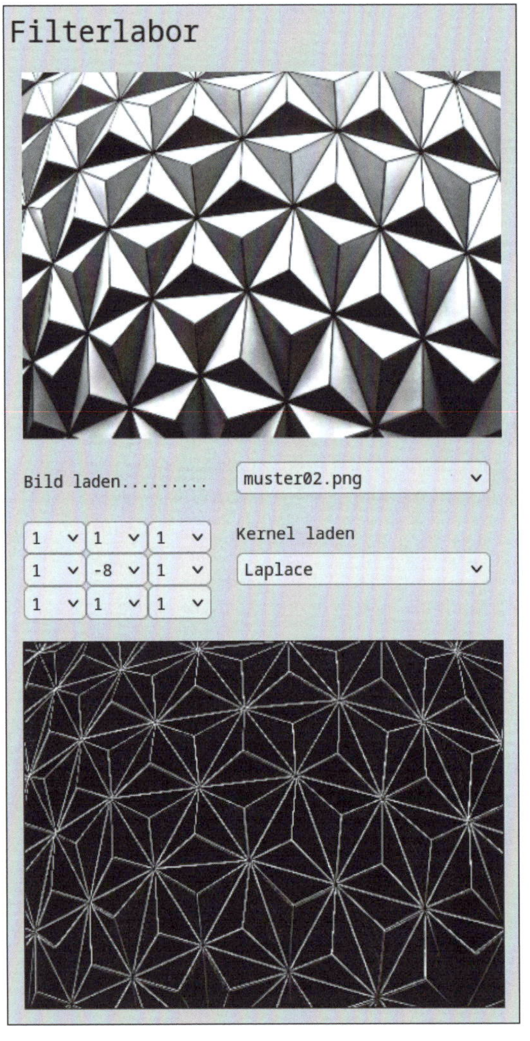

Abbildung 13.1 Das Beispielprogramm »Filterlabor I«

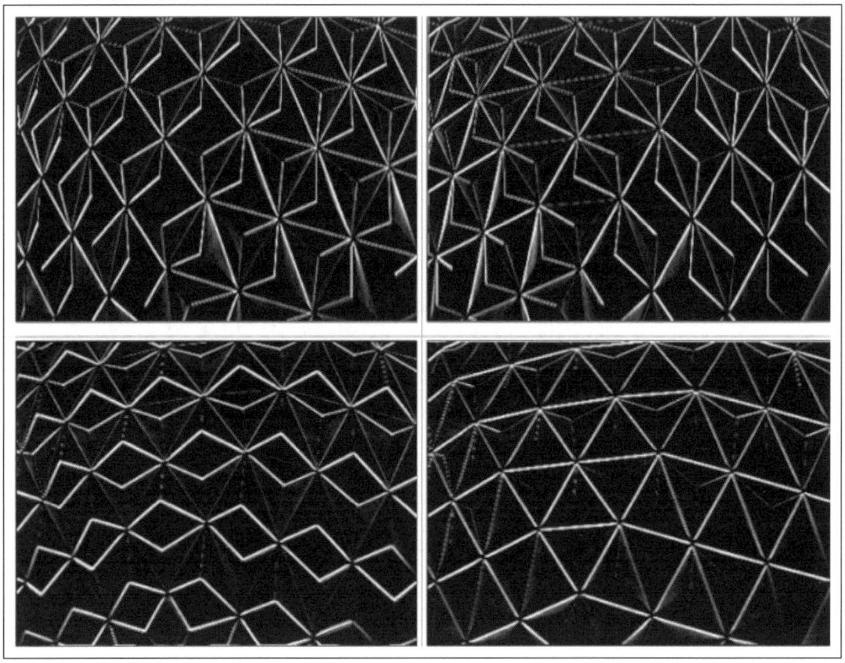

Abbildung 13.2 Ausgaben der vier Prewitt-Filter

Filterkernel können jede beliebige Dimension haben. Im Fall unseres Beispielprogramms ist der Kernel eine Matrix mit den Abmessungen 3 × 3. Die darin eingetragenen Werte nennen wir *Gewichte*. Sie können diese Matrix des aktuell gewählten Filters im Programmfenster anschauen und verändern. Den Zusammenhang zwischen Filterkernel und Ergebnis klären wir im nächsten Abschnitt.

13.1.2 Der Filterkernel in Aktion

Im Folgenden zeigen wir im Detail, wie ein Filter unter Anwendung eines Kernels aus einem ursprünglichen Bild A ein gefiltertes Bild B berechnet. Bild B hat die gleichen Abmessungen wie Bild A.

Wir können uns den Filterkernel wie ein kleines Bild vorstellen, das Pixel für Pixel spalten- und zeilenweise über Bild A läuft. Das zeigt Abbildung 13.3. Mit jedem Schritt, den der Filterkernel auf Bild A vorrückt, wird jeweils der Helligkeitswert eines Pixels in Bild B berechnet – und zwar für jene Position, die *mittig* unter dem Filterkernel liegt. Aus diesem Grund haben Filterkernel in der Regel ungerade Abmessungen wie 3 × 3 oder 5 × 5, weil nur dann die Mitte eindeutig bestimmt werden kann.

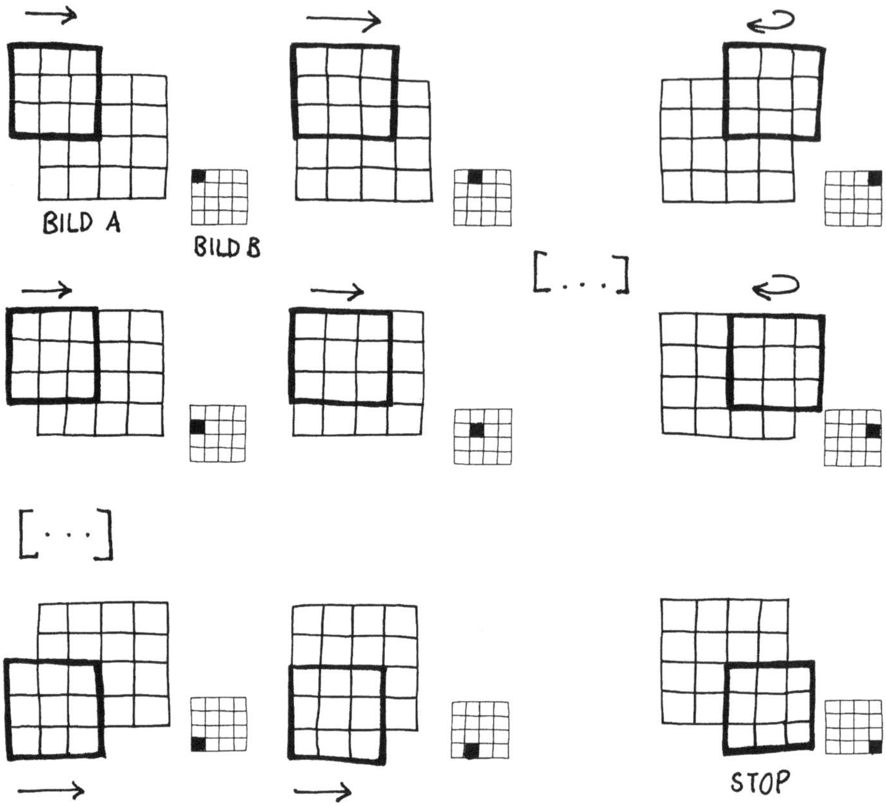

Abbildung 13.3 Der Filterkernel läuft Zeile für Zeile und Spalte für Spalte über Bild A ...

Abbildung 13.4 verdeutlicht die Berechnung des Helligkeitswerts für ein einzelnes Pixel in Bild B:

- Wähle jeweils den Ausschnitt von Bild A, der unter dem Filterkernel liegt.
- Multipliziere diesen Ausschnitt elementweise mit dem Kernel.
- Das Ergebnis ist wiederum eine Matrix mit 3 × 3 Elementen.
- Die Summe aller Werte in dieser Matrix ist der Helligkeitswert, der an der entsprechenden Stelle von Bild B eingetragen wird.

Im konkreten Beispiel hat der Filterkernel »Prewitt links« eine linksseitige Kante erkannt: Da im untersuchten Bildausschnitt die Pixel auf der linken Seite heller sind als jene auf der rechten Seite, liefert der Filter für diese Stelle einen hohen Wert.

Für all jene, die es ganz genau wissen wollen: In unserem Beispielprogramm müssen wir den errechneten Helligkeitswert noch auf den für Graustufen zulässigen Wertebereich zwischen 0 und 255 skalieren. In den meisten Fällen genügt es, das Ergebnis durch die Anzahl der Gewichte des Kernels zu teilen, in unserem Beispiel also durch 9. Dieses Detail ist aber für das Verständnis des Algorithmus nicht zwingend notwendig und spielt bei der Anwendung in Faltungsnetzen keine Rolle.

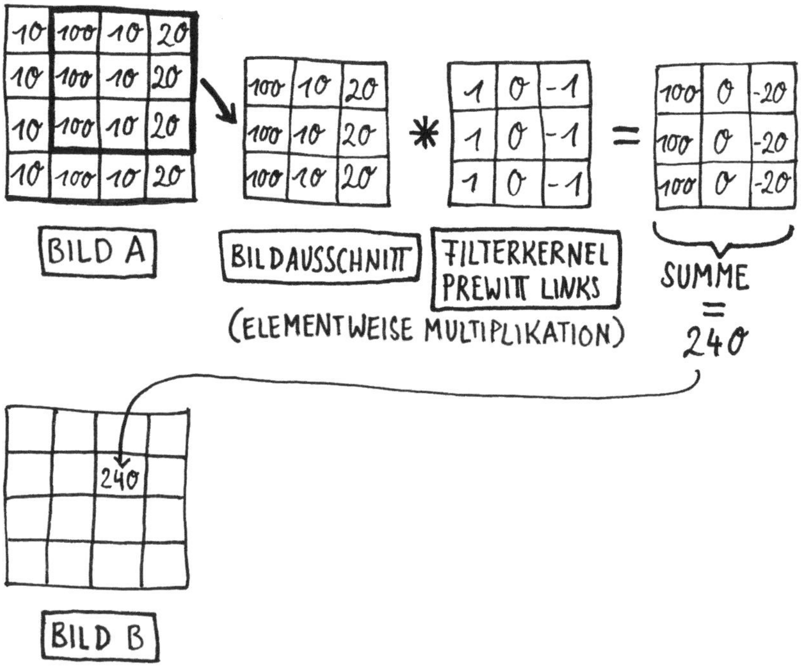

Abbildung 13.4 ... und berechnet jeweils den Helligkeitswert eines Pixels in Bild B.

13.1.3 Padding und Striding

Damit Bild A und Bild B identische Abmessungen haben, müssen wir einen Trick anwenden. Schauen Sie sich dazu noch einmal den ersten Schritt in Abbildung 13.3 an. Der Filterkernel steht über der oberen linken Ecke von Bild A. Er kann daher eigentlich keinen 3 × 3 Pixel großen Ausschnitt aus Bild A wählen, da er sozusagen halb in der Luft hängt. Wir lösen das Problem, indem wir für die fehlenden Werte eine 0 einsetzen. Diese Einsetzung fehlender Werte wird auch im Deutschen *Padding* (für »Auffüllen«) genannt.

Bei der Anwendung von Filterkerneln in neuronalen Netzen ist es oft notwendig, die Abmessungen des Bildes zu reduzieren. Welchen Nutzen das bringen kann, erfahren Sie weiter unten. Eine solche Reduktion können Sie erreichen, indem Sie den Filterkernel in größeren Schritten über Bild A laufen lassen. Bei einer Schrittweite von 1 ist Bild B genauso groß wie Bild A. Bei einer Schrittweite von 2 überspringt der Filterkernel jede zweite Spalte und jede zweite Zeile. Im Ergebnis ist Bild B nur halb so breit und halb so hoch wie Bild A. Diese Technik nennt sich *Striding* (für »Schreiten«).

13.1.4 Das Beispielprogramm Filterlabor II

Sie wissen jetzt, wie ein Filterkernel funktioniert. Um die Aufgabe von Filterkerneln in einem neuronalen Netz deutlich zu machen, haben wir ein zweites Beispielprogramm geschrieben.

Im »Filterlabor II« können Sie per Drop-down-Menü verschiedene Zeichen auswählen. Auf der linken Seite sehen Sie das ausgewählte Zeichen als ungefiltertes Bild. Jedes Mal, wenn Sie ein Zeichen wählen, läuft dieses Originalbild parallel durch sechs Filterketten. Jede Filterkette besteht aus neun in Reihe geschalteten Filtern, von denen jeder einen *zufällig* ausgewählten Kernel nutzt.

Jeder der Filter arbeitet mit einer Schrittweite von 2. Im Ergebnis halbiert jeder Filter die Auflösung, sodass nach neun Schritten lediglich ein einziges Pixel übrig bleibt.

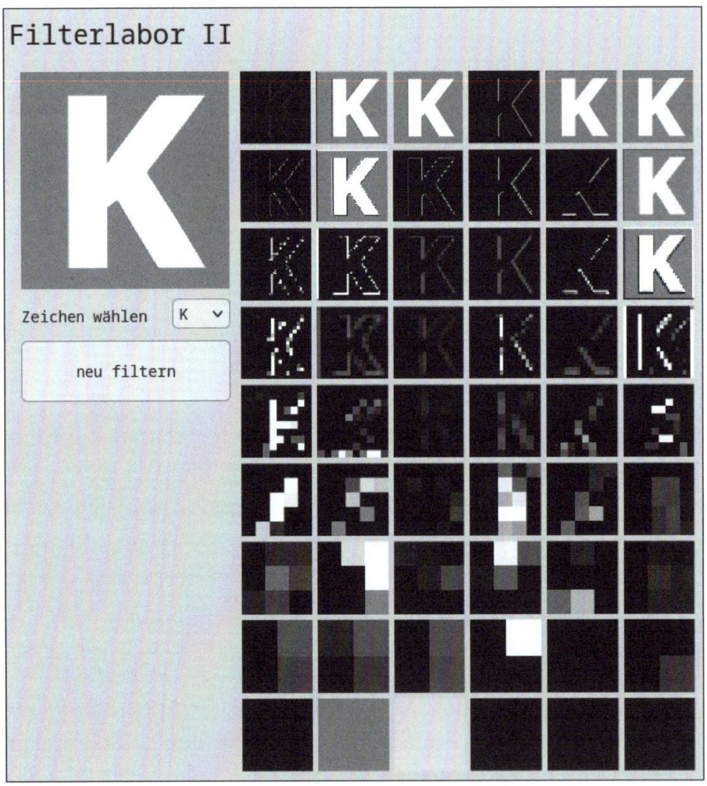

Abbildung 13.5 Das Beispielprogramm »Filterlabor II«

13.1.5 Eine Filterkombination, die den Buchstaben K erkennt

Per Knopfdruck können Sie alle Filterketten mit neuen, zufällig ausgewählten Filterkerneln bestücken. Wenn Sie lange genug probieren – Sie müssen das nicht wirklich tun, es reicht, wenn Sie es sich vorstellen! –, werden Sie vielleicht Folgendes finden:

- Eine Filterkette, die am Ende ein weißes Pixel ausgibt, wenn in der linken Hälfte des Originalbilds ein senkrechter Strich zu sehen ist.
- Eine weitere Filterkette könnte eine ansteigende Diagonale im oberen rechten Viertel des Originalbilds identifizieren.
- Eine dritte Filterkette könnte eine absteigende Diagonale im unteren rechten Viertel finden.

Wenn diese drei Merkmale gleichzeitig auftreten, könnten wir schlussfolgern, dass wir es mit dem Buchstaben »K« zu tun haben. Abbildung 13.6 zeigt das Prinzip.

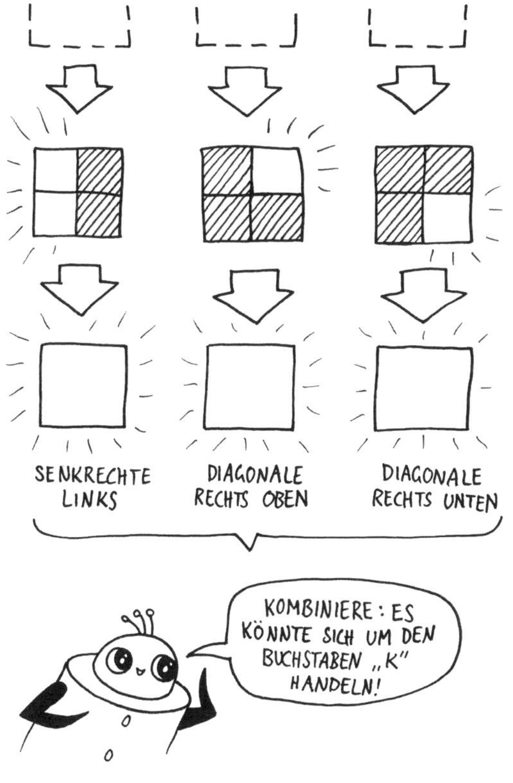

Abbildung 13.6 Drei Filterketten finden jeweils ein Merkmal, die in Kombination für den Buchstaben »K« sprechen.

Letztlich ist es genau das, was in einem Faltungsnetz passiert: Filterkernel können einfache Merkmale (eine ansteigende Diagonale) und deren räumliche Positionierung (oben rechts) identifizieren. Ausgaben von Filterkerneln, die das Vorhandensein von bestimmten Merkmalen und deren räumliche Anordnung darstellen, werden auch in der deutschsprachigen Fachliteratur *Feature Maps* (»Merkmalslandkarten«) genannt.

Durch die Kombination von Filtern, die einfache Merkmale erkennen, können – wie in Abbildung 13.6 gezeigt – komplexere zusammengesetzte Merkmale identifiziert werden: der Buchstabe »K«, ein Halteverbotsschild, das spitze Ohr einer Katze.

Dieser Prozess von Merkmalserkennung und Kombination kann sich auf dem Weg des Eingangssignals durch das Faltungsnetz beliebig oft wiederholen, um immer komplexere zusammengesetzte Strukturen zu erkennen. *Letztlich ist für ein Faltungsnetz eine Katze nur eine räumliche Anordnung von Merkmalen.*

13.1.6 Die Struktur eines Faltungsnetzes

Filterkernel sind in sogenannten *Faltungsschichten* organisiert, die jeweils eine bestimmte Anzahl von Filterkerneln enthalten.

Abbildung 13.7 zeigt die Architektur eines einfachen Faltungsnetzes. Es soll 8 × 8 Pixel große Bilder in drei verschiedene Klassen einteilen. Bitte beachten Sie, dass das Faltungsnetz *die räumliche Anordnung der Pixel beibehält*. Dies ist ein wesentlicher Unterschied zu dem in Abbildung 10.5 gezeigten neuronalen Netz, bei dem das Bild schon vor der Eingabe auf eine Dimension »flachgedrückt« wird.

Es ist sinnvoll, sich vorzustellen, dass ein Bild ein Signal ist, das durch das Netz hindurchfließt. Wenn ein Signal eine Schicht durchquert, ändert sich die Form (engl. *Shape*) des Signals. So nennen wir die Anzahl der Dimensionen und deren jeweilige Ausdehnung. Sie wird meist in dieser Form notiert: (4, 4, 4).

Der Aufbau des in Abbildung 13.7 gezeigten Netzes sieht dann wie folgt aus:

- Die erste *Faltungsschicht* enthält 4 Filterkernel und wendet diese mit Schrittweite 2 an. Daher ist die Seitenlänge auf der Ausgabeseite dieser Schicht halbiert. Weil jeder Filterkernel eine eigene Ausgabe produziert, ist das Ergebnis ein Würfel mit der Shape (Breite × Höhe × Anzahl Filterkernel), also (4, 4, 4).
- Die zweite Faltungsschicht enthält 2 Kernel und arbeitet ebenfalls mit Schrittweite 2. Das Ergebnis ist daher ein Würfel mit der Shape (2, 2, 2).
- Da unser Faltungsnetz letztlich eine Klasse liefern soll, müssen wir irgendwann das dreidimensionale Signal in ein eindimensionales Signal umwandeln. Das erledigt die *Umordnungsschicht*. Sie ändert Anzahl und Inhalt der Werte nicht, sondern lediglich

deren Anordnung: Aus (2, 2, 2) wird (8). In der Praxis gibt es für diese Aufgabe eigene Schichttypen namens *Flatten* (für »Flachdrücken«) oder *Reshape* (für »Umformen«).

- Zu guter Letzt folgt eine vollständig verbundene Schicht, wie Sie sie schon in Kapitel 10, »Neuronale Netze I: Das Häschenproblem«, kennengelernt haben.

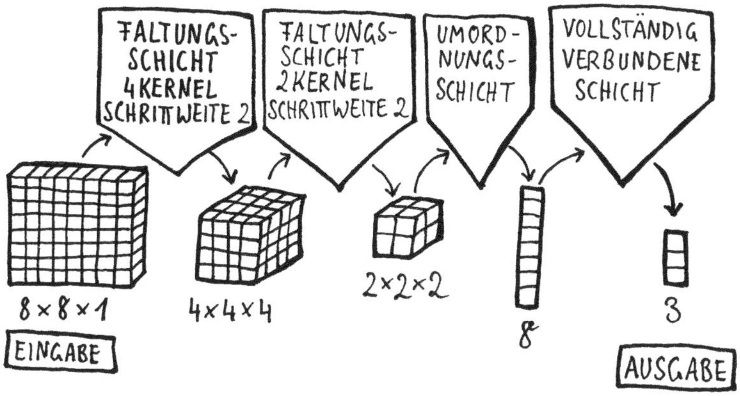

Abbildung 13.7 Die Architektur eines sehr einfachen Faltungsnetzes

In der Regel enthalten Faltungsnetze deutlich mehr Schichten und Filterkernel als das abgebildete Beispiel. Die gezeigte Anordnung ist bei Klassifizierungsaufgaben allerdings Standard: eine Reihe von Faltungsschichten, gefolgt von einer Reihe vollständig verbundener Schichten.

13.1.7 Faltungsnetze trainieren

Wie finden wir aber eine Kombination von Filterkerneln, die Katzen von Hunden, Lastkraftwagen oder Fröschen unterscheiden kann? Eigenhändiges Justieren oder bloßes Herumprobieren wird uns kaum zum Ziel führen. Die Antwort ist so einfach wie verblüffend: *Wir können die Gewichte aller Filterkernel per Gradientenabstieg im Rahmen des überwachten Lernens justieren.* Moderne Umgebungen für maschinelles Lernen wie *Keras* oder *PyTorch* können den Backpropagation-Algorithmus auf beliebig komplexe Netzarchitekturen anwenden.

Hintergrund: Ein Wegweiser durch das Dimensionslabyrinth

Anfängerinnen und Einsteiger haben nach unserer Erfahrung oft Schwierigkeiten, die Shape von Signalen auf dem Weg durch ein Faltungsnetz zu verstehen. Uns ging es nicht anders, als wir uns erstmals mit diesem Thema beschäftigt haben. Um der Verwirrung Einhalt zu gebieten, liefern wir Ihnen einige vertiefende Hinweise.

- Wenn das Bild auf der Eingangsseite 8 × 8 Pixel groß und farbig ist, dann ist die Shape des Eingangssignals (8, 8, 3). Die dritte Dimension steht für die Farbkanäle. Wir können uns das Bild als einen Quader vorstellen, den wir in drei Scheiben schneiden könnten: Jede Scheibe steht für einen der Farbkanäle Rot, Grün und Blau.
- Falls wir Graustufenbilder mit 8 × 8 Pixeln verarbeiten wollen, benötigen wir keine Farbkanäle. Viele Umgebungen für maschinelles Lernen (wie Keras oder PyTorch) verlangen bei Faltungsschichten aber grundsätzlich eine dritte Dimension. Daher müssen wir das Signal umformen und eine dritte, flache Dimension hinzufügen: Aus (8, 8) wird (8, 8, 1). Das haben wir in Abbildung 13.7 auch berücksichtigt.
- Unabhängig davon, welche Ausdehnung die dritte Dimension des Eingangssignals einer Faltungsschicht hat: Die Ausdehnung der dritten Dimension des Ausgangssignals entspricht *immer* der Anzahl der Filterkernel in dieser Schicht.
- Wenn also das eingespeiste Bild farbig ist, steht die dritte Dimension für die Farbkanäle. Ab der ersten Faltungsschicht gilt, dass die dritte Dimension für die Ausgaben der einzelnen Filterkernel steht.

Ist der Faltungsschicht die Ausdehnung der dritten Dimension des Eingangssignals also egal? Nein! Denn *jeder einzelne Filterkernel überdeckt das komplette Eingangssignal.* Wenn die dritte Dimension des Eingangssignals die Ausdehnung 3 hat, ist auch der Filterkernel dreidimensional und hat die entsprechende Anzahl trainierbarer Gewichte.

In diesem Punkt ist die Bezeichnung *Conv2d* für zweidimensionale Faltungsschichten unter Keras und PyTorch irreführend. Denn mit »zweidimensional« ist nicht die Form des Filterkernels gemeint, sondern die Form des Ausgangssignals eines einzelnen Filterkernels.

13.2 Modelle, die Bilder erzeugen

Die bisher vorgestellten Modelle haben eindimensionale Eingaben (wie Messwerte und Koordinaten) oder zweidimensionale Eingaben (also Bilder) verarbeitet. Die Ausgabe war immer eindimensional, da es immer um die korrekte Zuordnung zu einer Klasse ging.

Neuronale Netze können allerdings weitaus mehr leisten als Eingaben zu klassifizieren. Es ist zum Beispiel möglich, Modelle zu entwerfen, in die wir Bilder hineingeben, um wiederum Bilder herauszubekommen. Das Ausgangssignal wäre in diesem Fall zweidimensional – beziehungsweise dreidimensional, wenn die Bilder farbig sein sollen.

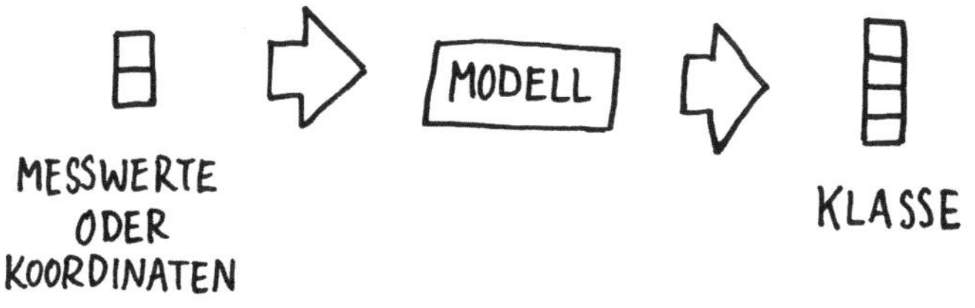

Abbildung 13.8 Ein Modell, das Messwerte oder Koordinaten klassifiziert

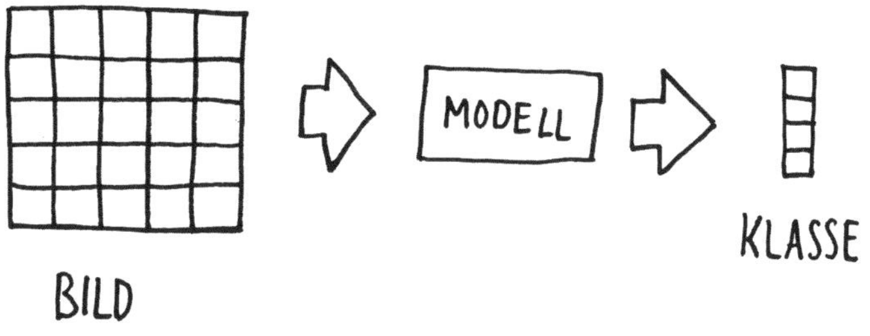

Abbildung 13.9 Ein Modell, das Bilder klassifiziert

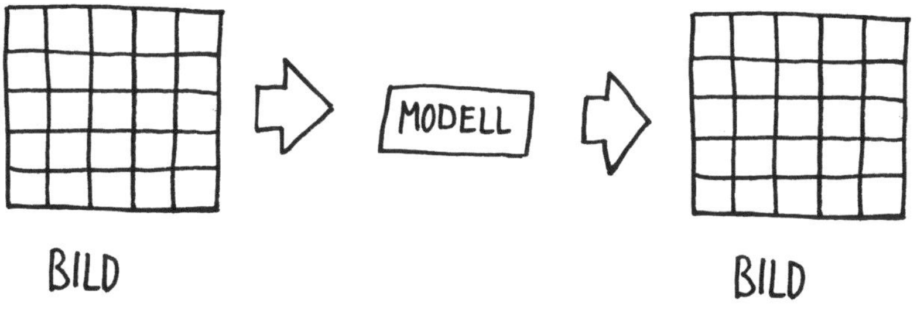

Abbildung 13.10 Ein Modell, das Bilder erwartet und Bilder ausgibt.

Wozu soll das gut sein? Ein möglicher Anwendungsfall für Architekturen, die Bilder Bildern zuordnen, ist die Verbesserung der Bildqualität. So ist es möglich, Modelle darauf zu trainieren, die Schärfe eines Bildes zu erhöhen, die Auflösung zu verbessern oder Farbe in Schwarz-Weiß-Bilder hineinzurechnen. Solche Anwendungen sind auch ein dankbares Lern- und Experimentierfeld, denn für diese Aufgaben lassen sich mit geringem Aufwand Trainingsbeispiele in unbegrenzter Zahl erzeugen, siehe Abschnitt 12.3.2 zum Thema Generatoren. Auch das Lokalisieren und Unkenntlichmachen von Gesichtern und Nummernschildern aus Gründen des Datenschutzes lässt sich mit solchen Architekturen gut umsetzen

13.3 Autoencoder

Der Autoencoder ist eine Architektur, die darauf trainiert wird, exakt das gleiche Signal auszugeben, das hineingegeben wurde. Sie werden sich nun vielleicht fragen, wozu man sich diese Mühe machen sollte. Der spezielle Kniff des Autoencoders besteht darin, dass das Signal durch einen *Flaschenhals* läuft. Das sehen Sie in Abbildung 13.11:

- An der Eingangsschicht besteht das Signal aus zehn Werten.
- In drei Schritten wird das Signal auf drei Werte reduziert.
- In drei weiteren Schritten wird das Signal wiederum auf zehn Werte erweitert.

Der reduzierende Abschnitt wird *Enkodierer* genannt, der erweiternde Abschnitt *Dekodierer*.

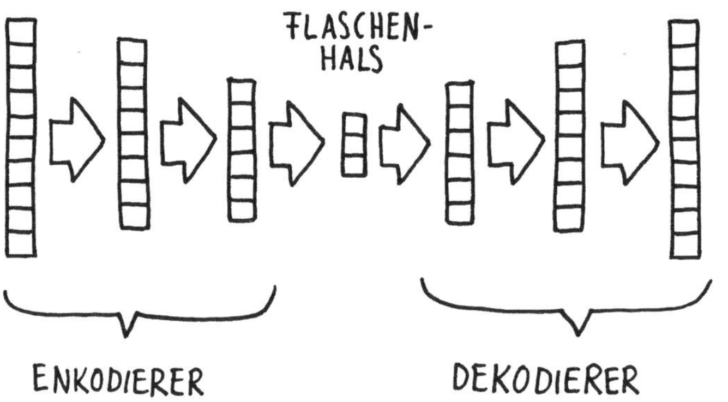

Abbildung 13.11 Das Prinzip der Autoencoder-Architektur

Wir versuchen nun, das Modell darauf zu trainieren, ein exakt gleiches (oder sehr ähnliches) Signal auszugeben, wie hineingegangen ist. Wenn uns das gelingt, haben wir ein *Komprimierungsverfahren* gefunden, mit dem sich die Datenmenge auf ein knappes Drittel reduzieren lässt, ohne dass dabei wesentliche Informationen verloren gehen.

13.3.1 Dimensionsreduktion

In der Praxis werden Enkodierer und Dekodierer so programmiert, dass sie sich getrennt nutzen lassen. Auf diese Weise können Sie zum Beispiel das in Abschnitt 9.4.2, »Zu viele Dimensionen«, genannte Problem der Dimensionsreduktion beim k-means-Clustering angehen.

Angenommen, Ihre Datenpunkte wären zehndimensional, was letztlich bedeutet, dass jeder Datenpunkt durch zehn Werte repräsentiert wird. Dann könnten Sie einen Autoencoder wie den in Abbildung 13.11 darauf trainieren, die Datenpunkte weitgehend unverändert auszugeben. Anschließend könnten Sie den Enkodierer nutzen, um sämtliche Datenpunkte von zehn auf drei Dimensionen zu reduzieren und erst anschließend das k-means-Clustering anwenden.

13.3.2 Daten ausdenken

Eine besonders faszinierende Anwendung des Autoencoders eröffnet die Möglichkeit, Daten zu erzeugen, die die Eigenschaften der Trainingsdaten reproduzieren. So können Sie einen Autoencoder mit handgeschriebenen Zeichen aus dem MNIST-Datensatz (siehe Abschnitt 12.3, »Validierungsdaten, Überanpassung, Generatoren«) trainieren, dann zufallsgenerierte Werte in den Dekodierer hineinschicken und auf diese Weise neue »handgeschriebene« Zeichen erzeugen. Damit das gut klappt, sind einige mathematische Tricks notwendig. Wenn Sie mehr darüber erfahren wollen, suchen Sie nach dem Begriff *Variational Autoencoder*.

13.4 Generative Adversarial Networks

Die sogenannten *Generative Adversarial Networks* (deutsch »generative gegnerische Netze«, abgekürzt *GANs*) sind ebenfalls in der Lage, Eigenschaften von Daten zu reproduzieren. Das klappt besonders gut und beeindruckend mit Bildern. Angenommen, Sie hätten Tausende Bilder von Kaffeetassen. Dann könnten Sie ein GAN darauf trainieren, »kaffeetassenartige« Bilder in unbegrenzter Zahl zu erzeugen. Wie funktioniert das?

Abbildung 13.12 zeigt das Prinzip eines GANs. Hier treten zwei Modelle in einen Wettstreit:

- Der *Generator* versucht, Bilder zu erzeugen, die möglichst kaffeetassenartig aussehen.
- Der *Diskriminator* soll echte Bilder von Kaffeetassen und Fälschungen des Generators unterscheiden.

Am Beginn des Trainings sind die Gewichte beider Modelle mit zufälligen Werten initialisiert: Der Generator produziert daher zunächst lediglich Rauschen, also graue Bilder ohne jede erkennbare Kontur. Der Diskriminator bekommt zufällig ausgewählte Originale und Fälschungen des Generators präsentiert. Solange der Diskriminator untrainiert ist, sind die von ihm getroffenen Unterscheidungen lediglich geraten. Er wird in 50 % der Fälle danebenliegen und in 50 % der Fälle richtig raten.

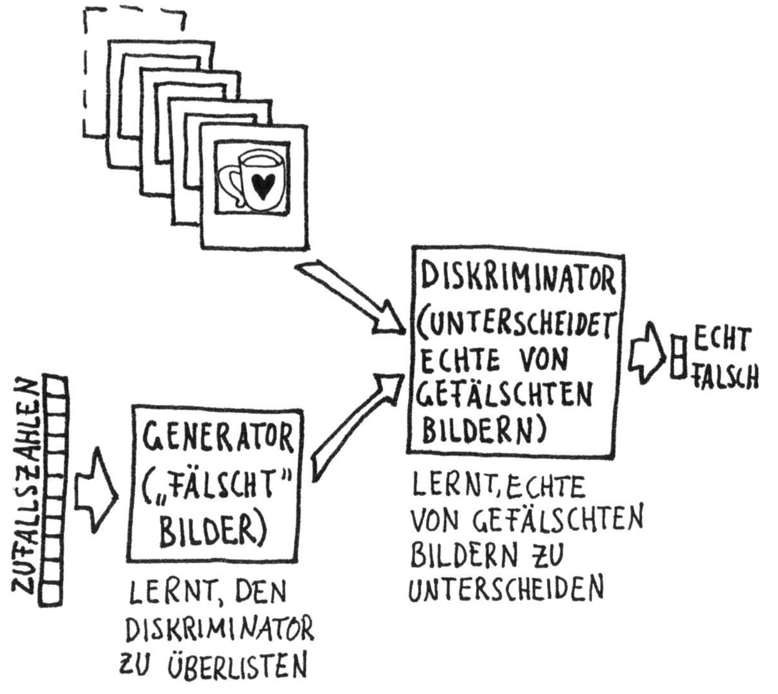

Abbildung 13.12 In der GAN-Architektur treten zwei Modelle gegeneinander an: der Generator und der Diskriminator.

Nun werden die beiden Modelle parallel trainiert:

- Die Verlustfunktion des Generators bestraft Fälschungen, die vom Diskriminator als solche erkannt wurden.
- Die Verlustfunktion des Diskriminators bestraft falsch klassifizierte Eingaben, also Fälschungen, die als Original erkannt wurden, und Originale, die als Fälschungen klassifiziert wurden.

Diese durch die entgegengesetzten Verlustfunktionen definierte Konkurrenzsituation führt im Idealfall dazu, dass der Generator im Verlauf des Trainings immer bessere Fälschungen produziert: Im konturlosen Grau zeichnen sich zunächst bogenförmige Kanten ab, die mit etwas gutem Willen als Rand einer Kaffeetasse durchgehen ... Am Ende des Trainings produziert der Generator möglicherweise Bilder, die selbst menschliche Betrachter nicht mehr als Fälschungen erkennen können.

Bleibt zu klären, was es mit den Zufallszahlen auf sich hat, die in der Abbildung in den Generator hineinfließen: Diese sorgen für Variationen bei den Ausgaben, also in diesem

Fall bei den gefälschten Kaffeetassenbildern. Ohne diese Variationen würde das ganze Verfahren nicht funktionieren, denn der Generator würde immerzu das gleiche Bild ausgeben und somit dem Diskriminator keine Schwierigkeiten bereiten.

Einen einfachen Weg, selbst mit GANs und anderen bilderzeugenden Modellen zu experimentieren, bietet die Seite *https://www.artbreeder.com/*. Abbildung 13.13 zeigt Bilder, die der Artbreeder berechnet hat. Der Artbreeder verwendet ein vieldimensionales GAN, wobei die einzelnen Dimensionen für Bildklassen wie *Hot Dog*, *Ananas*, *Sportschuh*, *Buchhandlung*, *Burg* oder *Kaffeetasse* stehen. Indem Sie durch diesen vieldimensionalen Raum navigieren, können Sie äußerst seltsame Bilder finden, die Eigenschaften der Bildklassen vereinen – siehe Abbildung 13.14.

Abbildung 13.13 Mit Artbreeder berechnete Bilder von einem Vogel, einer Burg und einem Hund

Abbildung 13.14 Seltsame visuelle Fantasien aus dem Artbreeder

13.5 Deep Q-Learning

Zu guter Letzt möchten wir kurz das *Deep Q-Learning* vorstellen. In Kapitel 7 haben wir gezeigt, wie ein Agent per Q-Learning mittels Q-Tabelle lernen kann, für jeden Umweltzustand die vielversprechendste Aktion zu finden. Und in Abschnitt 7.13.2, »Die Grenzen des Verfahrens«, haben wir erklärt, dass dieses Verfahren nur auf Probleme anwendbar ist, bei denen die Anzahl der Zustände und Aktionen überschaubar ist.

Bei komplexeren Problemen muss ein anderes Verfahren her. Hier bietet sich das Deep Q-Learning an. Dabei wird die Q-Tabelle durch ein Modell ersetzt, das darauf trainiert wird, für jeden Umweltzustand die beste Aktion zu finden.

Das Modell arbeitet dabei wie ein Klassifizierer. Angenommen, dem Agenten stünden vier Aktionen zur Verfügung. Dann besteht die Ausgabeschicht des Modells aus vier Neuronen. Jedes Neuron ist einer Aktion zugeordnet. Die Aktivierung jedes einzelnen Neurons steht dann für den Q-Wert der zugeordneten Aktion.

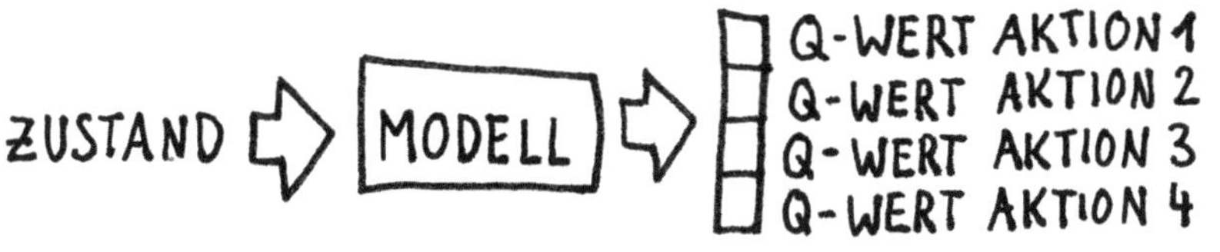

Abbildung 13.15 Beim Deep Q-Learning ersetzt ein Modell die Q-Tabelle.

13.5.1 Wie kommt die Umwelt ins Modell?

In Kapitel 7, »Q-Learning«, hatten wir die Umweltzustände durchnummeriert. Das ist im Falle des Deep Q-Learnings aber nicht die einzige Möglichkeit, die Umwelt in das Modell hineinzuschicken. Hier sind dem Einfallsreichtum und der Experimentierfreude keine Grenzen gesetzt. Wenn Sie etwa versuchen, per Deep Q-Learning einen perfekten Breakout-Spieler zu trainieren, könnten Sie die Positionen des Balls, des Schlägers und der vorhandenen Mauersteine in einer einzigen Zahl codieren – das ist die Nummer des Umweltzustandes, wie in Kapitel 7 gesehen. Es ist aber auch möglich, den Zustand des Spiels in Form eines Screenshots in das Modell hineinzugeben. Dieser könnte dann von einem Faltungsnetz verarbeitet werden. Sie sind, anders als beim Q-Learning mittels Q-Tabelle, auch nicht mehr auf diskrete Umweltzustände beschränkt. Wenn Sie beispielsweise einen Q-Learner darauf trainieren wollen, eine Mondfähre sicher zu landen, können Sie die aktuelle Position und die Geschwindigkeit als kontinuierliche Werte in das Modell schicken.

13.6 Zusammenfassung und Ausblick

In der Einleitung haben wir behauptet, dass alle aktuell verfügbaren KI-Anwendungen jeweils auf *eine bestimmte Klasse von Aufgaben spezialisiert* sind. Wenn Sie das Buch bis hierher gelesen haben, wissen Sie sehr viel genauer, was wir damit meinen: Sie können mit neuronalen Netzen so gut wie jedes Problem lösen – wenn es Ihnen gelingt, für das Problem eine Verlustfunktion zu formulieren, die die Korrektheit der jeweiligen Ausgaben in einem Zahlenwert ausdrückt. In diesem Fall sind die Konstruktion und das Training eines passenden neuronalen Netzes in den meisten Fällen eine Frage von Geduld und Rechenkapazität.

Die vielseitige Anwendbarkeit von neuronalen Netzen ist faszinierend, markiert aber zugleich die Grenzen dessen, was wir aktuell unter KI verstehen: So gibt es eine Vielzahl von wichtigen Problemen, bei denen die Formulierung einer Verlustfunktion unmöglich erscheint. Es zeigt sich zudem, wie weit wir bei der KI von einer allgemeinen Intelligenz entfernt sind, wie wir sie schon bei Kleinkindern beobachten. Wir Menschen sind in der Lage, auf einem Gebiet erworbenes Wissen auf andere Gebiete zu übertragen. Wir müssen auch nicht Tausende Bilder von Kaffeetassen betrachten, um eine Kaffeetasse zu erkennen oder zu zeichnen. Die Flexibilität menschlichen Denkens ist technisch unerreicht.

Der Informatiker und Autor Andriy Burkov hat den Unterschied zwischen menschlichem und maschinellem Lernen sehr anschaulich beschrieben: »Wenn man das Spielen eines Videospiels erlernt hat, ist man noch immer ein guter Spieler, wenn der Bildschirm ein klein wenig gedreht wird. Ein Machine-Learning-Algorithmus, der mit geradem Blick auf den Bildschirm trainiert wurde, ist nicht mehr in der Lage, das Spiel auf dem gedrehten Bildschirm zu spielen – es sei denn, er wurde auch darauf trainiert, den gedrehten Bildschirm zu erkennen.«

Das funktioniert nicht nur mit Bildern. Neuronale Netze können Texte zu einem vorgegebenen Thema verfassen, Übersetzungen anfertigen, Musikstücke komponieren und vieles mehr. Das folgende und abschließende Kapitel stellt einige grundlegende Techniken vor, welche die Verarbeitung und Produktion von Texten in neuronalen Netzen möglich machen.

Kapitel 14
Transformer verstehen

Hinter bahnbrechenden KI-Anwendungen wie der Übersetzungssoftware DeepL und Chatbots wie Bard oder ChatGPT steht eine sehr spezifische Bauform neuronaler Netze, die sogenannten *Transformer*. Das sind höchst komplexe Gebilde, zusammengesetzt aus vielen, ebenfalls nicht gerade simpel gestrickten Komponenten. Es würde den Rahmen einer Einführung sprengen, die gesamte Architektur eines solchen Transformers auszubuchstabieren.

Allerdings können wir einen wesentlichen Teil aus der Transformer-Architektur herauslösen, ausführlich erklären und anhand selbst programmierter Beispiele vorführen.

In diesem Kapitel geht es vor allem um die Frage, wie neuronale Netze überhaupt Texte im Hinblick auf deren Sinn verarbeiten können. Wenn das geklärt ist, werden wir am Ende des Kapitels zumindest erahnen, was Transformer tun, wenn sie Texte imaginieren, Übersetzungen anfertigen oder Fragen beantworten. Wir werden verstehen, was die oft gehörte Aussage, dass »die Antworten von ChatGPT allein auf Statistik beruhen«, eigentlich zu bedeuten hat.

Worum es in diesem Kapitel geht

- Wir stellen zwei Verfahren vor, die eine Voraussetzung dafür sind, dass Transformer wie ChatGPT und Bard überhaupt Texte verarbeiten und produzieren können.
- *Worteinbettungen* ordnen Wörter in einem *hochdimensionalen Raum* so an, dass sinnhafte und grammatikalische *Relationen* zwischen ihnen in räumlichen Relationen darstellbar und damit als *Vektoren* berechenbar werden.
- *Sequenzeinbettungen* leisten Ähnliches für Texte.
- Die Beispielprogramme »Wort-Navigator« und »Sequenz-Navigator« laden zum Experimentieren mit einfachen Wort- und Sequenzeinbettungen ein.

14.1 Ein Sprachmodell von außen betrachtet

Wenn Sie schon einmal ChatGPT genutzt haben, dürfte Ihnen aufgefallen sein, dass der Chatbot seine Entgegnungen *Wort für Wort* ausgibt. Das hat einen technischen Grund: Tatsächlich berechnet ChatGPT die ausgegebenen Texte genau auf diese Art, also Wort für Wort. Schauen Sie sich dazu Abbildung 14.1 an: Das Modell berechnet aus der Eingabe jeweils ein neues Wort. Dieses wird an die vorherige Eingabe angehängt, um wiederum das nächste Wort zu berechnen.

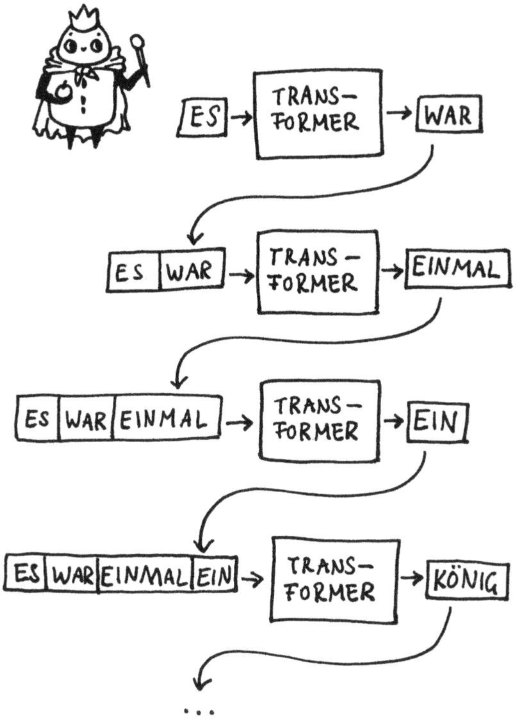

Abbildung 14.1 Ein Transformer berechnet ausgehend von der Eingabe das nächste Wort, hängt es an die Eingabe an und wiederholt den Vorgang.

14.1.1 Unterschiede zum Markow-Prozess

Wenn Sie Kapitel 2, »Texte bauen mit Markow«, gelesen haben, wird Ihnen das bekannt vorkommen. Ein Markow-Prozess baut auf sehr ähnliche Weise Wortfolgen zusammen. Ein Transformer ist ihm aber zumindest in zwei sehr wesentlichen Punkten überlegen:

- Die Länge der Eingabesequenz ist bei Markow festgelegt. So berücksichtigt ein Markow-Prozess dritten Grades nur die jeweils letzten drei Wörter. Ein Transformer hingegen kann im Prinzip beliebig lange Eingabesequenzen verarbeiten.
- Der Markow-Prozess kann nur Wortfolgen fortsetzen, die er beim Anlernen exakt so gesehen hat. Er ist nicht in der Lage, abweichende Schreibweisen oder Bedeutungsähnlichkeiten zu erkennen. Ein Transformer hingegen »versteht«, dass die Wörter

»sprechen« und »reden« oder Sätze wie »Die Wahrscheinlichkeit, dass es morgen regnen wird, ist sehr hoch« und »Es wird morgen mit ziemlicher Sicherheit Regen geben« sehr Ähnliches bedeuten.

Grundsätzlich sind diese Unterschiede technisch begründet: Der Markow-Prozess schlägt in einer Art Tabelle nach, die jeder bekannten Eingabesequenz die jeweils zulässigen Folgewörter zuordnet. Wenn eine Eingabesequenz dort nicht eingetragen ist, bricht die Texterzeugung ab. Der Transformer hingegen ist ein neuronales Netz, das zu jeder Eingabesequenz ein Folgewort mittels Neuronen und Gewichten berechnet. Daher wird er immer ein Folgewort ausgeben – ob dies nun sinnvoll ist oder nicht.

Wir haben in den vorherigen Kapiteln gelernt, wie ein neuronales Netz Messwerte und Bilddaten verarbeitet. Wie aber speisen wir Texte in ein neuronales Netz ein?

14.2 Wörter in Zahlen codieren für Fortgeschrittene

An sich ist die Übersetzung von Texten in Zahlen nichts Besonderes. Schon die alphabetische Anordnung der Einträge eines Wörterbuchs ist aufzählbar: Wir können also jedes Wort als ganze Zahl und damit jeden Satz als Abfolge ganzer Zahlen codieren. Ähnlich sind wir in Kapitel 4, »Wörter gruppieren«, mit den Begriffen verfahren: Jedem Begriff wird bei seinem erstmaligen Erscheinen eine ganze Zahl zugeordnet.

Ohnehin sind Texte, die der Computer verarbeitet, bereits zahlenförmig. Buchstaben werden üblicherweise per *Unicode* oder *ASCII* codiert. Diese Codes ordnen jedem Zeichen eine Zahl zu und erlauben es, Zeichenfolgen in Zahlenfolgen zu übersetzen.

Es herrscht also kein Mangel an Verfahren, Texte in Zahlen zu codieren. Was spricht dagegen, auf diese zurückzugreifen, um in natürlicher Sprache geschriebene Texte in ein neuronales Netz einzuspeisen?

Das Problem ist: *Die hier beschriebenen Verfahren können zwar Texte in Zahlen übersetzen, die Zuordnung ist allerdings vollkommen beliebig.* Nahe beieinanderliegende Zahlen lassen nicht auf eine ähnliche Bedeutung schließen: Der »Aal« und die Stadt »Aachen« liegen im Lexikon dicht beieinander, haben aber unter normalen Umständen nur wenig miteinander zu tun.

Wenn ein neuronales Netz Messwerte verarbeiten soll, stellt sich dieses Problem nicht: Bei Temperaturmessungen können wir – und mit uns das neuronale Netz – guten Gewissens davon ausgehen, dass Werte von 20,3 und 20,5 Grad Celsius auf sehr ähnliche Sachverhalte verweisen. Bei Bildern ist die Lage etwas vertrackter, aber auch hier gilt Ähnliches: Es gibt einen direkten Zusammenhang zwischen den Zahlen, die das Bild repräsentieren, und dem, was auf dem Bild zu sehen ist. Die Rot-, Grün- und Blauwerte der einzelnen Pixel oder eine von hellen Pixeln vor einem dunklen Hintergrund gebildete Diagonale sind bereits zahlenförmig.

Gesucht wird ein Verfahren, auch Wörter so in Zahlen zu codieren, dass ähnliche Zahlen auf einen ähnlichen Inhalt schließen lassen.

Noch besser wäre es, wenn das Verfahren *Relationen* zwischen Wörtern zahlenförmig abbilden könnte, etwa jene zwischen der Singular- und der Pluralform eines Worts. All das können *Worteinbettungen* leisten, die wir im Folgenden vorstellen.

Auf algorithmische Details zu diesem Thema gehen wir später ausführlich ein, vorerst merken Sie sich bitte Folgendes: *Neuronale Netze lernen Worteinbettungen anhand großer Textmengen*. Darüber hinaus gibt es keinerlei Metainformationen zu den Texten, etwa ob es sich im Einzelfall um eine Bedienungsanleitung, ein Kochrezept oder einen Liebesbrief handelt. *Alle bedeutungshaften oder grammatikalischen Relationen zwischen Wörtern leitet ein neuronales Netz aus großen Datenmengen ohne jegliche inhaltliche Vorgaben ab.* Auch wenn für die Vorbereitung der Trainingsdaten und die Qualitätskontrolle der Ergebnisse Sprachkenntnisse von Vorteil sind: Grundsätzlich ist es möglich, ein Worteinbettungsmodell zu trainieren, ohne die dafür verwendeten Texte zu verstehen.

In Abschnitt 14.5 werden wir genau erklären, wie ein solches Training abläuft. Zunächst schauen wir uns an, was Worteinbettungen zu leisten imstande sind, und stellen das erste Beispielprogramm vor.

14.3 Worteinbettungen

Worteinbettungen sind schlicht gesagt *räumliche Anordnungen von Wörtern*. Solche Anordnungen sollen zum Beispiel die oben genannte Bedingung erfüllen, dass dicht beieinanderstehende Wörter eine ähnliche Bedeutung haben, wohingegen sehr verschiedene Wörter weit voneinander entfernt stehen.

Abbildung 14.2 illustriert eine einfache Einbettung von Wörtern in einen zweidimensionalen Raum, die sich zu vier *Clustern* gruppieren:

- »Donut«, »Muffin« und »Cupcake« sind süße Backwaren.
- »Gurke«, »Kartoffel« und »Möhre« sind Gemüsesorten.
- »Aquarell«, »Ölbild« und »Porträt« sind Werke der bildenden Kunst.
- »Sonate«, »Quartett« und »Symphonie« sind musikalische Werke.

Abbildung 14.2 In Worteinbettungen stehen Wörter, die ähnliche Dinge bezeichnen, dicht beieinander.

Behandeln wir die Worteinbettung zunächst als eine Black Box. Wir wissen nicht, was in ihrem Inneren geschieht, aber sehen, dass Wörter hineingehen und die Einbettungskoordinaten herauskommen.

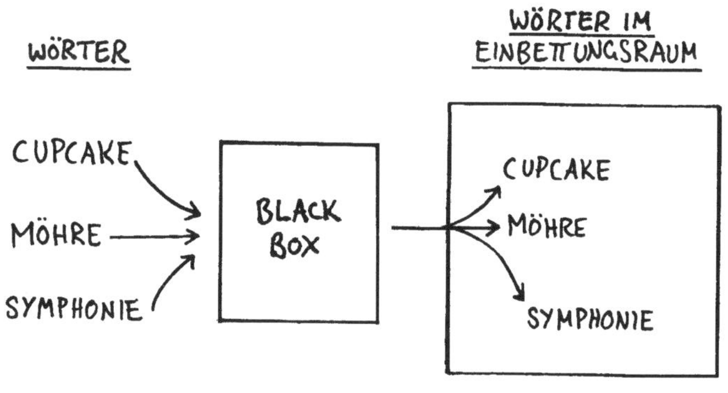

Abbildung 14.3 Die Worteinbettung ordnet Wörtern Koordinaten im Einbettungsraum zu.

Die in Abbildung 14.2 gezeigte Anordnung von Wörtern erinnert an die in Kapitel 4 vorgestellte Assoziationsanalyse. Auch sie vermag Begriffe in ähnlicher Weise anzuordnen. Allerdings kann eine Worteinbettung weit mehr. Das deutet Abbildung 14.4 an. Dort sehen Sie vier Wörter in der Singular- und in der Plural-Form, jeweils durch Pfeile miteinander verbunden.

Ein Pfeil, der zwei Punkte in einem Koordinatensystem miteinander verbindet, wird in der Mathematik *Vektor* genannt. In einem zweidimensionalen Raum besteht ein Vektor aus zwei Zahlen. Diese lassen sich wie eine Wegbeschreibung lesen: (1, 2) würde bedeuten: »Gehe einen Schritt nach rechts und zwei nach oben«, (–2, 3) hieße: »Gehe zwei Schritte nach links und drei nach oben«.

In einem dreidimensionalen Raum besteht ein Vektor aus drei Zahlen, in einem vierdimensionalen aus vier Zahlen und so weiter. Für unsere Anwendung ist entscheidend, dass wir diese »Wegbeschreibungen« unabhängig von Start- und Zielpunkt verwenden können.

Abbildung 14.4 können Sie entnehmen, dass die Vektoren, die die Singular- und die Plural-Formen miteinander verbinden, *in allen vier Fällen in dieselbe Richtung zeigen und dieselbe Länge aufweisen*. Es ist erstaunlicherweise möglich, mittels Worteinbettungen grammatikalische Relationen in mathematische Objekte – also Vektoren – zu übersetzen.

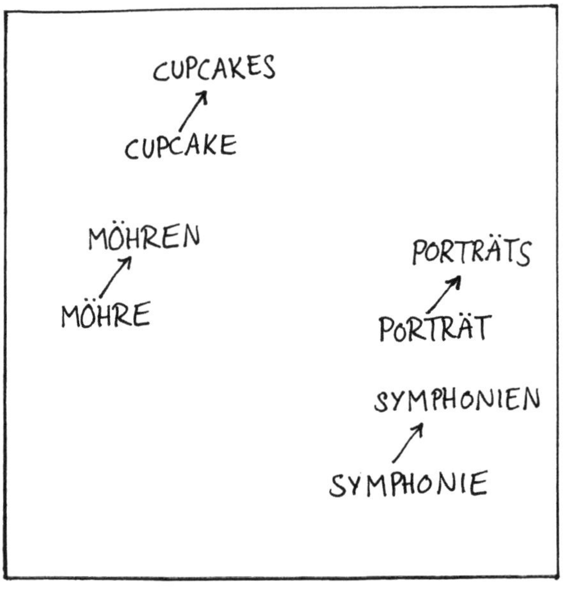

Abbildung 14.4 Worteinbettungen bilden Beziehungen zwischen Wörtern räumlich ab. Hier stehen die Pfeile für den Übergang von Singular zu Plural.

Auch Konjugationen von Verben lassen sich in dieser Weise in Worteinbettungen als räumliche Relationen darstellen und in Vektoren übersetzen, gezeigt in Abbildung 14.5. Und damit nicht genug: Worteinbettungen können auch bedeutungshafte Relationen zwischen Wörtern wie »schwächer – stärker« oder »freundlich – unfreundlich« räumlich abbilden. Abbildung 14.6 verschafft eine Ahnung davon, wie komplex diese Beziehungen werden können: »Schimpfen« ist eine Steigerung von »Murren«, »Stinken« eine Steigerung von »Miefen«.

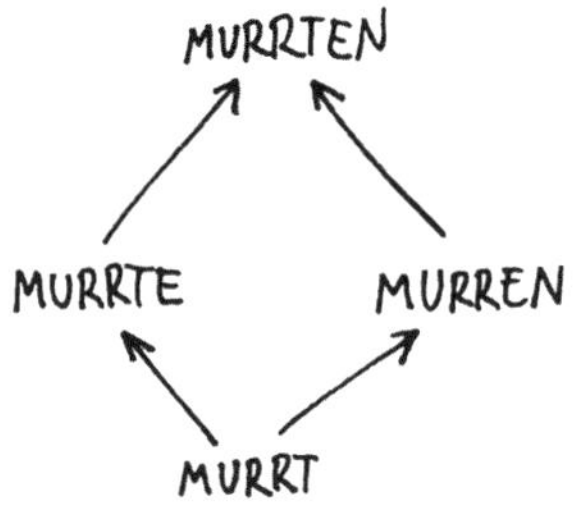

Abbildung 14.5 Auch Beziehungen zwischen Verbformen können in Worteinbettungen abgebildet werden.

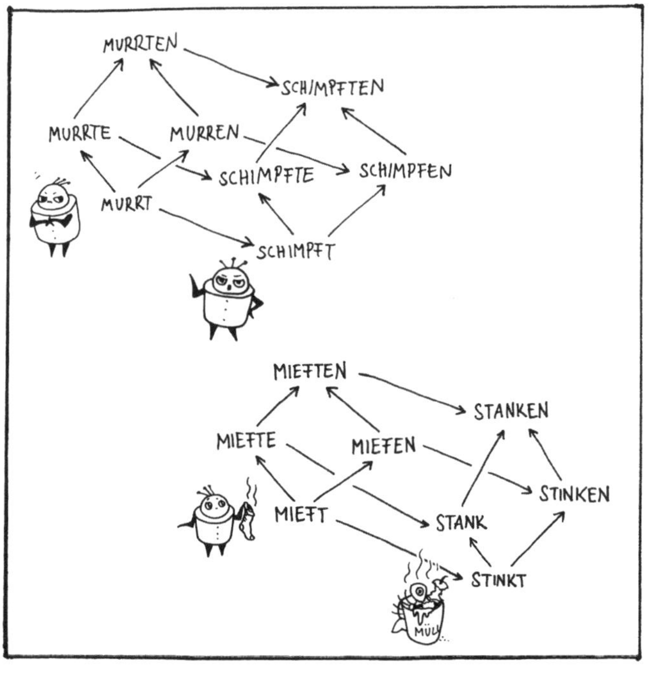

Abbildung 14.6 Relationen zwischen den vier Verben »Murren«, »Schimpfen«, »Miefen« und »Stinken«

Die in den vorherigen Abbildungen verwendeten zwei Dimensionen bieten nicht genügend Platz, um die mannigfaltigen Relationen zwischen Wörtern als räumliche Anordnungen abzubilden. Allein für die Relationen Singular – Plural, Gegenwart – Vergangenheit, schwächer – stärker brauchen wir schon drei klar unterscheidbare Richtungen. Um noch mehr Relationen abbilden zu können, benötigen Worteinbettungen deutlich mehr Platz: In unseren Beispielprogrammen nutzen wir rund 20 Dimensionen, um darin etwa 300 Wörter anzuordnen.

In früheren Kapiteln haben wir zweidimensionale Koordinatensysteme konstruiert, deren Achsen für Eigenschaften wie Fett- und Zuckergehalt, Flauschigkeit und Niedlichkeit, Niederschlagsmenge und Temperatur standen. Hier war die Zuordnung zwischen Achse und Eigenschaft von vornherein klar. Bei Worteinbettungen verhält es sich anders:

- Worteinbettungen finden Relationen unabhängig von irgendwelchen Vorgaben. Wir wissen im Vorhinein nicht, was sie finden werden.
- Die Richtungen der Relationen verlaufen in der Regel nicht parallel zu irgendeiner Achse des Koordinatensystems.
- Zwar gilt grundsätzlich, dass mehr Relationen auch mehr Dimensionen brauchen, daraus folgt aber nicht, dass es eine Eins-zu-Eins-Zuordnung zwischen Dimensionen und Relationen sowie deren Anzahlen gibt.

14.3.1 Relationen übertragen

Es ist möglich, Relationen zwischen zwei Wörtern auf ein drittes Wort zu übertragen, also Berechnungen wie die folgende auszuführen:

- Berechnen Sie den Vektor zwischen den Wörtern »Köchin« und »Köchinnen«.
- Gehen Sie zum Wort »Autorin«.
- Hängen Sie den Vektor an das Wort »Autorin« an und suchen Sie an der Stelle, an die Sie auf diese Weise gelangen, das nächstgelegene Wort.
- Wenn alles so gelaufen ist, wie wir uns das vorstellen, landen Sie so bei dem Wort »Autorinnen«.

Weiter oben haben wir geschrieben, dass wir uns *einen Vektor als einen Pfeil vorstellen können, der zwei Punkte miteinander verbindet*. Einen Vektor, der so verwendet wird, nennt man *Differenzvektor*. Vektoren sind aber auch nützlich, um Punkte im Raum überhaupt zu beschreiben: Wir können *jeden* Punkt in einem Koordinatensystem als Vektor interpretieren, nämlich als einen Pfeil, der vom Ursprung des Koordinatensystems auf diesen Punkt zeigt. Solche Vektoren nennt man *Ortsvektoren*.

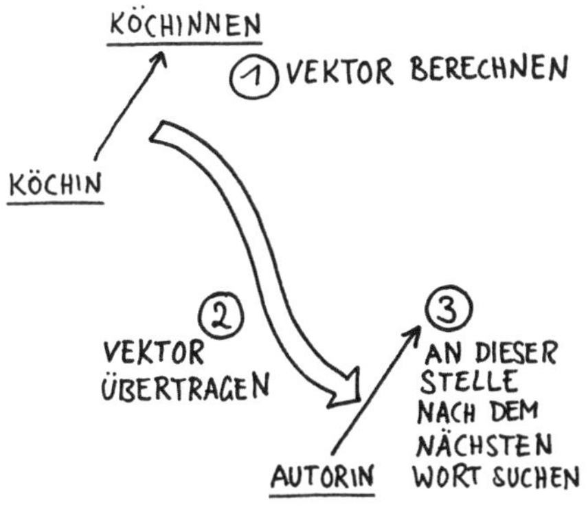

Abbildung 14.7 Die Übertragung einer Relation zwischen zwei Wörtern auf ein anderes Wort

Jetzt können wir die zuletzt dargestellte Rechnung sehr viel genauer hinschreiben:

- Gegeben sind die Ortsvektoren zu den Wörtern »Köchin«, »Köchinnen« und »Autorin«.
- Wir berechnen den Differenzvektor zwischen »Köchinnen« und »Köchin« durch Subtraktion der entsprechenden Ortsvektoren und nennen ihn *X*.
- Wir addieren *X* zum Ortsvektor von »Autorin«.
- Das Ergebnis ist ein neuer Ortsvektor, nennen wir ihn *Z*.
- Wir vergleichen *Z* mit allen Ortsvektoren, die den anderen eingebetteten Wörtern zugeordnet sind, und suchen das Wort, dessen Ortsvektor dem Vektor *Z* am ähnlichsten ist.

Abbildung 14.8 zeigt, wie die Addition und Subtraktion von Vektoren funktioniert. Für das Rechnen mit Vektoren macht es keinen Unterschied, ob wir es mit Differenz- oder Ortsvektoren zu tun haben. Es ist so nützlich und üblich, Punkte im Raum durch Vektoren zu beschreiben, dass wir uns an die Gepflogenheiten anpassen und im Folgenden nur noch von Vektoren und nicht mehr von Punkten sprechen werden.

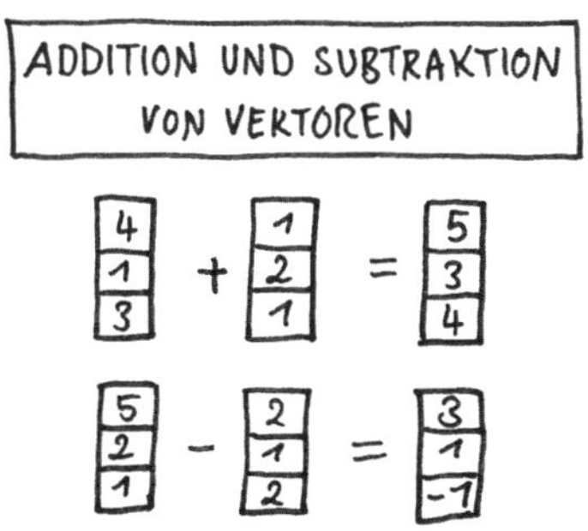

Abbildung 14.8 Vektoren werden elementweise addiert und subtrahiert.

14.4 Das Beispielprogramm Wort-Navigator

Das Beispielprogramm »Wort-Navigator« stellt Worteinbettungen grafisch dar. Es erlaubt, eine Relation zwischen zwei Wörtern auf ein anderes Wort zu übertragen, wie im vorherigen Abschnitt beschrieben.

14.4.1 Textquelle I: Dünstende Köchinnen und frittierende Konditoren

Worteinbettungen, wie sie in Transformern oder vergleichbaren Programmen verbaut sind, müssen Zigtausende oder gar Millionen von Wörtern kennen. Um die möglichen Relationen zwischen all diesen Wörtern gut zu lernen, sind *unvorstellbar große Textmengen* erforderlich.

Unser Beispielprogramm muss sich mit dem Backen wesentlich kleinerer Brötchen zufriedengeben. Das Textmaterial, mit dem wir unsere Einbettungen trainieren, haben wir selbst generiert. Es sind 15.552 Sätze, die aus jeweils 7 Wörtern bestehen und alle nach demselben Schema aufgebaut sind:

- *Eine Diebin stiehlt gerade frech die Krone.*
- *Ein Konditor frittierte gestern kalorienreich den Spritzkuchen.*
- *Drei Köchinnen dünsten gerade schonend eine Möhre.*
- *Zwei Nerds programmierten gestern einen Passwortgenerator.*
- *Eine Ingenieurin konstruierte letztens normgerecht den Tunnel.*

Diese Sätze stammen aus einer ausgedachten, recht klischeehaften Welt ohne jede Mehrdeutigkeit:

- Es gibt neun verschiedene Gruppe von Subjekten: *Autor, Dieb, Ingenieur, Koch, Konditor, Kunstfreund, Maurergeselle, Musikfreund, Nerd*
- Jedes Subjekt kann in vier Formen vorkommen: *Koch, Köche, Köchin, Köchinnen.*

Jeder Subjektgruppe sind drei Verben und drei Adjektive eindeutig zugeordnet, etwa so:

- Köche *braten, kochen* und *dünsten*, und zwar *lecker, schonend* oder *hungrig*.
- Ingenieure *entwerfen, planen* und *konstruieren*, und zwar *sachgerecht, normgerecht* oder *sachverständig*.
- Autoren *dichten, schreiben* und *texten*, und zwar *hochkonzentriert, wortgewaltig* oder *wortgewandt*.
- Jedes Verb kommt in vier Formen vor: *backt, backen, backte, backten.*

Jedem Verb sind wiederum drei Objekte zugeordnet, etwa:

- Gebraten werden *Omeletts*, *Spiegeleier* und *Pfannkuchen*.
- Entworfen werden *Raumschiffe*, *Mondraketen* und *Rennwagen*.
- Geschrieben werden *Romane*, *Kurzgeschichten* und *Theaterstücke*.

Die spezifische Beschaffenheit der Trainingsdaten ermöglicht es, Worteinbettungen und ihre Fähigkeiten in einem stark kontrollierten Umfeld zu erkunden und mit einem überschaubaren Aufwand zu guten und überprüfbaren Ergebnissen zu gelangen.

14.4.2 Die Bedienoberfläche

Abbildung 14.9 zeigt die komplette Oberfläche des Wort-Navigators. Auf der linken Seite sehen Sie die räumliche Anordnung der Wörter. Die Darstellung ist notgedrungen zweidimensional. Tatsächlich befindet sich die hier gezeigte Anordnung in einem Raum mit 20 Dimensionen, die wir mittels des *tSNE*-Verfahrens auf zwei Dimensionen reduziert haben. Dieses Näherungsverfahren ist darauf ausgelegt, Nachbarschaftsverhältnisse zu erhalten, sprich: Ist die Distanz zwischen zwei Punkten im hochdimensionalen Raum gering, soll sie auch im dimensionsreduzierten Raum gering sein.

Im Programm navigieren Sie mit der Maus durch die grafische Darstellung des Einbettungsraums. Mit zwei Slidern zoomen Sie hinein und hinaus und verändern die Schriftgröße. Das Textfeld BERICHT EINBETTUNG gibt einige allgemeine Informationen zur Einbettung aus, etwa die Anzahlen der Wörter und der Dimensionen sowie einen Qualitätsbericht, auf den wir weiter unten genauer eingehen werden.

Wenn Sie ein Wort anklicken, gibt das Textfeld BERICHT WÖRTER einige Informationen über das ausgewählte Wort aus. Als Erstes erhalten Sie hier eine Liste mit den maximal zehn nächsten Nachbarn, genauer gesagt: den Wörtern, deren Vektoren dem Vektor des ausgewählten Worts am ähnlichsten sind. Der Wert hinter dem jeweiligen Wort gibt ein Maß für die Ähnlichkeit an. Beträgt der Wert 1, gelten die Vektoren als identisch. Sie werden weiter unten erfahren, wie dieser Wert berechnet wird.

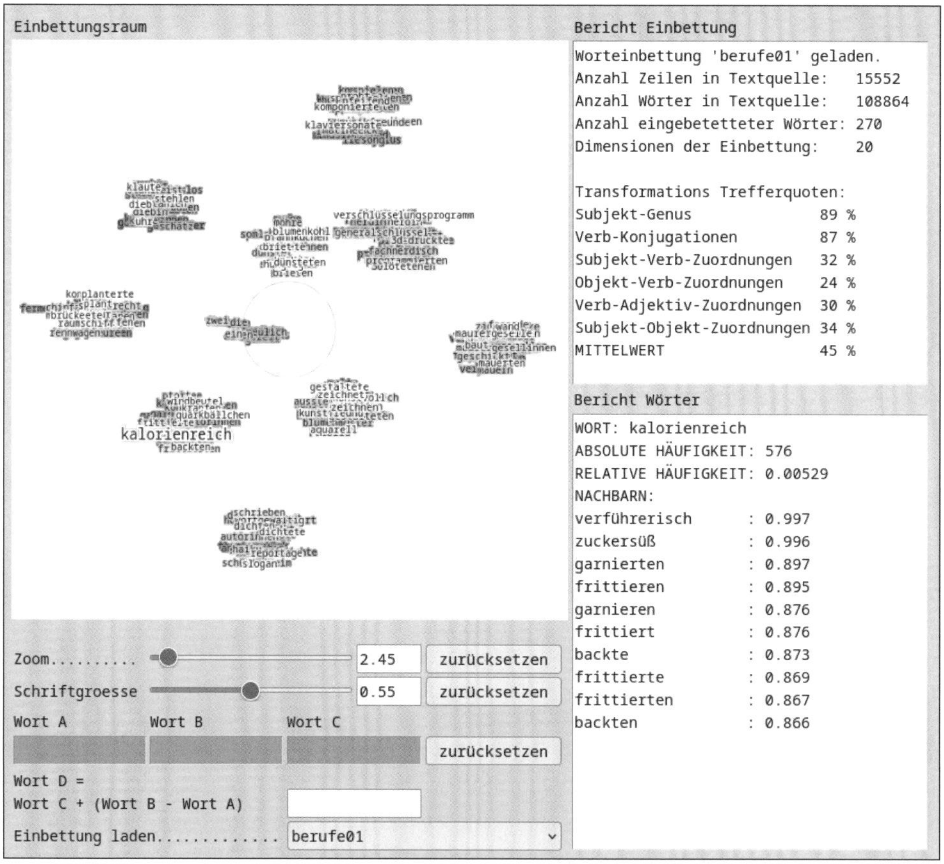

Abbildung 14.9 Das Programm Wort-Navigator

In Abbildung 14.9 sehen Sie, dass die Wörter in neun klar voneinander unterscheidbare Cluster gruppiert wurden. Sie gehören zu den neun Subjektgruppen, also den Konditoren, Maurergesellen, Dieben etc. In der Mitte befindet sich ein weiteres Cluster, das Wörter zusammenfasst, die keiner bestimmten Subjektgruppe zugeordnet werden können: »jetzt«, »heute«, »vorhin«, »neulich«, »der«, »die«, »das« etc.

Abbildung 14.10 Ein Zoom in das Cluster der Kunstfreundinnen und -freunde.

14.4.3 Relationen übertragen im Wort-Navigator

Das ist recht hübsch, könnte aber auch mit der Assoziationsanalyse in Kapitel 4 erreicht werden. Zeigen wir also etwas, das darüber hinausgeht: die in Abschnitt 14.3.1 beschriebene Übertragung von Relationen. Schauen Sie sich dazu die drei Eingabefelder WORT A, WORT B und WORT C an. Sie können dort Wörter von Hand eingeben. Alternativ wählen Sie ein Wort mit der Maus aus, indem Sie erst in das Eingabefeld und dann auf das Wort in der grafischen Darstellung klicken.

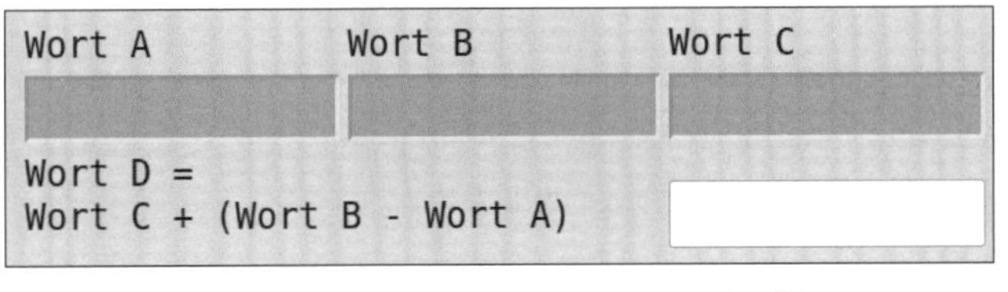

Abbildung 14.11 Die drei Wortfelder dienen der Übertragung von Relationen.

Wenn Sie drei Wörter ausgewählt haben, berechnet das Programm die Relation zwischen WORT A und WORT B und hängt diese an das WORT C an, um WORT D zu ermitteln. Ein mögliches Ergebnis sehen Sie in Abbildung 14.12: Die Relation zwischen »Konditorin« und »Konditorinnen« ist die zwischen Einzahl und Mehrzahl. Wenn wir diese Relation an die »Autorin« anhängen, landen wir bei »Autorinnen«. Das Ergebnis ist also in diesem Fall korrekt.

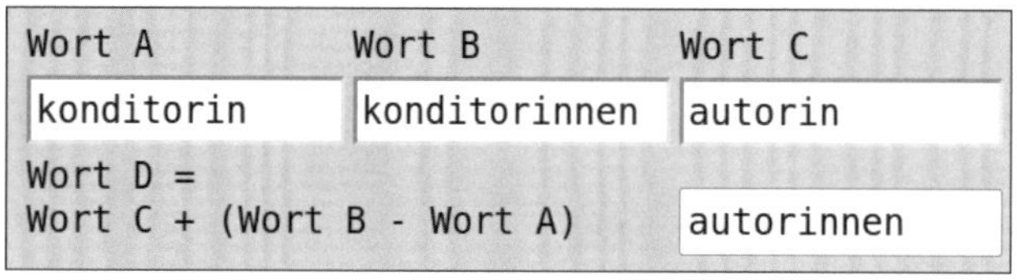

Abbildung 14.12 Der Wort-Navigator hat die Relation zwischen den Wörtern »Konditorin« und »Konditorinnen« auf das Wort »Autorin« übertragen und ist bei »Autorinnen« angekommen.

Wann immer das Programm eine Transformation ausführt, erscheint im Textfeld rechts unten ein Bericht dazu. Wenn eine Übertragung nicht das gewünschte Ergebnis bringt, können Sie anhand des Berichts immerhin sehen, wie weit sie danebenliegt (siehe Abbildung 14.13).

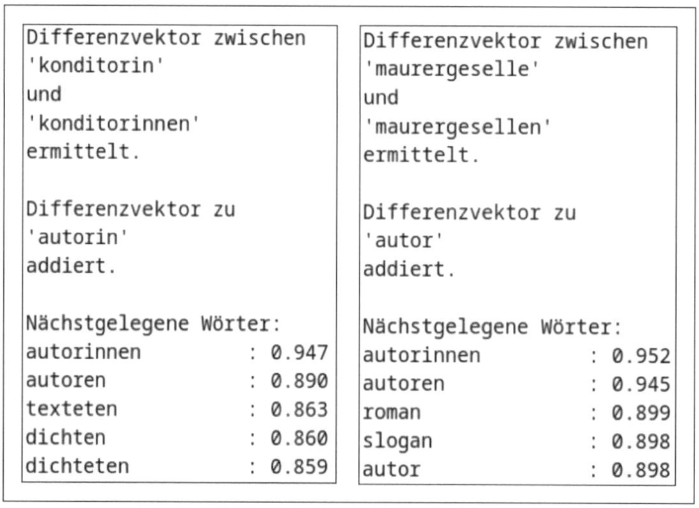

Abbildung 14.13 Berichte über zwei Relationsübertragungen: Die linke hat gut geklappt, die rechte lag nur knapp neben der korrekten Lösung »autoren«.

Der Wort-Navigator zeigt gefundene Relationen auch grafisch an. Das Programm hebt die ausgewählten bzw. gefundenen Wörter hervor und markiert die Relationen durch eine Verbindungslinie. Das zeigt Abbildung 14.14.

Abbildung 14.14 Grafische Darstellung von Relationsübertragungen

Tabelle 14.1 zeigt sechs Beispiele für gelungene Transformationen. Diese beziehen sich direkt auf die sechs im Qualitätsbericht (Abbildung 14.15) genannten Trefferquoten: So bedeutet »Subjekt-Genus 89 %«, dass eine Übertragung in der Art ...

Autorin + (Konditorinnen – Konditoren) ≈ Autorinnen

... in 89 % aller Fälle einen Treffer landet, also das richtige Wort findet.

Wort A	Wort B	Wort C	Wort D
ingenieur	ingenieurinnen	musikfreund	musikfreundinnen
entwerfen	entwarf	kochen	kochte
maurergesellin	verputzt	konditorin	garniert
tunnel	planen	porträt	malen
konstruiert	normgerecht	schreibt	hochkonzentriert
kunstfreundin	aquarell	konditor	kuchen

Tabelle 14.1 Beispiele für gelungene Relationsübertragungen

Wir haben mehrere Worteinbettungen trainiert, die Sie per Drop-down-Menü auswählen können. Die einzelnen Vertreter beherrschen unterschiedliche Transformationen unterschiedlich gut. Darüber geben die Berichte Auskunft, die im Textfeld BERICHT EINBETTUNG erscheinen, nachdem eine Einbettung geladen wurde (Abbildung 14.15). Diese Qualitätsberichte beruhen auf Tests, die wir zusammen mit den Texten generieren.

```
Transformations Trefferquoten:
Subjekt-Genus                   89 %
Verb-Konjugationen              87 %
Subjekt-Verb-Zuordnungen        32 %
Objekt-Verb-Zuordnungen         24 %
Verb-Adjektiv-Zuordnungen       30 %
Subjekt-Objekt-Zuordnungen      34 %
MITTELWERT                      45 %
```

```
Transformations Trefferquoten:
Subjekt-Genus                   94 %
Verb-Konjugationen              64 %
Subjekt-Verb-Zuordnungen        93 %
Objekt-Verb-Zuordnungen         39 %
Verb-Adjektiv-Zuordnungen       52 %
Subjekt-Objekt-Zuordnungen      38 %
MITTELWERT                      62 %
```

Abbildung 14.15 Qualitätsberichte für verschiedene Einbettungen

14.5 Vom Text zur Worteinbettung

Die Zuordnung von Einbettungskoordinaten zu einem eingegebenen Wort wird von einem sehr einfach aufgebauten neuronalen Netz berechnet. Das läuft wie folgt ab:

- Zunächst bringen wir das Wort in eine Form, die grundsätzlich zur Einspeisung in ein neuronales Netz geeignet ist.
- Das Netz berechnet dann anhand der gelernten Gewichte die Koordinaten des Worts im Einbettungsraum.

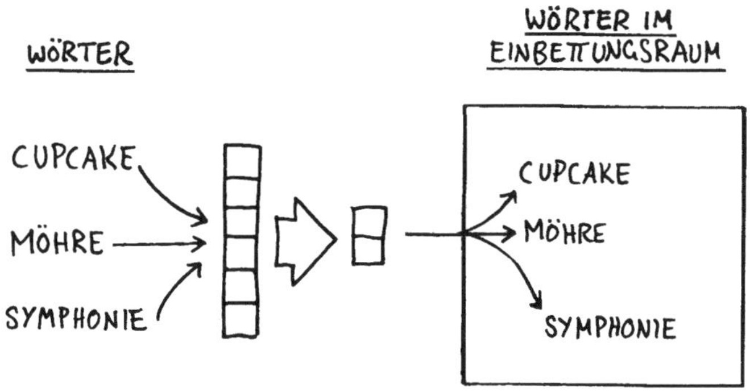

Abbildung 14.16 Die Berechnung der Einbettungskoordinaten wird von einem sehr einfach aufgebauten neuronalen Netz vollzogen.

Wie kommen die im vorherigen Abschnitt gezeigten Leistungen zustande? Wie gelangen wir zu einem neuronalen Netz, das die entsprechenden Koordinaten liefert? Gehen wir Schritt für Schritt vor.

14.5.1 One Hot Encoding

Für die Einspeisung von einzelnen Wörtern in ein neuronales Netz hat sich das *One Hot Encoding* bewährt (siehe Abbildung 14.17).

Jedes Wort wird zunächst durch eine ganze Zahl, dessen ID, repräsentiert. Diese ID wird dann übersetzt in ein Array, das komplett mit Nullen gefüllt ist. Nur in das Feld, dessen Position der ID des Worts entspricht, wird eine 1 eingetragen.

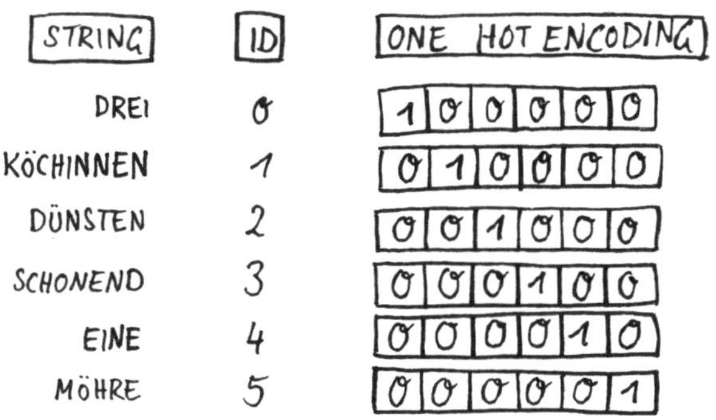

Abbildung 14.17 Übersetzung von Wörtern in Arrays mittels One Hot Encoding

Wollen wir also sechs unterschiedliche Wörter per One Hot codieren, wird jedes einzelne Wort durch ein sechsstelliges Array repräsentiert. Wenn Ihr Vokabular 20.000 Wörter umfasst, brauchen Sie im Prinzip für jedes Wort ein 20.000-stelliges Array. Ein neuronales Netz zur Verarbeitung derart codierter Wörter muss also 20.000 Eingangsneuronen haben! Das mag sehr umständlich erscheinen, erfüllt aber die nicht verhandelbare Bedingung, dass alle Wörter dem Netz zunächst vollkommen gleichwertig erscheinen sollen. Das wäre bei der Einspeisung der unverpackten IDs nicht der Fall. Hier würde es aus Perspektive des Netzes so aussehen, als stünden die Wörter »eine« und »Möhre« dicht beieinander und seien damit ähnlich.

Hintergrund: Ein Beutel Wörter

In Kapitel 4 haben wir das Verfahren der Assoziationsanalyse zunächst auf Zutatenlisten angewandt. Diese haben wir als Listen von IDs codiert: [0, 1], [2, 3, 4], [2, 5, 4] – siehe Abbildung 4.7, »Die Codierung von Transaktionen«.

Eine solche Liste von IDs lässt sich auch als sogenannter *Bag of Words* codieren. Aufbauend auf dem One Hot Encoding gilt: Wenn wir sechs Zutaten verwenden wollen, benötigen wir für jede Zutatenliste ein sechsstelliges, mit Nullen befülltes Array. Kommt eine Zutat in einer Liste vor, wird an der Stelle, die der ID entspricht, eine 1 eingetragen.

Wir benötigen das Verfahren in diesem Kapitel nicht, es gehört der Vollständigkeit halber aber hierher.

Abbildung 14.18 Bag of Words Encoding

14.5.2 Paare aus Ziel- und Kontextwörtern

Im folgenden Schritt müssen wir die Trainingsdaten produzieren, anhand derer das neuronale Netz die Einbettung lernen soll. *Die Trainingsdaten bestehen aus Paaren von Eingaben und den ihnen zugeordneten korrekten Ausgaben.* Falls Ihnen dieser Zusammenhang unklar ist, schauen Sie sich bitte Abschnitt 11.1, »Das überwachte Lernen«, noch einmal an.

Was soll das neuronale Netz also lernen? Was wird trainiert? *Einbettungen können nicht direkt trainiert werden. Wir müssen einen Umweg gehen* und das Netz zunächst mit einer anderen Aufgabe betrauen: Wir bilden Wortpaare aus A und B, die »etwas miteinander zu tun haben«. *Wir werden zunächst ein neuronales Netz darauf trainieren, Wort B auszugeben, wenn Wort A eingespeist wurde.*

Wie bilden wir solche Wortpaare auf Basis eines Textmaterials? Was heißt es genau, dass zwei Wörter »etwas miteinander zu tun haben«? Abbildung 14.19 zeigt das sogenannte *Skip-Gram*-Verfahren. Ein »Fenster« gleitet über den Text. Die Mitte des Fensters steht über dem jeweiligen *Zielwort*. Die Wörter davor und dahinter sind die *Kontextwörter*. Und die besagten Wortpaare aus A und B sind alle auf diese Weise entstehenden Zuordnungen von Zielwörtern zu Kontextwörtern. Daraus lassen sich dann Trainingsdatenpaare bilden, wie in Abbildung 14.20 gezeigt. Übrigens ist die Fenstergröße frei wählbar. Abhängig von der konkreten Aufgabe haben sich Werte zwischen 2 und 5 Wörtern bewährt.

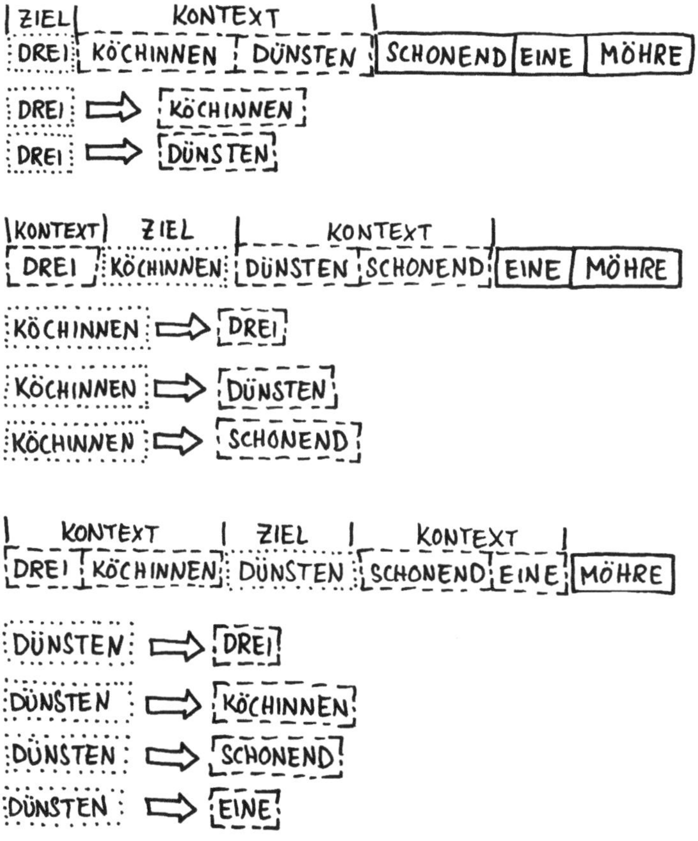

Abbildung 14.19 Erzeugung von Wortpaaren mittels des Skip-Gram-Verfahrens

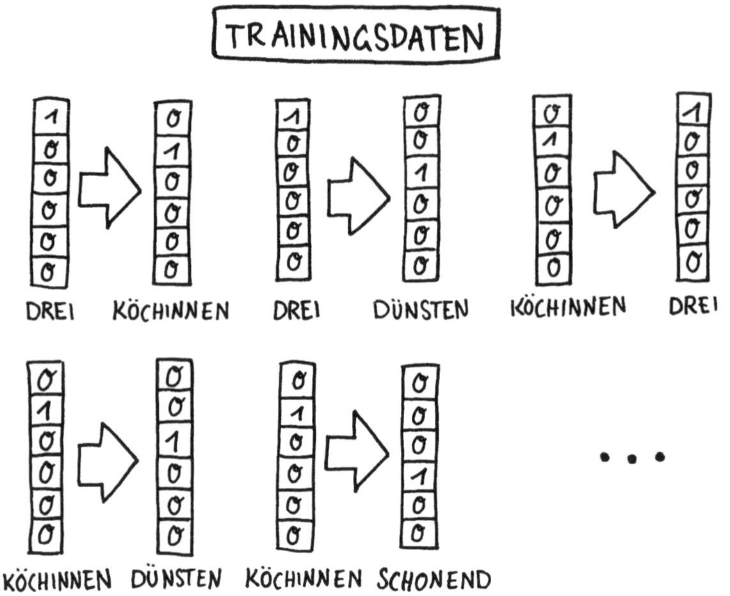

Abbildung 14.20 Per Skip-Gram-Verfahren erzeugte Wortpaare, die wir als Trainingsdaten verwenden

14.5.3 Das Training

Im nächsten Schritt soll ein neuronales Netz wie in Abbildung 14.21 gezeigt Zuordnungen zwischen Ziel- und Kontextwörtern lernen.

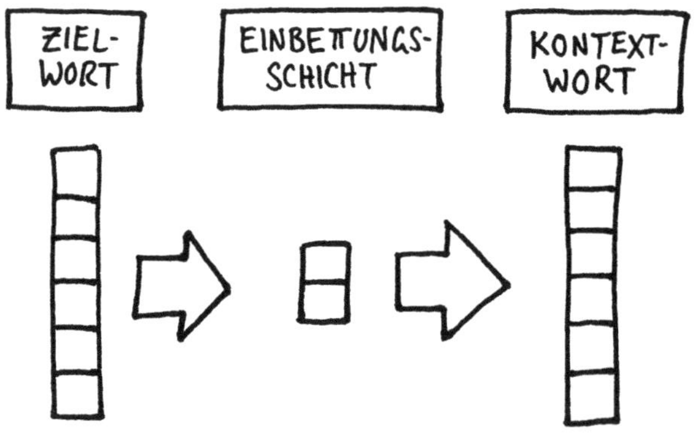

Abbildung 14.21 Ein neuronales Netz, das Zielwörtern Kontextwörter zuordnet

Das Netz ist sehr einfach aufgebaut:

- Das Zielwort wird als One Hot Encoding eingespeist. Die Anzahl der Neuronen in der Eingangsschicht entspricht also der Anzahl der Wörter, die wir einbetten wollen.
- Die verdeckte Schicht enthält genauso viele Neuronen, wie unser Einbettungsraum Dimensionen haben soll.
- Die Anzahl der Neuronen in der Ausgangsschicht ist identisch mit jener in der Eingangsschicht.

Offenkundig können einem Zielwort mehrere Kontextwörter zugeordnet werden. *Die Ausgabeschicht kann also nur die Wahrscheinlichkeit für das jeweilige Zielwort angeben.* Abbildung 14.22 zeigt eine mögliche Ausgabe.

Abbildung 14.22 Die Ausgabeschicht repräsentiert für jedes Wort die Wahrscheinlichkeit, dass es im Kontext des Zielworts auftaucht.

14.5.4 Vom Training zur Worteinbettung

Die eben geschilderte Aufgabe, abhängig vom Zielwort die Wahrscheinlichkeiten für bestimmte Kontextwörter zu erlernen, ist nur ein Vorwand, um das neuronale Netz dazu zu bringen, die Worteinbettung zu berechnen. *Die Aktivierungen der verdeckten Schicht bei der Eingabe eines Worts sind dessen Einbettungskoordinaten*! Wenn Ihnen der Begriff der *Aktivierung* unklar ist, schauen Sie sich noch mal Kapitel 10, »Neuronale Netze I: Das Häschenproblem«, und dort insbesondere Abschnitt 10.4 zum Aufbau neuronaler Netze an. Die Aktivierung ist schlichtweg der Wert, den ein einzelnes Neuron abhängig von den jeweiligen Eingaben ausgibt.

Nach Abschluss des eben geschilderten Trainings können wir die Ausgabeschicht entfernen. Wir haben dann ein neuronales Netz, das für jedes eingegebene Wort die Koordinaten im Einbettungsraum liefert. Abbildung 14.23 fasst die Arbeitsschritte zusammen.

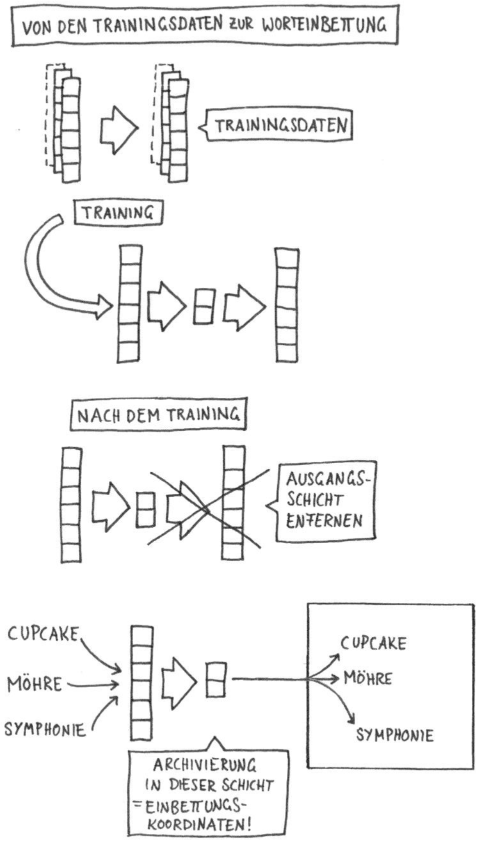

Abbildung 14.23 Der trickreiche Weg zur Worteinbettung

14.5.5 Warum funktioniert das?

Es bleibt die Frage zu klären, *warum* Wörter mit einer ähnlichen Bedeutung in der Einbettungsschicht eine ähnliche Aktivierung verursachen, also »nahe beieinanderliegen«.

Angenommen, in den zum Training verwendeten Texten stünden die beiden folgenden Sätze:

- »Ein Konditor frittiert *lecker* einen Krapfen.«
- »Ein Konditor frittiert *kalorienreich* einen Krapfen.«

Die beiden Sätze unterscheiden sich nur in einem Wort. In dem Fall, dass »lecker« und »kalorienreich« Zielwörter sind, haben beide einen *identischen Kontext*. Sie haben beide etwas mit den Wörtern »frittiert«, »Konditor« und »Krapfen« zu tun.

Daraus folgt, dass das neuronale Netz bei Eingabe der Wörter »lecker« und »kalorienreich« eine ähnliche Aktivierung in der Ausgabeschicht aufweisen sollte. Das kann nur klappen, wenn auch die Neuronen der vorherigen Schicht – also der Einbettungsschicht! – jeweils ähnlich aktiviert sind.

Schauen wir uns zwei weitere Sätze an, sie unterscheiden sich in zwei Wörtern:

- »Eine Ingenieurin *plante gestern* einen Tunnel.«
- »Eine Ingenieurin *plant heute* einen Tunnel.«

Wenn »plant« und »plante« als Zielwörter dienen, unterscheiden sie sich entsprechend geringfügig im Kontext:

- Im Kontext von »plant« steht das Wort »heute«.
- Im Kontext von »plante« steht das Wort »gestern«.

Dieser kleine Unterschied führt dazu, dass »plant« und »plante« im Einbettungsraum in einer gewissen Entfernung zueinander stehen. Diese Differenz können wir als Vektor der Relation »Gegenwart – Vergangenheit« interpretieren.

In dem letzten Beispiel markieren die beiden Wörter »heute« und »gestern« den zeitlichen Kontext und geben damit einen Hinweis auf die richtige Zeitform des Verbs. Bei der Produktion der Sätze für das Training unserer kleinen Worteinbettung haben wir darauf geachtet, dass alle Differenzen, die unsere Worteinbettungen lernen sollen, durch Kontextwörter markiert werden.

14.5.6 Kosinus-Ähnlichkeit

Im bisherigen Verlauf des Kapitels war viel von »Entfernungen zwischen zwei Punkten« und »Ähnlichkeit von Vektoren« die Rede, wir sind aber bislang eine Erklärung schuldig geblieben, was wir damit meinen. Es ist nicht, wie man vielleicht vermuten möchte, die euklidische Distanz, die wir in Kapitel 8 für das K-nächste-Nachbarn-Verfahren verwendet haben, um die Entfernung zwischen Datenpunkten zu berechnen.

Dieses Verfahren ist für die Berechnung von Ähnlichkeiten in Worteinbettungen nicht geeignet. Das liegt am sogenannten *Fluch der Dimensionalität*: Dieser verweist salopp gesagt auf die Tatsache, dass in hochdimensionalen Räumen *sehr* viel Platz ist. Mit jeder hinzugefügten Dimension vervielfacht sich das Volumen, das jeden einzelnen Datenpunkt umgibt. Und das hat zur Folge, dass aus Sicht der euklidischen Distanz die Entfernungen zwischen zufällig ausgewählten Paaren von Punkten in den meisten Fällen nur sehr geringe Unterschiede aufweisen. Eine faszinierende Tatsache, die Anlass zu einem kleinen Programmierexperiment geben mag.

Es muss also ein anderes Verfahren her. Bewährt hat sich die sogenannte *Kosinus-Ähnlichkeit*. Wir lassen die mathematischen Details zur Berechnung beiseite und begnügen uns mit einem intuitiven Verständnis, das Abbildung 14.24 vermitteln soll. Zwei Punkte gelten als *umso ähnlicher, je kleiner der Winkel zwischen ihren Ortsvektoren* ist. Der maximale Wert, den die Kosinus-Ähnlichkeit annehmen kann, beträgt 1. Das bedeutet, dass die Ortsvektoren exakt in dieselbe Richtung zeigen.

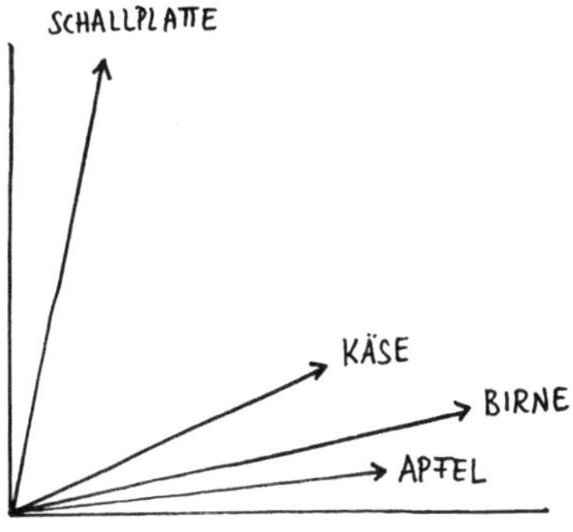

Abbildung 14.24 Kosinus-Ähnlichkeit: Je kleiner der Winkel zwischen zwei Ortsvektoren ist, umso ähnlicher sind sich die Wörter, auf die sie zeigen.

14.6 Vom Wort zum Satz zum Text: Sequenzeinbettungen

Zu Beginn dieses Kapitels haben wir die Leistung eines Transformers mit der eines Markow-Prozesses verglichen und eine wesentliche Beschränkung des Letzteren genannt: Ein Markow-Prozess kann nur Sequenzen einer vorher festgelegten Länge verarbeiten. Diese Beschränkung ließe sich überwinden, wenn es *ein Verfahren* gäbe, mit dem sich *Sequenzen beliebiger Länge in Sequenzen mit einer vorher festgelegten Länge übersetzen* ließen. Auch dieses Verfahren soll die Bedingung erfüllen, dass dabei inhaltliche und grammatikalische Ähnlichkeiten erhalten bleiben. Die beiden Sätze »Danach putzt Kati sich die Zähne« und »Anschließend widmet sich Katharina der Zahnpflege« sollten als ähnlich erkannt werden.

Genau das leisten *Sequenzeinbettungen*, die statt Wörtern ganze Sequenzen in einen hochdimensionalen Raum einbetten, also Sequenzen in Vektoren übersetzen. Fortgeschrittene Verfahren zur Sequenzeinbettung sind zu anspruchsvoll, um sie im Rahmen dieses Buchs vorzustellen. Es gibt aber ein sehr einfaches Verfahren, das auf Worteinbettungen beruht und trotz einiger Schwächen in vielen Anwendungsfällen erstaunlich gute Ergebnisse erzielt.

Zunächst trainieren wir wie gehabt eine Worteinbettung anhand unseres Textmaterials. *Die Einbettung der Sequenz berechnen wir, indem wir die zu den darin enthaltenen Wörtern gehörenden Vektoren summieren und das Ergebnis durch die Anzahl der Wörter teilen.* Mit anderen Worten: Wir bilden schlicht und einfach den Mittelwert der Vektoren, aus denen die Sequenz besteht. Abbildung 14.25 zeigt das Prinzip anhand eines einfachen Beispiels – der Übersetzung des Satzes »Kati putzt sich die Zähne« in einen Sequenzvektor.

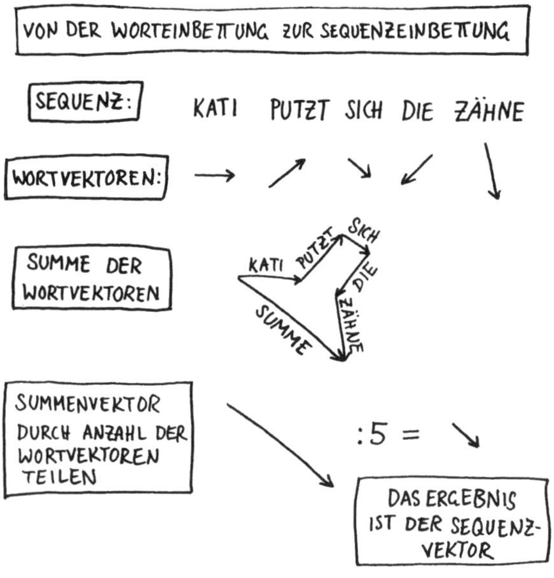

Abbildung 14.25 Eine Sequenzeinbettung als Mittelwert der Ortsvektoren der darin vorkommenden Wörter

Wir haben an anderer Stelle geschrieben, dass wir Vektoren als Wegbeschreibungen im Sinne von »Gehe einen Schritt nach rechts und zwei Schritte nach oben« interpretieren können. So gesehen, können wir auch mehrere Vektoren aneinanderhängen, also addieren: »Gehe einen Schritt nach rechts und zwei Schritte nach oben, dann zwei Schritte nach links und einen nach unten ...« etc. Eine solche Abfolge kann, wie Sie in der Abbildung sehen, einen regelrechten Zickzackkurs ergeben. Mathematisch ist die Summe dieser Vektoren der direkte Weg zwischen einem Start- und einem Zielpunkt. Auch das können Sie Abbildung 14.25 entnehmen.

Das vorgestellte Verfahren hat zwei erhebliche Schwächen:

- Die Reihenfolge der Wörter hat keinen Einfluss auf die Einbettung: »Martin schimpft mit Melanie« und »Melanie schimpft mit Martin« ergeben exakt denselben Sequenzvektor, obwohl die Bedeutungen sehr unterschiedlich sind.

- Bei sehr langen Sequenzen kann es leicht passieren, dass sich die einzelnen Wortvektoren in der Summe gegenseitig aufheben und die Ergebnisse daher wenig hilfreich sind.

Trotz dieser Probleme funktioniert das Verfahren in vielen Fällen erstaunlich gut. Die Sequenzvektoren inhaltlich ähnlicher Sätze besitzen in der Regel eine hohe Kosinus-Ähnlichkeit. Das leuchtet bei einem einfachen Beispiel unmittelbar ein:

- »Ein Autor schreibt gerade wortgewandt eine Kurzgeschichte.«
- »Eine Autorin schreibt derzeit wortgewaltig die Kurzgeschichte.«

Die beiden Sätze bestehen jeweils aus sieben Wörtern, von denen lediglich zwei identisch sind. Aber in unseren Worteinbettungen liegen die Wörter, in denen sich beide Sätze unterscheiden, jeweils dicht beieinander, also »Ein« und »Eine«, »Autor« und »Autorin« etc. Daher ist klar, dass die beiden sich daraus ergebenden Sequenzvektoren ebenfalls dicht beieinanderliegen.

Aufgrund der Mittelwertbildung funktioniert das auch bei unterschiedlich langen Sätzen sehr gut. Hierfür wieder ein sehr einfaches Beispiel:

- »Die Partygäste tanzen ausgelassen, begeistert und ekstatisch.«
- »Die Partygäste tanzen euphorisch.«

Der erste Satz enthält drei Adjektive, um zu beschreiben, wie die Partygäste tanzen, der zweite lediglich eines. Ohne die Mittelwertbildung würde der Sequenzvektor des ersten Satzes sehr viel weiter in der »euphorischen« Richtung liegen als der zweite. Die Mittelwertbildung gleicht das aus.

Dass dieses einfache Verfahren so gut funktioniert, liegt auch an dem im vorherigen Abschnitt beschriebenen »Fluch der Dimensionalität«, der hier zum Segen wird: Hochdimensionale Räume bieten reichlich Platz für Sequenzvektoren, die in euphorische, literarische oder zahnpflegerische Richtungen zeigen, ohne sich ins Gehege zu kommen.

14.7 Das Beispielprogramm Sequenz-Navigator

Das Beispielprogramm »Sequenz-Navigator« funktioniert ähnlich wie der Wort-Navigator und lädt zum Eintauchen in Sequenzeinbettungen ein.

14.7.1 Textquelle II: Ein Tag im Leben von Kati Katzenstein

Unsere Sequenzeinbettungen basieren auf Worteinbettungen. Wieder haben wir uns entschieden, selbst generierte Texte als Trainingsmaterial für die Worteinbettungen zu verwenden: Die Texte schildern Tagesabläufe von Kati Katzenstein. Kati lebt allein, arbeitet in einer Gärtnerei, legt Wert auf eine abwechslungsreiche Ernährung, hat viele Hobbys und tendiert in modischen Fragen zu gewagten Kombinationen.

Katis Tage laufen immer nach dem gleichen Schema ab und durchlaufen folgende Stationen: aufwachen, aufstehen, Frühstück, Zähne putzen, ankleiden, Weg zur Arbeit, Arbeit Vormittag, Mittagessen, Arbeit Nachmittag, Heimweg, Abendessen, ausgehen oder Sofa, schlafen gehen.

Innerhalb dieses starren Schemas gibt es allerdings zahlreiche Variationen, etwa beim Frühstück:

- »Danach macht Katharina sich ein schnelles Frühstück, und zwar gibt es ein Croissant und ein Glas Orangensaft.«
- »Sodann macht unsere Heldin sich Frühstück, und zwar ein Käsebrötchen und einen Becher Kaffee.«
- »Anschließend macht Kati sich ein Frühstück, und zwar eine Schale Müsli und einen Apfelsaft.«

Auch dieses Material hat eine sehr viel einheitlichere Struktur als natürliche Sprache. Im Vergleich zu den »dünstenden Köchinnen« und den »frittierenden Konditoren« ist der Satzbau allerdings deutlich weniger starr: Die Sätze sind unterschiedlich lang und variieren in der Gliederung. Zudem tauchen signifikante Wörter in unterschiedlichen Kontexten auf: Mit »Salat« etwa hat Kati gelegentlich sowohl bei der Arbeit in der Gärtnerei als auch beim Abendessen zu tun.

14.7.2 Die Bedienoberfläche

Die Bedienoberfläche ähnelt sehr jener des Wort-Navigators. Statt Wörtern sind in der grafischen Darstellung des Einbettungsraums weiße Punkte zu sehen. Jeder Punkt steht für eine Sequenz, sprich: einen Satz. Ähnlich wie beim Wort-Navigator können Sie per Mausklick einzelne Sequenzen auswählen. Das Textfeld rechts unten zeigt die entsprechenden Kosinus-Ähnlichkeiten an.

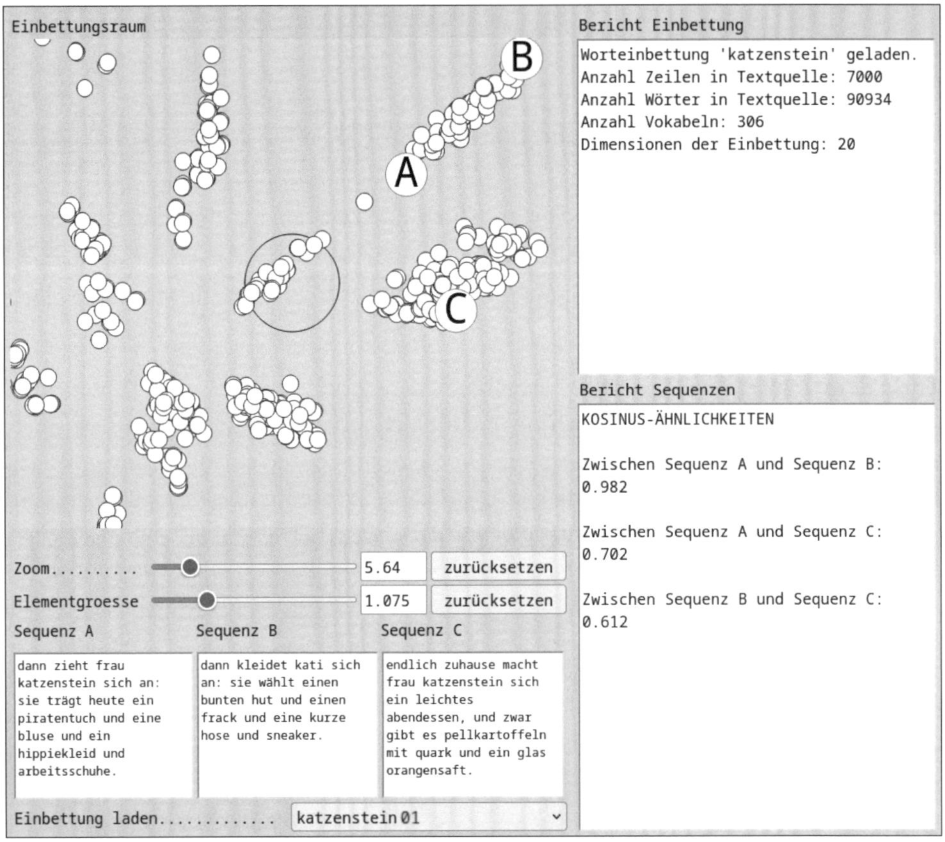

Abbildung 14.26 Das Programm Sequenz-Navigator

Im Screenshot werden zwei sehr unterschiedlich gebaute, aber beide zur Station »Ankleiden« gehörende Sätze als sehr ähnlich erkannt. Abbildung 14.27 zeigt, dass das kein Zufallstreffer war. In der Sequenzeinbettung gruppieren sich die Sätze sehr sinnvoll zu Clustern, die einzelnen Tagesstationen zuzuordnen sind.

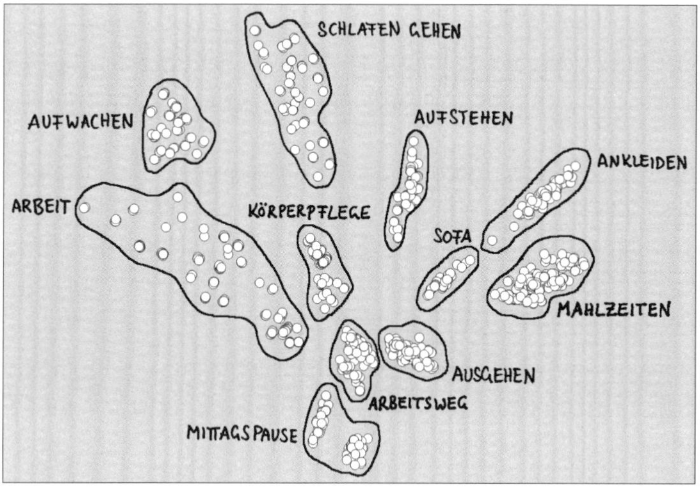

Abbildung 14.27 Das Leben von Kati Katzenstein aus Sicht des Sequenz-Navigators

Das Drop-down-Menü ganz unten bietet an, verschiedene Einbettungen zu laden, auch jene aus dem Wort-Navigator – Sie können also Sätze wie »Drei Köchinnen dünsten schonend eine Möhre« und »Drei Diebe klauen dreist einen Tresor« im Sequenz-Navigator betrachten. Umgekehrt haben Sie auch im Wort-Navigator die Möglichkeit, die Katzenstein-Worteinbettungen zu laden (siehe Abbildung 14.28).

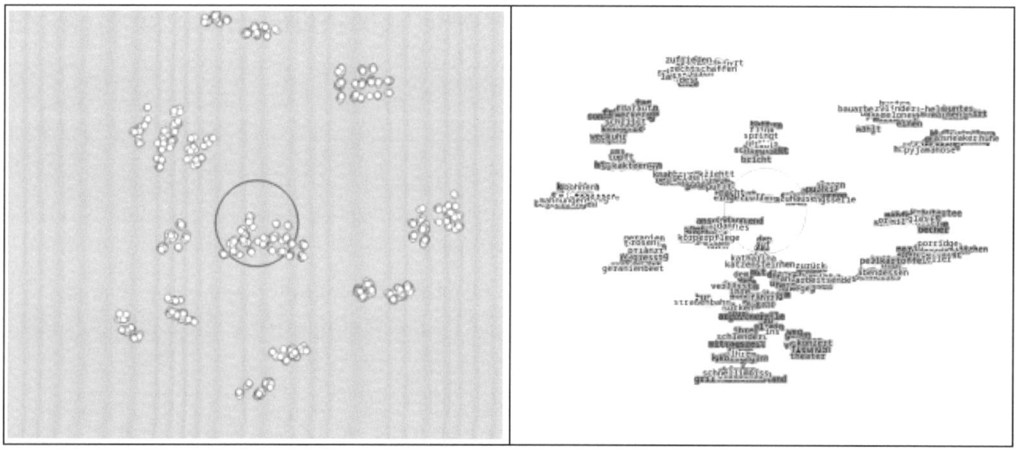

Abbildung 14.28 Die »dünstenden Köchinnen« im Sequenz-Navigator und »Kati Katzenstein« im Wort-Navigator.

14.7.3 Relationen zwischen Sequenzen

Die Übertragung von Relationen zwischen Sequenzen beherrscht das Programm in der aktuellen Version noch nicht. Angenommen, wir wollten zu experimentellen Zwecken die Relation zwischen »schlecht gelaunt« und »gut gelaunt« in einen Vektor übersetzen. Dafür wäre es notwendig, den Kati-Katzenstein-Tagen eine zusätzliche Dimension zu verleihen: Jede Station des Tages kann in jeder Variante mit guter oder schlechter Laune bewältigt werden. Kati »springt enthusiastisch aus dem Bett« oder »quält sich widerwillig aus den Federn«, sie »geht fröhlich pfeifend zu Fuß zur Arbeit« oder »fährt genervt mit dem wieder einmal verspäteten Bus in die Gärtnerei« etc.

Aus zwei Sätzen, in denen eine ähnliche Tätigkeit einmal gut und einmal schlecht gelaunt ausgeführt wird, ließe sich ein Vektor herausziehen und auf andere Sätze – sprich: deren Vektoren – übertragen.

Mit den bereits vorliegenden Sätzen mit den dünstenden Köchinnen und den frittierenden Konditoren könnten wir Ähnliches probieren. Hier können wir bereits Relationen zwischen Sätzen benennen: Singular – Plural und Gegenwart – Vergangenheit. Übertragungen sollten an dieser Stelle angesichts der Eindeutigkeit des Textmaterials einfach umzusetzen sein.

Hintergrund: Der Code hinter den Kulissen

Man merkt unseren Beispielprogrammen vielleicht an, dass deren Entwicklung uns Vergnügen bereitet hat. Wir werden auch über die Fertigstellung dieses Buchs hinaus weiter daran arbeiten und unsere Fortschritte teilen. Falls Sie das interessiert, werfen Sie hin und wieder einen Blick auf die Webseite zum Buch:

https://www.maschinennah.de/ki-buch

Auf eine Diskussion des Codes direkt im Buch haben wir verzichtet – es wäre in diesem Fall einfach zu komplex geworden, auf die vielen technischen Details einzugehen. Da war es uns wichtiger, den Blick auf das Wesentliche zu richten.

Wenn Sie mehr über die Umsetzung der hier vorgestellten Verfahren wissen wollen, werden Sie ebenfalls auf der Webseite zum Buch fündig. Dort haben wir diesem Kapitel eine eigene Unterseite spendiert:

https://www.maschinennah.de/transformer

Zudem haben wir den Code wie immer sehr ausführlich kommentiert.

An dieser Stelle also nur einige wichtige Fakten zur Struktur unserer Programme:

- Die Erstellung der Texte und Trainingsdaten, das Training der Worteinbettungen und die Dimensionsreduktion mittels tSNE haben wir in Python erledigt.
- Dabei haben wir die Python-Module `keras` und `sklearn` genutzt.

- Die von Python exportierten Daten befinden sich im Verzeichnis *daten*. Das gilt für den Wort- und für den Sequenz-Navigator.
- Jede Einbettung hat dort ein eigenes Unterverzeichnis: *daten/berufe01*, *daten/berufe02* etc.
- Darin befinden sich jeweils die Dateien *vektoren.json* und *vektoren2D.json*, die die Einbettungen im folgenden Format speichern:
  ```
  {"eine": [-4.096568584442139, 0.23361161351203918],
   "ein": [-4.508192539215088, 1.176285743713379] ... }
  ```
- Daneben enthält jedes dieser Verzeichnisse noch einige weitere Dateien, die weitere Informationen über die Einbettung speichern, etwa die relativen Häufigkeiten der einzelnen Wörter, die Metaparameter des neuronalen Netzes, mit denen die Einbettung trainiert wurde (zum Beispiel die Lernrate und die Anzahl der Trainingsepochen), die Zeilen des Originaltextes und gegebenenfalls einen Qualitätsbericht.

14.8 Transformer am Horizont

Zu Beginn dieses Kapitels haben wir versprochen, dass wir am Ende »zumindest erahnen werden, was Transformer tun, wenn sie Texte imaginieren, Übersetzungen anfertigen oder Fragen beantworten«. Nun wird es Zeit, dieses leichtfertig gegebene Versprechen einzulösen.

14.8.1 Ein verbesserter Markow-Prozess

Kommen wir noch einmal auf den in Abschnitt 14.1.1 aufgestellten Vergleich zwischen einem Markow-Prozess und einem Transformer zurück. Können wir mithilfe von Wort- und Sequenzeinbettungen den Markow-Prozess verbessern? Können wir die beiden genannten Schwächen, also ...

- die Beschränkung auf Eingabesequenzen mit fester Länge sowie
- das Unvermögen, unbekannte Wortfolgen fortzusetzen,

... mit dem überwinden, was wir in diesem Kapitel vorgestellt haben? Das ist in der Tat möglich.

Der klassische wortbasierte Markow-Prozess erwartet auf der Eingabeseite mehrere Wörter und liefert als Ausgabe jeweils ein neues Wort. Er verarbeitet also *ein Array von Strings und gibt einen einzelnen String* aus.

Wir könnten den Markow-Prozess derart umbauen, dass er nicht mehr die Zuordnungen zwischen je einer Eingabesequenz und den jeweils zugehörigen Folgewörtern speichert, sondern die *Zuordnungen zwischen je einem Sequenzvektor und den jeweils zugehörigen Wortvektoren*. Damit sind die beiden genannten Schwächen überwunden. Bei der Eingabe einer Sequenz rechnet der verbesserte Markow-Prozess wie folgt:

- Er ermittelt für die eingegebene Sequenz zunächst den Sequenzvektor,
- sucht dann in der Tabelle nach dem Sequenzvektor mit der größten Kosinus-Ähnlichkeit und
- gibt schließlich einen oder mehrere Wortvektoren aus, die auf eine mögliche Fortsetzung verweisen.

Im letzten Punkt können wir zusätzliche Variationen einbauen, indem wir zulassen, dass gelegentlich auch Wörter zur Fortsetzung verwendet werden, die in der Nähe eines der ausgegebenen Wortvektoren liegen.

14.8.2 Und täglich grüßt Frau Katzenstein

Wir haben zwei verschiedene Worteinbettungen auf Basis der Tagesbeschreibungen von Kati Katzenstein trainiert:

- Die erste, *katzenstein01*, hat die für das Training notwendigen Wortpaare auf Basis der einzelnen Sätze produziert, also unabhängig von den jeweils anderen Sätzen. Daher hat diese Einbettung nicht gelernt, dass auf das Aufwachen das Aufstehen folgt, auf das Aufstehen das Frühstück ... bis am Ende des Tages auf das Einschlafen wiederum das Aufwachen folgt.
- Die zweite, *katzenstein02*, hat alle Tagesabläufe *als Ganzes* für die Produktion der Wortpaare verwendet. Diese Worteinbettung kennt also die zeitlichen Zusammenhänge der einzelnen Stationen des Tages.

Man könnte den zuletzt beschriebenen Umbau des Markow-Prozesses auf Vektoren auf die Worteinbettung *katzenstein02* anwenden, um damit eine potenziell unendliche Folge von Katzenstein-Tagen zu generieren. Das haben wir bei den Arbeiten zu diesem Buch einmal ausprobiert. Im Prinzip hat es funktioniert, allerdings hat ein in Abschnitt 14.6 genannter Nachteil unserem sehr einfachen Sequenzeinbettungsverfahren Probleme bereitet: Die Reihenfolge der Wörter in der Eingabesequenz spielt keine Rolle. Das hat zur Folge, dass, wenn auf der Eingabeseite ein kompletter Katzenstein-Tag steht, der Markow-Prozess keinerlei zeitliche Orientierung mehr hat. Es ist für ihn sozusagen Frühstück, Mittagessen und Abendbrotzeit gleichzeitig. Daher mussten wir die Länge der Eingabesequenzen letztlich doch wieder beschränken.

14.8.3 Positional Encodings

Wie ließe sich das zuletzt genannte Problem lösen? Zum einen müsste ein Sequenzeinbettungsverfahren her, das die Reihenfolge der Wörter berücksichtigt. Das ist ein sehr interessantes Problem! Wenn es Sie interessiert, wie das im Detail funktioniert, wird eine Suche nach dem Begriff *Positional Encoding* helfen. Hier soll uns die einfache Erklärung genügen, dass man zu jedem Wortvektor einen weiteren Vektor hinzufügen kann, der die jeweilige Position innerhalb der Sequenz codiert.

14.8.4 Gewichtungen

Wäre es zudem nicht sinnvoll, dass die unmittelbar vorherigen Wörter das nächste Wort stärker beeinflussen als Wörter aus etwa dem vorletzten Satz? Eine solch stärkere Gewichtung lässt sich im Code leicht umsetzen, etwa indem wir vor der Mittelwertbildung die Wortvektoren der unmittelbar vorangegangenen Wörter mit einem höheren Gewicht multiplizieren als jene der weiter zurückliegenden Wörter.

Das klingt zunächst vernünftig, aber es gibt einen Haken: Bei so einfachen Sequenzen wie den Katzenstein-Tagen mag das funktionieren, aber bei komplexeren Textstrukturen sind oftmals weit zurückliegende Wörter für die Berechnung des nächsten Worts signifikant! So könnte sich die Sequenz »Die Frage« auf eine drei, fünf oder sieben Sätze zuvor gestellte Frage beziehen. Diese Zusammenhänge und Abhängigkeiten können beliebig komplex werden. Denken Sie an einen dicken Roman. Denken Sie an die Sprache an sich, die als ein System von Verweisen und wechselseitigen Abhängigkeiten gelesen werden kann.

14.8.5 Sprache ist Kontext

Wer sich mit der maschinellen Verarbeitung von Sprache befasst, wird schnell auf das Problem der Mehrdeutigkeiten stoßen. Ein »Strauß« ist ein Gebinde aus Blumen, aber auch ein großer, flugunfähiger Vogel. Eine »Mutter« ist Teil einer Verschraubung, aber auch der weibliche Elternteil, ein »Hering« ein Fisch, aber auch ein Verankerungsstift für Zelte etc. Der Kontext gibt in solchen Fällen Auskunft darüber, was jeweils gemeint ist.

Anders als es vielleicht erscheinen mag, sind diese sogenannten *Homonyme*, umgangssprachlich auch *Teekesselchen* genannt, keine Spezialfälle. Es gilt grundsätzlich für jedes Wort, für jeden Satz, für jeden Absatz, für jedes Kapitel, dass die Bedeutung vom Kontext abhängt, in dem es steht. Und jedes Buch steht wiederum im Kontext anderer Bücher und der gesamten Sprache.

14.8.6 Aufmerksamkeit

Die Lösung des Problems der Kontextabhängigkeit auch von weit auseinanderliegenden Wörtern war lange Zeit die größte Herausforderung für die maschinelle Verarbeitung von Sprache. Die Lösung ist technisch schwierig umzusetzen, aber vom Prinzip her leicht zu verstehen. Anstatt, wie in Abschnitt 14.8.4 vorgeschlagen, die Gewichtung allein abhängig von der Entfernung zu berechnen, können wir einem neuronalen Netz die Möglichkeit geben, zu lernen, jedes einzelne Wort in einer Sequenz abhängig vom Kontext unterschiedlich zu gewichten. Diese Fähigkeit wird *Aufmerksamkeit* genannt. Die Veröffentlichung des wissenschaftlichen Papers »Attention Is All You Need« im Jahr 2017 von Ashish Vaswani et al. markiert die Geburtsstunde der Transformer.

14.9 Zusammenfassung und Ausblick

Wir stehen am Ende des umfangreichsten, anspruchsvollsten und weitreichendsten Kapitels dieses Buchs. Das Thema *Transformer* ist allerdings ein ganzer Kontinent, von dem wir hier lediglich die Küstenlinie skizzieren konnten. Der Titel dieses Kapitels, »Transformer verstehen«, könnte durchaus für ein ganzes Buch herhalten. Wir haben versucht, einige wesentliche Punkte klarzumachen, die ein grundlegendes Verständnis dieser faszinierenden Technologie vermitteln.

14.9.1 Was wir ausgelassen haben

Allein im Hinblick auf die Worteinbettungen haben wir diverse Präzisierungen (Tokens statt Wörter, lineare Aktivierungsfunktion und Bias 0 bei der Einbettungsschicht), alternative Implementierungen (CBOW statt Skip Gram) und nützliche Optimierungen (variable Fensterbreite bei der Wortpaarbildung, Training mit Negativbeispielen) ausgelassen. Falls Sie tiefer in das Thema einsteigen wollen, haben Sie diese Stichwörter nun zumindest schon einmal gehört. Für uns war das Buch »The Inner Workings of word2vec« von Chris McCormick eine wichtige Quelle, die wir gern weiterempfehlen.

14.9.2 Unterschiede zu ausgewachsenen Transformern

Wir müssen Sie auf einige wesentliche Unterschiede zwischen unseren Beispielprogrammen und einem ausgewachsenen Transformer hinweisen:

Wir haben mehrfach betont, dass Worteinbettungen Relationen *unabhängig von irgendwelchen Vorgaben* lernen. Das trifft für unsere Beispielprogramme nicht zu. Damit wir überhaupt in einer selbst programmierten Lösung zu guten Ergebnissen kommen, mussten wir mit Texten arbeiten, die sehr viel stärker strukturiert sind als die natürliche Sprache. In der Praxis werden Worteinbettungen anhand von Textmengen trainiert, die *sehr viel umfangreicher* sind. Es gilt in diesem Zusammenhang nicht, dass zehnmal mehr Text eine zehnmal bessere Qualität der Einbettungen ergibt. Um die Komplexität der natürlichen Sprache vollständig abzubilden, benötigen wir Textmengen astronomischen Ausmaßes.

Zudem haben wir bei der Erzeugung unseres Textmaterials mit den »dünstenden Köchinnen« gezielt Relationen eingebaut, von denen wir wollten, dass unsere Worteinbettung sie lernt. Das hatte den nützlichen Nebeneffekt, dass wir parallel auch Testfunktionen erzeugen konnten, die überprüfen, wie gut eine Worteinbettung die Relationen gelernt hat.

In der Praxis gibt es zwar Worteinbettungen, die wie unsere Beispiele stand-alone trainiert werden, etwa *Word2vec* oder *GloVe, in Transformern werden diese Einbettungen jedoch nicht separat trainiert, sondern im Zuge der Aufgabe, Sätze sinnvoll fortzusetzen, mittrainiert.* Das gilt auch für die in Abschnitt 14.8.6 beschriebenen Gewichtungen für die Aufmerksamkeit. Man entwirft lediglich ein sehr komplex aufgebautes neuronales Netz, das Strukturen bereitstellt, um die Gewichte für Einbettungen und Aufmerksamkeit zu trainieren.

Die von uns vorgegebenen Relationen sind lediglich Veranschaulichungen der Funktionsweise von Einbettungen. Wie ein Transformer im Zuge des Trainings die Gewichte zurechtschiebt und welche Abstraktionen er dabei findet, ist ohne ein intensives Reverse Engineering vollkommen unklar und im Zweifelsfall nicht annähernd so klar benennbar wie unsere Singular-Plural-Relation.

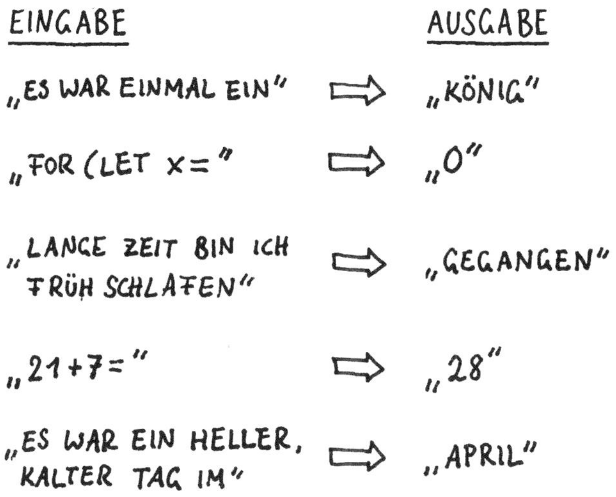

Abbildung 14.29 Beispiele für mögliche Trainingsdatenpaare für einen Transformer

14.9.3 Das erstaunliche Abstraktionsvermögen von Transformern

Die wichtigste Lektion aus diesem Kapitel lautet: *Grammatikalische und bedeutungshafte Relationen zwischen Wörtern und Sätzen lassen sich mathematisch abstrahieren und somit algorithmisch verarbeiten.* Die erstaunlichen Leistungen von Anwendungen wie ChatGPT oder Bard zeigen, dass dieses Abstraktionsvermögen sehr weit reicht. Aufforderungen wie »Schreib mir eine Einführung in die Superstring-Theorie in Form eines Kinderliedes« oder »Formuliere eine Bedienungsanleitung für einen Bluetooth-Speaker im Stil von Thomas Bernhard« werden ohne Umschweife beantwortet. Über die Qualität der Ergebnisse lässt sich streiten, aber ohne Zweifel erfüllen die Texte die in der Frage formulierten Bedingungen. Offenbar sind Transformer in der Lage, selbst »die Form eines Kinderliedes« und gar »den Stil von Thomas Bernhard« zu abstrahieren. Anwendungen wie Midjourney oder Craiyon beweisen, dass dieses Abstraktionsvermögen auch mit visuellen Strukturen funktioniert. Eingaben wie »Eine Shopping Mall von M. C. Escher gestaltet« oder »Ein Modularsynthesizer im afrofuturistischen Design« liefern bemerkenswerte Bilder. Aktuell ist nicht abzusehen, wo die Grenzen dieses Abstraktionsvermögens liegen. Im Nachwort werden wir dazu einige Überlegungen im Hinblick auf die Produktion von Literatur und Kunst mittels künstlicher Intelligenz anstellen.

14.10 Ideen zum Weitermachen

Dies war das letzte Kapitel dieses Buchs, in dem es um KI-Konzepte und -Algorithmen geht. Wir würden uns sehr freuen, wenn Ihnen die Lektüre Freude und viele Erkenntnisse gebracht hat. Falls Sie nun Lust verspüren, auf eigene Faust weitere Streifzüge durch die Welt der KI zu unternehmen, können Ihnen die hier vorgestellten Beispiele und die erläuterten Fachbegriffe den Weg weisen. Dabei helfen Ihnen auch das Glossar und das Literaturverzeichnis im Anhang. Auf der Webseite zum Buch finden Sie nicht nur sämtliche Beispielprogramme, sondern auch Links auf weiterführende Materialien.

Abbildung 14.30 Der Roboter Fritz verabschiedet sich von den Leserinnen und Lesern und bedankt sich herzlich für das Interesse.

Nachwort
Auf der Suche nach Trurls Elektrobarden

Wann immer ich öffentlich über KI spreche und mich dabei an ein allgemeines Publikum wende, ergeben sich unweigerlich Diskussionen, die rein technische Erwägungen überschreiten und neben ethischen und ökonomischen Fragen auch philosophische und ästhetische Themen berühren. Angesichts der jüngsten Fortschritte im Bereich der generativen KI drängen sich Fragen nach Wert, Bedeutung und Einordnung der mithilfe von Computerprogrammen hervorgebrachten literarischen Texte, Bilder und musikalischen Kompositionen auf.

Was die ethischen und ökonomischen Fragen angeht, bin ich lediglich ein interessierter Laie. Die philosophischen und kunstwissenschaftlichen Diskussionen hingegen führe ich mit Vergnügen. Schließlich hat mein Interesse für generative Verfahren mich vor vielen Jahren dazu gebracht, überhaupt in die Softwareentwicklung einzusteigen: Ein Freund, der um mein Interesse für Mathematik und elektronische Klänge wusste, hatte mir eine Kopie der Computeralgebrasoftware Mathematica zur Verfügung gestellt. Diese sei, wie er meinte, dazu geeignet, mittels Code Sounds zu produzieren. Meine Neugier war geweckt. Fast ohne jedes theoretische Vorwissen begann ich zu programmieren und algorithmische Komposition zu betreiben.

Algorithmische Komposition

Damit begab ich mich in eine Tradition, die deutlich älter war, als ich damals ahnte. Die Entstehung der Idee, Musik mittels algorithmischer Verfahren zu komponieren, liegt sehr viel weiter zurück als der Bau der ersten Digitalrechner: Als die erste Programmiererin, Ada Lovelace, 1842 die Idee eines schöpferischen Computers formulierte, dachte auch sie zunächst an Musik – die von Charles Babbage entworfene Analytical Engine könne »mit ganz anderen Dingen als Zahlen arbeiten« und »ausgefeilte und wissenschaftlich fundierte Musikstücke jedweder Komplexität und Länge komponieren.«[1]

Bereits in der Mitte des 17. Jahrhunderts lieferte Athanasius Kircher mit seiner »Arca Musarithmica« ein konkretes Beispiel für algorithmische Kompositionsregeln: Er beschrieb ein kombinatorisches Verfahren, das musikalische Laien zur Komposition befä-

1 Zitiert nach Jens Schröter: »Bilder weben, Musik komponieren. Ada Lovelace und das Universalmedium Computer« in Krämer 2015, S. 69.

higen sollte.[2] Die Anzahl der in seiner Erfindung potenziell verborgenen Werke geht in die Millionen und macht die Notwendigkeit einer Auswahl deutlich – ein nach wie vor aktuelles Problem generativer Kunst.

Als in der Nachkriegszeit real existierende Rechenanlagen erstmals auch für nichtmilitärische Zwecke zur Verfügung standen, traten wenig später musikalische Anwendungen auf den Plan. Lejaren Hiller und Leonard Isaacson präsentierten in den späten 1950er-Jahren mit der Illiac Suite das erste von einem Computer komponierte Streichquartett.[3]

Dass die ersten generativen Verfahren vor allem die Komposition von Musik verfolgten, hat einen guten Grund: Musikalische Strukturen *sind unmittelbar zahlenförmig*[4] und müssen nicht erst übersetzt werden, um sie algorithmisch zu behandeln – ob mit oder ohne Digitalrechner.

Computerdichtung und Informationsästhetik

Ein frühes Beispiel für algorithmisch erzeugte Literatur sind die 1961 von Raymond Queneau veröffentlichten »Cent Mille Milliards de Poèmes«[5] (Hunderttausend Milliarden Gedichte). Das Werk liefert 10 Sonette zu jeweils 14 Zeilen. Der Autor gestattet es, diese Zeilen frei zu kombinieren und auszutauschen, sodass 10 hoch 14 verschiedene Sonette entstehen können. Auch hier stellt sich das oben genannte Auswahlproblem.

Ebenfalls in den 1960er-Jahren entwickelten der Philosoph Max Bense, der Mathematiker und Künstler Frieder Nake und der Elektrotechniker Abraham A. Moles die Informationsästhetik[6]. Das ist ein Forschungsgebiet, das Ästhetik mit Informationstheorie, Mathematik und Informatik zu verbinden sucht. Die theoretischen und praktischen Ergebnisse dieser Anstrengungen sind höchst bemerkenswert, eine Beschäftigung damit lohnt sich unbedingt. Sie können aber keinesfalls den Anspruch erheben, das gesamte Feld des menschlichen künstlerischen Schaffens zu umfassen, sondern bewohnen lediglich kunstgeschichtliche und kunstwissenschaftliche Nischen.

---

2 Fred K. Prieberg: »Musica Ex Machina. Über das Verhältnis von Musik und Technik«, Berlin 1960, S. 106 f.

3 Lejaren Hiller und Leonard Isaacson: »Experimental music; composition with an electronic computer«, New York 1959.

4 Siehe Abschnitt 14.2, »Wörter in Zahlen codieren für Fortgeschrittene«.

5 Raymond Queneau: »Cent Mille Milliards de Poèmes«, Paris 1961.

6 Zum Beispiel in Max Bense: Aesthetica, Baden-Baden 1965, Abraham A. Moles: »Kunst & Computer«, Köln 1973, Frieder Nake: »Ästhetik als Informationsverarbeitung«, Wien 1974.

Das gilt für sämtliche Hervorbringungen der frühen algorithmischen Kunst. In ihnen herrschten kombinatorische und pseudozufällige Methoden vor, die übrigens nur sehr wenig mit dem zu tun haben, was wir heute unter KI verstehen. Es standen Top-down-Verfahren im Vordergrund, etwa die Formalisierung einzelner Aspekte musikalischer und sprachlicher Strukturen zur anschließenden Verwendung in Produktionsregeln.

Die Grenzen des Berechenbaren

Die Beschränkungen der frühen algorithmischen Kunst und der entsprechenden kunstwissenschaftlichen Bemühungen liegen offenkundig an der Beschränkung auf das, was sich mit den damaligen theoretischen und praktischen Werkzeugen überhaupt formalisieren und algorithmisch bearbeiten ließ. Dieser Mangel wurde gerade bei frühen computergenerierten literarischen Texten deutlich, die eben vor allem auf diesem formalisierbaren Teil der Sprache beruhten: amüsante Experimente, die sich im Vergleich zu großen literarischen Werken allerdings armselig ausmachen.

Hat sich durch den wissenschaftlichen und technischen Fortschritt seit den 1960er-Jahren etwas geändert? Haben sich die Grenzen des Berechenbaren und des Formalisierbaren verschoben?

Tatsächlich verfolgen die KI-Verfahren, deren Erfolge aktuell Furore machen, überhaupt nicht das Ziel einer Formalisierung, sondern folgen einem statistischen Ansatz. Hier bestimmen nicht die handgeschriebenen Algorithmen, sondern die zum Lernen verwendeten Datensätze das Ergebnis. Das Produkt des Programms ist somit nicht mehr überwiegend etwas dem Algorithmus Immanentes, sondern etwas von außen Zugeführtes, in den Trainingsdaten Enthaltenes. Die vorsichtige Formulierung deutet an, dass hier eine Grenze nur schwer zu ziehen ist, denn jedes KI-Projekt mit der damit verbundenen Aufbereitung der Trainingsdaten[7] sowie der Programmierung der Bewertungsfunktion enthält unausgesprochene Setzungen und Annahmen.

Ohne jeden Zweifel hat sich der statistische Ansatz als wesentlich erfolgreicher erwiesen als die händische Formalisierung. Anhand unvorstellbar großer Textmassen trainierte Sprachmodelle wie ChatGPT, Bard oder Jasper können in natürlicher Sprache mit den Nutzerinnen und Nutzern kommunizieren. Sie liefern oft sinnvolle und korrekte Antworten auf die ihnen gestellten Fragen.

7 Siehe Abschnitt 11.1, »Das überwachte Lernen«, und Abschnitt 13.6, »Zusammenfassung und Ausblick«.

Der Stand der Dinge

Die großen Sprachmodelle beantworten nicht nur Fragen zu wissenschaftlichen und technischen Themen, sie liefern nicht nur Kochrezepte und Ideen zur Gestaltung von Kindergeburtstagen. Sie können auch Geschichten und Gedichte zu vorgegebenen Themen verfassen oder Songtexte schreiben. Die Ergebnisse sind mitunter amüsant und erstaunlich, dürften aber nur bei den wenigsten Leserinnen und Lesern als ernst zu nehmende Literatur durchgehen.

Die Schwächen offenbaren sich nicht nur bei literarischen Gehversuchen. Zwar können die aktuellen Sprachmodelle *sattsam Bekanntes* angemessen gegliedert und weitgehend korrekt darstellen, bei spezielleren Fragestellungen und komplexeren Themen liefern sie aber allzu oft Falsches oder zumindest sehr Gewöhnliches. Überraschende Sichtweisen, ungeahnte Ideen, originelle Darstellungen und gelungene sprachliche Wendungen bleiben die Ausnahme und erwecken eher den Eindruck von Zufallstreffern. Es dominiert der aufzählende Charakter. Wenn Sie etwa mit ChatGPT über philosophische Fragen diskutieren wollen, erhalten Sie meist Antworten, die derart aus- und abgewogen sind, dass sie für ein Schulreferat notfalls reichen mögen, aber nur selten tiefere Einsichten erlauben und eher zu einer gepflegten Langeweile führen dürften.

Ob Literatur oder Philosophie: Die Grenzen der aktuellen Sprachmodelle sind offenkundig. Die ästhetischen Möglichkeiten von Text- und auch Bildgeneratoren lassen sich aus der Perspektive des Philosophen Byung-Chul Han[8] gut verstehen und beschreiben. Er konstatiert, dass der digitale Kapitalismus alles fördere, was sich mit geringstmöglichem Widerstand in digitalen Netzen verarbeiten lässt. Das sind – ein Blick auf die Inhalte von Instagram, TikTok und ähnlichen Plattformen beweist es – kurze und isolierte Fragmente. Ob Selbsthilfefloskel, ein gelungener Übergang in einem DJ-Set, eine witzige Szene aus einem Film, ein sportlicher Trick, ein kunsthandwerklicher Tipp oder ein politisches Statement: Im sogenannten sozialen Medium steht all dies leicht konsumierbar nebeneinander. Selbst Trauer und Schmerz werden hier zum Produkt, wenn Influencer mit Posts über persönliche Verluste »Reichweite generieren«. Das »Andere«, das »Sperrige«, das »Fremde«, das uns in der Kunst zu berühren, zu überraschen oder zu verstören vermag, findet hier nicht statt.

Die Ästhetik der KI ist eine Ästhetik der Fragmente. Nun sind die Collage und der Remix nicht zu unterschätzende Teile künstlerischer Praxis. Und in der Tat sind die visuellen Hervorbringungen von Transformern wie Midjourney mitunter bemerkenswert. Aber sie erschöpfen sich bislang in der Remix-Ästhetik. Das erinnert sehr an die oben genann-

8 Siehe zum Beispiel in »Transparenzgesellschaft« (Han 2012) und »Im Schwarm« (Han 2013).

ten ersten Computergedichte, die ebenfalls nur einen kleinen Teil sprachlicher Möglichkeiten abbilden konnten.

Der Literatur- und Medienwissenschaftler Joseph Vogl hat in einem Interview mit dem Deutschlandfunk angesichts enttäuschender Ergebnisse bei der »Produktion von Bildern im Stil von Raffael« angemerkt, dass der »Begriff des Stils unter diesen Bedingungen eine überaus konservative Kategorie ist, wie vielleicht auch dieses ganze Projekt in dieser Hinsicht letztlich bestimmte konservative Kriterien abtastet: Wer ist der Autor? Wie schreibt der Autor? Wie bastelt er Subjekt und Prädikat zusammen?«. Vogl merkt an, dass diese »Reproduktion von Konservativismen« letztlich im System der KI begründet ist, da »diese Maschinen mit Wahrscheinlichkeitsoperationen umgehen. Das heißt, sie haben ein großes Gedächtnis [...] und sie können Markow-Ketten sehr gut verwalten, d. h. den Übergang von einem Buchstaben zum anderen, von einem Wort zum anderen, von einem Satz zum anderen ...«[9, 10]

Dünnes Eis

Wer versucht, anhand des aktuellen Stands der Technik Prognosen über zukünftige technische Entwicklungen abzugeben, bewegt sich auf dünnem Eis. Das liegt unter anderem daran, dass sich vergangene Prognosen allzu oft als falsch erwiesen haben: Was die großen Sprachmodelle heute beherrschen, hätte kaum jemand vor zehn Jahren für absehbar möglich gehalten. Bei aller berechtigten Kritik an der Qualität der Ergebnisse: Dass es funktioniert, Eigenschaften wie »von Thomas Bernhard geschrieben« oder »im Stil eines Werbeprospekts aus den 1970er-Jahren« mathematisch zu abstrahieren und zu reproduzieren, ist höchst erstaunlich und hat Bewunderung und Beachtung verdient.

Zurückhaltung ist zudem angebracht, weil man sich mit der Frage nach den Grenzen der KI sehr schnell in der fragwürdigen Position eines Verteidigers des Menschen gegenüber kalten und gefühllosen Maschinen wiederfindet. Dieser Kampf hat sich, zumindest in den letzten Jahrzehnten, als Rückzugsgefecht erwiesen. Diese Position möchte ich also nicht einnehmen, die Frage nach den Grenzen aber dennoch stellen.

9 Joseph Vogl und Carsten Hueck: »Wie verändert KI die Literaturkritik« (Interview), Deutschlandfunk, 22.06.2023.

10 Siehe Kapitel 2, »Texte bauen mit Markow«, und Abschnitt 14.1, »Ein Sprachmodell von außen betrachtet«.

Viel hilft viel?

In der aktuellen Diskussion um die Verbesserung der Leistungsfähigkeit lassen sich zwei Lager ausmachen:[11]

Die Skalierungs*befürworter* schließen aus der Erfahrung, dass in der Vergangenheit die Vergrößerung der Modelle und die Hinzunahme von noch größeren Trainingsdatensätzen Erfolg gebracht haben, dass dies auch zukünftig der Fall sein wird. Wenn wir also ein Modell trainieren könnten, das ebenso viele Gewichte enthält wie das menschliche Gehirn Synapsen, dann könnte dieses Modell auch menschliche Intelligenz erlangen.

Die Skalierungs*skeptiker* hingegen fordern mehr Grundlagenforschung und gehen davon aus, dass die aktuellen Modelle grundsätzliche, strukturelle Mängel aufweisen, die sich durch Skalierung nicht beheben lassen. Sie kritisieren, dass die Transformer keine Objekte repräsentieren können und keine Modell von der Welt enthalten, in der sie operieren: Das uns allen vertraute Vorstellungshandeln ist ihnen völlig fremd.

Wer auch immer am Ende Recht behalten wird: Mit weiteren Fortschritten ist zu rechnen, ob durch Skalierung, neue Modellarchitekturen oder die schrittweise Weiterentwicklung vorhandener Modelle. Wie wäre es, wenn stärker kuratierte Trainingsdaten zum Beispiel originelle von weniger originellen Texten unterscheiden könnten? Vielleicht ist es möglich, Originalität selbst mathematisch zu abstrahieren und zu reproduzieren?

Lems Elektrobarde

In der Kurzgeschichte »Trurls Elektrobarde« erzählt Stanisław Lem vom Abenteuer des Konstrukteurs Trurl, der eine Maschine bauen möchte, »die in der Lage sein solle, makellose Lyrik zu schreiben«. Das Vorhaben erweist sich als äußerst knifflig, denn »das Programm, das ein durchschnittlicher Dichter im Kopf hat, wurde durch die Zivilisation geschaffen, in der er auf die Welt kam«.

Daraus ergibt sich letztlich die Notwendigkeit, diese Entwicklung zurückzuverfolgen »bis zum Vorabend der Schöpfung, als die Bits … noch völlig ungeordnet im primordialen Chaos … herumschwirrten«. Trurls Maschine muss, um dichten zu können, einen Großteil der Geschichte des Universums simulieren.[12]

Vor einem ähnlichen Problem, so scheint es mir, stehen auch jene, die sich von einer KI literarische Werke erhoffen, die so unabschließbar bedeutsam sind wie zum Beispiel

11 Merkert und Bogartz 2022.

12 Lem 1985, S. 47–62.

jene von Franz Kafka. Der Autor eines Werks ist nämlich niemals dessen alleiniger Urheber. All das zu simulieren, was auf die Entstehung eines Werks Einfluss haben mag, ist zwar vielleicht *im Prinzip* vorstellbar, aber erstens *praktisch* unmöglich – und zweitens: Warum sollten wir uns diese Mühe überhaupt machen?

Schlechte Karten für KI-Kunst also? Bleibt sie in der Collage, in der Parodie, im Nachbilden von Oberflächeneffekten stecken? Nicht unbedingt. Es erscheint bemerkenswert, dass sich die Begriffe »Kunst«, »Intelligenz« – und »künstliche Intelligenz« allemal! – in ähnlicher Weise einer genauen Definition entziehen. Wenn wir es versuchen, finden wir uns allzu schnell beim Aufzählen technischer und sozialer Praktiken wieder. Vielleicht mag diese Uneindeutigkeit den Weg weisen?

Aus Sicht des Kunsthistorikers und -kritikers Hanno Rauterberg eröffnen gerade die Unschärfen und Unvollkommenheiten ästhetische Möglichkeiten. »Die Säge ist zum Sägen bestimmt. Das Gerät des Programmierers hingegen bleibt so unterdeterminiert wie die Leinwand eines Malers. Es gibt keinen entschiedenen Zweck [...] Ebenso wenig ist der digitalen Maschine eingeschrieben, was sich in ihr abspielen, wem sie auf welche Weise dienlich sein soll.«[13]

Tatsächlich ist die Nachahmung und Imitation menschlicher Fähigkeiten nur in den seltensten Fällen der Zweck ernst zu nehmender KI-Kunst. Wir dürfen von Kunst ganz unterschiedliche Dinge erwarten. Unsere Erwartungen an Maschinen sind ähnlich vielgestaltig und veränderlich. Kunst und Technik bedingen, formen und überschneiden einander. Und algorithmische Kunst vermag über das Existieren von Maschinen und Menschen in einer medientechnisch verfassten Welt sowie über das Wesen der Kunst zu reflektieren und zu phantasieren: »Mag die künstliche Intelligenz in einer starken, weltdurchdringenden, das soziale Wissen einschließenden Version noch auf sich warten lassen – hier, auf dem weithin unbestimmten Feld der Ästhetik, vermögen die Algorithmen bereits zu reüssieren. Hier zählt der Schein weit mehr als das Sein, und zumindest für eine scheinhafte Scheinhaftigkeit, eine Kunst des Simulakrums zweiter Ordnung, vermögen die Apparate mühelos einzustehen.«[14]

Dieser Text knüpft an den Artikel »Künstliche Intelligenz – der weite Weg zur Kunst aus der Maschine« an, den ich 2019 für heise online geschrieben habe. Einige Formulierungen aus dem Artikel habe ich für diesen Text übernommen.

---

13 Rauterberg 2021, S. 18 f.
14 Rauterberg 2021, S. 55 f.

Anhang

Anhang A
Eine kurze Einführung in JavaScript und p5.js

Dieser Anhang bietet einen Schnelleinstieg in die Programmiersprache *JavaScript* und die Bibliothek *p5.js*. Er ersetzt keine gründliche Einführung. Viele wichtige Themen haben wir ausgelassen. Wenn Sie mehr wissen wollen, beachten Sie unsere Buchempfehlungen in Anhang C sowie die weiterführenden Links auf der Webseite zum Buch.

A.1 JavaScript

Was ist JavaScript? Wo kommt es her, welche Versionen gibt es? Wie fügt sich JavaScript in die Gesamtheit der Programmiersprachen ein, wo liegen Unterschiede und Gemeinsamkeiten? Wo wird JavaScript angewandt, und welche Entwicklungswerkzeuge stehen zur Verfügung? Um all diese Fragen gründlich zu beantworten, bräuchten wir mindestens ein weiteres Kapitel. Auch hier verweisen wir auf die Buchtipps in Anhang C und die Webseite zum Buch – und beschränken uns an dieser Stelle auf die beiden aus Sicht dieses Buchs relevanten Feststellungen:

- JavaScript ist eine Programmiersprache, die von Webbrowsern wie Firefox oder Chrome ausgeführt werden kann. Eines ihrer wichtigsten Anwendungsgebiete ist die Programmierung von interaktiven Webseiten. Flaggschiffe wie die Seiten von Google, YouTube, Wikipedia oder Facebook sind zu weiten Teilen in JavaScript geschrieben.
- JavaScript ist eine interpretierte Sprache, das heißt, der JavaScript-Code wird von einem Programm – dem *Interpreter* – Zeile für Zeile ausgeführt.

Damit Ihr Computer JavaScript-Code ausführt, muss dieser nicht auf einem Server liegen. Sie können den Code in einer Datei mit der Endung *.js* speichern und dann in eine zweite Datei mit der Endung *.html* Folgendes schreiben:

```
<!DOCTYPE html>
<html>
   <script src="meinprogramm.js"></script>
</html>
```

Mit einem Klick auf die Datei startet Ihr Standardbrowser das Programm.

A.2 Was ist p5.js?

Processing ist eine Erweiterung der Programmiersprache Java, die auf die Programmierung von interaktiven Multimedia-Anwendungen spezialisiert ist – und die vieles, was in der Java-Welt diplomatisch ausgedrückt etwas umständlich ist, *wesentlich* vereinfacht. Processing erfreut sich deshalb seit fast 15 Jahren vor allem bei Künstlerinnen und Künstlern größter Beliebtheit.

p5.js ist eine Portierung des erfolgreichen Konzepts von Processing in die JavaScript-Welt. Dabei gilt die Faustregel: Alles, was in JavaScript funktioniert, funktioniert im Prinzip auch in p5.js. Allerdings sollten Sie, wenn es um Grafik und Interaktion geht, in p5.js-Programmen lediglich die entsprechenden p5.js-Befehle nutzen.

A.3 Der p5.js-Online-Editor

Einer der wichtigsten Gründe, warum wir uns für dieses Buch für das Tandem JavaScript und p5.js entschieden haben, ist der p5.js-Online-Editor: *https://editor.p5js.org/*. Wenn Sie auf den Link gehen, können Sie sofort mit der Programmierung von p5.js-Anwendungen starten. Links tippen Sie den Code ein, rechts sehen Sie sie Ausführung.

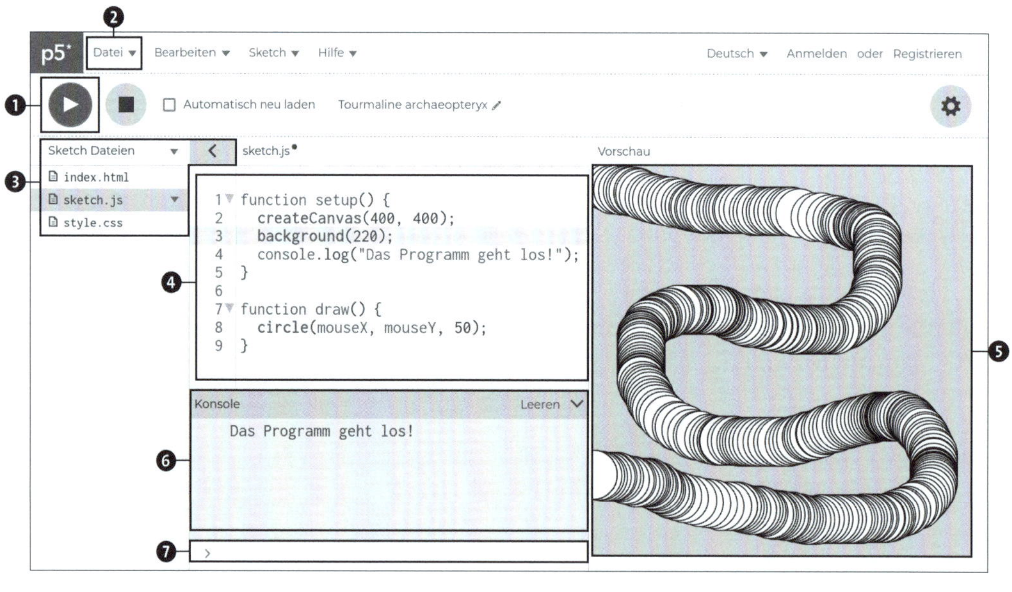

Der Clou des Online-Editors: Wenn Sie einen (kostenlosen und datensparsamen) Account anlegen, können Sie Ihre Programme speichern und per Link teilen – auch mit Personen, die selbst keinen p5.js-Account haben. Und genau diese Möglichkeit haben wir für unsere Beispielprogramme ausgiebig genutzt. Alle Projekte stehen im Online-Editor zur Verfügung. Sie können die Programme ohne Weiteres ausprobieren und den Code auch modifizieren. Nur wenn Sie Ihre Modifikationen speichern möchten, ist eine Anmeldung notwendig.

Im Screenshot haben wir die wichtigsten Elemente des Editors nummeriert:

❶ Mit einem Klick auf den Run-Button führen Sie Ihr Projekt aus.

❷ Unter diesem Menüpunkt speichern und laden Sie Ihre Projekte. Gespeicherte Projekte können Sie duplizieren und teilen.

❸ Hier verwalten Sie die Dateien des aktuell geöffneten Projekts. Mit einem Klick auf das Symbol < rechts daneben klappen Sie die Dateiübersicht auf und zu.

❹ Hier können Sie den Inhalt der aktuell geöffneten Datei anzeigen und editieren.

❺ Hier wird das Programm ausgeführt.

❻ Die Konsole dient der Anzeige von Textnachrichten.

❼ Hier übergeben Sie einzelne JavaScript-Befehle zur direkten Ausführung an den Interpreter.

A.4 Text ausgeben

Die *Webkonsole* dient der Anzeige von Textnachrichten, Warnungen und Fehlermeldungen. Sie ist im »Normalbetrieb« einer Webseite nicht zu sehen. Unter Firefox, Chrome und anderen Webbrowsern öffnen und schließen Sie die Konsole in der Regel mit `F12`. Im p5.js-Editor hat die Konsole ihren festen Platz unten links.

Das erste Listing zeigt, wie Sie Textnachrichten in der Konsole ausgeben. Hier und in allen weiteren Listings in diesem Kapitel markieren wir mit // -> eine Konsolenausgabe:

```
console.log("Guten Tag!");
// -> Guten Tag!
```

Zwar besteht das Listing lediglich aus zwei Zeilen, trotzdem lassen sich daran aber schon einige sehr wichtige Begriffe klären:

- `console.log` ist eine *Funktion*. Funktionen sind gewissermaßen kleine Unterprogramme, die jeweils für die Erledigung einer bestimmten Aufgabe zuständig sind – in diesem Fall für die Ausgabe von Textnachrichten in der Konsole. Sie werden in diesem Anhang noch viele Funktionen kennenlernen. In Abschnitt A.12, »Funktionen«, zeigen wir, wie Sie eigene Funktionen schreiben.

- `console.log("Guten Tag!")` ist ein *Funktionsaufruf*, also die Anwendung einer Funktion. Ein Funktionsaufruf besteht immer aus dem Namen der Funktion und einem Paar runder Klammern.
- Viele Funktionen erwarten ein oder mehrere *Argumente* – in diesem Fall ist das Argument die Nachricht, die ausgegeben werden soll. Die zu einem Funktionsaufruf gehörenden Argumente stehen immer zwischen den runden Klammern.
- `"Guten Tag!"` repräsentiert einen *Wert*. Jeder Wert hat einen *Datentyp*. Die Anführungszeichen signalisieren, dass es sich in diesem Fall um einen Wert vom Datentyp `String` – zu Deutsch *Zeichenkette* – handelt. Der Datentyp sagt dem Computer, wie er einen bestimmten Abschnitt im Speicher – letztlich Nullen und Einsen – interpretieren soll. Datentypen können beliebig komplex sein und Satellitenbilder, 3D-Objekte oder den aktuellen Zustand eines Computerspiels repräsentieren.
- Die zweite Zeile des Programms ist ein *Kommentar*. Die Zeichen // markieren den Beginn eines Kommentars. Alles, was nach diesen Zeichen in einer Zeile steht, wird nicht als Code interpretiert.

A.5 Bezeichner und Berechnungen

Bezeichner sind unverzichtbare Bestandteile eines jeden Computerprogramms. Bezeichner dienen ganz allgemein der Speicherung von Werten. Sie sind aber keine Behälter, in die wir Werte hineintun und herausholen. Vielmehr *verweisen Bezeichner auf Werte*. Das ist keine Spitzfindigkeit, sondern ein wesentlicher Unterschied, wie Sie in Abschnitt A.8, »Arrays«, sehen werden.

Die erste Zeile des folgenden Listings teilt dem Interpreter mit, dass es einen Bezeichner `name` gibt. Diese Mitteilung nennen wir *Deklaration*. Anschließend weisen wir dem Bezeichner den Wert `"Fritz"` zu. Das nennen wir *Zuweisung*. Die erstmalige Zuweisung eines Werts zu einem Bezeichner heißt auch *Initialisierung*.

In der zweiten Zeile gibt `console.log(name)` das aus, was unter dem Bezeichner `name` gespeichert ist – genauer gesagt: das, worauf der Bezeichner `name` verweist.

```
const name = "Fritz";
console.log(name);
// -> Fritz
```

Das *Schlüsselwort* `const` (für konstant) verbietet es, dem Bezeichner später einen anderen Wert zuzuweisen. Das zeigt das folgende Beispiel. Die Zuweisung `name = "Wilma"` wird mit einer Fehlermeldung quittiert:

```
const name = "Fritz";
console.log(name);
// -> Fritz
name = "Wilma";
// -> TypeError: invalid assignment to const 'name'
```

Möchten Sie einem Bezeichner im Laufe des Programms verschiedene Werte zuweisen, verwenden Sie stattdessen das Schlüsselwort `let`:

```
let name = "Fritz";
console.log(name);
// -> Fritz
name = "Wilma";
console.log(name);
// -> Wilma
```

Sie sollten `let` grundsätzlich nur dann verwenden, wenn das tatsächlich notwendig ist. Eine Begründung dafür liefern wir in Abschnitt A.19, »Sauber programmieren«. In älteren JavaScript-Tutorials und -Listings taucht noch das Schlüsselwort `var` zur Deklaration von Variablen auf. Zum Schlüsselwort `var` muss man sich nur eines merken: Es ist veraltet und soll nicht mehr verwendet werden.

Es ist möglich und in vielen Situationen auch sinnvoll, Bezeichner zu erzeugen, ohne ihnen einen konkreten Wert zuzuweisen. In diesem Fall verweist der Bezeichner auf den Wert `undefined`. Das kommt Ihnen vielleicht etwas seltsam vor, kann aber sehr nützlich sein, wie Abschnitt A.9 zum Thema Bedingungen zeigen wird.

```
let name;
console.log(name);
// -> undefined;
```

Sie können Bezeichnern auch Zahlen zuweisen und damit rechnen. Werte wie `1` oder `0.5` gehören übrigens dem Datentyp `Number` an.

```
const a = 1;
const b = 0.5;
const c = a + b;
console.log(c);
// -> 1.5
```

Mit dem Zeichen + lassen sich auch Zeichenketten verbinden:

```
const vorname = "Anna";
const nachname = "Blume";
const name = vorname + " " + nachname;
console.log(name);
// -> Anna Blume
```

Verbinden Sie eine Zeichenkette und eine Zahl mit +, macht JavaScript eine Zeichenkette daraus:

```
let nBananen = 7;
console.log("Anzahl Bananen: " + nBananen);
// -> Anzahl Bananen: 7
nBananen = 9;
console.log("Anzahl Bananen: " + nBananen);
// -> Anzahl Bananen: 9
```

A.6 Die Struktur eines p5.js Programms

Wenn Sie im Online-Editor ein neues p5.js-Projekt anlegen, enthält dieses per Voreinstellung bereits einige Zeilen ausführbaren Code. Mit einem Klick auf den Startbutton erscheint ein graues Quadrat mit einer Kantenlänge von 400 × 400 Pixeln.

```
function setup() {
  createCanvas(400, 400);
}

function draw() {
  background(220);
}
```

Der Code definiert die beiden Funktionen `setup()` und `draw()`. Wir gehen in Abschnitt A.12 genauer auf das Thema »Funktionsdefinition« ein. Bitte merken Sie sich vorerst, dass diese beiden Funktionen festlegen, was bei bestimmten Ereignissen passieren soll. Der zugehörige Code steht jeweils zwischen den geschweiften Klammern:

- Der Code von `setup()` wird *einmal zu Beginn* des Programms ausgeführt.
- Der Code von `draw()` wird *bei jedem Neuzeichnen* des Programmfensters ausgeführt.

Das folgende Programm macht den Unterschied deutlich. Die erste Zeile deklariert den Bezeichner `zaehler`. Die Funktion `setup()` initialisiert `zaehler` mit dem Wert `0`. Die Funktion `draw()` erhöht den `zaehler` jeweils um `1` und gibt den Wert in der Konsole aus.

```
let zaehler;

function setup() {
  // Dieser Code wird EINMAL ausgeführt, wenn das Programm startet:
  zaehler = 0;
}

function draw() {
  // Dieser Code wird JEDES MAL ausgeführt, wenn das Programmfenster
  // neu gezeichnet wird:
  zaehler = zaehler + 1;
  console.log("Zähler: " + zaehler);
  // -> Zähler: 1
  // -> Zähler: 2
  // -> Zähler: 3
  // ...
}
```

Tipp: Kurzschreibweisen

Wenn Sie den unter einem Bezeichner gespeicherten Wert um 1 erhöhen und erneut unter demselben Bezeichner speichern wollen, können Sie statt

```
zaehler = zaehler + 1;
```

auch

```
zaehler += 1;
```

schreiben.

Das funktioniert ebenfalls für andere Beträge und Grundrechenarten:

```
zaehler += 7;
```

```
groesse *= 0.9;
```

Wenn Sie einen Wert um 1 erhöhen oder vermindern wollen, geht auch die folgende, noch kürzere Schreibweise:

```
zaehler++;
```

```
zaehler--;
```

A.7 p5.js-Grafik-Grundlagen

Mit der Funktion createCanvas() erzeugen Sie das *Canvas* (zu Deutsch Leinwand), also die Zeichenfläche, und legen dessen Abmessungen fest. Das erste Argument bestimmt die Breite, das zweite die Höhe in Pixeln. Die Funktion background() ist für die Füllung des Canvas mit einer Farbe zuständig. Das Argument 220 steht für ein helles Grau. Eine 0 würde für eine schwarze, eine 255 für eine weiße Füllung sorgen. Da dieses Buch in Schwarz-Weiß gedruckt ist, verzichten wir auf bunte Farben. Diese werden mit drei Zahlen codiert, die in der *RGB-Codierung* für den Rot-, den Grün- und den Blauanteil stehen.

```
function setup() {
  createCanvas(400, 200);
  background(220);
}
```

Mit der Funktion circle() zeichnen Sie einen Kreis in das Canvas. Diese Funktion erwartet drei Argumente: die x- und die y-Koordinate des Mittelpunkts des Kreises sowie den Durchmesser in Pixeln:

```
function setup() {
  createCanvas(400, 200);
  background(220);
  circle(100, 100, 100);
}
```

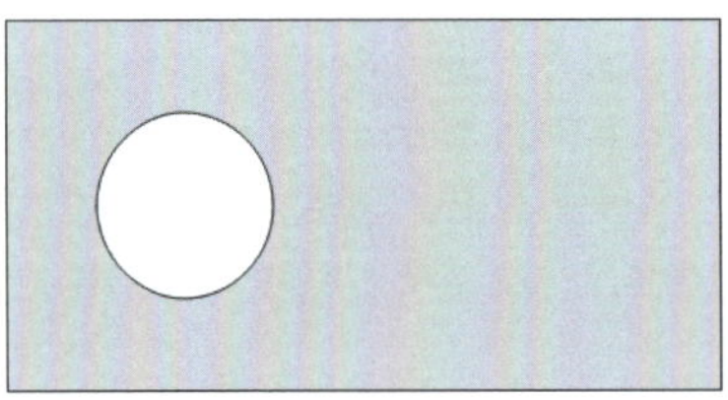

Falls Sie mit dem Prinzip von *Koordinaten* nicht vertraut sind, hilft das Beispielprogramm *p5.js_koordinaten_demo* weiter, das Sie auf der Webseite zum Buch finden. Es zeigt an, wie ein Koordinatenpaar auf eine bestimmte Stelle im Canvas zeigt. Beachten Sie, dass in der Computergrafik der Ursprung des Koordinatensystems immer oben links ist.

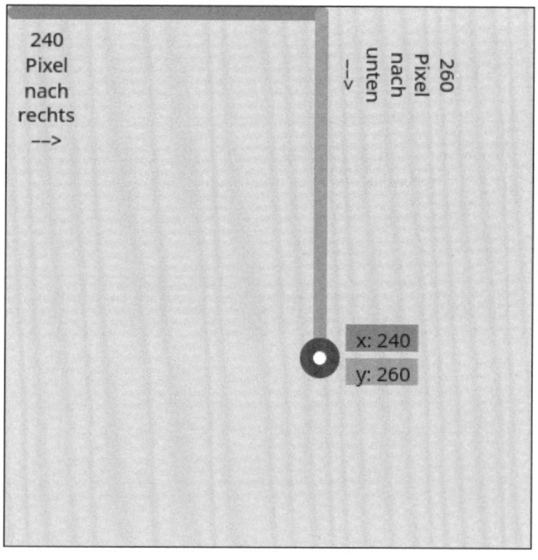

Die Funktion `fill()` legt die Füllfarbe für die folgenden Zeichenaktionen fest. `fill(0)` setzt die Füllfarbe auf Schwarz, `fill(255)` auf Weiß. Auf diese Weise können wir zwei Kreise mit verschiedenen Farbfüllungen zeichnen.

```
function setup() {
  createCanvas(400, 200);
  background(220);
  fill(0);
  circle(100, 100, 100);
  fill(255);
  circle(300, 100, 100);
}
```

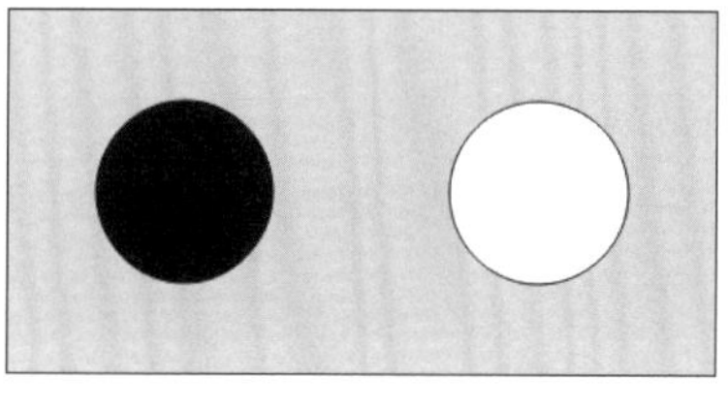

`strokeWeight()` und `stroke()` legen die Breite und die Farbe der Umrandung fest:

```
function setup() {
  createCanvas(400, 200);
  background(220);
  strokeWeight(10);
  fill(0);
  stroke(255);
  circle(100, 100, 100);
  fill(255);
  stroke(0);
  circle(300, 100, 100);
}
```

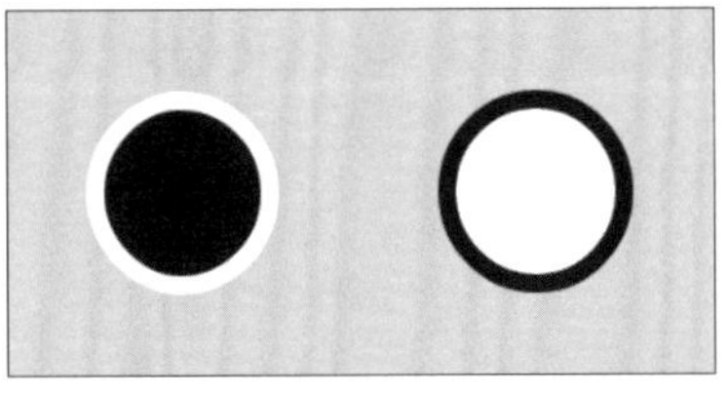

Das folgende Listing zeigt neben dem Kreis drei weitere einfache Grafikelemente:

```
function setup() {
  createCanvas(400, 400);
  background(220);
  fill(0);
  stroke(0);
  strokeWeight(10);

  // Kreis
  circle(100, 100, 100);

   // Rechteck
  rectMode(CENTER);
  rect(300, 100, 100);

  // Linien
  line(50, 350, 150, 250);
  line(50, 250, 150, 350);
```

```
  // Dreieck
  triangle(300, 250, 250, 350, 350, 350);
}
```

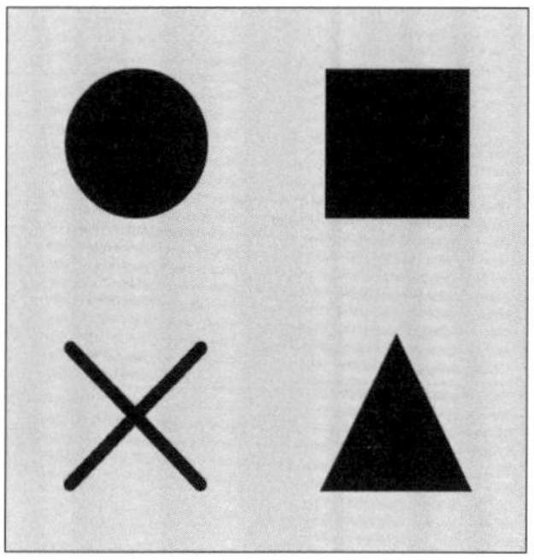

Die Bezeichner `mouseX` und `mouseY` stellt p5.js automatisch bereit. Sie verweisen immer auf die aktuellen Koordinaten des Mauszeigers. Auf diese Weise können Sie ein Programm schreiben, bei dem ein Kreis am Mauszeiger klebt:

```
function setup() {
  createCanvas(400, 200);
}

function draw() {
  background(220);
  circle(mouseX, mouseY, 50);
}
```

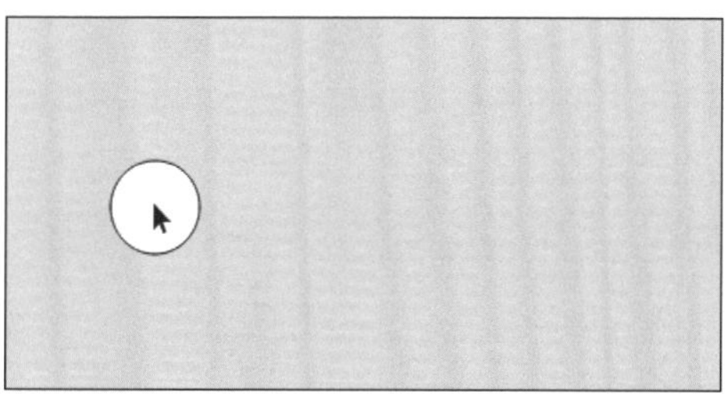

Wenn Sie den Hintergrund nur einmal zu Beginn des Programms füllen anstatt bei jedem Neuzeichnen des Canvas, erhalten Sie eine interessante Variante:

```
function setup() {
  createCanvas(400, 200);
  background(220);
}

function draw() {
  circle(mouseX, mouseY, 50);
}
```

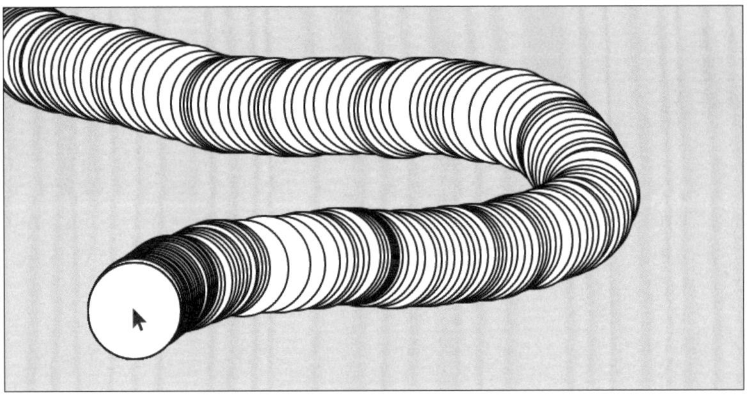

A.8 Arrays

Arrays speichern mehrere Werte in einer festgelegten Reihenfolge. Im folgenden Beispiel speichern wir den Inhalt einer Tasche in einem Array. Der Zugriff erfolgt über *Indizes*, die in eckigen Klammern stehen. Bitte beachten Sie, dass JavaScript wie die meisten Programmiersprachen bei 0 zu zählen beginnt. Das erste Element erreichen Sie also über `tasche[0]`. Mit `tasche.length` erhalten Sie die Anzahl der im Array enthaltenen Elemente. Wenn Sie auf ein nicht existierendes Element zugreifen, erhalten Sie `undefined`.

```
const tasche = ["Buch", "Brille", "Getränk"];
console.log(tasche[0]);
// -> Buch
console.log(tasche[1]);
// -> Brille
console.log(tasche[2]);
//  -> Getränk
console.log(tasche.length);
// -> 3
```

```
console.log(tasche[3]);
// -> undefined
```

Mit `tasche.push()` hängen Sie Elemente an:

```
const tasche = ["Buch", "Brille", "Getränk"];
console.log(tasche.length);
// -> 3
tasche.push("Kekse");
console.log(tasche[3]);
// -> Kekse
console.log(tasche.length);
// -> 4
```

Arrays können Arrays enthalten. Das ist zum Beispiel nützlich, wenn Sie ein zweidimensionales Spielfeld benötigen. Das könnte dann so aussehen:

```
const spielfeld = [[1,2,3],
                   [4,5,6],
                   [7,8,9]];

console.log(spielfeld[0][0]);
// -> 1
console.log(spielfeld[1][1]);
// -> 5
console.log(spielfeld[2][2]);
// -> 9
```

Es gibt einen Haufen nützlicher Funktionen, die Sie auf Arrays anwenden können. Wir erwähnen aus Platzgründen hier nur einige der wichtigsten:

- `shift()` entnimmt das erste Element und liefert es zurück.
- `slice()` wählt Abschnitte eines Arrays aus.
- `includes()` sagt uns, ob ein bestimmtes Element enthalten ist.
- `indexOf()` liefert den Index eines bestimmten Elements, sofern es vorhanden ist.

Weitere Array-Funktionen stellen wir in Abschnitt A.13, »Funktionen höherer Ordnung«, vor.

Wir haben in Abschnitt A.5, »Bezeichner und Berechnungen«, betont, dass Bezeichner keine Behälter für Werte sind, sondern auf Werte verweisen. Das lässt sich anhand von Arrays gut demonstrieren:

```
const a = [1, 2, 3];
const b = a;
b.push(4);
console.log(a)
// -> [1, 2, 3, 4]
```

Sie sehen: Die Veränderung von `b` hat auch `a` verändert. Das Beispiel zeigt zudem: Obwohl wir `a` als `const` deklariert haben, dürfen wir dem Array einen Wert hinzufügen. `const` verbietet lediglich *die Zuweisung* an einen anderen Wert, *nicht die Veränderung* des zugewiesenen Werts.

Tipp: Arrays entpacken mit dem Spread-Operator

Mit dem Spread-Operator `...` können Sie Arrays entpacken. `...[1, 2, 3]` ist gleichbedeutend mit `1, 2, 3`. Das ist zum Beispiel dann nützlich, wenn Sie die Elemente eines Arrays *einzeln* als Argumente an eine Funktion übergeben wollen:

```
console.log([7, 8, 9]);
// -> [7, 8, 9]
console.log(...[7, 8, 9]); // ist identisch mit console.log(7, 8, 9)
// -> 7 8 9
```

Der Spread-Operator lässt sich auch nutzen, um unabhängige Kopien eines Arrays zu erhalten. Der Trick besteht darin, `a` zu entpacken, um die einzelnen Werte sogleich wieder in ein neues Array zu packen: `[...a]`

```
const a = [1, 2, 3];
const b = [...a]; // b ist eine von a unabhängige Kopie
b.push(4);
console.log(a);
// -> [1, 2, 3]
console.log(b);
// -> [1, 2, 3, 4]
```

A.9 Bedingungen

Bedingungen – genauer gesagt, bedingte Ausführungen von Code – sind ein unverzichtbarer Bestandteil eines jeden Computerprogramms:

- *Wenn* die Entfernung zwischen der Spielerin und dem Geist kleiner 10 ist, *dann* haben sich Spielerin und Geist berührt.

- *Wenn* sich Spielerin und Geist berührt haben, *dann* ziehe der Spielerin 100 Gesundheitspunkte ab.
- *Wenn* die Spielerin keine Gesundheitspunkte mehr hat, *dann* ist das Spiel vorbei.
- *Wenn* das Spiel vorbei ist, *dann* zeige den Schriftzug »GAME OVER« an.

Dieses *Wenn ... dann* wird in JavaScript mittels sogenannter `if`-Konstruktionen ausgedrückt. In den runden Klammern nach dem `if` ist die Bedingung formuliert: Sie lautet `tascheEins.length == 0` und ist genau dann wahr, wenn `tascheEins.length` den Wert `0` hat, also kein Element im Array `tasche` ist. In diesem Fall wird der String `"tascheEins ist leer"` ausgegeben. Das Schlüsselwort `else` markiert den Code, der ausgeführt werden soll, wenn die zugehörige Bedingung *nicht* wahr ist.

```
const tascheEins = ["Buch", "Brille"];
const tascheZwei = [];

if (tascheEins.length == 0) {
  console.log("tascheEins ist leer");
} else {
  console.log("tascheEins ist nicht leer");
}
// -> tascheEins ist nicht leer

if (tascheZwei.length == 0) {
  console.log("tascheZwei ist leer");
} else {
  console.log("tascheZwei ist nicht leer");
}
// -> tascheZwei ist leer
```

`==` ist ein sogenannter *Vergleichsoperator*. Andere Vergleichsoperatoren sind `<` (kleiner), `<=` (kleiner oder gleich), `>` (größer), `>=` (größer oder gleich) und `!=` (nicht gleich). Vergleiche liefern immer entweder `true` (für wahr) oder `false` (für nicht wahr) zurück. `true` und `false` sind *Wahrheitswerte*. Sie gehören zum Datentyp `Boolean`. Der Name geht auf den Mathematiker George Boole (1815–1864) zurück, der definiert hat, wie man mit Wahrheitswerten rechnen kann.

Das Zeichen `!` steht für *Verneinung* oder *Umkehrung*. Es kehrt `true` in `false` um und umgekehrt:

```
let brotVorraetig = false;

if (!brotVorraetig) {
  console.log("Du solltest einkaufen gehen.");
}
// -> Du solltest einkaufen gehen.
```

Mehrere Werte vom Typ `Boolean` lassen sich verknüpfen. `a && b` ist genau dann `true`, wenn `a` und `b` `true` sind.

```
let nudelnVorraetig = true;
let salzVorraetig = true;

if (nudelnVorraetig && salzVorraetig) {
  console.log("Du kannst Nudeln kochen.");
}
// -> Du kannst Nudeln kochen.
```

`||` ist ein weiterer *Verknüpfungsoperator* – er steht für oder: `a || b` ist `true`, wenn `a` oder `b` den Wert `true` hat.

```
let nudelnVorraetig = true;
let spaghettiVorraetig = false;
if (nudelnVorraetig || spaghettiVorraetig) {
  console.log("Es ist Pasta vorrätig.");
}
// -> Es ist Pasta vorrätig.
```

Wir können mit `if` auch prüfen, *ob ein Bezeichner überhaupt auf einen bestimmten Wert verweist*. Wir haben in Abschnitt A.5 gezeigt, dass ein deklarierter, aber nicht initialisierter Bezeichner den Wert `undefined` hat. Und `undefined` wird in vielen Situationen wie `false` gewertet:

```
let vorname;
let nachname;

vorname = "Anna";

if (vorname) {
  console.log("Der Vorname ist " + vorname + ".");
} else {
```

```
  console.log("Vorname unbekannt.");
}
// -> Der Vorname ist Anna.

if (nachname) {
  console.log("Der Nachname ist " + nachname + ".");
} else {
  console.log("Der Nachname ist unbekannt.");
}
// -> Der Nachname ist unbekannt.
```

Das folgende Listing zeigt eine grafische Anwendung von Bedingungen: Immer wenn der Mauszeiger auf der linken Seite des Canvas ist, wird die Füllfarbe auf Weiß gesetzt, sonst auf Schwarz.

```
function setup() {
  createCanvas(600, 300);
  background(220);
  rectMode(CENTER);
  noStroke();
}

function draw() {
  if (mouseX < 300) {
    fill(255);
  } else {
    fill(0);
  }
  circle(mouseX, mouseY, 10);
}
```

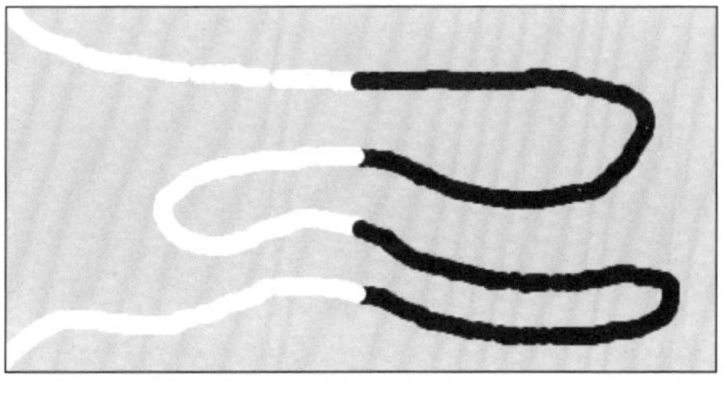

A.10 Schleifen

Sehr häufig kommt es vor, dass wir einen Codeabschnitt mehrmals ausführen wollen. Anstatt den Code nun x-mal hinzuschreiben, können wir ihn mittels einer `for`-Schleife wiederholen. Im folgenden Beispiel steuert `i` das Verhalten der Schleife:

- `let i = 0` setzt den Startwert von `i` auf `0`.
- `i < 3` beschreibt die Bedingung zur Fortführung der Schleife: Sie läuft so lange, wie `i` kleiner `3` ist.
- `i++` sorgt dafür, dass der Wert von `i` nach jeder Wiederholung um `1` erhöht wird.

Im Ergebnis wiederholt die `for`-Schleife den in geschweiften Klammern verpackten Code dreimal. Dieser Code wird auch *Schleifenkörper* genannt. Der Bezeichner `i` steht im Schleifenkörper zur Verfügung:

```
for (let i = 0; i < 3; i++) {
  console.log("Der Wert von i ist " + i);
}
// --> Der Wert von i ist 0
// --> Der Wert von i ist 1
// --> Der Wert von i ist 2
```

Sie können auch andere Startwerte für `i` wählen, hier geht es von `7` nach `9`:

```
for (let i = 7; i < 10; i++) {
  console.log("Der Wert von i ist " + i);
}
// --> Der Wert von i ist 7
// --> Der Wert von i ist 8
// --> Der Wert von i ist 9
```

Dabei ist die Schrittweite nicht auf `1` begrenzt. Hier geht es von `0` nach `77` in `7`er-Schritten:

```
for (let i = 0; i < 80; i += 7) {
  console.log("Der Wert von i ist " + i);
}
// --> Der Wert von i ist 0
// --> Der Wert von i ist 7
// --> Der Wert von i ist 14
// ...
// --> Der Wert von i ist 77
```

Wenn Sie die Elemente eines Arrays aufzählen oder etwas anderes damit anstellen wollen, bietet JavaScript folgendes Konstrukt an: Mit `for (let sache of koffer)` durchläuft die Schleife das Array `koffer`. Im Schleifenkörper steht das jeweilige Element als `sache` zur Verfügung:

```
const koffer = ["Handtuch", "Hose", "Ladegerät"];

for (let sache of koffer) {
  console.log(sache);
}
// -> Handtuch
// -> Hose
// -> Ladegerät
```

Ersetzen Sie das `of` durch `in`, durchläuft die Schleife nicht die Elemente, sondern deren Indizes. Das ist zum Beispiel nützlich, wenn Sie mehrere Arrays gleicher Länge parallel durchlaufen wollen:

```
const vornamen = ["Anna", "Hans", "Arthur"];
const nachnamen = ["Blume", "Guck-in-die-Luft", "Dent"];

for (let idx in vornamen) {
  console.log(vornamen[idx] + " " + nachnamen[idx]);
}
// -> Anna Blume
// -> Hans Guck-in-die-Luft
// -> Arthur Dent
```

Verschachtelte, also mehrdimensionale Arrays können Sie mittels verschachtelter Schleifen durchlaufen:

```
const spielfeld = [[1,2,3],
                   [4,5,6],
                   [7,8,9]];

for (let zeile = 0; zeile < 3; zeile++){
  for (let spalte = 0; spalte < 3; spalte++){
    const wert = spielfeld[zeile][spalte];
    console.log(zeile + "/" + spalte + ": " + wert );
  }
}
```

```
// -> 0/0: 1
// -> 0/1: 2
// -> 0/2: 3
// -> 1/0: 4
// -> ...
```

Hier sehen Sie eine grafische Anwendung verschachtelter Schleifen:

```
function setup() {
  createCanvas(400, 200);
  background(255);
  fill(255);
  const d = 40;
  for (let x = d/2; x < 400; x += d){
    for (let y = d/2; y < 200; y += d){
      circle(x, y, d);
    }
  }
}
```

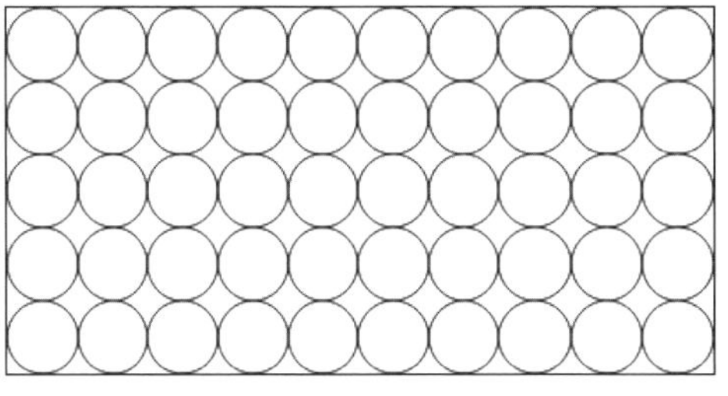

Die `while`-Schleife ist etwas einfacher strukturiert. Hier wird der Schleifenkörper so lange wiederholt, wie die Bedingung `summe < 25` wahr ist:

```
let zahl = 0;
let summe = 0;

while (summe < 25) {
  zahl += 1;
  summe += zahl;
}

console.log("zahl: " + zahl + " | summe: " + summe);
// -> zahl: 7 | summe: 28
```

Tipp: Aus Schleifen herausspringen

Sie können jede Schleife – egal ob `for` oder `while` – innerhalb des Schleifenkörpers mit dem Schlüsselwort `break` beenden. Das ist zum Beispiel dann nützlich, wenn Sie per `for ... of`-Schleife ein Array durchsuchen und die Suche beenden wollen, wenn Sie das Gewünschte gefunden haben.

Möchten Sie lediglich den aktuellen Schleifendurchgang abbrechen, die Schleife aber fortsetzen, verwenden Sie das Schlüsselwort `continue`.

Wenn sich die Schleife im Körper einer Funktion befindet, können Sie auch per `return` herausspringen. Über Funktionen erfahren Sie mehr in Abschnitt A.12.

A.11 Zufall in p5.js

In vielen Situationen sind Zufallszahlen nützlich: Wir brauchen sie zum Beispiel in Kapitel 5, »Spiele für eine Person lösen«, um die Verteilung der Steine zu Beginn einer Partie »Fruchtkräsch« zu bestimmen.

p5.js bietet die Funktion `random()`.

- Ohne Argument liefert sie eine zufällig ermittelte Dezimalzahl zwischen 0 und 1, zum Beispiel `0.185`.
- Mit einem Argument liefert sie eine zufällig ermittelte Dezimalzahl zwischen 0 und dem Argument.
- Zwei Argumente bestimmen die untere und die obere Grenze.

```
function setup() {
  console.log(random());
  // -> Zahl zwischen 0 und 1
  console.log(random(10));
  // -> Zahl zwischen 0 und 10, z. B. 5.726
  console.log(random(10, 20))
  // -> Zahl zwischen 10 und 20, z. B. 13.993
}
```

Ist das Argument aber ein Array, liefert `random()` ein zufällig ausgewähltes Element:

```
function setup() {
  const sachen = ["dies", "das", "jenes"];
  const ausgewaehlt = random(sachen);
```

```
  console.log(ausgewaehlt);
  // -> eine der drei Sachen, z. B. "das"
}
```

Im Folgenden programmieren wir mittels `random()` einen Zufallsrezept-Generator:

```
let zubereitungsarten;
let zutaten;
let extras;

function setup() {
  zubereitungsarten = ["Geröstete", "Gekochte", "Frittierte", "Gesalzene",
                       "Gedünstete"];
  zutaten = ["Kartoffeln", "Zitronen", "Äpfel", "Nudeln", "Heringe"];
  extras = ["Sahne", "Vanille-Eis", "Schokosoße", "Mayonnaise", "Bratensoße"]
}

function draw() {
  const zubereitungsart = random(zubereitungsarten);
  const zutat = random(zutaten);
  const extra = random(extras);
  const rezept = zubereitungsart + " " + zutat + " mit " + extra;
  console.log(rezept);
}
// -> Frittierte Zitronen mit Bratensoße
// -> Gedünstete Heringe mit Mayonnaise
// ...
```

Der folgende Code zeigt eine einfache Anwendung von Zufallszahlen in einer grafischen Anwendung. Malen Sie mit dem Mauszeiger Kreise mit zufällig ausgewählten Durchmessern und Graustufen:

```
function setup() {
  createCanvas(600, 400);
  background(255);
  noStroke();
}

function draw() {
  const d = random(10, 50);
  const f = random(255);
```

```
  fill(f);
  circle(mouseX, mouseY, d);
}
```

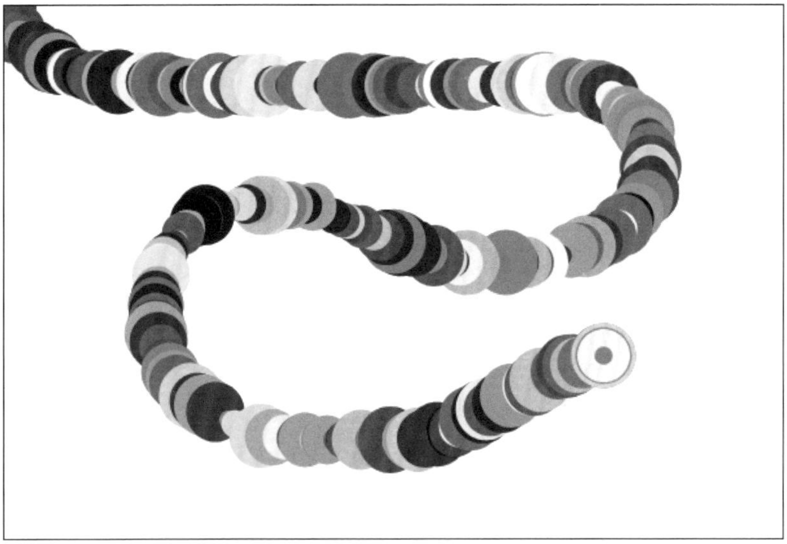

Das nächste Programm baut ein Raster aus Kreisen und lädt zum Experimentieren ein: Sie können beliebig viele Eigenschaften der Kreise in dem Raster durch Zufallszahlen bestimmen, etwa den Rot-, Grün- und Blauanteil der Füll- und der Strichfarben, den Durchmesser, die Strichdicke etc.:

```
function setup() {
  createCanvas(400, 200);
  background(255);
  fill(255);
  const d = 40;
  for (let x = d/2; x < 400; x += d){
    for (let y = d/2; y < 200; y += d){
      fill(random(255));
      circle(x, y, d);
    }
  }
}
```

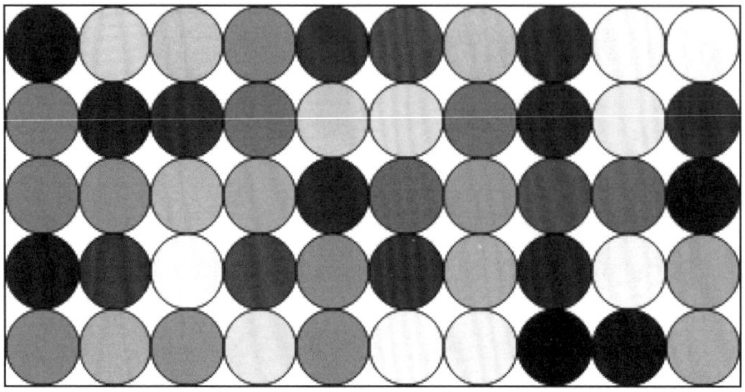

Tipp: Reproduzierbarer Zufall mit »randomSeed()«

Die Funktion `random()` liefert bei jedem Aufruf einen anderen zufällig ermittelten Wert. In vielen Situationen ist es allerdings sinnvoll, *reproduzierbare* Zufallszahlen zu erhalten. Ein konkretes Beispiel finden Sie in Kapitel 5, »Spiele für eine Person lösen«: Einerseits soll eine Partie Fruchtkräsch mit einer zufälligen Anordnung von Steinen beginnen. Andererseits wollen wir die Leistung der KI bei verschiedenen Suchtiefen untersuchen und unsere eigenen Fähigkeiten mit jenen der KI messen. Zu diesem Zweck benötigen wir reproduzierbare Zufallszahlen. Das bietet die Funktion `randomSeed()`. Ein ganzzahliges Argument setzt den Zufallsgenerator auf einen definierten Zustand. Identische Argumente sorgen für identische Zufallszahlen.

A.12 Funktionen

In diesem Abschnitt zeigen wir, wie Sie eigene Funktionen schreiben.

Wir haben schon viele Funktionen vorgestellt, die *etwas machen*, z. B. `console.log()`, `circle()`, `fill()`, `background()`. Es gibt aber auch Funktionen, die *einen Wert zurückliefern*, zum Beispiel `random()`.

Es ist sehr leicht, eine Funktion zu schreiben, die etwas macht. Schreiben Sie das Schlüsselwort `function` hin, gefolgt vom Namen der Funktion und einem Paar runder Klammern. Dann folgt in geschweiften Klammern der *Funktionskörper*. Der enthält den Code, der beim Aufruf der Funktion ausgeführt werden soll:

```
function gruss() {
  console.log("Hallo Freunde!");
}
```

Die Funktion lässt sich dann anwenden wie alle anderen Funktionen auch:

```
gruss();
// -> Hallo Freunde!
```

Wenn Sie Argumente verwenden wollen, schreiben Sie die entsprechenden Bezeichner ganz einfach in die runden Klammern. Sie stehen dann im Funktionskörper zur Verfügung:

```
function gruss(name) {
  console.log("Hallo " + name + "!");
}

gruss("Fritz");
// -> Hallo Fritz!

gruss("Wilma");
// -> Hallo Wilma!
```

Soll eine Funktion einen Wert zurückliefern, markieren Sie die Rückgabe mit dem Schlüsselwort `return`. Folgende Funktion multipliziert das Argument mit 3 und gibt es zurück:

```
function malDrei(x) {
  return x * 3;
}

console.log(malDrei(3));
// -> 9;

console.log(malDrei(10));
// -> 30;
```

Mehrere Argumente werden durch Kommata getrennt. Folgende Funktion ist ziemlich nützlich, wenn es etwa darum geht, festzustellen, ob ein Mausklick innerhalb bestimmter Grenzen liegt:

```
function liegtDazwischen(wert, min, max) {
  return (wert > min) && (wert < max);
}
```

```
console.log(liegtDazwischen(27, 20, 50));
// -> true;

console.log(liegtDazwischen(12, 20, 50));
// -> false;
```

Tipp: Der Rückgabewert »undefined«

Wenn im Körper einer Funktion *kein* Wert per `return` zurückgeliefert wird, dann liefert die Funktion trotzdem etwas zurück, nämlich `undefined`:

```
rueckgabewertVonGruss = gruss("Fritz");
// -> Hallo Fritz!
console.log(rueckgabewertVonGruss);
// -> undefined
```

In unseren Beispielprogrammen gibt es einige Funktionen, die *entweder* einen bestimmten Wert *oder* `undefined` zurückgeben. Schauen Sie sich dazu die Funktion `zufaelligerUebergang()` aus Abschnitt 2.2.3, »Nonsense-Texte produzieren«, an: Sie liefert nur etwas zurück, wenn überhaupt ein passender Übergang gefunden wurde, andernfalls ein implizites `undefined`:

```
zufaelligerUebergang(letzteZeichen) {
  const eintrag = this.uebergaenge[letzteZeichen];
  if (eintrag) {
    return random(eintrag);
  }
}
```

Da JavaScript `undefined` in einer Bedingung genauso wie `0` als `false` wertet, alle anderen Werte aber als `true`, können wir in vielen Fällen den Rückgabewert auf Wahrheit prüfen und entscheiden, was zu tun ist:

```
const naechstesZeichen = this.zufaelligerUebergang(letzteZeichen);
if (!naechsteZeichen) {
  break;
}
```

Die Verwendung eines impliziten `undefined` als Rückgabewert ist umstritten. Eine Umfrage unter uns bekannten Softwareentwicklern hat ein klares Jein ergeben. Wir haben uns für die Verwendung dieser knappen Schreibweise entschieden.

A.13 Funktionen höherer Ordnung

A.13.1 Zusammenfassung der bisher vorgestellten Datentypen

Bis zu diesem Zeitpunkt haben wir die Datentypen `String`, `Number`, `Undefined` und `Boolean` kennengelernt. Den Typ eines Werts erfahren Sie mit der Funktion `typeof()`. Zum Beispiel gibt `typeof("Fritz")` als Ergebnis `"string"`, und `typeof(23)` ergibt `"number"` etc.

Was passiert, wenn Sie eine Funktion (genauer gesagt: den Bezeichner einer Funktion, also nicht den Aufruf) an `typeof()` übergeben?

```
console.log(typeof(console.log));
// -> function
```

Tatsächlich sind auch Funktionen in JavaScript Werte vom Datentyp `Function`. Entsprechend können Sie Bezeichnern ebenfalls Funktionen zuweisen:

```
drucken = console.log;
drucken("Rhabarbermarmelade");
// -> Rhabarbermarmelade
```

A.13.2 Pfeilfunktionen

Der String `"Rhabarbermarmelade"` und die Zahl `23` sind Werte, die wir hinschreiben können, ohne sie einem Bezeichner zuzuordnen. Gibt es eine solche Schreibweise auch für Funktionen? Die Antwort lautet: Ja. In JavaScript werden solche Funktionen *Arrow-* oder *Pfeilfunktionen* genannt. In anderen Programmiersprachen werden Ihnen solche Funktionen unter den Namen *anonyme Funktionen* und *Lambda-Ausdrücke* begegnen.

Im folgenden Beispiel schreiben wir die `malDrei`-Funktion aus dem vorherigen Abschnitt als Pfeilfunktion auf und weisen sie dem Bezeichner `malDrei` zu. Die alternativ definierte Funktion liefert identische Ergebnisse:

```
malDrei = x => x * 3;
console.log(malDrei(3));
// -> 9
console.log(malDrei(10));
// -> 30
```

Wenn die Pfeilfunktion mehrere Argumente haben soll, müssen Sie diese in Klammern setzen und wie gewohnt durch Kommata trennen:

```
addiere = (a, b) => a + b;
console.log(addiere(3, 4));
// -> 7
```

Sollten Sie das Konzept noch nicht kennen, werden Sie sich nun fragen: Schön und gut, aber welchen Vorteil soll das bringen? Das klären wir in den nächsten Abschnitten. Wir bitten um ein wenig Geduld!

A.13.3 Funktionen als Argumente

Da Funktionen in JavaScript Werte sind, können Sie diese als Argument an andere Funktionen übergeben. Das zeigt das folgende Beispiel. Die Funktion `wendeAn(funktion, wert)` ruft `funktion` mit `wert` als Argument auf:

```
function malDrei(x) {
  return x * 3;
}

function malFuenf(x) {
  return x * 5;
}

function wendeAn(funktion, wert) {
  return funktion(wert);
}

console.log(wendeAn(malDrei, 10));
// -> 30

console.log(wendeAn(malFuenf, 10));
// -> 50
```

Der folgende Code macht exakt das Gleiche, ist aber sehr viel kompakter, weil wir in diesem Fall die Funktion nicht erst zwischenspeichern, sondern direkt hinschreiben:

```
function wendeAn(funktion, wert) {
  return funktion(wert);
}
```

```
console.log(wendeAn(x => x * 3, 10));
// -> 30

console.log(wendeAn(x => x * 5, 10));
// -> 50
```

A.13.4 filter()

Es gibt viele sehr nützliche Funktionen, die Sie auf Arrays anwenden können und die als Argument wiederum eine Funktion erwarten, zum Beispiel `filter()`: Die Funktion liefert ein neues Array, das alle Elemente des ursprünglichen Arrays enthält, die eine bestimmte Bedingung erfüllen.

Diese Bedingung definiert eine Funktion, an die jedes einzelne Element übergeben wird und die für jedes einzelne Element `true` oder `false` zurückgibt – je nachdem, ob es die Bedingung erfüllt oder nicht. Nun kommt es in der Praxis sehr häufig vor, dass eine solche Funktion nur an einer einzigen Stelle benötigt wird. In diesem Fall ist es sehr viel einfacher und übersichtlicher, die Funktion direkt als Pfeilfunktion zu übergeben:

```
const zahlen = [12, 3, 23, 17, 9, 7, 46];
kleiner10 = zahlen.filter(zahl => zahl < 10);
console.log(kleiner10);
// -> [3, 9, 7]
```

A.13.5 map()

Die Funktion `map()` wendet eine im Argument übergebene Funktion auf ein Array an, speichert das Ergebnis in einem neuen Array und liefert dieses zurück:

```
const zahlen = [1, 2, 3];
zahlenMalZehn = zahlen.map(zahl => zahl * 10);
console.log(zahlenMalZehn);
// -> [10, 20, 30];
```

A.13.6 sort()

Mit `sort()` können Sie Arrays sortieren. Die voreingestellte Sortierung bringt allerdings nicht immer die gewünschten Ergebnisse. Ein Array mit Strings wird wie erwartet alphabetisch sortiert. Bei Zahlen ist die alphabetische Sortierung in den meisten Anwendungsfällen wenig zielführend:

```
const woerter = ["apfel", "koffer", "zitrone", "buch", "ei"];
woerter.sort();
console.log(woerter);
// -> ["apfel", "buch", "ei", "koffer", "zitrone"]

const zahlen = [12, 9, 1, 4];
zahlen.sort();
console.log(zahlen);
// -> [1, 12, 4, 9]
```

Wenn Sie eine andere Sortierung wünschen, müssen Sie das Sortierverhalten mit einer Funktion definieren, die zwei Argumente – hier `a` und `b` – erwartet. Ist der Rückgabewert der Funktion kleiner 0, gehört `b` weiter nach vorne. Ist er größer als 0, soll `a` weiter vorne stehen.

Mit solchen Funktionen können wir zum Beispiel Strings nach Länge sortieren oder Zahlen nach Wert:

```
const woerter = ["apfel", "koffer", "zitrone", "buch", "ei"];
woerter.sort((a, b) => a.length - b.length);
console.log(woerter);
// -> [ "ei", "buch", "apfel", "koffer", "zitrone" ]

zahlen = [12, 9, 1, 4];
zahlen.sort((a, b) => a - b);
console.log(zahlen);
// -> [1, 4, 9, 12]
```

A.13.7 Rückruffunktionen (Callbacks)

Wir haben in Abschnitt A.6 bereits die Funktionen `setup()` und `draw()` vorgestellt. Diese Funktionen werden definiert, aber in der Regel nicht aktiv aufgerufen. Vielmehr passiert das automatisch, wenn bestimmte Ereignisse auftreten. `setup()` wird aufgerufen, wenn das Programm startet. `draw()` wird bei jedem Neuzeichnen des Canvas ausgeführt.

Funktionen, die bei bestimmten Ereignissen automatisch aufgerufen werden, heißen *Callback*- oder *Rückruffunktionen*. Das folgende Listing zeigt zwei weitere nützliche p5.js-Callbacks: `mousePressed()` kommt zum Zuge, wenn Sie die Maustaste drücken, und `keyPressed()` tritt in Aktion, wenn Sie eine Taste der Computertastatur drücken. Das Programm gibt dann die Koordinaten des Mauszeigers bzw. das eingegebene Zeichen aus:

```
function setup() {
  createCanvas(400, 400);
  background(220);
}

function mousePressed() {
  console.log("mouseX: " + mouseX + " | mouseY: " + mouseY);
}

function keyPressed() {
  // key verweist jeweils auf die zuletzt gedrückte Taste
  console.log("key: " + key);
}
```

A.14 Dateien laden und speichern in p5.js

Callback-Funktionen sind unverzichtbar, wenn es um das Laden von Dateien geht. Damit das nächste Codebeispiel funktioniert, muss die Datei vorhanden sein – die vollständigen Beispiele finden Sie wie immer auf der Webseite zum Buch. Im folgenden Beispiel laden wir eine Textdatei mit der Funktion `loadStrings()`. Das erste Argument ist der Pfad zur Datei. Der Rückgabewert von `loadStrings()` ist ein mit Strings befülltes Array. Es ist riskant, den Rückgabewert von `loadStrings()` direkt zu speichern. Denn es kann passieren, dass das Laden noch nicht abgeschlossen ist, wenn der Interpreter zur nächsten Codezeile springt.

Sie gehen auf Nummer sicher, wenn Sie ein zweites Argument übergeben: die Callback-Funktion, die aufgerufen werden soll, wenn das Laden der Textdatei abgeschlossen ist. Die Funktion `loadStrings()` übergibt dann das Array mit den geladenen Textzeilen an die Callback-Funktion, hier `textGeladen()`. Diese ist für die Weiterverarbeitung verantwortlich.

```
function setup() {
  createCanvas(400, 400);
  loadStrings("text.txt", textGeladen);
}

function textGeladen(zeilen) {
  for (let zeile of zeilen) {
    console.log(zeile);
  }
}
```

`saveStrings()` ist das Gegenstück zu `loadStrings()`. Es schreibt ein Array mit Strings Zeile für Zeile in eine Datei und bietet diese anschließend zum Download an.

```
function setup() {
  const tasche = ["Buch", "Brille", "Getränk"];
  saveStrings(tasche, "tasche.txt");
}
```

`loadImage()` arbeitet analog zu `loadStrings`, nur dass in diesem Fall eine Bilddatei geladen wird. Während das Laden von Textdateien ohne Callback gelegentlich gut geht, wird das Laden von Bilddateien ohne Callback unweigerlich scheitern.

```
function setup() {
  createCanvas(400, 400);
  loadImage("kunstsammlung.png", bildGeladen);
}

function bildGeladen(bild) {
  // Die Funktion image zeichnet ein geladenes Bild ins Canvas:
  image(bild, 0, 0, 400, 400);
}
```

Mit der Funktion `save()` speichern Sie den aktuellen Inhalt des Canvas als Bilddatei. Wenn Sie dieses Programm ausführen und den Download bestätigen, haben Sie anschließend ein schönes Bild von einem weißen Kreis auf schwarzem Hintergrund in Ihrem Download-Ordner:

```
function setup() {
  createCanvas(400, 400);
  circle(200, 200, 100);
  save("bild.png")
}
```

A.15 Gültigkeitsbereiche von Bezeichnern

Jeder Bezeichner hat einen *Gültigkeitsbereich*. Das ist der Bereich des Codes, in dem Sie auf diesen Bezeichner zugreifen können. Jeder Bezeichner ist nur in dem *Block* gültig, in dem er deklariert wurde. Ein Block kann zum Beispiel der Körper einer Schleife oder einer Funktion sein. Auch der Code, der einer Bedingung in einer `if`-Konstruktion zugeordnet ist, ist ein Block.

```
const global = 2;
if ( ... ) {
  const lokal01 = 5;
  // Hier sind global und lokal01 gültig.
  if ( ... ) {
    const lokal02 = 7;
    // Hier sind global und lokal01 und lokal02 gültig.
  }
}
// Hier ist global gültig.
```

Jeder Block macht also einen eigenen Gültigkeitsbereich auf. Die einzelnen Gültigkeitsbereiche sind gegeneinander abgeschottet. Das bringt viele Vorteile. So dürfen Sie in zwei verschiedenen Blöcken A und B gleichlautende Bezeichner verwenden, ohne dass diese sich in die Quere kommen. Das gilt, wie das letzte Beispiel zeigt, nur, wenn B nicht in A enthalten ist. Die Beschränkung von Gültigkeitsbereichen ist ein wichtiges Thema, wenn es um sauberes Programmieren geht. Wir kommen in Abschnitt A.19 darauf zurück.

A.16 Objekte und Klassen

Es ist möglich und in vielen Situationen sehr praktisch, mehrere Werte zusammenzufassen. Eine solche Zusammenfassung nennen wir ganz allgemein ein *Objekt*. Das folgende Beispiel definiert ein Objekt mit den Eigenschaften `name` und `hobby`. Das Objekt wird dem Bezeichner `person` zugewiesen. Der Zugriff auf die Werte des Objekts erfolgt über den *Punktoperator*. Wenn wir einen Bezeichner abfragen, der nicht existiert, erhalten wir den Wert `undefined`. Es ist möglich, einem Objekt neue Bezeichner und Werte hinzuzufügen:

```
const person = {
  name: "Karin",
  hobby: "Programmieren"
}

console.log(person.name);
// -> "Karin"
console.log(person.hobby);
// -> "Programmieren"
```

```
console.log(person.lieblingsfarbe);
// -> undefined

person.lieblingsfarbe = "Pink";
console.log(person.lieblingsfarbe);
// -> Pink
```

Da – wir werden nicht müde, es zu wiederholen – Funktionen ganz normale Werte sind, kann ein Objekt auch Funktionen enthalten. Sie sehen im Folgenden eine Schreibweise für eine solche *an ein Objekt gebundene Funktion*. Innerhalb der Funktion besteht über das Schlüsselwort `this` Zugriff auf das Objekt selbst:

```
const person = {
  name: "Karin",
  hobby: "Programmieren",

  vorstellen: function() {
    console.log("Hallo, ich bin " + this.name +
                " und mein Hobby ist " + this.hobby + ".");
  }
}

person.vorstellen();
// -> Hallo, ich bin Karin und mein Hobby ist Programmieren.
```

Wenn Sie in Ihrem Programm mehrere Personen einbauen wollen, wäre es mühsam, für jede einzelne diesen Code hinzuschreiben. Ein Weg, Schreibarbeit zu sparen, besteht in der Definition einer *Klasse*. Eine Klasse ist ein Bauplan für Objekte – so ähnlich, wie ein Apfelkuchenrezept ein Bauplan für Apfelkuchen ist.

Der *Konstruktor* ist eine Funktion, die neue Objekte erzeugt. In diesem Fall erwartet der Konstruktor zwei Argumente, `name` und `hobby`, und überträgt die übergebenen Werte auf das neue Objekt. Auch hier steht `this` für das Objekt selbst:

```
class Person {

  constructor(name, hobby) {
    this.name = name;
    this.hobby = hobby;
  }
```

```
  vorstellen() {
    console.log("Hallo, ich bin " + this.name +
                " und mein Hobby ist " + this.hobby + ".");
  }
}

const personA = new Person("Karin", "Programmieren");
const personB = new Person("Tarik", "Lesen");
const personC = new Person("Rebecca", "Katze kraulen");

personA.vorstellen();
// -> Hallo, ich bin Karin und mein Hobby ist Programmieren.
personB.vorstellen();
// -> Hallo, ich bin Tarik und mein Hobby ist Lesen.
personC.vorstellen();
// -> Hallo, ich bin Rebecca und mein Hobby ist Katze kraulen.
```

An Objekte gebundene Funktionen können auch den Zustand des Objekts verändern. Das zeigt dieses Beispiel für eine Zähler-Klasse:

```
class Zaehler {
  constructor() {
    this.wert = 0;
  }

  zaehlen() {
    this.wert += 1;
  }

  zuruecksetzen() {
    this.wert = 0;
  }
}

const zaehler = new Zaehler();
console.log(zaehler.wert);
// -> 0
zaehler.zaehlen();
zaehler.zaehlen();
zaehler.zaehlen();
console.log(zaehler.wert);
```

```
// -> 3
zaehler.zuruecksetzen();
console.log(zaehler.wert);
// -> 0
```

Hintergrund: Objekte sind Dictionaries

Sehr viele Programmiersprachen stellen sogenannte *Dictionaries* (zu Deutsch Wörterbücher) bereit. Dictionaries leisten Zuordnungen von *Schlüsseln* zu *Werten*. So könnten die Schlüssel deutschsprachige Wörter sein, die zugeordneten Werte deren englischsprachige Übersetzung.

In JavaScript gibt es keine Dictionaries, genauer gesagt: Es ist nicht nötig, dafür einen eigenen Datentyp einzuführen, da JavaScript-Objekte bereits exakt das leisten, wofür in anderen Programmiersprachen Dictionaries zuständig sind.

Tipp: Objekte als Rückgabewerte

In manchen Situationen ist es notwendig, dass eine Funktion mehrere Werte zurückliefert. Eine Möglichkeit bestünde darin, die Werte in einem Array zu verpacken und sie dann für die weitere Verwendung über Indizes abzufragen.

```
const wetter = aktuellesWetter();
console.log("Temperatur: " + wetter[0]);
console.log("Luftdruck: " + wetter[1]);
```

Der Nachteil dieses Vorgehens: Wir müssen uns merken, dass der Index `0` für die Temperatur und der Index `1` für den Luftdruck steht.

Viel schöner und leichter verständlich wird es, wenn wir die einzelnen Werte unter selbsterklärenden Bezeichnern in einem Objekt speichern und das Objekt zurückliefern. So können wir über die Bezeichner auf die Werte zugreifen:

```
const wetter = aktuellesWetter();
console.log("Temperatur: " + wetter.temperatur);
console.log("Luftdruck: " + wetter.luftdruck);
```

A.17 Bedienelemente in p5.js

p5.js bietet eine ganze Reihe von grafischen Bedienelementen. Das folgende Beispiel definiert zwei Buttons mit `createButton()` Das, was passieren soll, wenn einer der Buttons gedrückt wird, definieren wir wiederum über Callback-Funktionen:

```
function setup() {
  createCanvas(275, 200);
  background(255);

  const buttonSchwarz = createButton("SCHWARZ");
  buttonSchwarz.position(25, 75);
  buttonSchwarz.size(100, 50);
  buttonSchwarz.mousePressed(buttonSchwarzGedrueckt);

  const buttonWeiss = createButton("WEISS");
  buttonWeiss.position(150, 75);
  buttonWeiss.size(100, 50);
  buttonWeiss.mousePressed(buttonWeissGedrueckt);
}

function buttonSchwarzGedrueckt() {
  background(0);
}

function buttonWeissGedrueckt() {
  background(255);
}
```

Die beiden folgende Bilder zeigen das Canvas, nachdem jeweils der linke und der rechte Button gedrückt wurde.

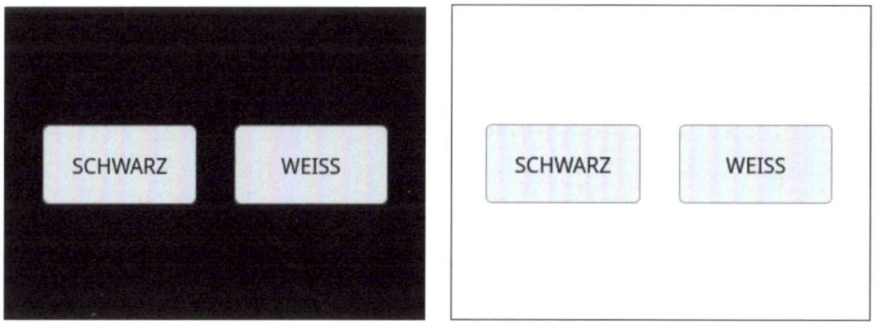

Auch in diesem Fall ergibt es einen knapperen und übersichtlicheren Code, wenn wir die Callback-Funktionen als Pfeilfunktionen direkt hinschreiben:

```
function setup() {
  createCanvas(275, 200);
  background(255);
```

```
    const buttonSchwarz = createButton("SCHWARZ");
    buttonSchwarz.position(25, 75);
    buttonSchwarz.size(100, 50);
    buttonSchwarz.mousePressed(() => background(0));

    const buttonWeiss = createButton("WEISS");
    buttonWeiss.position(150, 75);
    buttonWeiss.size(100, 50);
    buttonWeiss.mousePressed(() => background(255));
}
```

Tipp: »this« im Inneren von Callback-Funktionen

Im Inneren einer Callback-Funktion, die an ein grafisches Bedienelement gebunden ist, verweist `this` auf das Bedienelement. Das ist sehr praktisch, wenn wir etwa im Inneren der Callback-Funktion den Zustand eines Auswahlmenüs oder eines Eingabefelds abfragen oder die Farbe oder Beschriftung eines Buttons bei Klick ändern wollen.

In manchen Fällen möchte man aber, dass `this` auf etwas anderes verweist. In allen unseren Beispielprogrammen gibt es ein Objekt namens `GUI`, das die grafische Oberfläche verwaltet. In manchen Fällen war es notwendig, dass die Callback-Funktion Zugriff auf das `GUI`-Objekt bekommt. Die Funktion `bind()` kann diesen Zugriff herstellen, im Inneren der Callback-Funktion verweist `this` auf `GUI`:

```
buttonX.mousePressed(buttonGedrueckt.bind(GUI));
```

A.18 Details zum Thema Strings

Wenn Sie ein Programm schreiben, das Textdateien oder Texteingaben verarbeitet, sind fast immer Aufräum-, Sortier- oder Zerlegungsaufgaben zu erledigen. JavaScript hat viele nützliche Funktionen im Repertoire, mit denen Sie Strings verarbeiten können. Sie stehen so oder so ähnlich in fast allen Programmiersprachen bereit.

Bitte beachten Sie, dass Strings *unveränderliche* Objekte sind. Daraus folgt, dass etwa `str.toLowerCase()` den ursprünglichen String unberührt lässt. Stattdessen liefert die Funktion einen modifizierten neuen String zurück.

Name	Aufgabe/Beispiel
str.toLowerCase()	Alles kleinschreiben. "RhaBarBer".toLowerCase() ergibt "rhabarber".
str.toUpperCase()	Alles großschreiben. "SellErIe".toUpperCase() ergibt "SELLERIE".
str.split(trenner)	String zerlegen. "es ist gut".split(' ') ergibt ["es", "ist", "gut"], "17-23-42".split('-') ergibt ["17", "23", "42"].
array.join(verbinder)	Arrayelemente zu einem String verbinden. ["a", "b", "c"].join("") ergibt "abc", ["dies", "und", "das"].join(" ") ergibt "dies und das".
str.slice(start [,ende])	Teilstring herausschneiden. "Vanillequark".slice(0, 7) ergibt "Vanille", "Vanillequark".slice(7) ergibt "quark", "Vanillequark".slice(-1) ergibt "k".
str.replace(muster, ersatz)	Tauscht den ersten Suchtreffer von muster gegen ersatz aus. "Kaffeetasse".replace('a', '_') ergibt "K_ffeetasse".
str.replaceAll(muster, ersatz)	Tauscht alle Suchtreffer von muster gegen ersatz aus. "Kaffeetasse".replaceAll('a', '_') ergibt "K_ffeet_sse".

Tabelle A.1 Einige wichtige Funktionen, die auf Strings arbeiten

Name	Aufgabe/Beispiel
`str.includes(str2)`	Liefert `true`, wenn `str2` in `str` vorhanden, sonst `false`. `"Apfelkuchen".includes("kuchen")` ergibt `true`, `"Schokotorte".includes("kuchen")` ergibt `false`.
`str.match(muster)`	Liefert ein Array mit allen Suchtreffern für `muster`. `"Scherzweg 22, 37213 Witzenhausen".match(/\d+/g)` ergibt `["22", "37213"]`.

Tabelle A.1 Einige wichtige Funktionen, die auf Strings arbeiten (Forts.)

Das letzte Beispiel verwendet als Argument einen *regulären Ausdruck*. Auch andere String-Funktionen können reguläre Ausdrücke als Argumente verarbeiten. Was es damit auf sich hat, erfahren Sie im folgenden Abschnitt.

A.18.1 Reguläre Ausdrücke

Die in Tabelle A.1 vorgestellten Funktionen `split()`, `replace()`, `replaceAll()` und `match()` können als erstes Argument statt Strings auch *reguläre Ausdrücke* verarbeiten. Das sind schlicht gesagt *Zeichenketten, die Eigenschaften von Zeichenketten beschreiben*. Reguläre Ausdrücke sind ein mächtiges und vielseitiges Werkzeug, das allerdings bei vielen als sperrig gilt. Trotzdem lohnt sich die Beschäftigung mit dem Thema unbedingt!

Selbst eine Übersicht der wichtigsten Grundlagen würde den Rahmen dieser kurzen Einführung sprengen. Aber falls Sie nichts oder nur wenig über reguläre Ausdrücke wissen, bietet Ihnen Tabelle A.2 einige Beispiele für *Suchmuster* und dazu passende *Suchtreffer*. Diese werden auch im Deutschen meist als *Matches* bezeichnet. So bekommen Sie einen Eindruck von den Möglichkeiten, die dieses Werkzeug bietet.

In JavaScript markieren Sie reguläre Ausdrücke mit Slashs. Eine Anwendung etwa des ersten Beispiels aus der Tabelle sieht so aus: `str.match(/\d+/)`. Oft präzisieren sogenannte *Modifikatoren* die Anwendung des Suchmusters. Ein nachgestelltes `i` etwa steht für *case insensitive*, das heißt, dass zwischen Groß- und Kleinschreibung nicht unterschieden werden soll. `str.match(/baum/i)` passt daher auch auf »Baum« und »BAUM«. Der Modifizierer `g` (für *global*) sorgt für eine vollständige Durchsuchung des Strings – andernfalls bricht die Suche nach dem ersten Treffer ab.

<table>
<tr><th>Ausdruck</th><th>Bedeutung/Beispiele für Suchtreffer</th></tr>
<tr><td>a+</td><td>ein oder mehrere a
"a", "aa", "aaa", "aaaa"</td></tr>
<tr><td>\d+</td><td>ein oder mehrere Ziffern
"1234", "4711", "99", "3"</td></tr>
<tr><td>[abcd]</td><td>ein a, b, c oder d
"a", "b", "c", "d"</td></tr>
<tr><td>[abcd]+</td><td>ein oder mehrere a, b, c oder d
"abba", "baba", "c", "cd"</td></tr>
<tr><td>[^abcd]+</td><td>ein oder mehrere Zeichen, die nicht a, b, c oder d sind
"27", "Xylophon", "*_*", "Orgel"</td></tr>
<tr><td>[m-z]+</td><td>ein oder mehrere Zeichen zwischen m und z
"mono", "ort", "post", "most"</td></tr>
<tr><td>a*</td><td>null, ein oder mehrere a
"", "a", "aa", "aaa"</td></tr>
<tr><td>[a-z]*[0-5]+</td><td>null, ein oder mehrere Zeichen zwischen a und z, gefolgt von einer oder mehreren Ziffern zwischen 0 und 5
"a12", "33", "xyz3000", "123"</td></tr>
<tr><td>[a-z]{4}</td><td>exakt vier Zeichen zwischen a und z
"maus", "laub", "haus", "laus"</td></tr>
<tr><td>\S{3,7}</td><td>drei bis sieben Nicht-Whitespace-Zeichen
"?!:/", "1234", "BlaBlub"</td></tr>
<tr><td>(atari|commodore)</td><td>atari oder commodore
"atari", "commodore"</td></tr>
<tr><td>([a-z]+|\d{4})</td><td>ein oder mehrere Zeichen zwischen a und z oder exakt vier Ziffern
"hallo", "4711"</td></tr>
</table>

Tabelle A.2 Einige Beispiele für reguläre Ausdrücke und zugehörige Matches

Tipp: Suchtreffer weiterverarbeiten

Die Funktionen `replace()` und `replaceAll()` können im zweiten Argument statt eines Ersatzstrings auch eine Funktion verarbeiten. Diese Funktion erwartet im ersten Argument den jeweiligen Suchtreffer und liefert den Ersatzstring. Auf diese Weise können Sie die Ersetzung abhängig vom Treffer definieren.

```
function dreimal(suchtreffer) { return suchtreffer.repeat(3); }
"Hallo Welt".replaceAll(/[aeiou]/g, dreimal) == "Haaallooo Weeelt"
```

A.19 Sauber programmieren

Je umfangreicher ein Programm, desto größer ist die Wahrscheinlichkeit, dass sich gut versteckte Fehler einschleichen und Änderungen oder Erweiterungen aufwendig bis unmöglich werden.

Ganze Regalmeter von Büchern widmen sich der Frage, wie man größere Softwareprojekte so organisiert, dass sich Chaos und Verzweiflung in Grenzen halten. Es ist nicht möglich, alle Ratschläge, die in solchen Büchern stehen, zu beherzigen – denn dann würde man kaum eine Zeile Code zustande bringen. Es gibt keinen perfekten Code. Auch in unseren Beispielprogrammen gibt es ganz bestimmt noch einiges zu verbessern. Trotzdem erlauben wir uns, zum Abschluss drei bewährte Grundsätze für sauberes Programmieren zu liefern, mit denen wir selbst gute Erfahrungen gemacht haben.

A.19.1 Selbsterklärende Bezeichner

Es ist Ihnen bei der Lektüre unserer Beispielprogramme vielleicht aufgefallen: Wir legen sehr viel Wert auf selbsterklärende Bezeichner: `waehleAktion`, `aktualisiereQ`, `datenpunkteZuordnen`, `folgezustaende`: Jeder Bezeichner sollte so genau wie möglich beschreiben, welche Rolle er im Programmablauf spielt. Der Nutzen dieser Regel ist kaum zu überschätzen. Präzision im Ausdruck zwingt zu klarem Denken und macht den Code verständlicher und leichter wart- und änderbar.

A.19.2 Sauber einrücken

Wenn Sie im Online-Editor arbeiten oder in einer Entwicklungsumgebung programmieren, werden neue Codezeilen meist automatisch richtig eingerückt, so wie Sie es an dem folgenden Beispiel sehen. Einrückungen markieren zusammengehörigen Code: Der Körper der äußeren `for`-Schleife ist um zwei Leerzeichen eingerückt, der Körper der inneren `for`-Schleife um vier Leerzeichen. Die schließenden geschweiften Klammern stehen jeweils unter dem zugehörigen `for`:

```
for (let zeile = 0; zeile < 3; zeile++) {
  for (let spalte = 0; spalte < 3; spalte++) {
    const wert = spielfeld[zeile][spalte];
    console.log(zeile + "/" + spalte + ": " + wert );
  }
}
```

Achten Sie unbedingt darauf, dass Ihr Code immer sauber aufgeräumt aussieht – das macht die Struktur Ihres Programms sichtbar und hilft bei der Fehlersuche! Einer der häufigsten Fehler im Programmieralltag ist eine fehlende oder überzählige schließende Klammer. Solche Fehler springen sofort ins Auge, wenn der Code sauber eingerückt ist.

A.19.3 Veränderlichkeit identifizieren, minimieren und getrennt behandeln

Dieser Grundsatz ist besonders nützlich und weitreichend. Er betrifft alle Ebenen der Softwareentwicklung – von der einzelnen Codezeile bis zum gesamten Programm. Um deutlich zu machen, worum es geht, müssen wir etwas weiter ausholen.

Auch wenn es Ihnen vielleicht nicht bewusst ist: Jedes Mal, wenn Sie eine Funktion schreiben, vollziehen Sie eine Trennung zwischen dem *veränderlichen* und dem *unveränderlichen* Teil einer Aufgabe. Angenommen, Sie schrieben nach dem Vorbild unseres Rezeptgenerators aus Abschnitt A.11, »Zufall in p5.js«, eine Funktion, die Zufallsrezepte erzeugen soll:

```
function zufallsrezept(zubereitungsarten, zutaten, extras) {
  const zubereitungsart = random(zubereitungsarten);
  const zutat = random(zutaten);
  const extra = random(extras);
  const rezept = zubereitungsart + " " + zutat + " mit " + extra;
  return rezept;
}
```

- In diesem Fall ist der *unveränderliche* Teil der Aufgabe die zufällige Auswahl von Zubereitungsart, Zutat und Extra sowie die Zusammenfügung und Rückgabe des Rezept-Strings.
- Der *veränderliche* Teil sind die konkreten Zubereitungsarten, Zutaten und Extras.

Diese Trennung bietet mehrere Vorteile:

- Sie müssen den unveränderlichen Teil nur *ein einziges Mal* hinschreiben.
- Sollte doch einmal eine Veränderung notwendig sein, muss diese nur *an einer einzigen Stelle* vollzogen werden.
- Sie können die Funktion verwenden, ohne sich Gedanken zu machen, wie sie ihre Aufgabe erledigt – genau wie einen Toaster oder eine Waschmaschine.

Schon an diesem einfachen Beispiel zeigt sich: Die Unterscheidung von veränderlichen und unveränderlichen Elementen Ihres Codes macht das Leben leichter. Wir empfehlen Ihnen, diese Unterscheidung beim Programmieren immer im Blick zu behalten und veränderliche Elemente zu minimieren und getrennt zu behandeln. Dabei helfen die folgenden Faustregeln:

- Deklarieren Sie einen Bezeichner nur dann mit `let`, wenn es tatsächlich notwendig ist, ihm nachträglich einen anderen Wert zuzuweisen. Verwenden Sie ansonsten `const`. Damit verhindern Sie versehentliche Veränderungen und die doppelte Vergabe von identischen Bezeichnern.
- Minimieren Sie den Gültigkeitsbereich eines Bezeichners und halten Sie sich dabei an das *Verschwiegenheitsprinzip*, das sich in ähnicher Form auch in der organisierten Kriminalität und im Spionagewesen bewährt hat: Ein Bezeichner soll nur dort gültig sein, wo er *unbedingt* gebraucht wird. Die einzelnen Klassen, Objekte, Funktionen etc. sollen grundsätzlich nur so viel voneinander wissen, wie sie zur Erledigung ihrer jeweiligen Aufgabe benötigen. Diese Trennung zwingt dazu, Verantwortlichkeiten der einzelnen Elemente Ihres Codes klar zu definieren. Zudem erleichtert das Verschwiegenheitsprinzip die Fehlersuche erheblich: Wenn ein Wert in Ihrem Programm fehlerhaft ist, lässt sich die Ursache leichter eingrenzen, wenn der betreffende Wert nur von wenigen Stellen aus verändert werden kann.
- Orientieren Sie sich bei der Organisation Ihres Codes an der klaren Trennung zwischen *veränderlich* und *unveränderlich*, wie wir sie in dem Beispiel mit der Rezeptfunktion gezeigt haben und die Sie auch bei den p5.js-Buttons gesehen haben: In Abschnitt A.17, »Bedienelemente in p5.js«, haben wir mit `const buttonWeiss = createButton()` einen Button erzeugt, der alles mitbringt, was wir von einem Button erwarten: Er hat eine Beschriftung, eine Position, eine Größe etc.: Eigenschaften, die wir mittels Funktionen wie `buttonWeiss.size()` und `buttonWeiss.position()` modifizieren können. Das, was passieren soll, wenn der Button gedrückt wird, ist die Verantwortlichkeit der Callback-Funktion, die wir per `buttonWeiss.mousePressed()` an den Button übergeben.

Anhang B
Glossar

Mit Lea Reinhart

Dieses Glossar dient wie das gesamte Buch dem Ziel, den Leserinnen und Lesern einen Überblick zu verschaffen. Und auch hier gilt, dass wir uns manchmal zugunsten eines intuitiven Verständnisses einige Abstriche bei der mathematischen und fachlichen Präzision erlaubt haben und keinen Anspruch auf Vollständigkeit erheben. Die hier versammelten Erklärungen sind als Einstiegshilfe gedacht, nicht zur Klausur- oder Prüfungsvorbereitung.

Abbildung In der Mathematik eine eindeutige Zuordnung zwischen zwei *Mengen* A und B. Sie ist gegeben, wenn wir jedem Element von A genau ein Element von B zuordnen können.

Ableitung Mathematische *Funktion*, die die *Steigung* einer anderen mathematischen Funktion darstellt. Hat die ursprüngliche Funktion an der Stelle x = 5 die Steigung 2, wird der Funktionswert der Ableitung genau an dieser Stelle 2 betragen.

Agent Im Kontext des *verstärkenden Lernens* ein programmierbarer Akteur, der mit einer *Umwelt* interagiert und lernen soll, ein Ziel zu erreichen. Ein Agent kann auf verschiedene Arten programmiert werden, beispielsweise mithilfe von *Q-Learning* und *Deep Q-Learning*.

Aktivierung In einem *neuronalen Netz* der Wert, den ein künstliches *Neuron* ausgibt. Dieser Wert ist abhängig von den Eingaben, den zugeordneten *Gewichten*, dem *Bias* und der *Aktivierungsfunktion*.

Aktivierungsfunktion In einem künstlichen *Neuron* eine Funktion, die aus der Summe aller *gewichteten* Eingaben eine Ausgabe berechnet. Sie bildet das Verhalten biologischer Nervenzellen nach, erst ein Signal abzufeuern, wenn das Potential des Zellkörpers einen Schwellwert überschreitet. Wenn ein neuronales Netz mittels *Gradientenabstieg* justiert werden soll, ist es unerlässlich, dass die Aktivierungsfunktion stetig ist, sich also eine *Ableitung* bilden lässt.

Algorithmus Verfahren zur Lösung einer Klasse von Problemen, das aus einer endlichen Anzahl von definierten Einzelschritten besteht und daher von einem Computerprogramm umgesetzt werden kann.

Allgemeine Künstliche Intelligenz Das bislang unerreichte Ziel vieler KI-Forscherinnen und -Forscher: eine KI, die im Gegensatz zu allen bekannten Anwendungen nicht auf eine einzige Klasse von Problemen spezialisiert ist, sondern genauso flexibel und vielseitig lernen und agieren kann wie ein Mensch.

Assoziationsanalyse Ein *Data-Mining*-Verfahren, das inhaltliche Zusammenhänge etwa in Playlisten, Warenkörben oder Texten findet, indem es die Häufigkeit des gemeinsamen Auftretens von Songs, Produkten oder Begriffen auswertet.

Aufmerksamkeit Mechanismus in *neuronalen Netzen*, der einzelne Elemente einer Eingabesequenz stärker *gewichtet*, um bessere Vorhersagen oder Transformationen zu ermöglichen.

Ausgabeschicht Das hintere Ende eines *neuronalen Netzes*, das das Ergebnis einer Berechnung ausgibt.

Autoencoder Eine spezielle Architektur *neuronaler Netze*, die darauf trainiert wird, möglichst exakt das Signal auszugeben, das hineingegeben wurde. Das Signal läuft dabei durch eine *verdeckte Schicht*, die sehr viel weniger Neuronen besitzt als die *Ausgabe-* und *Eingabeschicht*, der sogenannte Flaschenhals. Autoencoder werden unter anderem zur *Dimensionsreduktion* genutzt.

Backpropagation Ein Lernverfahren, bei dem der an der *Ausgabeschicht* eines *neuronalen Netzes* berechnete Fehler – also der Unterschied zwischen der erwünschten und der tatsächlichen Ausgabe – Schicht für Schicht von hinten nach vorne durchgereicht und zur schrittweisen Anpassung der *Gewichte* mittels *Gradientenabstieg* genutzt wird.

Bag of Words Encoding Methode zur Textrepräsentation, die auf dem *One Hot Encoding* basiert. Der Text wird dabei als *Vektor* dargestellt. Dieser berücksichtigt allein, ob ein Wort in dem Text vorkommt (1) oder nicht (0) – die Reihenfolge der Wörter spielt also keine Rolle. Erweiterungen zählen die Häufigkeit oder setzen diese zur allgemeinen Häufigkeit des jeweiligen Worts ins Verhältnis.

Batch Beim *überwachten Lernen* eines *neuronalen Netzes* ist es sinnvoll, die *Trainingsbeispiele* nicht einzeln, sondern in Gruppen einzuspeisen. Solche Gruppen werden als Batches bezeichnet.

Bias In einem künstlichen *Neuron* die Entsprechung des Ruhepotentials einer biologischen Nervenzelle – also des Potentials des Zellkörpers, wenn keine Signale von anderen Zellen hineinlaufen. Im künstlichen Neuron wird der Bias-Wert zur Summe der *gewichteten* Eingaben addiert. Der Bias-Wert verschiebt die *Aktivierungsfunktion* parallel zur x-Achse.

Bilderkennung Ein klassisches KI-Problem: Es soll automatisch erkannt werden, ob auf einem Foto etwa eine Katze, ein Hund oder eine bestimmte Person abgebildet ist oder nicht.

Breitensuche Ein Verfahren zur Durchsuchung eines *Graphen*, bei dem zunächst alle *Knoten* angesteuert werden, die nur eine Kante vom Ausgangspunkt entfernt sind, dann alle Knoten, die über zwei *Kanten* erreicht werden können, etc.

Cluster Im *Data-Mining* eine Gruppe von *Datenpunkten*, die als zusammengehörig erkannt wurden.

Confidence Eine Kenngröße der *Assoziationsanalyse*: Anteil der *Transaktionen*, in denen das *Item* B vorkommt, wenn auch Item A vorhanden ist.

Data-Mining Ein Verfahren, bei dem große Datenmengen *algorithmisch* nach verwertbaren Informationen durchsucht werden. Beispiele sind *k-means-Clustering* und *Assoziationsanalyse*.

Datenpunkt Wenn eine meteorologische Messreihe Werte für Temperatur, Luftdruck und Luftfeuchtigkeit sammelt, kann jedes einzelne Messergebnis als ein Datenpunkt in einem Raum mit drei *Dimensionen* betrachtet werden. Dieses Prinzip lässt sich auf beliebig viele Dimensionen erweitern.

Deep Q-Learning Eine Weiterentwicklung des *Q-Learning*-Algorithmus mittels Tabellen. Die Q-Werte werden hier nicht einzeln in einer Tabelle abgespeichert, sondern mithilfe vielschichtiger neuronaler Netze berechnet. Das Verfahren ist in der Lage, deutlich komplexere Probleme zu lösen als das ursprüngliche Q-Learning.

Determiniertheit Ein Ablauf gilt dann als determiniert, wenn er vollkommen durch die Ausgangsbedingungen festgelegt ist.

Differenzvektor Das Ergebnis der Subtraktion zweier *Vektoren*. Den Differenzvektor zwischen einem *Ortsvektor* A und einem Ortsvektor B kann man als Pfeil darstellen, der von der Spitze des Vektors B zur Spitze des Vektors A zeigt.

Dimension In einem n-dimensionalen Raum werden n Koordinaten benötigt, um eine Position eindeutig zu bestimmen. Eine Linie ist eindimensional, entsprechend genügt eine Koordinate. Eine Fläche besitzt zwei Dimensionen, es werden also zwei Koordinaten benötigt etc.

Dimensionsreduktion Wenn ein Datensatz zu viele *Dimensionen* aufweist, kann es notwendig sein, ihn zu vereinfachen, um bestimmte Berechnungen mit begrenzten Rechenkapazitäten überhaupt ausführen zu können. Dazu gibt es verschiedene Ansätze. Es können als weniger relevant erkannte Dimensionen ausgelassen oder vorhandene Dimensionen zusammengefasst werden. Auch ein *neuronales Netz*, das zur *Klassifizierung* genutzt wird, vollzieht eine Dimensionsreduktion, da es ein vieldimensionales Eingangssignal auf ein niedrigdimensionales Ausgangssignal reduziert.

Diskret Diskrete Zustände lassen sich meist durch ganze Zahlen repräsentieren. Ist ein Zustand diskret, bedeutet dies, dass er aus einer endlichen oder einer abzählbar unendlichen Menge von Zuständen stammt, also keine Zwischenstufen annehmen kann.

Dynamische Programmierung Ein Vorgehen, bei dem die Lösung eines komplexen Problems durch die schrittweise Berechnung von Teillösungen gefunden wird. Begonnen wird immer mit dem einfachsten Fall. Ein bekanntes Beispiel ist der *Levenshtein-Algorithmus*.

Editierdistanz Die Anzahl von Operationen – gemeint sind hier Einfügungen, Löschungen oder Ersetzungen einzelner Zeichen –, die notwendig sind, um eine Zeichenkette in eine andere umzuwandeln. Die Editierdistanz lässt sich mit dem *Levenshtein-Algorithmus* berechnen.

Eingabeschicht Das vordere Ende eines *neuronalen Netzes*, in das ein Signal eingespeist wird.

Episode Beim *verstärkenden Lernen* ein Zeitabschnitt, der beginnt, wenn der *Agent* auf eine Startposition gesetzt wird, und endet, wenn er einen Zielzustand erreicht.

Epoche Bei dem *überwachten Lernen* eines *neuronalen Netzes* der Abschnitt eines Trainings, in dem alle vorhandenen Trainingsbeispiele einmal zur *Backpropagation* genutzt wurden.

Euklidische Distanz Maß für den Abstand zwischen zwei Punkten im Raum, berechnet mit dem Satz des Pythagoras. Wird oft für die *Klassifizierung* und das *Clustering* von Datenpunkten verwendet.

Faltungsnetz Ein spezieller Typ neuronaler Netze, der besonders gut zur Verarbeitung von visuellen Daten geeignet ist.

Filterkernel Stammen ursprünglich aus der digitalen Bildbearbeitung. Mittels Filterkerneln lassen sich Bilder weichzeichnen und Kanten betonen. Sie sind elementare Bestandteile von *Faltungsnetzen*.

Fluch der Dimensionalität Eine Bezeichnung für ein Problem in *hochdimensionalen Räumen*: Mit jeder hinzugefügten *Dimension* vervielfacht sich das Volumen, das jeden einzelnen *Datenpunkt* umgibt. Das führt unter anderem dazu, dass aus Sicht der *euklidischen Distanz* die Entfernungen zwischen zufällig ausgewählten Paaren von Punkten in den meisten Fällen nur sehr geringe Unterschiede aufweisen. Daher liefert die euklidische Distanz kein aussagekräftiges Maß für die Ähnlichkeit von Datenpunkten in hochdimensionalen Räumen. Abhilfe schafft ein anderes Verfahren zur Entfernungsmessung, die *Kosinus-Ähnlichkeit*.

Funktion In der Mathematik ordnet eine Funktion jedem Element einer Menge (x-Wert) ein Element einer anderen Menge (y-Wert) zu. So ordnet die Funktion $y = f(x) = 2x$ jedem x das Doppelte von x als Funktionswert zu. In der Informatik ist der Funktionsbegriff sehr viel weiter gefasst und steht in den meisten Fällen für ein Stück Programmcode, das zur mehrfachen Verwendung unter einem Bezeichner gespeichert und an verschiedenen Stellen des Programms ausgeführt werden kann.

Generative Adversial Network (GAN) Eine Bauform *neuronaler Netze*, die in der Lage ist, anhand von Beispieldaten (meist Bildern) neue Daten zu erzeugen, die Eigenschaften der Beispieldaten reproduzieren. Anhand Tausender Fotos von Kaffeetassen kann ein GAN lernen, »kaffeetassenartige« Bilder zu produzieren.

Generator Im Kontext des *überwachten Lernens* eines *neuronalen Netzes* ein Modul, das *Trainingsdaten* bereitstellt, variiert oder erzeugt.

Gewicht Wenn ein *Graph* ein U-Bahn-Netz darstellt, stehen die *Knoten* für Stationen und die *Kanten* für die Gleisverbindungen. Die Entfernungen zwischen den Stationen können mittels Gewichten repräsentiert werden. Im Kontext *neuronaler Netze* steht der Begriff für die Stärke einer Verbindung zwischen zwei Neuronen.

Gradient Eine n-dimensionale Vektorfunktion, die zu jedem Punkt einer n-dimensionalen Ursprungsfunktion anzeigt, in welcher Richtung die *Steigung* am größten ist. Die Länge des Vektors zeigt die Stärke der Steigung an. Der Gradient basiert auf einer *Ableitung* der Ursprungsfunktion.

Gradientenabstieg Ein Verfahren, um ein *Minimum* einer *Funktion* zu finden, wenn eine direkte mathematische Berechnung zu komplex ist. In neuronalen Netzen wird der Gradientenabstieg zur schrittweisen Justierung der *Gewichte* angewendet mit dem Ziel, die Fehler des Netzes zu minimieren.

Graph Graphen sind mathematische Modelle für netzartige Strukturen. Sie sind zusammengesetzt aus *Knoten* und *Kanten*. Wenn ein Graph ein Autobahnnetz modelliert, dann stehen die Knoten für Städte und die Kanten für Autobahnabschnitte.

Hochdimensionaler Raum Ein mathematischer Raum mit mehr als drei *Dimensionen*. In solchen Räumen können herkömmliche Intuitionen über Abstand und Geometrie versagen, was auch als *Fluch der Dimensionalität* bezeichnet wird

Homonyme Wörter, die gleich ausgesprochen oder geschrieben werden, aber unterschiedliche Bedeutungen haben. Homonyme verursachen Schwierigkeiten in Systemen, die geschriebene oder gesprochene Sprache verarbeiten.

Item In der *Assoziationsanalyse* die kleinste mögliche Einheit, zum Beispiel ein Produkt in einem Onlineshop oder ein Song in einem Musik-Streaming-Dienst.

Itemset Eine zusammengehörige Menge von *Items*, ein Gegenstand der *Assoziationsanalyse*.

K-means-Clustering Ein *Data-Mining*-Verfahren, das *Datenpunkte* aufgrund der räumlichen Nähe zueinander in *Cluster* einteilt.

K-nächste-Nachbarn-Algorithmus Ein *Algorithmus*, der nicht *klassifizierte Datenpunkte* einer Klasse zuordnet, indem er bereits klassifizierte Datenpunkte auswertet. Wenn die k nächstgelegenen Nachbarn eines nicht klassifizierten Punkts P zur Klasse Z gehören, wird P ebenfalls der Klasse Z zugeordnet.

Kante Die Verbindung zwischen zwei *Knoten* in einem *Graphen*. Kanten repräsentieren dabei oft die Beziehungen zwischen den Knoten. Wenn diese Beziehungen unterschiedlich stark sind, erhalten die Kanten *Gewichte*.

Klassifizierung Eine häufig vorkommende Aufgabe für KI-Systeme. Immer geht es darum, eine Eingabe einer Klasse zuzuordnen. Das ist etwa bei der *Bilderkennung* der Fall, aber auch bei der Beurteilung von Blutbildern oder Kontobuchungen im Hinblick auf Krankheiten oder betrügerische Aktivitäten.

Knoten Knoten repräsentieren die Objekte in *Graphen*. Knoten, die miteinander in Beziehung stehen, sind durch *Kanten* verbunden.

Kontinuierlich Im Gegensatz zu *diskreten* Werten können die Abstände zwischen kontinuierlichen Werten unendlich weiter zerteilt werden. Die Schuhgröße 40 ist ein ganzzahliger, diskreter Wert, die Fußlänge 25,632 cm hingegen ist ein kontinuierlicher Wert, denn die Fußlänge kann eine unendliche (nicht abzählbare) Anzahl von Werten annehmen, während es nur eine endliche Menge von Schuhgrößen gibt.

Koordinatensystem Ein System von Achsen, das dazu dient, Punkte im Raum durch Koordinaten eindeutig zu lokalisieren. Ein zweidimensionales Koordinatensystem hat zwei Achsen. Entsprechend benötigen wir für die Lokalisierung eines Punkts zwei Koordinaten.

Kosinus-Ähnlichkeit Der Kosinus des Winkels zwischen zwei *Vektoren* kann als Maß für deren Ähnlichkeit dienen. Ein Kosinus von 1 bedeutet, dass die Vektoren exakt in die gleiche Richtung zeigen. Je kleiner der Kosinus, desto stärker weicht die Richtung ab. Beträgt der Kosinus 0, sind die beiden Vektoren unabhängig voneinander. Beträgt er –1, zeigen sie genau in die entgegengesetzte Richtung. In *hochdimensionalen Räumen* wird die Kosinus-Ähnlichkeit zur Berechnung der Ähnlichkeit von *Datenpunkten* (bzw. deren *Ortsvektoren*) genutzt, da die *euklidische Distanz* wegen des *Fluchs der Dimensionalität* keine aussagekräftigen Ergebnisse liefert.

Lernrate Beim Training eines *neuronalen Netzes* und beim *Q-Learning* ein Faktor, der bestimmt, wie stark ein einzelner Lernschritt ein *Gewicht* beziehungsweise einen Q-Wert verändern kann.

Levenshtein-Algorithmus Ein Algorithmus zur Berechnung der *Editierdistanz*. Ein bekanntes Beispiel für *dynamische Programmierung*.

Lift Kenngröße aus der *Assoziationsanalyse*. Sie steht für das Verhältnis zwischen dem tatsächlichen gemeinsamen Vorkommen der *Items* A und B und einer bloß zufälligen Verteilung.

Lineare Trennbarkeit Wenn zwei n-*dimensionale Datenpunktmengen* durch eine n-dimensionale Ebene voneinander getrennt werden können, gelten sie als linear trennbar. Im Kontext von *Klassifizierungsaufgaben* hängt von der linearen Trennbarkeit ab, welche Techniken zur Lösung überhaupt geeignet sind. So lassen sich linear trennbare Datenpunktmengen mit einem *neuronalen Netz* ohne *verdeckte Schicht* trennen, bei linear nicht trennbaren Datenpunktmengen ist hierfür mindestens eine verdeckte Schicht notwendig.

Markow-Prozess Abfolgen von *diskreten* Elementen – zum Beispiel Texte als Folgen von Buchstaben oder Wörtern – lassen sich mithilfe von Markow-Prozessen im Hinblick darauf untersuchen, welche Elemente wie häufig aufeinanderfolgen. Auf einen deutschsprachigen Text angewandt, lässt sich zum Beispiel feststellen, dass auf das Wort »Ich« häufiger die Wörter »bin« und »habe« folgen als etwa »buchstabiere« oder »flambiere«.

Menge Eine Ansammlung von Elementen, deren Zusammengehörigkeit durch Festlegung oder Definition gegeben ist: »Menschen, die das Sonnensystem verlassen haben«, »Die Zahlen 7, 23 und 42«, »Alle Bücher in meiner Bibliothek«,

»Alle ganzzahligen Vielfachen der Zahl 7«. Mengen können leer sein, eine endliche Anzahl von Elementen enthalten oder unendlich groß sein.

Minimax-Algorithmus Ein klassisches KI-Verfahren, mit dem sich eine bestimmte Klasse von Zwei-Personen-Spielen gewinnen lässt.

Minimum, lokales und globales Ein lokales Minimum einer Funktion bezeichnet eine Stelle x, an der der zugeordnete Wert y *in der Umgebung von x* minimal ist, also keinen geringeren Wert annimmt. Ein globales Minimum ist eine Stelle x, an der der zugeordnete Wert y *für den gesamten Verlauf der Funktion* minimal ist. In diesem Fall gibt es also keinen anderen Wert x, dem die Funktion ein kleineres y zuordnet. Bei komplexeren Funktionen lassen sich die Minima nicht direkt berechnen und können per *Gradientenabstieg* ermittelt werden.

Mittelwert Der Mittelwert einer *Dimension* eines Datensatzes ergibt sich, indem man alle Werte aufsummiert und das Ergebnis durch die Anzahl der gemessenen Werte teilt. Der Mittelwert wird oft genutzt, um Aussagen über einen Datensatz zu treffen: »Die durchschnittliche Satzlänge in diesem Text beträgt 7 Wörter.«

Modell Ein Modell ist eine Form von Abbildung, die bestimmte Aspekte des Abgebildeten berücksichtigt, andere hingegen außer Acht lässt. Im Kontext dieses Buchs wird der Begriff meist als Synonym für *neuronale Netze* verwendet, weil diese etwa das Unterscheidungsvermögen eines Menschen modellieren können.

Nachbarschaft Die Nachbarn eines *Knotens* K in einem *Graphen* sind alle Knoten, die durch eine *Kante* mit dem Knoten K verbunden sind.

Näherungslösung In vielen Situationen lässt sich die exakte Lösung eines Problems nicht berechnen. Das kann daran liegen, dass ein Lösungsverfahren unbekannt oder zu aufwendig ist oder dass notwendige Informationen fehlen. Anstatt gänzlich auf eine Lösung zu verzichten, werden dann Verfahren gesucht, die eine Lösung liefern können, die für den jeweiligen Anwendungszweck ausreichend präzise ist.

Neuron (künstlich) Baustein eines *neuronalen Netzes*, modelliert nach dem Beispiel biologischer Nervenzellen. Neuronen sind in der Regel in Schichten angeordnet. Die Neuronen der *Eingabeschicht* erhalten ihre Aktivierung von außen. Die Neuronen in den *verdeckten Schichten* und in der *Ausgabeschicht* berechnen ihre Ausgaben (also ihre *Aktivierung*), indem sie die eingehenden Signale aus vorgeordneten Schichten *gewichten* und aufsummieren und das Ergebnis als Argument an die *Aktivierungsfunktion* übergeben.

Neuronale Netze (künstlich) Eine am Vorbild biologischer Nervensysteme orientierte Klasse von KI-Anwendungen. Sie sind aus *Neuronen* zusammengesetzt, die üblicherweise in Schichten angeordnet sind. Es gibt sehr unterschiedliche Anwendungsfälle und Architekturen. Gemeinsam ist allen neuronalen Netzen, dass sie Zuordnungen von Eingaben auf Ausgaben leisten und mittels *Backpropagation* und *Gradientenabstieg* darauf trainiert werden, die richtigen Zuordnungen zu treffen. Die Eingaben können etwa Fotos oder Messwerte aus einem Blutbild sein. Die zugeordneten Ausgaben könnten dann beispielsweise anzeigen, ob ein Foto eine Katze enthält oder ob das Blutbild auf eine bestimmte Krankheit schließen lässt.

Nicht-Spieler-Charakter Charakter in einem Computerspiel, der nicht von einem menschlichen Spieler gesteuert wird. KI-Algorithmen werden häufig genutzt, um diese Charaktere zu kontrollieren und menschliches Verhalten möglichst glaubwürdig zu simulieren.

Nullsummenspiel Spiel, bei dem der Gewinn des einen Spielers im gleichen Maße einen Verlust für den anderen Spieler bedeutet.

One Hot Encoding Technik zur Übersetzung von ganzen Zahlen in *Vektoren*, in denen genau ein Element 1 ist und alle anderen 0.

Ortsvektor Ein *Vektor*, dessen Beginn im Ursprung des *Koordinatensystems* liegt. Jedem *Datenpunkt* kann ein Ortsvektor zugeordnet werden, der auf diesen Punkt zeigt.

Positional Encodings Technik zur Hinzufügung von Positionsdaten zu Sequenzen für die Weiterverarbeitung in *neuronalen Netzen*. Dadurch wird es möglich, die Reihenfolge der Elemente in der Sequenz zu berücksichtigen.

Pruning Ein Verfahren, um den Rechenaufwand bei der Suche in einem baumförmigen *Graphen* zu begrenzen: Zweige, die im Hinblick auf das Ziel der Suche irrelevant oder weniger vielversprechend sind, werden ausgelassen, also beschnitten.

Python Eine universelle Programmiersprache, die häufig für die Programmierung von KI-Algorithmen genutzt wird.

Q-Learning Eine Form des *verstärkenden Lernens*, bei dem ein *Agent* mit einer *Umwelt* interagiert und lernen soll, eine Aufgabe zu lösen. Das kann etwa das erfolgreiche Spielen eines Computerspiels oder die Steuerung eines Fahrzeugs auf unebenem Gelände sein. Die Umwelt ist veränderlich und kann sich in verschiedenen Zuständen befinden. Der Agent kann über Aktionen mit der Umwelt interagieren und soll lernen, für jeden Umweltzustand jene Aktion zu wählen, die langfristig den höchsten Gewinn verspricht – das kann etwa ein Sieg im Spiel mit möglichst hohem Punktestand sein oder das Erreichen des Ziels in kürzester Zeit.

Sequenzeinbettungen Übersetzungen von Sequenzen (z. B. einzelnen Sätzen) in *Vektoren* in einem *hochdimensionalen Raum*. Diese Vektoren sollen wesentliche Eigenschaften der ursprünglichen Daten wie Sinn und grammatikalische Struktur erfassen. Sequenzeinbettungen sind eine wichtige Voraussetzung für die Leistungsfähigkeit von *Transformern* wie ChatGPT und DeepL.

Shape Die Anzahl und Ausdehnung der *Dimensionen* eines Signals, das ein *neuronales Netz* durchquert.

Skip-Gram-Verfahren Ein Verfahren zur Erzeugung von *Trainingsdaten* aus Texten. Ein Fenster gleitet über den Text. Die Mitte des Fensters steht über dem jeweiligen Zielwort. Die Wörter davor und dahinter sind die Kontextwörter. Auf diese Weise werden Paare aus dem Zielwort und einem der umgebenden Kontextwörter gebildet. Anhand dieser Wortpaare soll ein *neuronales Netz* für jedes Zielwort die wahrscheinlichsten Kontextwörter lernen. Dieses Verfahren wird für das Training von *Worteinbettungen* verwendet.

Steigung Der Höhenunterschied zwischen zwei Punkten A und B im Verhältnis zu deren horizontaler Entfernung. Im Kontext von mathematischen, zweidimensionalen *Funktionen* bezieht sich die Steigung auf den Unterschied zwischen dem y-Wert von A und B. Bei nicht linearen Funktionen wird die Steigung mittels der *Ableitung* berechnet.

Suche In der Informatik lassen sich viele Probleme als Suchprobleme darstellen: Gesucht wird etwa der beste nächste Zug in einem Zwei-Personen-Spiel oder der kürzeste Weg zwischen zwei *Knoten* in einem *Graphen*. Weitverbreitete Suchverfahren in Graphen sind die *Breiten*- und die *Tiefensuche*.

Support Kenngröße der *Assoziationsanalyse*. Sie steht für den Anteil der *Transaktionen*, in denen ein bestimmtes *Itemset* enthalten ist.

Tangente Eine Gerade, die eine Kurve an einem einzigen Punkt berührt, ohne diese zu schneiden. Die *Steigung* der Tangente stimmt überein mit der Steigung der Kurve an genau diesem Punkt.

Tiefensuche Ein Suchverfahren für *Graphen*. Während die *Breitensuche* zuerst die unmittelbaren *Nachbarn* des Ausgangspunkts absucht, schreitet die Tiefensuche so lange in eine Richtung, bis es nicht weiter vorwärtsgeht. Bei einem baumförmigen Graphen wird also zunächst der erste Endknoten besucht.

Trainingsdaten Daten, die für das *überwachte Lernen* eines *neuronalen Netzes* benötigt werden. Diese bestehen im Idealfall aus sehr vielen Trainingsbeispielen. Jedes einzelne Beispiel besteht aus einer Eingabe und der zugehörigen korrekten Ausgabe.

Transaktion In der *Assoziationsanalyse* ein *Itemset*, das tatsächlich aufgetreten ist, zum Beispiel ein Warenkorb oder eine Playliste.

Transformer Bauform *neuronaler Netze*, die hinter bahnbrechenden KI-Anwendungen wie der Übersetzungssoftware DeepL und Chatbots wie Bard oder ChatGPT steht. Wesentliche Bestandteile sind *Wort-* und *Sequenzeinbettungen* sowie *Aufmerksamkeitsmechanismen*.

tSNE-Verfahren Abkürzung für »t-distributed Stochastic Neighbor Embedding« – ein Verfahren zur Dimensionsreduktion, das der Visualisierung von Daten aus *hochdimensionalen Räumen* dient. Vereinfacht gesagt, ermittelt es die Nachbarschaftsverhältnisse von Datenpunkten im hochdimensionalen Raum und ordnet die Punkte dann so in einem zwei- oder dreidimensionalen Raum an, dass die Nachbarschaftsverhältnisse bestmöglich erhalten bleiben.

Überanpassung Das zu vermeidende »Auswendiglernen« der *Trainingsdaten* beim *überwachten Lernen* eines *neuronalen Netzes*.

Überwachtes Lernen Ein Verfahren zum Training *neuronaler Netze*, bei dem *Trainingsdaten* in das Netz eingespeist werden und die tatsächlichen Ausgaben mit den bekannten korrekten Ausgaben verglichen und zur Justierung des Netzes genutzt werden, um künftige Fehler zu minimieren.

Umwelt Im *verstärkenden Lernen* stellt eine Umwelt das Spiel oder das Problem dar, das gelöst werden soll. In der Umwelt ist zudem definiert, welche Positionen mögliche Startpositionen sind, welche Aktionen ein *Agent* ausführen kann und welche Zustände mit einer Belohnung verknüpft sind.

Validierungsdaten Ein Teil der *Trainingsdaten* beim *überwachten Lernen* eines *neuronalen Netzes*, der nicht zum Trainieren, sondern zur Überprüfung des Trainingsergebnisses verwendet wird. Dies dient vor allem dazu, eine *Überanpassung* festzustellen.

Vektor Ein mathematisches Objekt, das eine Parallelverschiebung in einem n-dimensionalen Raum beschreibt. In einem zweidimensionalen Raum kann ein Vektor durch zwei Zahlen repräsentiert werden, die sich wie eine Wegbeschreibung lesen lassen: (1, 2) würde dann bedeuten: »Gehe einen Schritt nach rechts und zwei nach oben.« In Abbildungen werden Vektoren meist durch Pfeile dargestellt.

Verdeckte Schicht Jedes *neuronale Netz* besitzt eine *Eingabe-* und eine *Ausgabeschicht*. Dazwischen können sich eine oder mehrere verdeckte Schichten befinden.

Verlustfunktion Eine Funktion, die beim Training eines *neuronalen Netzes* den Fehler an der Ausgabeschicht berechnet. Ziel des Trainings ist die Minimierung dieses Fehlers.

Verstärkendes Lernen Eine Klasse von Verfahren, bei der ein *Agent* lernt, selbstständig ein Ziel zu erreichen, indem er eine veränderliche *Umwelt* erkundet und Rückmeldungen für seine Aktionen in Form von Belohnungen und Bestrafungen erhält. Ähnliche Lernprozesse lassen sich bei Menschen und Tieren beobachten.

Wahrscheinlichkeit Ein Maß für die Erwartbarkeit eines Ereignisses, von dem wir nicht wissen, ob es eintreffen wird oder nicht. In der Mathematik und der Informatik wird sie mit einer Zahl zwischen 0 und 1 ausgedrückt.

Worteinbettungen Anordnungen von Wörtern in einem *hochdimensionalen Raum*, bei denen sinnhafte und grammatikalische *Relationen* zwischen den Wörtern als räumliche Relationen darstellbar und damit als *Vektoren* berechenbar werden.

Anhang C
Quellen und weiterführende Literatur

C.1 JavaScript

- Philip Ackermann | Professionell entwickeln mit JavaScript | Rheinwerk Computing | Bonn | 2018
- Stephan Elter | Programmieren lernen mit JavaScript | Rheinwerk Computing | Bonn | 3. Auflage 2020
- Cay Horstmann | JavaScript für Ungeduldige | dpunkt.verlag | Heidelberg | 2021

C.2 p5.js

- Benedikt Groß | Hartmut Bohnacker | Julia Laub | Claudius Lazzeroni | Generative Gestaltung. Creative Coding im Web | Verlag Hermann Schmidt | Mainz | 2018

C.3 Algorithmen

- Aditya Y. Bhargava | Algorithmen kapieren | mitp-Verlag | Frechen | 2019
- David Kopec | Algorithmen in Python | Rheinwerk Computing | Bonn | 2020
- Veit Steinkamp | Mathematische Algorithmen mit Python | Rheinwerk Computing | Bonn 2022

C.4 KI allgemein

- Andriy Burkov | Machine Learning kompakt | mitp-Verlag | Frechen | 2019
- Hannah Fry | Hello World | C.H. Beck | München | 2019
- Kristian Kersting | Christoph Lampert | Constantin Rothkopf (Hrsg.) | Wie Maschinen lernen | Springer | Berlin | 2019
- Pina Merkert | Philipp Bongartz | Skalierungshypothese: Welche nächsten Schritte muss die KI-Forschung gehen? | heise + | Hannover | 2022
- Annalyn Ng | Kenneth Soo | Data Science – was ist das eigentlich?! | Springer | Berlin 2018

- Joachim Steinwendner | Roland Schwaiger | Neuronale Netze programmieren mit Python | Rheinwerk Computing | Bonn | 2. Auflage 2020
- Paul Wilmott | Grundkurs Machine Learning | Rheinwerk Computing | Bonn | 2020

C.5 Q-Learning

- Richard S. Sutton | Andrew G. Barto | Reinforcement Learning: An Introduction | The MIT Press | Cambridge, Massachusetts | 2. Auflage 2020
- Nazia Habib | Q-Learning with Python | Packt Publishing | Birmingham & Mumbai | 2019

C.6 Worteinbettungen und Transformer

- Chris McCormick | The Inner Workings of word2vec | Eigenverlag | 2019
- Stephen Wolfram | What Is ChatGPT Doing ... and Why Does It Work? | Wolfram Media | Champaign, IL | 2023

C.7 Kunst und KI

- David Foster | Generatives Deep Learning | O'Reilly | Heidelberg | 2019
- Arthur I. Miller | The Artist in the Machine | The MIT Press | Cambridge, Massachusetts | 2019
- Pit Noack | Künstliche Intelligenz – Der weite Weg zur Kunst aus der Maschine | heise online | Hannover | 2019

C.8 Philosophie, Medien- und Kunstwissenschaft

- Georg W. Bertram | Kunst – Eine philosophische Einführung | Reclam | Stuttgart | 2005
- Thomas Dreher | Geschichte der Computerkunst | IASL Online | München | seit 2011
- Martin Ford | Die Intelligenz der Maschinen | mitp-Verlag | Frechen | 2019
- Thomas Fuchs | Verteidigung des Menschen | Suhrkamp | Berlin | 4. Auflage 2022
- Gabriele Gramelsberger | Philosophie des Digitalen | Junius | Hamburg | 2023
- Byung-Chul Han | Transparenzgesellschaft | Matthes & Seitz | Berlin | 2012

- Byung-Chul Han | Infokratie | Matthes & Seitz | Berlin | 2021
- Byung-Chul Han | Undinge | Ullstein | Berlin | 2022
- Byung-Chul Han | Krise der Narration | Matthes & Seitz | Berlin | 2023
- Sybille Krämer (Hrsg.) | Ada Lovelace – Die Pionierin der Computertechnik und ihre Nachfolgerinnen | Wilhelm Fink | Paderborn | 2015
- Stanisław Lem | Wie die Welt noch einmal davonkam | Suhrkamp | Frankfurt am Main | 1985
- Janina Loh | Trans- und Posthumanismus zur Einführung | Junius | Hamburg | 2018
- Pit Noack | Die Kybernetik schlägt zurück | heise online | Hannover | 2018
- Hanno Rauterberg | Die Kunst der Zukunft | Suhrkamp | Berlin | 2021
- Joseph Weizenbaum | Computermacht und Gesellschaft | Surhkamp | Frankfurt am Main | 2001

C.9 Onlinequellen

Auf der Webseite zu diesem Buch finden Sie nicht nur sämtliche Beispielprogramme als im Webbrowser ausführbare p5.js-Projekte, sondern auch alle Links auf die oben genannten und weiterführende Onlinequellen:

https://www.maschinennah.de/ki-buch/

Anhang D
Abbildungsverzeichnis

Hier finden Sie alle Infos zu den verwendeten Abbildungen und Lizenzen. Wir danken ausdrücklich allen Urhebern für die Möglichkeit, ihre Werke in diesem Buch zu nutzen.

Abbildung 6.6

Urheber: Wikipedia User Cäsium137

Quelle: *https://commons.wikimedia.org/wiki/File:Sierpinski-Trigon-7.svg*

- Enthält gemeinfreies Material und ist selbst gemeinfrei (in der *Public Domain*), darf also frei verwendet werden.

Abbildung 6.7

Urheber: Wikipedia User Androl

Quelle: *https://commons.wikimedia.org/wiki/File:Fraktaler_Baum.png*

- Enthält gemeinfreies Material und ist selbst gemeinfrei (in der *Public Domain*), darf also frei verwendet werden.

Abbildung 6.8

Urheber: Adam Majewski

Quelle: *https://commons.wikimedia.org/wiki/File:Julia_set_for_f(z)_%3D_z%5E3_%2Bz*(0.1008317508132964*i_%2B_1.004954206930806).png*

CC BY-SA 4.0

Creative Commons Lizenz BY-SA (*by, share alike*).

Das Werk darf verwendet und veröffentlicht werden, wenn

- der Urheber oder die Urheberin genannt wird
- veränderte Versionen oder daran angelehnte Abbildungen ebenfalls auf diese Weise geteilt werden.

Das bedeutet, dass Sie auch die angepasste Abbildung aus dem Buch unter diesen Bedingungen verwenden und veröffentlichen dürfen.

Abbildung 7.25 und Abbildung 7.26

Quelle: *https://www.gymlibrary.dev/*

MIT License (*https://opensource.org/licenses/MIT*)

Das Werk darf verwendet und veröffentlicht werden, die Urheber weisen eindeutig darauf hin, dass sie keinerlei Gewähr übernehmen, sollten sich Ansprüche gegen Nutzer der Software ergeben.

Abbildung 10.1

Diese Abbildung wurde mit der Software Craiyon erstellt und kann verwendet, verändert und veröffentlicht werden.

Quelle: *https://www.craiyon.com/*

Mit freundlicher Genehmigung von Craiyon

Abbildung 12.8

Urheber: Josef Steppan

Quelle: *https://en.wikipedia.org/wiki/MNIST_database#/media/File:MnistExamples.png*

CC BY-SA 4.0

Creative Commons Lizenz BY-SA (*by, share alike*).

Das Werk darf verwendet und veröffentlicht werden, wenn

- der Urheber oder die Urheberin genannt wird.
- veränderte Versionen oder daran angelehnte Abbildungen ebenfalls auf diese Weise geteilt werden.

Das bedeutet, dass Sie auch die angepasste Abbildung aus dem Buch unter diesen Bedingungen verwenden und veröffentlichen dürfen.

Abbildung 12.9

Quelle: *https://peltarion.com/knowledge-center/terms/dataset-licenses/cifar-10*

MIT License

(*https://opensource.org/licenses/MIT*)

Das Werk darf verwendet und veröffentlicht werden, die Urheber weisen eindeutig darauf hin, dass sie keinerlei Gewähr übernehmen, sollten sich Ansprüche gegen Nutzer der Software ergeben.

Abbildung 13.13 und Abbildung 13.14

Generiert mit *https://www.artbreeder.com/*

Creative Commons

Alle mit *Artbreeder* erstellten Abbildungen sind gemeinfrei (in der *Public Domain*) und dürfen frei verwendet werden.

Index

D

E

F

G

H

I

J

K

L

M

N

T

U

V

W

Z

Programmierprojekte mit Künstlicher Intelligenz

Sie möchten mehr aus KI herausholen? Eigene Daten einbinden und analysieren, ein bestimmtes Verfahren anwenden oder eine Klassifizierung bewerten? Hier erfahren Sie, wie Sie eigene Anwendungen mithilfe frei zugänglicher Technologien erstellen. Der Leitfaden führt Sie durch die Schlüsselkonzepte und Werkzeuge, von neuronalen Netzen über Bilderkennung bis zu Transformer-Modellen wie ChatGPT und DALL-E. Mit praxisnahen Anleitungen zu KNIME, TensorFlow und Keras können auch Einsteiger rasch eigene KI-Projekte umsetzen.

450 Seiten, broschiert, 29,90 Euro, ISBN 978-3-8362-9763-9

www.rheinwerk-verlag.de/5783

Geniale Ideen einfach erklärt: Ihr Einstieg in die KI-Welt!

Neuronale Netze stehen im Mittelpunkt, wenn es um KI und Machine Learning geht. Sie revolutionieren verschiedenste Anwendungsgebiete vom Strategiespiel bis zur Bild- und Spracherkennung. Unsere Experten helfen Ihnen dabei, neuronale Netze zu verstehen und selber zu entwickeln. Dazu programmieren Sie verschiedene Netztypen nach – und zwar in Python, der Hauptsprache der KI. Ein faszinierendes Buch, das Ihnen den Durchblick in der KI-Welt bringt. Komplett in Farbe!

479 Seiten, broschiert, in Farbe, 29,90 Euro, ISBN 978-3-8362-7450-0

www.rheinwerk-verlag.de/5046